창세기부터 요한계시록까지, 365 묵상
사랑하는 데오빌로에게

창세기부터 요한계시록까지 365 묵상
사랑하는 데오빌로에게

초판　1쇄 발행 2021년 11월 30일
　　　2쇄 발행 2021년 12월 24일
개정판 1쇄 발행 2024년 11월 1일

지은이　박석환
발행인　김용성
기　획　박찬익
제　작　정준용
보　급　이대성

펴낸곳　요단출판사
등　록　1973. 8. 23. 제13-10호
주　소　07238) 서울특별시 영등포구 국회대로76길 10
기　획　(02)2643-9155
보　급　(02)2643-7290　Fax. (02)2643-1877

구입문의　요단서적 (02) 593-8715　대전서관 (042) 256-2109

ⓒ 2021. 박석환 all rights reserved.

값 15,000원
ISBN 978-89-350-1922-9 03230

이 책의 저작권은 저자에게 있으며, 출판권은 출판사가 소유하고 있습니다.
출판사의 사전 승인 없이 책의 내용이나 표지 등을 복제, 인용할 수 없습니다.

이 책에 수록된 찬송가는 (재)한국찬송가공회의 허락을 받은 것입니다.
승인번호 : NO. 39-73

창세기부터
요한계시록까지
365묵상

사랑하는
데오빌로에게

박석환 지음

요단
JORDAN PRESS

서문

봄·여름·가을·겨울, 사계절이 두 번 바뀌는 2년 동안 성도들과 세계 여러 선교사들과 넌(non)크리스천 지인들에게 매일 아침 묵상을 보냈습니다. 한 해는 〈창세기〉부터 〈말라기〉까지 구약 묵상이었고, 다음 해는 〈마태복음〉부터 〈요한계시록〉까지 신약 묵상이었습니다. 성경 66권 2년 묵상을, 365일 1년 묵상집으로 줄여서 책을 내게 되었습니다.

책은 제목은 《사랑하는 데오빌로에게》입니다. '데오빌로여'라고 시작하는 〈사도행전〉은 예수님 제자 누가가 데오빌로의 믿음을 도우려고 쓴 글입니다. '데오빌로(Theophilus)'는 Theos(하나님)라는 단어와 Philos(사랑, 우정)라는 단어의 합성어로서, '하나님이 사랑하시는 자'라는 의미입니다.

아직 예수님을 영접하지 못한 데오빌로라면, 그 분을 만나길 바라는 간절한 마음을 담은 사랑의 묵상입니다.

이미 주님을 만난 데오빌로라면, 흉흉한 세상 속에서 꿋꿋이 제자의 길을 걸어가길 바라는 간절한 마음을 담은 사랑의 묵상입니다.

주님과 그리고 신구약 66권 성경 말씀과 동행하면서 인생의 행복에 대해서, 성공에 대해서, 복에 대해서, 기쁨과 슬픔, 희노애락에 대해서 묵상했습니다.

정의는 무엇이며, 공평은 무엇이며, 지혜는 무엇인지에 대해서 묵상했습니다.

인생의 상처에 대해서, 질병에 대해서, 고통에 대해서 묵상했습니다.

죄와 심판과 죽음과 구원과 생명과 부활과 천국을 묵상했습니다. 믿음과 소망과 사랑에 대해서 묵상했습니다. 자유와 해방과 진리와 용기에 대해서 묵상했습니다. 염려와 불안과 두려움에 대해서 묵상했습니다. 영원한 사랑의 주님을 묵상했습니다.

개정판 서문

2021년 겨울에, 창세기부터 요한계시록까지 66권을 차례로 따라가는 묵상집 〈사랑하는 데오빌로에게〉를 출간한 이후, 많은 이들에게 과분한 격려와 응원을 받았습니다. 365일 묵상하면서 말씀 안에서 행복했다는 이들, 눈물도 흘렸다는 이들, 성경을 다시 1독하게 되었다는 이들, 다음에 내게 될 책을 기다리겠다는 이들, 그래서 늘 사랑에 빚진 마음이었습니다.

3년의 시간이 흐르고 이번에 개정판을 내게 되었습니다. 여러 군데 내용이 고쳐졌고, 또 완전히 새롭게 바뀐 묵상도 있습니다. 이 묵상들을 누군가를 위하여 하나님께서 사용해주시면 무익한 종은 감사할 따름입니다.

지금의 세상 환경은 하나님이 없는 것 같은 착각에 빠지도록 합니다. 하루 종일 우리를 둘러싸고 있으며 눈으로 보고 귀로 듣는 언론과 매스미디어가, 우리가 사는 세상에 하나님이 없는 것 같은 착각에 빠지게 합니다. 아주 매력적이고 감동적이고 유쾌하게 만들어지는 드라마나 영화나 음악들이, 하나님이 없는 것 같은 착각에 빠지게 합니다. 스포츠, 오락, 외식, 여행 등 레저 산업의 발달과 화려한 문화적 공간들이, 하나님이 없는 것 같은 착각에 빠지게 합니다. 그리고 가족이나 친구나 동료들의 가치관이나 인생관이나 욕심들에 영향을 받으며, 우리가 사는 세상에, 하나님이 없는 것 같은 착각에 빠지게 합니다. 우리는 이러한 착각과 미혹의 세상에서 올바른 신앙을 지키려는 믿음의 선한 싸움을 싸우고 있는 것입니다. 《사랑하는 데오빌로에게》 개정판이, 이 믿음의 선한 싸움에 미력하나마 힘이 보태어지면 싶습니다.

아차, 2021년 겨울의 초판 서문도 조금 소개합니다.

봄·여름·가을·겨울, 사계절이 두 번 바뀌는 2년 동안 성도들과 세계 여러 선교사들과 넌(non)크리스천 지인들에게 매일 아침 묵상을 보냈습니다. 한 해는 〈창세기〉부터 〈말라기〉까지 구약 묵상이었고, 다음 해는 〈마태복음〉부터 〈요한계시록〉까지 신약 묵상이었습니다. 성경 66권 2년 묵상을, 365일 1년 묵상집으로 줄여서 책을 내게 되었습니다.

책은 제목은 《사랑하는 데오빌로에게》입니다. '데오빌로여'라고 시작하는 〈사도행전〉은 예수님 제자 누가가 데오빌로의 믿음을 도우려고 쓴 글입니다. '데오빌로(Theophilus)'는 Theos(하나님)라는 단어와 Philos(사랑, 우정)라는 단어의 합성어로서, '하나님이 사랑하시는 자'라는 의미입니다. 아직 예수님을 영접하지 못한 데오빌로라면, 그 분을 만나길 바라는 간절한 마음을 담은 사랑의 묵상입니다. 이미 주님을 만난 데오빌로라면, 흉흉한 세상 속에서 꿋꿋이 제자의 길을 걸어가길 바라는 간절한 마음을 담은 사랑의 묵상입니다.

차
례

사랑하는

데오빌로에게

서문	·004		
개정판 서문	·006		

창세기	·012	나훔	·174
출애굽기	·026	하박국	·176
레위기	·031	스바냐	·181
민수기	·036	학개	·182
신명기	·039	스가랴	·185
여호수아	·043	말라기	·188
사사기	·048	마태복음	·193
룻기	·053	마가복음	·207
사무엘상	·055	누가복음	·212
사무엘하	·059	요한복음	·219
열왕기상	·062	사도행전	·240
열왕기하	·065	로마서	·255
역대상	·067	고린도전서	·269
역대하	·069	고린도후서	·279
에스라	·071	갈라디아서	·285
느헤미야	·075	에베소서	·293
에스더	·081	빌립보서	·297
욥기	·083	골로새서	·302
시편	·086	데살로니가전서	·304
잠언	·125	데살로니가후서	·308
전도서	·127	디모데전서	·310
아가	·130	디모데후서	·312
이사야	·132	디도서	·316
예레미야	·146	빌레몬서	·319
예레미야애가	·153	히브리서	·320
에스겔	·155	야고보서	·329
다니엘	·158	베드로전서	·334
호세아	·160	베드로후서	·341
요엘	·163	요한일서	·346
아모스	·165	요한이서	·355
오바댜	·168	요한삼서	·357
요나	·169	유다서	·358
미가	·170	요한계시록	·363

아직 예수님을 영접하지 못한 데오빌로에게는
그분을 만나길 바라는 간절한 마음을 담은
사랑의 묵상입니다.
이미 주님을 만난 데오빌로에게는
흉흉한 세상 속에서도 꿋꿋이
제자로 걸어가길 바라는 간절한 마음을 담은
사랑의 묵상입니다.

성경 첫 번째 책, 창세기

01 나의 시작은 창조주 하나님이십니다

태초에(In the Beginning) 하나님이 천지를 창조하시니라 _ 창세기 1:1

새해를 출발합니다. 셰익스피어의 『맥베스』(Macbeth)에 나오는 대화입니다.

고운 건 더럽고 더러운 건 고웁다 탁한 대기 안개를 뚫고 나아가자.

인생은 탁한 안개를 뚫고 나아가는 여정입니다. 길을 잃지 않고 올바로 가려면 가장 근원적 물음은 이것입니다.
'나는 누구인가? 어디로 향하여 가는가?'

학문을 파고들고, 나 자신을 파고들고, 인생을 파고든다고 해서 '나는 누구인가? 어디로 향하여 가는가'에 대한 올바른 답을 찾을 수 있는 것이 아닙니다. 나의 시작점이 어디인지를 올바로 알아야 하는 것입니다.

나의 시작점, 인생의 시작점은 어디입니까? 하나님이십니다. 성경입니다.
〈창세기〉의 히브리 원어 제목은 베레쉬트(בראשית)인데, '시작에'(In the Beginning)라는 뜻입니다. 세상 시작은 하나님이시라는 것입니다. 나의 시작도, 인생의 시작도 하나님이신 것입니다.
그리고 '시작은(창조는) 단순히 하나님의 행위가 아니라 열정'이라고 몰트만이 말했듯, 하나님 창조에는 그분의 사랑과 열정이 있습니다. 함께 사랑의 사귐을 나누시려는 열정이 있습니다. 우리를 사랑하사 독생자를 내어주시려는 열정이 있습니다.

나는 누구인가? 사랑과 열정의 하나님으로부터 시작된 사람입니다.
나는 어디로 향하여 가는가?
사랑과 열정의 하나님을 향하여 갑니다.

Prayer

주님, 나의 시작이 하나님이심을 감사합니다. 새해는 탁한 대기를 뚫고 믿음, 소망, 사랑의 올바른 길을 찾아 나아가는 여정이 되게 하소서.

1 창세기

02 눈을 높이 들며 누가 이 모든 것을 창조하였나 보라!

태초에 하나님이 천지를 창조하시니라 _ **창세기 1:1**
너희는 눈을 높이 들며 누가 이 모든 것을 창조하였나 보라 _ **이사야 40:26**
오직 심령으로 새롭게 되어 하나님을 따라 의와 진리의 거룩함으로 지으심을 받은 새 사람을 입으라
_ **에베소서 4:23-24**

하나님은 창조의(Creation) 하나님이실 뿐만이 아니라, 재창조(Re-creation)의 하나님이십니다. 늘 새롭게 지으시는 새 창조의 하나님이십니다. 그래서 우리는 올 한 해 동안도 쉬지 않고 기도합니다.

'하나님, 날마다 새롭게 지어주십시오.'
우리는 삶 속에서 낙심, 실망을 경험합니다. 사람들에게 실망하고, 자기 자신에게 실망하고, 세상에 실망하고, 기대와 꿈이 꺾이면서 실망합니다. 그런데 그중에서도 힘들고 고통스러운 낙심이 무엇이냐? 믿음의 회의로 인한 것입니다. "믿음으로 산다고 살았는데 이게 뭔가?" 하는 회의 속에서, 영적인 낙심과 신앙의 침체에 빠지는 것입니다. 그러할 때, 우리는 어떻게 해야 합니까?

이사야 선지자는 그 해답 하나를 보여주고 있습니다.
너희는 눈을 높이 들며 누가 이 모든 것을 창조하였나 보라! (사 40:26)
너는 알지 못하였느냐 듣지 못하였느냐…땅 끝까지 창조하신 이는! (사 40:28)

지치고 곤고한 백성들에게 하나님은 어떤 분이신지를 알려주고 들려주시며 언제나 늘 기억하라고 권하십니다. '하나님은 창조주이시다!'라는 사실입니다.
하나님은 오늘도 내 안에, 모든 삶을 감당해 낼 수 있는 새로운 능력을 창조하십니다.
새로운 평강, 새로운 힘, 새로운 건강을 창조하시는 분이십니다.
언제나 늘 새롭게 창조하시는 하나님을 기억하며 믿음의 경주를 달려감으로, 한 해의 경주에서 승리하기를 소망합니다.

Prayer
주님, 올 한해에 날마다 새롭게 지어주소서. 오늘 하루하루가 새 창조가 되게 하여 주소서.
우리도 오늘 하루하루 새롭게 순종하게 하소서.

1 창세기

03 나를 위하여, 일을 지으시며 행하시며 성취하시는 하나님

태초에 하나님이 천지를 창조하시니라…운행하시니라 _ 창세기 1:1-2
일을 행하시는 여호와 그것을 만들며 성취하시는 여호와 _ 예레미야 33:2

하나님은 쉬지 않으시고, 나를 위하여 선한 역사를 이루어 가고 계십니다.

그러나 많은 사람이 창조주 하나님을 믿지 않습니다. 세상 모든 것이 우연히 저절로 만들어졌다는 것입니다. 성경은 그러한 자를 교만하고(시편 10:4) 어리석다고(시편 14:1) 말합니다.

고생물학자 데이빗 라우프(David Raup, 1933-2015, 전 시카고 대학 고생물학자)박사는, 우주가 우연히 생성되었다는 주장은, 허리케인 태풍이 고철이 쌓여 있는 자리를 지나간 후에 그 자리에 우연히 보잉 747 비행기가 생겨났다는 것만큼 가능성이 없는 이야기라고 반박합니다. 마찬가지로 인간 신체가 저절로 우연히 만들어질 가능성도 0%라는 것입니다. 비행기가 우연히 생겨났다는 것이 말도 안 되는 것처럼, 인간과 세상이 저절로 우연히 생겨났다는 것은 말도 안 되는 것입니다. 우리는 창조주 하나님을 믿습니다. 사도신경 고백은 이것입니다.

전능하사 천지를 만드신 하나님 아버지를 내가 믿사오며.

그리고 하나님은 창조하실 뿐만이 아니라 쉬지 않으시고 일하십니다. 하나님의 일하심에 대해 예레미야 33:2에서도 매우 잘 설명하고 있습니다.

일을 행하시는 여호와 그것을 만들며 성취하시는 여호와

정말 하나님이 일하시는가?

내 삶 속에 벌어지는 슬픈 일이든 기쁜 일이든 승리든 패배든, 이 모든 것 뒤에는 나를 위하여 일하시는 하나님의 사랑의 손길이 있습니다. 지금 미처 이해할 수 없는 것들이 있다 할지라도 내 삶에 일어나는 모든 것들은, 나를 향한 하나님의 선하신 일!'을 이루어 가는 과정입니다. 다윗은 이 약속을 마음에 새기며 어둠의 시기를 헤쳐나갔습니다.

나를 위하여 모든 것을 이루시는 하나님이시여! (시편 57:4)

Prayer.

오늘도 지금도, 나를 위하여 선하신 일을 이루어 가신다는 하나님의 약속을 마음에 새기며, 인생의 모든 어둠의 시기를 헤쳐가고 이겨 나가게 하옵소서.

1 창세기

04 이어령의 詩, 〈어느 무신론자의 기도〉

> 하나님께서 이르시되 물들은 생물을 번성하게 하라 땅 위 하늘의 궁창에는 새가 날으라 하시고 하나님이 큰 바다 짐승들과 물에서 번성하여 움직이는 모든 생물을 그 종류대로, 날개 있는 모든 새를 그 종류대로 창조하시니 하나님이 보시기에 좋았더라 _ 창세기 1:20-21

이어령 전 문화부 장관이 크리스천이 되고 나서 지은 詩 〈어느 무신론자의 기도〉 일부입니다.

하나님 어떻게 저 많은 별들을 만드셨습니까?
그리고 처음 바다에 물고기들을 놓아 헤엄치게 하셨을 때,
저 은빛 날개를 만들어 새들이 일제히 날아오를 때,
하나님도 손뼉을 치셨습니까.
아! 정말로 하나님 빛이 있어라 하시니 거기 빛이 있더이까…

좀 더 가까이 가도 되겠습니까? - 이어령, 〈어느 무신론자의 기도〉 -

주님. 새해에도
하나님 모르는 자들이, 하나님께 한걸음 가까이 가도록 은혜 주십시오.
하나님을 아는 자들도, 하나님께 더 가까이 가도록 은혜를 주십시오.

꾸준한 걸음으로 지치지 않게 가는 이들에게도,
망설이고 주저하면서도 조금씩 내딛는 이들에게도,
지난날을 후회하며 다시 주께로 되돌아가려는 자들에게도,
곤경 가운데 필사적으로 달려가는 이들에게도,
주님께 더 가까이 가는 그 은혜를 베푸소서

Prayer

주님, 한 발자국도 내딛지 않으려는 이들을 긍휼히 여기소서. 뒤로 물러나는 이들을 긍휼히 여기소서. 선교지의 그들도 주께 더 가까이 이끄소서.

1 창세기

05 인생에서, 복이 무엇입니까?

하나님이 그들에게 복을 주시며 _ 창세기 1:28

세상 사람들은 모두 복 받기를 원합니다. 누가 더 복 받았는지 헤아려봅니다. 복을 받았다고 자랑도 하고 감사하며 간증도 합니다. 그런데 도대체 진실로 복이 무엇입니까?

누군가가 나에게 "복이 무엇입니까?"라고 묻는다면,
가족과 자녀들이 내게 "복이 무엇인데?"라고 묻는다면,
친구나 동료가 내게 "복이 무엇이냐?"라고 묻는다면,
하나님 앞에 처음 나오기 시작한 사람이, 혹은 오래 교회 다녔는데도 여전히 세상의 복을 붙들며 살아가는 누군가가 "복이 무엇입니까?"라고 묻는다면, 어떻게 대답하겠습니까?

시편 73:28로 대답하면 됩니다.
하나님께 가까이함이 복이라.

그러면 반대로, 하나님과 멀어지면 어떻게 되는 것입니까?
무릇 주를 멀리하는 자는 망하리니 (시 73:27)

하나님과 멀어지게 하는 세상 성공이 있다면, 복이 아니라 오히려 불행입니다. 사업이 잘되어서 분주하여 기도할 시간도 없고 말씀 읽을 시간도 없고 하나님과 멀어진다면, 돈을 쓸어 모은다고 하더라도 복이 아니라 화입니다. 또, 하나님이 사랑스러운 자녀를 주셨는데 그 자녀에게 매이고 우상이 되어 하나님과 멀어진다면 그것은 너무나 애통한 일입니다.

주께 가까이함이 인간의 진정한 복이라는 진리를 알아야 합니다.
그 진리를 알면! 세상을 이겨낼 힘, 평안할 힘, 자유로울 힘을 가지게 됩니다.

Prayer.

주님, 새해에는 우리가 더욱 복된 자리로 나아가게 하소서.

1	창세기

06 사랑하고 소중했던 나의 은사, 소설가 최인훈

네가 어디 있느냐 _ 창세기 3:9

    사랑하고 존경했던 은사가 계신데, 한국 근대 100년 문학사 최고 소설로 꼽히는 『광장』의 최인훈 작가이십니다. 하나님을 믿지 않으셨던 은사는, 제자가 신학의 길을 간다는 말을 처음 들으셨을 때 무척 아쉬워하셨습니다. 그러나 20여 년이 지났을 때는 이렇게 말씀하셨습니다.
    "제자 중에 목사가 있어 좋아."

    교수님은 사모님과 함께 교회를 방문하여 주일예배를 드리기도 하셨고, 우리 부부와 거제도 여행 등 사랑의 교제를 나누었습니다. 만날 때마다 계속 복음을 전했는데, 한번은 새해 인사를 하러 갔을 때 이런 말씀을 하셨습니다.
    "크리스천들이야 하나님을 믿고 확신을 가지고 살아가는데, 나는 어디서 왔다가 어디로 가는지도 몰라."

    그 말을 듣고는 은사께 여쭈었습니다.
    "전에 교수님은 갈수록 신이 없다는 쪽으로 생각이 굳어졌다고 말씀하셨잖아요."

    그러자 교수님은 따뜻이 웃으시면서 대답하셨습니다.
    "아 그때 내가 그렇게 나쁜 말을 했던가?"

    하나님을 피하는 아담에게 하나님께서 물었습니다.
    "아담아, 네가 어디 있느냐?"
    하나님과의 관계에서 어느 자리에 있느냐는 물음은 모든 인간에게 향합니다.
    "네가 어디 있느냐?"

    내가 주께로부터 왔고 주께로 가게 된다는 사실을 아는, 그 진리의 자리에 있는 사람이 복이 있습니다. 나의 시작을 알고 끝을 아는 사람이 복이 있습니다.

    나의 시작에 나의 끝이 있고, 나의 끝에 나의 시작이 있다. -T.S. 엘리엇-

Prayer

주님, 우리가 주께로부터 왔고 주께로 가게 된다는 진리를 아는 자리에서 살아가게 하소서.

창세기

07 사랑하는 교수님께 드린 편지 1 / 죄의 시작

그것을 먹는 날에는…하나님과 같이 되어 _ **창세기 3:5**

은사를 찾아뵙기 전에 급히 편지 한 통을 준비했습니다. 건강 악화 때문에 혹시 오랜 시간 대화를 나눌 상황이 안 될지 모르기 때문이었습니다. 그런 상황이 되면 편지를 드리고 와야겠다는 생각을 하게 된 것입니다. 사랑하는 교수님과 만남 속에서 나누었던 대화들을 생각하면서 적어 내려간 편지입니다.

교수님 그날의 대화들을 기억하시지요?
성경 첫 책 창세기는 세상과 인류의 시작을 말하는데 또 한 가지 시작을 알리고 있다고 말씀드렸던 것을요? 바로 죄였습니다. 성경에서 인간은 모두 다 죄인이라고 선언합니다. 그런데 세상에서 흔히 말하는 죄와 본질적인 면에서 다릅니다. 사기, 강도, 상해, 살인 등 모든 것이 다 죄지만, 인간의 근원적이고 본질적인 죄가 있습니다.
하나님께서 인간을 지으시고 에덴동산에서 모든 것을 누리며 살도록 하셨습니다. 그런데 딱 한 가지만은 금하셨습니다. 하나님은 하나님 되시며 인간은 인간 되어야 한다는 경계로서의 금단의 열매입니다.
인간의 교만과 욕심은! 그 딱 한 가지조차도 불순종했던 것입니다. 그들이 열매를 먹은 궁극적 이유가 창세기 3:5에 나타납니다. 너희가 하나님과 같이 될 거다라는 사탄의 달콤한 유혹입니다. 내가 하나님처럼 되어 내 마음 내 생각대로 살고자 하는 교만! 이것이 죄 근원이요 뿌리입니다. 이 죄의 근원과 뿌리에서 거짓, 강도, 살인 등 온갖 죄의 열매들이 열립니다.

교수님은 법대를 다니셨기에 죄에 대해서 잘 아실텐데, 그날 인간의 죄에 대해 말씀드렸습니다. 그날도, 건강이 안 좋으신 몸으로 소파에 앉으셔서 3시간여 동안 부족한 제자의 말을 얼마나 잘 경청해 주시던지요! 그래서 다시 한번 마음 깊이 교수님을 존경하며 돌아왔던 날이었습니다.

Prayer.
주님, 우리가 죄의 근원이 무엇인지를 알게 하시고 잊지 않게 하소서.

1 창세기

08 한 걸음 한 걸음 주님과 함께 날마다 우리 걸어가리

에녹이 하나님과 동행하더니 _ 창세기 5:24
그(노아)는 하나님과 동행하였으며 _ 창세기 6:9

에녹과 노아는 하나님과 동행하였습니다. '동행'(Walked with God)이란, 하나님과 함께 걷는 것입니다. 찬송가 430장의 노래처럼, "한 걸음 한 걸음 주 예수와 함께" 걸어가는 것입니다.

다른 번역본 성경에서는, '동행'이라는 단어를 쓰지 않고 쉽게 풀어서 말합니다. [현대어 성경]에서는 그는 일생동안 하나님 뜻을 따라 그분과 함께 살다가입니다. [쉬운 성경]에서는 그는 일평생 하나님 뜻을 따라 하나님과 깊은 관계를 누리며 살다가입니다. [현대인의 성경]에서는 그는 하나님과 깊은 교제를 나누며입니다.

물론, 성숙하든 미성숙하든 하나님은 믿는 자들과 사랑의 동행을 하십니다.
신앙이 뜨겁든 차갑든 하나님은 믿는 자들과 사랑의 동행을 하십니다.
심지어 죄악을 범했다 하더라도, 하나님은 영원토록 떠나지 않으십니다.
그런데 주님의 기쁨이 되는 동행도 있고, 그렇지 않은 동행도 있습니다.
에녹과 노아의 동행은 주님의 기쁨이 되는 동행이었으며, 주님의 기쁨이 되는 동행에는 구체적 삶의 모습 두 가지가 나타납니다.

첫 번째는 '떠남'입니다. 아모스 3:3절은 동행을 이렇게 설명합니다. 두 사람이 뜻이 같지 않은데 어찌 동행하겠으며. 동행은 하나님 뜻이 아닌 것으로부터의 떠남입니다. 내가 떠나야 할 것은 무엇이겠습니까? 자기중심적인 이기적 가치관, 물질 중심적 가치관, 외모와 외형 중심의 가치관 등 하나님 뜻이 아닌 것으로부터 떠나기 위해 분별하고 회개하고 결단하는 삶이 동행입니다.

두 번째는 '영적 습관'입니다. 떠나기 위해 결심했지만, 영적 습관을 형성하지 않으면 떠났던 자리로 되돌아옵니다. 따라서 기도 영적 습관, 말씀 영적 습관, 감사 영적 습관, 섬기는 영적 습관, 회개 영적 습관, 예배와 모임에 나오는 영적 습관을 쌓아가야 합니다. 날마다 날마다 우리 걷는 길이, 주님 기쁨의 동행이 되길 소망합니다.

Prayer

주님. 나의 뜻이 주님 뜻에 맞추어지며 동행하게 하옵소서. 나의 날들이, 영적 습관 속에서 주님과 친밀한 관계를 누리며 주님이 기뻐하시는 순종의 동행이 되게 하옵소서.

1 창세기

09 말씀으로 창조하십니다
나를 새롭게 지으십니다

> 이 후에 여호와의 말씀이 환상 중에 아브람에게 임하여 이르시되 아브람아 두려워하지 말라 나는 네 방패요 너의 지극히 큰 상급이니라 _ 창세기 15:1

우리는 날마다 쉴 새 없이 듣습니다. 가족과 친구들과 주변 사람들의 소식과 소문, 즐겁고 신나는 소리, 기분 설레는 소리, 마음 울리는 감동의 소리, 그뿐만 아니라 불안 염려의 소리, 불평 원망의 소리, 비난의 소리, 자랑하는 소리, 다툼과 분쟁의 소리, 우울하고 슬픈 소리, 절망적인 소리. 우리는 날마다 사람들의 말과 소리를 듣고, 세상의 소식과 뉴스를 듣습니다.

새해를 출발하고 오늘에 이르기까지, 어떤 세상 소식들이 들려왔습니까?
어떤 사람들의 소리가 내 마음과 귀에 가장 남아 있습니까?
그리고 어떤 하나님의 소리(말씀)를 마음에 새기게 되었습니까?
하나님은 말씀으로 세상을 창조하셨습니다.

하나님이 말씀하시되 빛이 있으라 하시니 (창 1:3)
모든 세계가 하나님의 말씀으로 지어진 줄을…(히 11:3)

태초에 말씀으로 창조하신 하나님은 오늘도 말씀으로 새롭게 지으십니다.
오늘 내가 귀 기울이고 하나님께 들으며 순종하는 그 말씀이!
오늘 나를 쪼개어 수술하고, 치유하고, 건강하게 재창조합니다.
원래 '아브람'이었는데, 나중에 '아브라함'이 되었습니다

이제 후로는 네 이름을 아브람이라 하지 아니하고 아브라함이라 하리니(창 17:5).

하나님의 말씀으로 새롭게 지어진 것입니다.
우리도 올 한 해, 하나님 말씀으로 새롭게 지어져 갑니다.

Prayer.

주님, 말씀을 듣고 순종하는 중에 새롭게 지음 받는 새해 되게 하소서.

1 창세기

10 벧엘, 내가 하나님을 처음 만난 자리

그 곳 이름을 벧엘이라 하였더라 _ 창세기 28:19

〈창세기〉에서 만나는 야곱은 험악한 세상 나그넷길을 130년 동안 살았다고 스스로 말합니다(창 47:9). 그런데 야곱 인생 스토리의 핵심은 '하나님과의 만남'입니다. 네 번의 중요한 만남으로 험악한 세월을 요약할 수 있습니다. 첫째 벧엘, 둘째 하란, 셋째 브니엘, 넷째 엘벧엘입니다.

첫째, '벧엘'에서의 만남입니다.
야곱은 아버지 이삭과 형 에서를 속여 형의 축복을 가로챘습니다. 형은 분노 가운데 야곱을 죽이고자 했고, 야곱은 도망칩니다. 죽음에 대한 공포와 외로움과 곤고함이 뒤범벅이 되어 쓰러졌는데, 자기 죄로 인한 결과입니다. 쓰러지고 무너진 자리에서 하나님은 야곱을 만나 주십니다.
야곱은 자신을 만나주신 하나님께 감격하며 돌기둥을 세우고 '벧엘' 곧 '하나님의 집'이라는 이름을 붙입니다. 그리고 하나님께서 앞으로 먹을 떡을 주시면, 입을 옷을 주시면, 평탄케 하시면 하나님을 잘 섬기겠다는 서원을 합니다(창 28:20-21). 야곱은 그저 자신의 필요 때문에 하나님을 구하는 이기적이고 영적 어린아이 모습이었습니다. 그럼에도 불구하고 하나님은 야곱을 만나시고 사랑과 은혜를 베푸십니다.
이기적이고 죄가 많아서 감히 하나님의 거룩한 자녀가 될 자격이 없었지만, 한량없는 사랑으로 만나주신 그곳이 바로 '벧엘'입니다.

순수하지 못하며 이기적일 수 있고,
물에 빠져 지푸라기라도 잡는 심정이었을 수 있지만,
처음으로 '나의!' 하나님을 찾았을 때,
한량없는 사랑과 은혜로 손잡아 주셨던 벧엘!
그 벧엘의 자리는 잊힐 리가 없는 그리움입니다. 잊지 못할 감사입니다.

Prayer

주님, 평생토록 벧엘의 그리움, 벧엘의 은혜를 간직하게 하소서.

1

창세기

11 # 하란, 나의 믿음이 자라난 자리

야곱이 브엘세바에서 떠나 하란으로 향하여 가더니 _ **창세기 28:10**

야곱은 형의 분노를 피해 외삼촌 라반의 집이 있는 '하란'이라는 곳으로 도망가서 가정을 이루며 20년을 살게 됩니다. 그런데 그 20년 세월은 고난의 시절이었습니다. 야곱 스스로 설명하는 곳이 창세기 31:40-42입니다.

내가 이와 같이 낮에는 더위와 밤에는 추위를 무릅쓰고 눈 붙일 겨를도 없이 지냈나이다. 내가 외삼촌 집에 있는 이 이십 년 동안 외삼촌의 두 딸을 위하여 십사년, 외삼촌의 양떼를 위하여 육 년을 외삼촌에게 봉사하였거니와 외삼촌께서 내 품삯을 열 번이나 바꾸셨으며(번번히 받지 못했음)

야곱 자신보다 더 약삭빠르고 욕심스러운 외삼촌을 만나서 온갖 고생을 다 한 것입니다. 그런데 야곱은 그 고난의 세월에 대해 이렇게 고백합니다.

그러할지라도 내 아버지의 하나님은 나와 함께 계셨느니라(창 31:5)
하나님이 내 고난과 내 손의 수고를 보시고(창 31:42)

야곱은 하란에서의 20년 동안 믿음의 인내로 반응하였습니다.
믿음의 인내로 반응함이 어떤 삶이겠습니까?
내 삶의 모든 사건과 상황에 하나님이 함께 계심을 믿는 것입니다.
모든 사람과의 관계 속에 하나님이 함께 계심을 믿는 것입니다.
하나님이 내 고난과 내 손의 수고를 보고 계심을 믿는 것입니다.
올 한 해 동안도, 시험에 들 만한 일이 '분명히' 생길 것입니다.
새해에도 염려스러운 일이 '당연히' 있을 것입니다.
그런데 그 고난의 시기를 맞을 때, 내 믿음이 자라나는 자리가 되게 해야 합니다.
실력이 자라나고, 건강이 자라나고, 관계가 자라나고, 재산이 자라나는 것도 좋지만 믿음이 자라나는 것이 인생에서 가장 좋은 일입니다.

Prayer.

주님, 올 한 해에도 하란의 시기를 지날 때 믿음이 자라게 하소서.

1 창세기

12 브니엘, 벼랑 끝에서 하나님만 붙드는 자리

그러므로 야곱이 그 곳 이름을 브니엘이라 하였으니 _ 창세기 32:30

야곱은 절체절명의 위기를 만났습니다. 예전에 형을 속이고 도망했었는데, 형 에서의 군사가 오고 있다는 소식을 들은 것입니다. 자기뿐만이 아니라 온 가족이 몰살될지 모른다는 위기에 직면했습니다. 심히 큰 두려움으로 얍복 강가에서 밤새도록 기도했습니다.

그런데 자신이 가장 약할 그때, 벼랑 끝에서 하나님만 붙들었을 그때,
야곱은 하나님의 큰 은혜를 입게 됩니다.
그리고 그곳의 이름을 '브니엘'(하나님의 얼굴)이라고 붙였습니다.

마음을 심히 두렵게 하는 그것 때문에 기도하며 하나님께 엎드릴 때,
마음을 심히 두렵게 하는 그것 때문에 낮아지고 깨어지며 엎드릴 때.
그 깨어지고 낮아지고 기도하는 얍복 강가에서,
귀로만 듣던 하나님을 얼굴로 뵙는 가장 큰 은혜를 받게 됩니다.

이 세상은 강할수록 존귀함을 받습니다.
그러나 하나님 은혜는 반대입니다.
내가 약할수록 주의 은혜는 더 풍성하게 부어지는 것입니다.

내 약함을 알고 겸손히 하나님께 엎드리는 그때,
우리가 알지 못하는 크고 비밀한 하나님의 일들을 보게 됩니다.
하나님을 가까이에서 뵙는 브니엘의 은혜가 임하는 것입니다.

나 무엇과도 주님을 바꾸지 않으리 다른 어떤 은혜 구하지 않으리
오직 주님만이 내 삶의 도움이시니 주의 얼굴 보기 원합니다 (CCM).

Prayer

주님, 우리로 얍복 강가의 야곱과 같이 하나님께 엎드리며, 깨어지고, 낮아지고, 기도하게 하소서. 그리하여 브니엘의 은혜를 주소서.

1 　창세기

13　**벧엘, 다시 하나님 은혜만 간절히 구하는 자리**

그가 거기서 제단을 쌓고 그 곳을 엘벧엘이라 불렀으니 _ 창세기 35:7

하나부터 열까지 하나님의 은혜였습니다. 야곱은 벧엘에서 처음 하나님을 만났습니다. 하란에서 믿음의 인내로 연단을 거쳤습니다. 브니엘에서 절체절명의 위기 가운데 주님 얼굴을 뵙는 은혜의 클라이맥스를 경험했습니다.

그런데 이렇게 큰 은혜를 경험하고도, 고난이 지나고 평온해지자 은혜를 사모하는 간절함을 잃어버렸습니다. 받은 은혜에 합당한 사랑과 순종의 삶이 아니라 자기를 위해 집을 짓고 땅을 사며 부를 축적하는데 마음을 빼앗겼습니다. 그러다 엄청난 고난이 다시 닥쳐왔고(창 34) '다시 벧엘로 올라가라!'는 하나님 말씀을 듣고 회개하며 순종합니다.

> 너희 중에 있는 이방 신상들을 버리고 자신을 정결하게 하고 너희들의 의복을 바꾸어 입으라 우리가 일어나 벧엘로 올라가자 내 환난 날에 내게 응답하시며 내가 가는 길에서 나와 함께 하신 하나님께 내가 거기서 제단을 쌓으려 하노라(창 35:2-3)

하나님께서는, 우리를 최선의 삶으로 인도하시는 데 필요하다면 위기와 고난을 허락하실 것입니다. 다시 하나님만을 바라보도록 정신이 번쩍 들게 하는 사건을 허락하실 것입니다.

> 그가 거기서 제단을 쌓고 그 곳을 엘벧엘이라 불렀으니(창 35:7)

엘벧엘(אל בית־אל)은 야곱이 다시 하나님만 소망 삼으며 은혜를 간절히 구했던 자리입니다. 하나님을 향한 사랑과 열심과 충성을 회복하는 자리입니다.

Prayer

주님, 우리가 '일어나 벧엘로 올라가는!' 엘벧엘의 사람들이게 하소서.

창세기

저마다, 꿈이란 이런 거라 말하지만

서로 이르되 꿈꾸는 자가 오는도다 _ 창세기 37:19

〈봄 여름 가을 겨울〉이라는 그룹이 불렀던 이런 노래가 있습니다.

어떤 이는 꿈을 간직하고 살고 어떤 이는 꿈을 나눠주며 살며
다른 이는 꿈을 이루려고 사네
어떤 이는 꿈을 잊은 채로 살고 어떤 이는 남의 꿈을 뺏고 살며
다른 이는 꿈은 없는 거라 하네
세상에 이처럼 많은 사람들과 세상에 이처럼 많은 개성들
저마다 자기가 옳다 말을 하고 꿈이란 이런 거라 말하지만
나는 누굴까 내일을 꿈꾸는가 나는 누굴까 아무 꿈 없질 않나
나는 누굴까 내일을 꿈꾸는가 나는 누굴까 혹 아무 꿈 (커 가는 꿈).

요셉의 별명은 '꿈꾸는 자'였습니다. 그런데 사실 요셉 자신의 꿈이 아니라 하나님의 꿈입니다. 요셉을 통해 하나님께서 이루고자 하시는 하나님의 꿈인 것입니다. 그 꿈은 인생은 온갖 고난 속에서도 요셉이 다스리는 자로 성장하는 것이었습니다.

우리는 고난 가운데 무너져 환경의 종이 되기도 하고, 달콤한 유혹에 넘어가 쾌락의 종이 되기도 하고, 미움, 시기, 원망, 분노 등 부정적인 감정의 종이 되기도 하고, 사람들의 인정을 구하며 사람의 종이 되는 등, 온갖 것에 눌려있을 수 있습니다.
그런데 하나님의 꿈은 우리가 종이 아니라 다스리는 자로 살아가는 것입니다. 성경에서 다스림이란 '섬김'을 뜻합니다. 감옥으로 보내진 자리, 어느 자리에서나 환경의 지배를 받지 않고 섬기는 자로 세워져 갔습니다. 그러한 요셉으로 인해 무수한 죽음에서 건짐을 받았고, 하나님의 영광이 나타났습니다.

하나님은 나를 향하여서도 같은 꿈을 가지십니다.
나의 인생을 통해 그분의 꿈이 이루어져 갈 소망합니다.

Prayer
주님, 올 한 해 요셉과 같이 꿈꾸는(섬기는) 자로 살아가게 하소서.

1 성경 두 번째 책, 출애굽기

15 크리스천은 모세입니다
건짐 받고 건져내는 자입니다

그의 이름을 모세라 하여 _ 출애굽기 2:10
모세야 모세야 하시매_ 출애굽기 3:4

〈출애굽기〉는 헬라어 '엑소도스(ἔξοδος, 나감, 떠남, 탈출)'에서 유래한 명칭입니다. 애굽의 노예로 있는 이스라엘을 해방하기 위하여 하나님께서 모세를 부르십니다. 모세는, 히브리 동사 '먀샤(משה, 끌어내다, 건져내다)'에서 나온 이름입니다. 모세는 하나님께 건져 냄을 받은 자이면서, 동시에 백성들을 건져 내기 위해 하나님께서 부르신 자였습니다.

크리스천은 '모세'입니다. '건짐 받은 자'이고 또한 '건져 내는 자'입니다.
가족, 친구, 동료, 이웃을 죄와 죽음의 심판으로부터 Exodus, 탈출을 돕는 모세입니다. 해방과 자유를 얻은 자이고 해방과 자유를 돕는 자입니다.

어니스트 캠벨의 기도문 중 일부입니다.

오, 우리가 자유로워지기를 원하시는 주님,
우리를 모든 강압적인 권세에서 구원하시려 아들을 주신 주님,
우리로 하여금 당신의 자유를 누리는 자가 되게 하소서.
당신의 자유를 선포하는 자가 되게 하소서.
당신의 자유의 도구가 되게 하소서.
다른 이들의 사슬을 풀어줄 수 있도록 우리의 사슬을 끊어주소서.
그리하면 이 땅에서 해방받은 자의 기쁨이
힘찬 찬송처럼 용솟음칠 것입니다.
우리 주 예수 그리스도의 이름으로 기도합니다. 아멘.

Prayer

주님. 우리를 묶고 있는 이런저런 얽매임에서 더욱 자유를 누리게 하소서. 해방된 자의 기쁨을 누리게 하소서. 그러나 갈라디아서 5:13 말씀처럼, 그 자유를 방종의 기회로 삼지 말고 오직 사랑으로 종노릇 하게 하소서. 그리하여 세월을 낭비치 않고 아끼며 값지게 살게 하소서.

1 출애굽기

어린 양 피를 볼 때에, 내가 널 넘어서 가리라

> 내가 애굽 땅을 칠 때에 그(어린 양) 피가 너희가 사는 집에 있어서 너희를 위하여 표적이 될지라 내가 (어린 양) 피를 볼 때에 너희를 넘어가리니 재앙이 너희에게 내려 멸하지 아니하리라 _ **출애굽기 12:13**

성경에는 첫 책 〈창세기〉로부터 마지막 책 〈요한계시록〉까지 길고 긴 강이 흐릅니다. 그 강은 생명의 강이며 영원히 흐르는 강입니다. 바로 예수 그리스도께서 십자가에서 흘리신 보혈의 강입니다.

구약, 신약 66권의 성경은 결국 예수님에 대한 증언입니다. 구약은 예수님 탄생 이전의 기록이지만, 예수님의 그림자가 여러 가지 모습으로 보입니다. 그중 하나가 출애굽기 12:5-7, 13, 21의 '유월절 어린 양'입니다.

'유월(逾越)'이라는 말의 의미는, '유-지나갈 유/월-넘을 월'입니다. 즉, '넘어서 지나간다, 건너뛴다'라는 뜻입니다. 무엇을 건너뛰고 지나갔습니까? 죽음과 지옥의 심판입니다.

하나님께서, 하나님을 거역하는 애굽(세상)을 심판하실 때 애굽의 모든 장자가 다 죽었습니다. 그러나 어린 양을 희생 제물로 삼아 그 피를 좌우 문설주와 인방에 바른 집에는 죽음의 재앙이 '유월' 즉, 건너뛰어 지나갔습니다.

구약 성경의 이 유월절 어린 양 사건은, 신약 성경의 예수 그리스도를 보여주는 그림자입니다. 어린 양의 피가 이스라엘을 구원하였듯이, 십자가에서 흘리신 어린 양 예수 그리스도의 피가 인류를 구원하는 것입니다.

내 공로와 자격으로는 죄로 인한 심판과 죽음을 넘어갈 수 없습니다. 우리의 대속을 위해 희생양 되신 예수 그리스도의 피를 믿고 의지할 때, 심판을 넘어갈 수 있습니다. 죄와 죽음에서 해방되어 자유와 생명을 얻게 됩니다.

찬송가 265장(주 십자가를 지심으로)을 찬송하고 묵상하고 기도합니다.

1

출애굽기

17 사랑하는 교수님께 드린 편지 2 / 죽음과 심판

내가 피를 볼 때에 너희를 넘어가리니 _ **출애굽기 12:13**

기억나시지요? 교수님은 인생 정리와 죽음에 관해 생각이 많으셨는지 제게 이렇게 말씀하셨습니다. "인간이 죽으면 다 끝이지."

그래서 제가 조심히 말씀드렸습니다. 인간이 죽는다고 끝이 아닙니다. 성경 히브리서에 보면, 한 번 죽는 것은 사람에게 정해진 것이요 그 후에는 심판이 있다고 기록되어 있습니다. 죽음도 인간에게 반드시 이루어지는 진리이지만, 심판도 인간에게 반드시 이루어지는 진리입니다.

그런데 하나님은 거룩하시므로 아무리 작은 범죄라 할지라도 눈감아 주실 수 없으십니다. 불의한 심판을 하실 수가 없으십니다. 이렇듯 공의로운 심판에서, 인간 스스로는 자신을 구원할 길이 없습니다. 학문으로도, 선행으로도, 소유와 물질로도, 그 어떤 것으로도 자신의 죄를 씻고, 나는 죄가 없다면서 심판대 앞에 당당히 설 수 없습니다. 나의 죄 문제를 해결할 길이 없는 것입니다.

그런데 죄인들을 구원하시기 위해 예수 그리스도께서 희생 제물인 어린 양으로 이 땅에 오셨습니다. 죄인 된 인간들이 받아야 할 형벌을 십자가에서 대신 받으셨습니다. 예수님이 희생 제물로 드려지셨기에 인간은 죄를 회개하고 예수님을 믿으면 되는 것입니다.

그리고 회개해야 할 가장 근본적인 죄는, 하나님을 인정하지 않고 내가 하나님처럼 되어 내 마음 내 생각대로 살아가려는 교만입니다. 이 교만의 죄를 겸손히 회개하고 예수님을 영접해야 합니다.

그때, 가만히 들으시던 교수님께서 제게 물으셨습니다.
"영접한다? 그게 무슨 뜻인가?"

(영접에 관한 대화는 7월 28일 묵상에서 계속됩니다.)

Prayer

주님, 사랑하는 이들이 회개하고 주님을 영접하는 구원의 은혜를 주소서.
이미 믿은 우리는 날마다 주님을 새로 모셔 들이게 하소서.

출애굽기

18 오늘 우리도, 홍해 기적의 사람들입니다

> 모세는 백성에게 이르되 너희는 두려워하지 말고 가만히 서서 여호와께서 오늘날 너희를 위하여 행하시는 구원을 보라 _ **출애굽기 14:13**

그들의 뒤에서는 애굽 병거와 기마병이 쫓아오고 있었고 앞에는 홍해가 나타났습니다. 백성들은 "우리가 여기에서 다 죽게 되었다!"라고 절규했습니다. 그런데 모세가 쩌렁쩌렁한 소리로 외칩니다.

너희는 두려워하지 말고 가만히 서서 여호와께서 오늘날 너희를 위하여 행하시는 구원을 보라!

홍해가 갈라지면서 마른 땅이 나타났습니다. 백성은 환희와 감격에 벅차 바다 가운데를 달렸습니다. 해방과 자유를 확보하는 극적 순간이었습니다.
많은 그리스도인이 이런 생각을 가질 수 있습니다.
'내 삶에도 홍해 기적 같은 사건이 일어난다면 열정적인 신앙인이 될 수 있을 텐데. 뜨겁게 충성하며 살아갈 텐데.'
그런데 그 위대한 홍해 기적 사건은 옛날 이스라엘의 역사만이 아닙니다. 모든 시대 교회와 성도들에게 오늘 살아 숨 쉬는 역사입니다. 예수님 믿고 침례(세례) 받는 자는 홍해를 통과한 사람이라고 성경이 알려주는 것입니다.

> 형제들아 나는 너희가 알지 못하기를 원하지 아니하노니 우리 조상들이 다 구름 아래에 있고 바다 가운데로 지나며 모세에게 속하여 다 구름과 바다에서 침례(세례)를 받고
> (고전 10:1-2)

구약 백성들에게 생명과 해방과 자유를 주신 출애굽의 하나님은,
오늘, 우리의 하나님이십니다.
오늘, 나에게 생명과 자유를 주시는 나의 하나님이십니다.
우리는 홍해 기적을 통과한 놀라운 사람들입니다.
하루하루가 하나님 은혜이고 기적이기를 기도합니다.

Prayer

주님, 하루하루가 하나님의 은혜이고 기적이게 하소서. 아멘.

1 **출애굽기**

19 # 십계명을 비롯한 율법은,
속박이 아니라 자유를 줍니다

나는 너를 애굽 땅, 종 되었던 집에서 인도하여 낸 네 하나님 여호와니라 너는 나 외에는 다른 신들을 네게 두지 말라(십계명) _ **출애굽기 20:2-3**

하나님께서 이스라엘을 해방하신 후 제일먼저 하신 일이 십계명을 비롯한 율법을 주신 것입니다. '율법'은 속박이나 무거운 짐을 연상케 하지만, 오히려 그 반대입니다. '율법'은 죄와 불행으로부터 나를 지키시며 방종의 타락에서 나를 자유롭게 하시려는 하나님 은총의 선물입니다. 이에 대해 『하나님을 경험하는 삶』(헨리 블랙가비 저, 요단, 2006) 에서는 아래와 같이 설명합니다.

하나님은 당신을 사랑하시기 때문에 그 사랑의 관계에 있어 풍성한 것을 손해 보지 않도록 삶의 지침을 주신 것입니다. 인생은 당신을 완전히 파멸시킬 수도 있고, 당신의 삶을 망쳐버릴 수 있는 지뢰와 같은 것을 지니고 있습니다. 하나님은 당신이 그분이 주시는 최선의 것들을 하나라도 잃어버리기를 원치 않으십니다. 그리고 당신의 인생이 망가지는 것을 원치 않으십니다.

당신이 지뢰밭을 가로질러야 한다고 가정합시다. 그 때 그 지뢰밭에 지뢰가 어디에 묻혀 있는지 정확히 알고 있는 사람이 당신을 인도해주겠다고 자청했습니다. 당신은 그 사람에게 "나에게 이래라 저래라 하지 말아요. 나는 당신이 당신의 길을 나에게 강요하는 것을 원치 않습니다"라고 말하겠습니까?

그가 나를 인도하는 지침은 나의 생명을 지켜줄 것입니다. 그는 아마 이렇게 말하겠지요. "그쪽으로 가면 안돼요. 그 길은 당신을 죽음으로 몰아넣을 것입니다. 이쪽으로 오십시오. 그러면 당신은 살 것입니다."

이것이 하나님이 계명을 주신 목적입니다. 그분은 당신이 생명을 얻고 더욱 풍성히 살기를 원하십니다. 주님이 당신에게 계명을 주실 때, 그것은 당신을 위해서 마련해 놓으신 최선을 보존하기 위함입니다. 하나님이 계명을 주시는 것은 제한하는 것이 아니라, 당신을 자유케 하시려는 것입니다.

Prayer

주님, 말씀에 순종함으로 참 자유를 누리며 최선의 삶을 살게 하소서.

성경 세 번째 책, 레위기

나는 누구입니까? 왕 같은 제사장(כֹּהֵן, 코헨)입니다

> 제사장들은 그 피를 가져다가 _ **레위기 1:5**
> 우리를 사랑하사 그의 피로 우리 죄에서 우리를 해방하시고 그의 아버지 하나님을 위하여 우리를 나라와 제사장으로 삼으신 그에게 영광과 능력이 세세토록 있기를 원하노라 아멘 _ **요한계시록 1:5-6**

성경 세 번째 책 〈레위기〉는, 야곱 자손 중의 한 지파인 '레위인'들에게 해당하는 책'이라는 의미입니다. '레위인'이란 제사(예배)에 관련된 봉사를 하는 특정 계층이었습니다. 그리고 레위인 가운데 제사장들이 나왔습니다. 그런데 신약 시대 이후는 모든 성도가 레위인이요 제사장입니다.

> 너희는 왕 같은 제사장들이요 거룩한 나라요 (벧전 2:9)
> 피로 사서 하나님께 드리고 그들로 우리 하나님 앞에서 나라와 제사장들로 삼으셨으니 (계 5:10)

'나는 누구인가?' 우리는 자신의 신분과 정체성을 잊지 않고 하루하루 살아가야 합니다. 그렇지 않으면 세상 급류에 휩쓸려 속수무책 떠내려가게 됩니다. 하나님은 우리를 사랑하사 그의 피로 우리를 죄에서 해방하시고, 자녀 삼아주셨습니다. 그리고 새로운 신분을 주셨습니다. '제사장'입니다. 창세기로부터 요한계시록에 이르기까지 성경 전체에서 언급하고 있습니다.

'제사장'은 현대 사회에서는 낯선 용어인데, 제사장의 히브리 원어는 코헨(כֹּהֵן)입니다. '하나님과 다른 사람 중간에 서 있다'라는 뜻을 가집니다.
하나님과 다른 사람 중간에 서 있는 제사장, 코헨인 나를 통해 하나님의 은혜와 복이 그들에게 흘러가게 되는 것입니다. 제사장, 코헨인 나를 통해 그들이 주께로 나오게 되는 것입니다. 코헨인 내가 하나님 원수인 그들을 하나님과 화목하게 합니다.
나는 하나님과 가족 중간에 서서 가족을 하나님께로 인도하는 제사장입니다. 나는 부모님에게 코헨이며, 배우자에게 코헨이며, 자녀들에게 코헨 제사장입니다. 친구와 동료 속에서 제사장이요, 이웃과 세상 속에서 제사장이요, 교회와 성도 속에서 제사장입니다. 코헨인 나를 통해서 다른 사람들이 하나님과 닿을 수 있고 하늘 생명과 닿을 수 있습니다.

Prayer

주님. 왕 같은 제사장 신분에 합당하게 살아갈 수 있는 모든 능력과 지혜와 용기와 담대함을 부어 주옵소서.

1 　　레위기

21　사랑하는 해린아, 행복을 위해서 살지 말아라

나는 여호와 너희의 하나님이라 내가 거룩하니 너희도 몸을 구별하여 거룩하게 하고 _ 레위기 11:44

〈레위기〉의 핵심 메시지는 '거룩'입니다. 〈레위기〉에서 87번이나 반복되는데 의미는 '구별됨, 다름'입니다. 거룩을 쉬운 말로 하자면 '성결'입니다.

경부고속도로가 끝나는 서울 도착 지점 왼쪽에 〈우리들 교회〉가 있습니다. 예전에 서울을 오가는 통행 차량이 다 볼 수 있도록 이렇게 대형 현수막을 걸어놓았던 적이 있었습니다.

'결혼의 목적은 행복이 아닙니다. 거룩입니다.'

크리스천의 삶의 목적은 성공, 형통, 평안 등으로 인해 얻으려는 행복이 아니라, 성결과 거룩입니다. 그래서 아내가 막내딸에게 보냈던 카톡입니다.

사랑하는 해린아

자신의 행복을 위해 살아가지 말아라.
그러기엔
고통 속에 허덕이는 우리의 이웃들이 너무 많단다.

행복을 위해 살아간다면,
인생의 고난 속에서
살아가는 이유를 잃어버릴 수 있단다.

진정 행복하기 원한다면
하나님 때문에, 그분의 목적을 위해 살아가거라.

그러면 어떠한 상황 속에서도 삶의 의미를 발견하며
하나님으로 인해 기뻐할 수 있단다.

Prayer

주님, 우리 삶의 목적이 행복이 아니라 거룩이게 하시고, '성결·거룩'을 소망하며 신앙이 자라는 가운데 참 행복을 누리는 한 해 되게 하소서.

1	레위기

22 # 성도 '됨'과 성도 '다움'은 다릅니다

> 너희는 나에게 거룩할지어다 이는 나 여호와가 거룩하고 내가 또 너희를 나의 소유로 삼으려고 너희를 만민 중에서 구별하였음이니라 _ 레위기 20:26

우리는 예수님을 믿은 후에 '성도'라는 말을 듣게 되었습니다.
'성도(聖徒)'란 '거룩한 백성'이라는 뜻입니다.

'나는 거룩한 사람인가? 우리는 거룩한 사람인가?'
신앙생활에서 '거룩'을 올바르게 이해하는 것이 매우 중요합니다.
거룩이란 '구분되다, 다르다, 성별되다'라는 의미입니다.

나 여호와가 너희를 만민 중에서 구별하였음이니라

행위가 선하고 도덕적이어서 '거룩한 사람(성도)'이 된 것은 아닙니다.
하나님께서 구별하시고 선언해 주셔서 '거룩한 사람'이 된 것입니다.
내 삶의 면면을 보니, 거룩한 사람 맞는가?
저 사람 삶의 모습을 보니, 성도가 맞는가?
이런 회의적인 물음을 가질 수 있습니다.

'성도!'
이것은 하나님의 주권적인 행하심에 대한 믿음과 감사에 속한 일이지,
회의와 질문의 문제가 아닙니다.
크리스천들에게 회의적 물음이 있다면, 이것입니다.
'나는 성도답게 살고 있는가? 이제 어떻게 성도답게 살 것인가?'

Prayer

나 같은 죄인을 '거룩한 사람(성도)'로 삼아 주셔서 감사합니다. 이 세대 풍조와 구분되어 주님을 따라가는 성도다운 삶이 되게 도와주소서. '어떻게 성도답게 살 것인가?' 이것이 기도 제목이며 소망이 되게 하소서.

1
레위기

23 하늘은 스스로 돕는 자를 돕는다

나는 너희를 거룩하게 하는 여호와요 _ 레위기 22:32
너희는 스스로 깨끗하게 하여 거룩할지어다 _ 레위기 20:7

예수님을 믿음으로 인해 '순식간에 영원히' 구분되고 거룩함을 얻습니다.

이렇게 시작된 거룩은 내 안에서 계속 진행됩니다. 이를 '성화(聖化, Sanctification)'라고 하는데, 평생 동안 이루어지며, 본인의 힘으로가 아닌 하나님의 힘으로 되어가는 은혜의 선물입니다. '하나님께서 성도 삼아 주심으로 끝난 것이 아니라, 거룩한 백성답게 성숙해지도록 도와주시는 것입니다.'

나는 너희를 거룩하게 하는 여호와라(레 22:32)

너희 안에서 선한 일을 시작하신 이가 그리스도 예수의 날까지 이루실 줄을 우리는 확신하노라(빌 1:6)

'이처럼 우리의 변화를 위해 하나님께서 친히 역사하십니다.' 그렇다면 우리는 아무것도 안 하고 수동적으로 있으면 되느냐? 아닙니다! 하나님을 향한 믿음 위에 굳게 서서 우리 또한 힘쓰고 애써야 합니다.

너희는 스스로 깨끗게 하여 거룩할지어다(레 20:7)

'우리의 구원은 전적으로 하나님 은혜로 이루어집니다.' 구원을 위해 우리가 할 수 있는 일은 아무것도 없습니다. 그저 내가 죄에서 구원받아야 할 자임을 깨닫고 십자가를 통하여 이루신 하나님 은혜를 감사함으로 받아들이는 것! 이것이 우리가 할 수 있는 전부입니다. 이런 면에서 "하늘은 스스로 돕는 자를 돕는다"라는 격언은 하나님 구원을 설명하는 데 맞지 않습니다. 하지만 구원받은 자가 하나님 자녀답게 성화 되어 가는 과정을 표현하는 데는 적절한 말입니다.

구원 이후 얼마나 성도답게 거룩해지느냐(예수님 성품을 닮아 가느냐) 하는 것은, 성도의 삶 속에 역사하시는 그분의 일하심에 대한 성도 각자의 반응에 달린 것입니다. 어떤 이는 적극적으로 하나님께 반응하며 건강하게 자라날 것이고, 어떤 이들은 영적 게으름에 빠져 그렇지 못할 수 있습니다. 믿은 지 오래되었지만 성장하지 못하고 여전히 유아적인 신앙상태를 벗어나지 못한 자들이 교회에 많이 있을 수 있습니다. 오늘도 순종하며 스스로 도우십시오.

Prayer

나를 구원하실 뿐만 아니라, 성화시켜 가시는 하나님 은혜에 감사합니다. 하나님 역사하심을 따라서 순종으로 반응케 하소서. 감사로, 기도로, 회개로, 묵상으로, 섬김으로, 인내로 순종의 반응을 하게 하소서.

레위기

1
24

'눈에는 눈, 이에는 이'는
당시 거룩의 정신이었습니다

눈에는 눈으로 이에는 이로 갚을지라 _ 레위기 24:20

〈레위기〉에는 구약 백성들이 순종해야 할 많은 율법이 적혀 있습니다. 오늘날 우리에게는 생소하며, 이해되지 않으면 지루하기까지 합니다. 그래서 중요한 것은 율법에 담겨 있는 정신을 알고 따르는 것입니다.

눈에는 눈으로 이에는 이로 갚을지라

이 말씀에서 율법에 담겨 있는 정신을 알 수 있습니다. 이 법을 복수 개념으로 이해할 수 있는데, 그렇지 않습니다. 과도한 복수심을 통제하는 데 목적이 있습니다. 고대 사회 윤리 수준으로는 자비로운 법이었습니다. 〈창세기〉에 나오는 라멕을 예로 들면 이해가 조금 쉬울 것 같습니다. 라멕은 말합니다. "나의 상처로 말미암아 내가 사람을 죽였고 나의 상함으로 말미암아 소년을 죽였도다"(창 4:23).

턱을 맞았는데, 되받아 쳐놓고도 분이 풀리지 않는 것입니다. 그래서 아예 죽여 버리기까지 하는 인간의 악한 본성을 통제하며 다스리기 위해 주어진 규범이 '눈에는 눈 이에는 이'입니다. 이 규범은 미개한 고대 사회 수준과는 구별된 거룩한 윤리였던 것입니다.

그런데 구약의 윤리를 예수님께서 승화시키십니다. "또 눈은 눈으로, 이는 이로 갚으라 하였다는 것을 너희가 들었으나 나는 너희에게 이르노니 악한 자를 대적치 말라 누구든지 네 오른 뺨을 치거든 왼편도 돌려대며"(마 5:38-3) 그리고 원수 사랑까지!(마 5:44)

우리가 감히 어떻게 이 말씀을 행할 수 있겠습니까? 그런데 지키든 또는 지키지 못하든 예수님의 말씀은 분명합니다. 성도는 원수까지도 사랑하며, 자신을 핍박하는 자를 위해 기도하는 사람이라는 것입니다. 성도는 그런 존재임을 알고 살아가야 합니다. 아는 것이 변화의 출발입니다.

Prayer

주님, 오늘 하루도 우리 존재가 성도임을 잊지 않게 하소서.

1 / 25 성경 네 번째 책, 민수기

신앙입니까? 미신입니까?

그 명수대로 계수할지니 _ **민수기 1:2**
그 모든 자를 계수하라 하시니 _ **민수기 26:2**

'백성 민/헤아릴 수, 백성의 숫자를 세다'라는 의미의 〈민수기〉에는 두 번의 인구조사가 나오는데, 첫 번째는 시내산에서(민 1:2), 두 번째는 38년 후 모압 평지에서입니다(민 26:2).

시내산 명단(1장)은 구세대로서, 불순종하며 패망한 사람들입니다. 평생 광야에서 살다가 인생을 마감합니다.

모압 평지 명단(26장)은 신세대로서, 순종하며 승리한 사람들입니다. 광야에서 벗어나 샬롬의 은혜를 누렸습니다.

애굽에서 해방된 백성들은 이제 하나님의 능력과 보호 아래에서 더 편안하고 안정된 행복의 삶을 요구했습니다. 그런데 하나님의 요구는 무엇입니까? '어떻게 하면 편안하게 살 수 있을까?' 이전에 '어떻게 하면 더 성결하게 살 수 있을까? 어떻게 하면 하나님을 더 사랑할 수 있을까? 어떻게 하면 말씀을 순종할 수 있을까?'를 먼저 생각하며 살라는 것입니다.

민수기 백성들은 어려움을 만날 때 믿음으로 순종하지 못하고 무너졌습니다. '하나님을 섬기는 것보다 차라리 애굽으로 돌아가는 것이 더 낫겠다!'(14:3)라고 불평하고 원망하였습니다. 애굽에는 미신이 가득했습니다.

미신적인 삶과 신앙의 삶이 있습니다. 미신적인 삶이란, 신을 이용해서 자기 뜻과 유익과 소원을 빌고 추구하는 것입니다. 어떻게 하면 더 잘 살 수 있을까에 골몰하는 삶입니다. 반면 신앙의 삶이란, 하나님 말씀에 나를 순종시키는 삶입니다. 하나님의 관심사인 성결, 거룩에 나의 관심사를 일치시키며, 어떻게 하면 내가 변화되어 갈 수 있을까를 추구하는 삶입니다. 나의 삶은 시내산에 속한 미신적 삶입니까? 모압 평지에 속한 신앙의 삶입니까?

Prayer

한 해 여정에서, 미신적인 삶이 아니라 신앙의 삶을 걸어가게 하소서.

1 　민수기

26　행복은 변화에 있습니다
　　변화되지 않으면 불행합니다

이스라엘 자손이 다 모세와 아론을 원망하며 _ 민수기 14:2
가데스에 이르더니…백성이 모세와 다투어 말하여 이르되 _ 민수기 20:1, 3

　세상 사람들은 행복을 쫓아갑니다. 스펜서 존슨(Spencer Johnson, 1938-2017, 미국의 의사, 작가)은 『누가 내 치즈를 옮겼을까』에서 행복은 다른 곳이 아니라 '자신의 변화'에 있다고 교훈합니다.

　출애굽한 이스라엘은 하나님이 약속하신 축복의 땅 가나안으로 향합니다. 백성들의 광야 출발점은 가데스라는 지역이었습니다. 그런데 그들은 출발부터 하나님께 불평하고 원망했습니다.

　이스라엘 자손이 다 모세와 아론을 원망하며(14:2)

　가데스를 떠나 10년이 흘렀을 때 어떻게 되었을까요? 세월이 흐른 만큼 변화되고 성숙하고 거룩해졌을까요? 20년이 지나고 30년이 흘렀을 때 어떻게 되었을까요? 그리고 38년이 지났을 때, 다시 가데스를 통과하게 됩니다. 10년이면 강산도 변한다는데 그들은 좀 달라졌을까요?

　가데스에 이르더니…백성이 모세와 다투어 말하여 이르되(20:1)

　이스라엘 백성들은 38년이 지나도록 불평과 원망의 악한 습관을 지속하였습니다. 그래서 그들은 가나안 약속의 땅에 들어가지 못하고, 메마른 광야에서 불행하게 지내다가 죽게 됩니다.

　나의 신앙이 자라나지 않고 변화되지 않으면 불행합니다.

Prayer

주님, 올 한 해 새롭게 변화되게 하소서. 악한 습관들을 버리고 경건의 습관(기도의 습관, 묵상의 습관, 회개의 습관, 감사의 습관, 섬김의 습관, 인내의 습관 등)을 길러가게 하소서. 새롭게 변화되어 가는 중에 불행에서 벗어나고 복되게 하소서.

1
27 민수기

그들은 어떻게 치유되며 살아났습니까?

모세가 놋뱀을 만들어 장대 위에 다니 뱀에게 물린 자가 놋뱀을 쳐다본 즉 모두 살더라
_ 민수기 21:9

불평불만을 일삼던 백성들에게 불뱀이 나타나 수많은 사람이 물려서 죽는 사건이 일어났습니다. 독이 들어와 죽임 당했다는 것은, 죄가 들어와 죽임당한다는 것입니다. 그때 하나님께서는 모세에게 놋으로 뱀을 만들어 장대 위에 높이 달아두고, 그것을 보면 살리라고 말씀하셨습니다. 그 후 놋뱀을 쳐다보는 사람은 모두 고침을 받았습니다.

그들은 무엇을 했습니까?
뱀과 싸운 것이 아니었습니다.
물려 신음하는 사람들을 간호한 것도 아니었습니다.
놋뱀에게 제물을 바치지도 않았습니다.
탁월한 지도자 모세를 쳐다본 것도 아니었습니다.
그들은 단지 믿음으로! 놋뱀을 쳐다보았습니다.

장대에 들린 놋으로 만든 뱀은, 십자가 높이 들린 예수님을 상징합니다.
그래서 예수님께서 말씀하십니다.

모세가 광야에서 뱀을 든 것 같이 인자도 들려야 하리니 이는 저를 믿는 자마다 영생을 얻게 하려하심이라(요 3:14-15)

우리도 십자가에 들리신 예수 그리스도를 바라보아야 새롭게 살아납니다.
모든 죄를 씻기시고 영원한 생명을 주시는 예수 그리스도를 바라봅니다.
참 소망이 되시고 빛이 되시는 예수 그리스도를 바라봅니다.
나의 치유자가 되시고 나의 평화가 되시는 예수 그리스도를 바라봅니다.
나의 시작 알파요, 나의 끝 오메가이신 예수 그리스도를 바라봅니다.

Prayer.

주님, 날마다 예수 그리스도를 바라보며 살게 하소서.
세상과 사람과 나 자신을 바라보는 것이 아니라 주님을 바라보게 하소서.

성경 다섯 번째 책, 신명기
가장 많이 기도하는 제목

너는 마음을 다하고 뜻을 다하고 힘을 다하여 네 하나님 여호와를 사랑하라 _ **신명기 6:5**
여호와께서 다만 너희를 사랑하심으로 말미암아 _ **신명기 7:8**

〈신명기〉는 모세가 죽음을 앞두고 백성에게 전했던 유언적 설교라 할 수 있습니다. 중심 메시지는 '성도를 향한 하나님 사랑, 그리고 하나님을 향한 성도의 사랑'입니다.

오래전의 일입니다. 아내가 하나님 인도하심을 구하며 간절히 기도했다고 합니다. 그런데 하나님께서 말씀하시더랍니다.

마음을 다하고 뜻을 다하고 힘을 다하여 네 하나님을 사랑하라

그래서 아내가 하나님께 다시 기도했다고 합니다.
"하나님. 그건 알고 있는데요. 그거 말고요. 구체적인 인도하심요!"

그런데 하나님께서 또 말씀하시더랍니다.
마음을 다하고 뜻을 다하고 힘을 다하여 네 하나님을 사랑하라

평소에 나 자신을 위해 가장 많이 기도한 제목 하나가 신명기 6:5입니다.
'마음을 다하고 뜻을 다하고 힘을 다하여 하나님을 사랑하게 하옵소서'

내 가족을 위해 가장 많이 기도한 제목 중의 하나가 신명기 6:5입니다.
'마음을 다하고 뜻을 다하고 힘을 다하여 하나님을 사랑하게 하옵소서'

형제자매들을 위해 가장 많이 기도한 제목 중의 하나가 신명기 6:5입니다.
'마음을 다하고 뜻을 다하고 힘을 다하여 하나님을 사랑하게 하옵소서'

Prayer .
주님, 올 한 해 동안 마음과 뜻과 힘을 다하여 하나님을 사랑하며 살아가게 하소서.

신명기

너의 행복을 위해서다!

> 내가 오늘 네 행복을 위하여 네게 명하는 여호와의 명령과 규례를 지킬 것이 아니냐 _ **신명기 10:13**

〈신명기〉의 또 하나 핵심 메시지는 '하나님께 순종'입니다.
순종의 중요한 이유 하나는, 너희 자신의 행복을 위해서라는 것입니다.

영어 성경을 보면, 구약이든 신약이든 복 또는 행복을 Happiness로 사용하지 않습니다. 신명기 33:29 "너는 행복한 사람이로다"에서도 "a happy person!"이라고 쓰지 않습니다. "blessed are you"입니다. 크리스천은 〈해피니스〉의 행복한 사람들이 아니라 〈블레싱〉의 행복한 사람들입니다.

happy와 bless의 차이는 무엇입니까? happiness의 어원 'happen'은 '우연히 일어나다'라는 뜻입니다. 즉 예측할 수 없는 세상만사에 의해 행복이 좌우됩니다. 돈이나 건강이나 사람을 의지하는 가운데 행복을 지키고자 노력하지만, 갑자기 위기가 닥쳐와서 손에 쥐었다고 생각하는 행복은 순식간에 무너질 수 있습니다. 돈이 날아갈 수 있고, 건강이 무너질 수 있고, 믿었던 사람이 등 돌릴 수 있습니다. 모래 위에 쌓아놓은 성과 같은 이 happiness가 세상 사람들이 바라는 행복입니다. 성도들은 이 세상의 거대한 가치관이며 풍조인 〈해피니스, 행복주의〉를 본받으면 안 됩니다.

성경에 기록된 행복 'blessing'의 어원은 'bleed'입니다. 'bleed'의 뜻은 피를 흘리다, '희생하다'입니다. 이는 곧 우리의 죗값을 대신 치르신 예수님의 십자가를 의미하는 것입니다.

참된 행복은 어디에서 시작됩니까? 나를 위해 십자가에서 돌아가신 예수님을 만남으로써 시작되는 것입니다. 예수님의 제자가 되어 그분을 따라 하나님을 섬기고 사람들을 섬기는 삶 속에 있는 것입니다. 이것이 온 땅과 온 인생의 주인 되시는 하나님께서 가르쳐주시는 행복입니다. 인간의 진정한 행복입니다.

Prayer

주님, 새로운 한해도 블레싱의 행복한 사람으로 살아가게 하소서.

신명기

차라리, 성공하지 않는 것이 좋을 뻔했네

네 하나님 여호와를 잊어버리지 않도록 삼갈지어다 _ 신명기 8:11
마음이 교만하여 네 하나님 여호와를 잊어버릴까 염려하노라 _ 신명기 8:14

쉬지 않고 성도를 위해 기도합니다.
진로가 열리는 은혜를 주십시오. 건강이 회복되는 기적을 주십시오. 경제 형편이 풀리는 응답을 주십시오. 주님, 종의 간절한 중보를 들어주소서.

그런데 간혹 경험하게 되는 것이 있습니다. 사람이 형편이 좀 풀리면 신앙생활 잘할 줄로 기대했는데, 그게 아니더라는 것입니다.
어려울 때는 낮은 마음으로 하나님을 붙들며 하나님을 가까이하다가,
일이 잘 풀리면 하나님과 멀어지는 경우가 많습니다.
환경이 어려울 때 낮은 마음으로 신앙생활을 참 잘했습니다.
주님을 사랑했고 순종했습니다.

그런데 형통해지자 하나님을 멀리하는 교만에 빠지는 것입니다.
그러면 이러한 안타까운 마음마저 들게 됩니다.
차라리 그 형제님, 형통하지 않은 게 좋을 뻔했네.
차라리 그 자매님, 성공하지 않는 게 좋을 뻔했네.

인생에서 무엇이 정말로 성공이며 형통입니까?
세상 형통 속에서 하나님을 잊어버린다면, 그것은 성공이 아닙니다.
진정 성공적인 인생은,
하나님을 알고 하나님을 사랑하고 하나님께 순종하는 삶입니다.

Prayer

주님, 늘 낮은 마음으로 성공적인 인생 살아가도록 저를 붙드시고 도와주십시오.
사랑하는 모든 이들이 성공적인 인생이 되게 도와주옵소서.

1 신명기

31 하나님의 본심을 확신하며 앞으로 나아가십시오

이는 다 너를 낮추시며 너를 시험하사 마침내 네게 복을 주려 하심이었느니라 _ **신명기 8:16**

백성들은 '광야'를 지나야만 했습니다.

그 광대하고 위험한 광야, 곧 불뱀과 전갈이 있고 물이 없는 건조한 땅을 지나게 하셨으며(신 8:15)

세상 그 누구도 예외없이 광대하고 위험한 광야를 지납니다.
그런데 광야를 지나는 나를 향한 하나님의 본심이 있습니다.
마침내 네게 복을 주려 하심이었느니라.

하나님의 자녀임에도 병으로 고통받을 수 있습니다.
질병의 광야를 지날 때 하나님의 본심은 무엇입니까?
마침내 복을 주시려는 것입니다.

가난에 처할 수 있습니다.
가난의 광야를 지날 때 하나님의 본심은 무엇입니까?
마침내 복을 주시려는 것입니다.

뼈아픈 실패를 당할 때 있습니다.
실패의 광야를 지날 때 하나님의 본심은 무엇입니까?
마침내 복을 주시려는 것입니다.

올 한 해에도 이런저런 광야를 지나갈 것입니다.
불안과 낙심과 두려움에 휩싸일 때도 있을 것입니다.
그러나 하나님을 알고! 하나님의 본심을 확신하면! 다시 용기를 낼 것입니다.
고통 많고 불확실성 많고 모순 많고 부조리 많은 광야 인생길에서
하나님 아버지의 본심을 알고 확신하면서 전진할 것입니다.

Prayer

주님, 우리를 사랑하시는 하나님을 알고, 하나님의 본심을 확신하면서 강하고 담대하게, 기쁘고 감사하게 나아가는 한 해가 되게 하여 주십시오.

2
01

성경 여섯 번째 책, 여호수아

묵상은, 우리의 하루를 안전하게 지켜줍니다

이 율법책을 네 입에서 떠나지 말게 하며 주야로 그것을 묵상하여 그 안에 기록된 대로 다 지켜 행하라 그리하면 네 길이 평탄하게 될 것이며 네가 형통하리라 _ **여호수아 1:8**

아침의 묵상은 우리의 하루를 안전하게 지켜줄 것이다.
A morning meditation Will secure us For all the day.

_ 스테판 차녹(Stephen Charnock, 1628-1680), 영국 청교도 목회자

성경 여섯 번째 책 〈여호수아〉서는 전쟁의 역사입니다.
모세와 할아버지와 아버지 세대가 광야에서 다 죽었습니다.
후계자 여호수아와 새로운 세대가 순종을 각오하며 출발하게 됩니다.
'순종의 세대'였던 그들은 굳은 각오를 다집니다.

당신이 우리에게 명령하신 것은 우리가 다 행할 것이요(1:16)

백성들은 가나안 땅에 들어가서도 순종으로 전진합니다.
7개 족속, 31명 왕과 전쟁에서 승리를 거듭합니다.
백성들의 승리는 군사의 숫자에 의한 것이 아니었습니다.
전략가들의 지혜와 모략에 의한 것이 아니었습니다.
여호수아의 탁월한 지도력 때문이 아니었습니다.
하나님을 향한 믿음과 순종으로 말미암은 것이었습니다.
전쟁터에서 그들에게 주신 첫 번째 명령이 무엇입니까?
율법 책을 묵상하며 지켜 행하라는 것입니다.

오늘날 인생의 싸움터에 있는 우리에게 주시는 말씀도 동일합니다.
묵상과 행함은 우리의 하루를 그리고 인생을 안전하게 지켜줄 것입니다.

Prayer

주님, 2월 한 달도 주님의 말씀을 묵상하고 지켜 행하기에 힘쓰게 하소서. 그래서 인생의 싸움터에서 내 삶이 안전하게 하소서.

2 여호수아

02 강하고 담대하라 / 꼭 붙어있으라

> 내가 네게 명령한 것이 아니냐 강하고 담대하라 두려워하지 말며 놀라지 말라 네가 어디로 가든지 네 하나님 여호와가 너와 함께 하느니라 하시니라 _ **여호수아 1:9**

왜 세상 각 나라 크리스천들이 먼 나라 이스라엘의 역사를 읽고 알아야 합니까? 하나님께서 세계 역사 속에서 이스라엘을 샘플로 정하셨기 때문입니다. 이스라엘의 구약 역사를 통해 모든 시대 교회와 성도들이 하나님의 사랑과 용서와 구원, 하나님의 인내와 징계, 인간의 죄악과 문제를 알도록 샘플로 정하셨기 때문입니다.

여호수아의 전쟁 역사는 인생이 영적 싸움임을 알려줍니다.
영적 싸움은 천국 이르기까지 중단도 휴전도 없습니다.

나와 내 인생을 무너뜨리려고 공격하는 대적의 정체, 셋을 떠올립니다.
첫째, 나를 둘러싼 외부 환경입니다. 내게 닥친 질병/궁핍/막힌 진로 등 어려운 외부 환경들은 나와 내 인생을 무너뜨리려고 공격합니다.
둘째, 내부의 적입니다. 내 안의 교만/염려/불평/자기 연민/미움/욕심 등 내 안의 적입니다. 죄악 된 본성과 싸움입니다.
셋째, 사탄입니다. 사탄은 나를 삼키고 무너뜨리려고 공격합니다.

하나님은 반복하여 명령하십니다(수 1:6, 7, 9).
강하고 담대하라. 두려워하지 말며 놀라지 말라.

'강하고 담대하라'라는 명령은 주께 꼭 붙어있으라는 의미입니다.
어디로 가든지 함께 하시는 하나님께 꼭 붙어 있어라. 강하고 담대하라.

Prayer

주님, 언제나 나와 함께 하시는 하나님께 꼭 붙어 있어 강하고 담대하게 하소서.
나를 무너뜨리려는 모든 적으로부터 오늘도 승리하게 하소서.

2 여호수아

03 아골 골짜기에서 죽은 아간, 그리고 십자가의 예수님

> 이스라엘 자손들이 바친 물건으로 인하여 범죄하였으니 이는…아간이 온전히 바친 물건을 가졌음이라 여호와께서 이스라엘 자손들에게 진노하시니라 _ **여호수아 7:1**

여호수아 백성 중에서 '아간'이라는 사람이 죄를 지었습니다. 죄는 아간을 삼켰을 뿐 아니라, 아간의 가정을 삼켰습니다. 거기서 끝난 것이 아니라, 아간이 속한 이스라엘 공동체까지 삼키며 전쟁에 패배하게 만듭니다.
이것이 죄의 속성입니다.
나의 죄는 나 하나 망하는 것으로 끝나지 않습니다.

승리의 책, 여호수아서에는 33번의 승전가가 울려 퍼지는데 딱 한 번의 패배가 아간의 죄로 인한 '아이 성 전쟁'이었습니다(수 7:3-5). 여호수아는 옷을 찢으며 회개의 탄식을 하면서 기도합니다. "하나님 우리가 너무 슬픕니다. 왜 우리에게 멸망을 주시는 것입니까?"(7:5-7)
하나님께서, 너희 중에 죄를 범한 자가 있다고 말씀하십니다. 아간과 가족은 백성들의 돌에 맞아 죽음을 맞았습니다. 돌무더기가 쌓여 있는 곳을 '아골(괴로움) 골짜기'라 부르게 되었습니다.

아간, 슬프고 괴로운 죄인입니다.
마찬가지로 우리도 아간, 슬프고 괴로운 죄인입니다.
그런데 예수님께서 아골에서 십자가 매달려 죽으셨습니다.
우리의 죄와 형벌과 괴로움을 다 짊어지고 십자가에서 죽으셨습니다.
그래서 아간 같은 우리에게 속죄함이 있고 영원한 기쁨이 있습니다.

찬송가 151장으로 찬양하며 묵상하고 기도합니다.

2 | 여호수아

04 하나님보다 강아지 / 타협하지 마십시오

> 너희 조상들이 강 저쪽에서 섬기던 신들이든지 또는 너희가 거주하는 땅에 있는 아모리 족속의 신들이든지 너희가 섬길 자를 오늘 택하라 오직 나와 내 집은 여호와를 섬기겠노라 하니 _ **여호수아 24:15**

어느 성도님이 목사님께 이렇게 부탁했다고 합니다. 우리 강아지가 죽었는데 장례 예배를 드려주실 수 없는지요? 또 어떤 성도는 강아지 때문에 교회를 옮기는 일도 생겼답니다. 애완견을 너무 떠받들며 키운다고 목사님이 말했는데, 상처받고 화가 나서 교회를 옮겼다는 것입니다.

그런데 주님께 순종하는 삶보다 강아지 돌보는 게 우선된다든지, 형제/자매를 향한 사랑의 관심보다 강아지에게 더 사랑의 관심을 쏟는다든지, 그러면 강아지는 무엇입니까? 우상입니다. 그것은 결국 [하나님보다 강아지]가 되는 것입니다. 그리고 강아지에 다른 대상을 바꾸어 넣으면, 내 우상이 무엇인지 돌아보게 됩니다. [하나님보다 가족 행복], [하나님보다 내 견해], [하나님보다 자녀] 등.

내가 열정을 쏟아 하나님을 우선하게 되면 가족이 섭섭할 일이 생깁니다. 친구나 동료들도 섭섭해합니다. 나의 강아지가 좀 힘들어질 수도 있습니다. 그런 일이 싫어서 타협하며 살아가면, 당장 지금은 섭섭한 일이 없을지 몰라도, 결국 나중에 인생을 돌아보면서 스스로 실망하게 되고, 악하고 게으른 종이 되는 것입니다. 타협하면 그렇게 됩니다.

여호수아서 24:14-15 메시지가 바로 "타협하지 말라"입니다.

> 그러므로 이제는 여호와를 경외하며 온전함과 진실함으로 그를 섬기라 너희 조상들이 강 저쪽과 애굽에서 섬기던 신들을 치워버리고 여호와만 섬기라 만일 여호와를 섬기는 것이 너희에게 좋지 않게 보이거든 너희 조상들이 강 저쪽에서 섬기든 신들이든지 또는 너희가 거주하는 땅에 있는 아모리 족속 신들이든지 오늘 택하라 오직 나와 내 집은 여호와를 섬기겠노라 하니

Prayer

주님. 내가 주님보다 더 사랑하고 관심 가지고 집중하는 우상이 무엇인지 깨닫게 하시고, 내가 주인 삼은 것을 내려놓으며 주님을 사랑하며 주님께 순종하며 살아가게 하소서.

2 여호수아
05 질투하시는 하나님께 감사합니다

> 그는 거룩하신 하나님이시요 질투하시는 하나님이시니 너희의 잘못과 죄들을 사하지 아니하실 것임이라 _ **여호수아 24:19**

    세상에서 '질투'라는 말은 보통 좋지 않은 의미를 가집니다. 그런데 하나님께서 질투하신다고 할 때, 세상에서 쓰는 의미와는 다르다는 사실을 알아야 합니다. 이처럼 비유할 수 있습니다. 부모가 자녀 건강을 해치는 사탕을 강제로 회수하듯이 내가 애착하는 무엇을, 그것이 인생의 건강을 해치기 때문에 막거나 빼앗아가는 것입니다. 이게 하나님의 질투입니다.

    하나님께서는 그분과 나 사이에 그 어떤 것도 끼어드는 것을 원치 않으십니다. 돈이나, 어떤 자랑거리나, 가족, 자녀가 끼어드는 것을 질투하시는 것입니다. 하나님과 나 사이에 끼어드는 그것이 내 마음을 차지하면서 하나님과 멀어지게 하고, 결국 그것이 우상이 되어 나를 종노릇 하게 만들기 때문입니다. 내 마음을 차지한 돈의 종이 되고, 인정받고자 하는 욕구의 종이 되고, 성취의 종이 되어 근심하거나 괴롭거나 분노하면서 건강하지 못한 삶이 되는 것입니다. 그러한 불행과 파멸로 향하는 것을 막기 위해서, 하나님은 강렬한 사랑으로 간섭하시는 것입니다.
    그런데 우리는 어리석게도 겉으로 달콤한 맛을 주는, 그러나 실상은 우리를 해롭게 하는 우상이 좋아서 질투하시는 하나님을 거절하는 것입니다.

    나를 위해서 질투하시는 하나님 사랑을 제대로 안다면! 나를 무너뜨리려고 공격하는 대적들을 이겨나가는 참된 힘이 될 것입니다. 여호수아와 백성들은 질투하시는 하나님의 사랑을 알았기에 승리했습니다.

Prayer

    주님, 나를 위해서 질투하시는 하나님의 그 깊은 사랑에 감사드립니다. 달콤한 유혹과 우상에 빠져서 불행으로 가는 것을 오늘도 막아주소서.

2-06 성경 일곱 번째 책, 사사기
인생의 가장 치명적 고통

이스라엘 자손이 여호와의 목전에 악을 행하여 _ 사사기 2:11

성경 여섯 번째 〈여호수아〉는 순종으로 인한 승리의 책이며,
성경 일곱 번째 〈사사기〉는 불순종에 의한 패배의 책입니다.

'사사(士師, judge)'란 '다스리는 자'라는 뜻으로 여호수아가 죽은 후, 이스라엘을 이 민족으로부터 구원하기 위해 하나님께서 세우신 지도자들입니다. 옷니엘부터 삼손까지 13명의 사사에 의한 350년간의 역사 기록입니다. 순종의 여호수아 세대가 지나간 후 백성들은 불순종의 죄악을 거듭 되풀이합니다. 〈사사기〉는 인생의 가장 치명적인 불행과 고통이 무엇인지를 교훈해줍니다.

가장 치명적인 불행과 고통은 궁핍이라고 생각하며 한탄할 수 있습니다.
삶에서 돈이 없는 것이 힘들긴 하지만, 가장 치명적인 문제가 아닙니다.
육신의 질병이라 생각하며 원망할 수 있습니다.
질병이 고통스러운 것이긴 하지만, 가장 치명적인 문제가 아닙니다.
복잡하고 힘든 인간관계가 괴롭긴 하지만, 가장 근본적 문제가 아닙니다.
물론 이 모든 것들이 인생을 힘들고 괴롭게 합니다.
그러나 인생의 가장 치명적인 불행과 고통은 나의 죄악입니다.
죄를 죄로 여기지 않고 죄 가운데 살아가는 나 자신입니다.

성령이여 강림하사 나를 감화시키고 애통하며 회개한 맘 충만하게 하소서
(찬송가 190장)

Prayer

주님, 인생의 가장 치명적이고 근본적인 고통과 불행이 죄라는 진리를 깊이 깨닫게 하소서.
내가 알면서 또는 모르면서 짓는 죄에 대해 애통한 심령, 회개하는 심령을 주셔서 나를 행복하게 하소서.

2 사사기

07 **두 마음을 품으면서, 하나님을 잊어버립니다**

이스라엘 자손이 여호와의 목전에 악을 행하여 자기들의 하나님 여호와를 잊어버리고 바알들과 아세라들을 섬긴지라 _ 사사기 3:7

구약 백성이 어떤 악을 행하였습니까? 하나님을 잊어버리고 바알 신과 아세라 신을 섬긴 것입니다. 그런데 하나님을 잊어버린 것은 하나님을 안 믿었다는 것이 아닙니다. 그들은 하나님을 믿는다고 하면서도 우상도 마음에 두었던 것입니다. 즉, 두 마음이었던 것입니다.

당시 백성들은 하나님께 예배드리고 절기도 지켰습니다. 그런데 어느 정도 살만 하니까 주변 세상을(지금 시리아 지역) 두리번거리며 보았습니다. 다른 나라를 보니 번영과 쾌락을 준다는 바알과 아세라 신을 섬기는 것입니다.

그 미신들은 하나님처럼 성결하라고 요구하지 않습니다.

계명과 율법들을 주면서, 순종하라고 요구하지도 않습니다.

그저 세상 축복과 형통만 빌면 된다는 것입니다. 매력적이었습니다.

그 매력에 한 사람 두 사람, 한 가정 두 가정이 전염되기 시작했습니다.

하나님을 믿는 신앙 공동체이면서도, 마음으로는 우상과 미신을 함께 품은 것입니다. 이게 바로 하나님을 잊어버리고 살아가는 죄입니다.

먼 역사 속의 구약 백성들만 우상과 미신을 섬기는 것이 아닙니다.

더욱 안락하게! 더욱 편리하게! 더욱 풍요롭게!

이것이 현대의 바알과 아세라 우상입니다.

마음속에서 점점 더 하나님을 잊어버리는 것입니다.

Prayer

주님, 두 마음을 품으면서 하나님을 잊어버리지 않게 하소서. 오늘도 한마음으로 주님을 사랑하고 기억하며 주님의 기쁨으로 동행하게 하소서.

2 사사기

08 우리가 서로의 사사가 되게 하소서

> 큰 용사여 여호와께서 너와 함께 계시도다 _ **사사기 6:12**
> 돌라가 일어나서 이스라엘을 구원하니라 _ **사사기 10:1**
> 야일이 일어나서 이십 이년 동안 이스라엘의 사사가 되니라 _ **사사기 10:3**
> 여호와의 영이 그를 움직이기 시작하셨더라 _ **사사기 13:25**

20여 년을 함께 신앙 생활해 온 형제가 있습니다. 청소년 때 교회를 처음 나와서 예수님을 영접했습니다. 대학생이 되어서도 헌신하고 충성했습니다. 신앙이 얼마나 열심이었던지 신학생이 아니었는데도, 군대에서도 군종병이었습니다. 제대하고 진로를 고민하며 기도하였습니다. 목회의 길로 인도함을 받고 신학대학원에 갔습니다. 전도사로 섬기는 중에 결혼하였습니다. 목사 안수받고 미국으로 유학을 갔습니다. 미국에서 사사기와 연관된 카톡을 보내왔습니다.

사랑하는 목사님,
목사님과 함께한 시간이 잔잔히 생각나고 함께 웃고 함께 울고,
성도님들과도 함께 웃고 울고 그렇게 우리 교회가 되었네요.
그렇게 옷니엘, 에훗, 삼갈, 드보라, 기드온, 돌라, 야일, 입다, 입산, 엘론, 압돈, 삼손이 되어주길 서로 고대하며 지냈던 모든 교회 가족들께 다시 감사합니다.

신앙 공동체가 때로 위기와 곤경을 맞을 때가 있습니다.

'돌라가 일어나서! 야일이 일어나서!'

그들로 위기를 넘어갑니다.
우리는 서로 서로의 사사가 되어주어야 합니다.

Prayer.

주님, 우리가 서로 사사가 되게 하소서. 주님! 때를 따라서 돌라가 일어나고 야일이 일어나게 하소서. 마침내는 모두가 사사가 되게 하소서.

2 사사기

09 삼손의 마지막 기도. '주님. 이번 한 번만 더!'

> 삼손이 여호와께 부르짖어 이르되 주 여호와여 구하옵나니 나를 생각하옵소서 하나님이여 구하옵나니 이번만 나를 강하게 하사 나의 두 눈을 뺀 블레셋 사람에게 원수를 단번에 갚게 하옵소서
> _ 사사기 16:28

13번째 사사 삼손은 주께 순종하기보다 이방 여인 들릴라와의 쾌락을 사랑했습니다. 그러다가 대적 블레셋에게 잡혀가는 불쌍한 존재가 되었습니다. 삼손의 마지막 부르짖음은 늘 마음 한편에 울립니다.

> 주 여호와여 구하옵나니 나를 생각하옵소서.
> 하나님이여 구하옵나니 이번만 나를 강하게 하사
> Remember me. O God, please strengthen me just once more.

하나님께서 기도에 응답하시고 힘을 주셨습니다. 기둥과 궁전을 무너뜨려서 적군들과 함께 죽고, 자기 백성을 구하는 최후 승리를 거두었습니다.
우리도, 우리 삶이 형편없이 추락할 때가 있지 않습니까?
깊은 웅덩이와 수렁에 빠질 때가 있지 않습니까?
어찌할 바를 모를 때 삼손의 기도를 생각합니다.
하나님 아버지 간절히 구합니다.
이번 한 번만 더, 나를 강하게 하십시오.
이번 한 번만 더, 내 신앙을 회복시켜주십시오.
이번 한 번만 더, 나로 승리케 하옵소서.

주님은 우리가 '이번 한 번만 더'라고 간절하고 절박하게 나아갈 때마다, 회복시켜주시고 강하게 해 주십니다. 번번이 염치없이 또 부탁드리지만, 그때마다 우리를 기억하시고 강하게 해 주십니다.

Prayer

주님, 삼손에게 베푸신 긍휼을 우리가 늘 기억하게 하소서.

2 사사기

10 지금은 작게 보여도, 갈수록 격차가 크게 벌어집니다

그 때에 이스라엘에 왕이 없으므로 사람이 각기 자기의 소견에
옳은대로 행하였더라 _ **사사기 21:25**

유진 피터슨(Eugene H. Peterson, 1932~2018, 미국 목회자, 저자, 시인)의 『묵시, 현실을 새롭게 하는 영성』에 나오는 내용입니다.

우리는 살아가면서 매우 신중한 태도를 취하지 않으면 안 됩니다. 자칫 잘못하면 세상 사람들이 살아가는 모습에 휩쓸리거나 부화뇌동하기 쉽기 때문입니다. 자신의 삶에 있어서 뚜렷한 정체성과 방향성을 가져야 합니다(p. 96~97).

신중한 태도를 보이며 성도답게 살라고 권하지만 그게 참 쉽지 않습니다. 세상 사람들의 모습에 휩쓸리지 않으며 성도답게 살라고 권하지만, 세상 가치관(돈 중심, 외모 중심, 편의주의, 개인주의)에 부화뇌동하지 않으며 성도답게 살라고 권하지만, '하나님 백성'이라는 뚜렷한 정체성, 성결과 거룩함이라는 방향성을 가지고 살라고 권하지만, 그게 참 쉽지 않습니다.

신중한 삶보다는, 마음 내키는 대로 가볍게 살고 싶은 마음이 큽니다. 인생을 꼭 그렇게 진지하고 신중하게 살아야 하는가? 세상 사람들의 모습에 휩쓸리며 사는 것이 자연스러운 게 아닌가? 피곤하게, 뚜렷한 정체성과 방향성을 꼭 가지고 살 필요가 있는가? 이런 유혹의 소리가 온 세상 가득 넘칩니다. 그러면서 결국은 사사기 시대 백성들처럼 '각자 자기 소견에 옳은 대로' 살아갑니다. '내 마음에 좋은 대로'라는 삶의 태도로 흘러갑니다.

그런데 그러한 인생관은, 겉으로는 별문제가 없는 듯 보여도 어리석은 삶입니다. 내 마음에 좋고 편한 대로 사는 어리석은 생활과 신중한 태도로 뚜렷한 정체성과 방향성을 가진 지혜로운 생활 간에는, 지금은 작게 보일지라도 세월이 갈수록 격차가 크게 벌어집니다.

Prayer

주님, 오늘 하루도 세상 가치관에 부화뇌동하지 않고 뚜렷한 정체성과 방향성을 가지고 순종하며 살게 하소서.

2

성경 여덟 번째 책, 룻기

11 갈림길에서 실용주의입니까?
하나님의 뜻, 섬김입니까?

> 어머니께서 가시는 곳에 나도 가고 어머니께서 머무는 곳에서 나도 머물겠나이다. 어머니의 백성이 나의 백성이 되고 어머니의 하나님이 나의 하나님이 되시리니 _ 룻기 1:16

모압(요르단)에 이스라엘 국적 시어머니 나오미와 모압 국적 두 며느리가 살았습니다. 남편들은 다 죽고 곤경에 빠진 가정이었습니다. 시어머니는 고국 귀환을 결심하면서 며느리에게 친정으로 돌아가라고 권합니다. 이스라엘에는 험난한 삶이 기다리고 있음이 분명했고, 무엇보다도 모압인에 대한 편견과 멸시가 기다리고 있었습니다. 늙은 시어머니를 부양해야 하는 희생도 감수해야 했습니다.

큰 며느리 오르바는 슬피 울면서 작별 인사를 나눕니다. 그런데 둘째 며느리 룻은 시어머니를 따라 이스라엘에 가기로 굳게 결심합니다(룻 1:16-18). 남편 잃고, 두 아들 잃고, 재산 잃고, 모든 것을 잃어버린 채 외롭고 비참하게 고향으로 향하는 시어머니를 차마 떠날 수가 없었습니다.

우리도 갈림길에 서게 됩니다.
내 편함과 유익의 길이냐? 아니면 힘들고 어려운 섬김의 길이냐?

세상 가치관은 실용주의입니다. 내게 더 유익하고 도움 되는 것을 선택하는 것입니다. 그러나 크리스천은 세상 가치관이 아니라 주님의 뜻을 구해야 합니다. 주님의 뜻은 자기 유익과 안전을 쫓음이 아니라, 긍휼의 사랑입니다.

룻에게 시어머니는 실용적인 가치가 없습니다. 고생이 불 보듯 뻔했지만, 시어머니를 섬기기로 결심했습니다. 그 섬김의 선택과 결정에 큰 복이 주어졌습니다. 하나님께서 룻의 인생에 보답하시는 놀라운 은혜가 룻기에 펼쳐집니다.

오늘 하루 갈림길에서 어느 쪽을 선택하며 결정합니까?
실용주의의 길입니까? 아니면 하나님의 뜻, 사랑과 섬김의 길입니까?

Prayer

주님, 오늘도 갈림길에 서게 될 때, 하나님의 뜻을 선택하게 하소서.

2 룻기
12 우연히 그리고 하나님의 손이 때마침!

> 우연히 엘리멜렉의 친족 보아스에게 속한 밭에 이르렀더라 마침 보아스가 베들레헴에서부터 와서 베는 자들에게 이르되 여호와께서 너희와 함께 하시기를 원하노라 하니 _ **룻기 2:3-4**

    룻은 시어머니를 봉양하며 생계 해결을 위해 남의 밭에 떨어진 이삭 줍는 일을 했습니다. 이삭 줍는 일이란 당시 아무런 생존 수단이 없는 극빈자가 할 수 있는 마지막 일이었고, 그토록 룻은 비천한 처지였습니다. 보호해 줄 사람이 아무도 없는 어린 이방 여인은 추수 밭의 남자 일꾼들에게 얼마든지 희롱당할 수 있었음을 성경은 언급합니다. 이스라엘로 오지 않았다면 이렇게까지 극빈한 인생은 아니었을 것입니다. 룻은 후회에 빠졌을 수도 있었을 것이고 고국 모압으로 돌아갔을 수도 있었을 것입니다.
    그러나 룻은 자신의 처한 상황에서 최선을 다해 일하였고, 상상할 수 없었던 하나님의 갚으심이 나타나기 시작합니다. 보아스라는 사람을 구원자로 만나게 된 것입니다.
    이스라엘 풍습에는 끊어진 가문의 대를 이어주고 잃어버린 기업을 되찾아 주는 구원자 제도가 있었습니다. 쉽게 말하면 망한 집안을 다시 회복시키는 은혜의 제도입니다. 룻은 구원자 보아스의 밭에 '우연히' 가게 되었습니다(2:3). '마침' 보아스가 밭에 방문 했을 때, 그의 눈에 띄게 된 것입니다(2:4-5).
    우리의 삶에는 '우연히, 때마침'처럼 보이는 것이 참 많이 있습니다.
    그러나 룻이 보아스의 밭에 이삭을 주우러 간 것이, '우연'이겠습니까?
    그리고 '때마침' 보아스가 룻을 보게 된 것이, '우연'이겠습니까?
    우연이 아니라, 보이지 않는 하나님 손이 그곳으로 인도하신 것입니다.
    신앙인들의 삶 속에 우연이란 없습니다. 하나님의 손이 때마침 있습니다.

Prayer.
주님. 우리 삶에 '우연'이 없음을 확신하며 살게 하소서.

2
13 성경 아홉 번째 책, 사무엘상
허공에 기도합니까?

한나가 마음이 괴로워서 여호와께 기도하고 통곡하며 _ 사무엘상 1:10

〈사무엘상〉은 위대한 선지자이며 유대 역사의 마지막 사사인 사무엘이 태어나는 사건으로 시작됩니다. 한나에게는 자녀가 없었습니다. 괴로운 세월, 인내의 시간 끝에 마침내 사무엘을 낳게 됩니다. 눈에 보이는 응답이 없는 상황 속에서 한나의 인내의 기도는 성도들에게 감동을 주어왔습니다.

작은딸이 교환 학생으로 미국에 갔을 때 코로나 재난이 전 세계적으로 그리고 미국에도 급속히 퍼지기 시작했습니다. 매우 급한 위기의 상황에서 하나님을 의지하며 기도하자고 카톡을 보냈습니다. 답신이 왔습니다.

아빠. 기도하기는 하는데, 정말로 하나님과 소통한다는 느낌을 받고 싶어.
허공에 대고 이야기하는 기분이야.

그래서 딸에게 다시 답신을 보냈습니다.

그 허공에도 충만하신 하나님께서 듣고 계셔.
느낌으로는 허공인 것 같은데, 진리로는 임마누엘이야.
신앙은 기분이나 느낌이나 감정이 아니라 하나님의 약속을 붙드는 의지야.
기분이나 느낌이나 감정에 굴복하지 말고 오늘도 의지로 하나님께 나아가서 기도해.
poco a poco. 조금씩 그러다 보면 느끼게 된다.
네 삶에 가득한 임마누엘 하나님을.

Prayer

우리에게 간구하는 심령을 주십시오. 기도가 메말라 갈 때가 있다면, 기분이나 감정에 굴복하지 않고 임마누엘 진리를 붙들며 낙심치 않고 계속 기도할 수 있는 인내와 힘을 주십시오.

2

사무엘상

14

"괜찮아, 또다시 일어나라 또다시 약속을 맺자"

사무엘이 이르되 온 이스라엘은 미스바로 모이라 _ **사무엘상 7:5**

〈사무엘상〉에는 이스라엘의 통치권이 사사에서 왕으로 넘어가는 과도기에 등장하는 세 인물이 있습니다. 선지자 사무엘, 1대 왕 사울, 2대 왕 다윗입니다.

선지자 사무엘은 불순종의 죄로 인해 블레셋 민족에게 패망한 이스라엘 백성들을 미스바라는 지역에 모이게 합니다. 하나님 앞에 회개하며 다시 순종을 맹세하고 약속하기 위함입니다.

성경을 보면 백성들이 하나님께 맹세하며 언약을 맺는 사건들이 자주 등장합니다. 아브라함의 언약, 야곱의 벧엘 언약, 모세의 시내산 언약, 여호수아의 세겜 언약, 사무엘의 미스바 언약. 성경은 언약 갱신의 기록입니다.

우리도 맹세하고 약속합니다. 하나님의 자녀 삼아주신 구원의 은혜에 감격하면서 순종을 약속합니다. 언제나 동행하시며 인도하시는 사랑에 감사하면서 순종을 맹세합니다. 잘못을 자백하면서 다시 순종하며 살겠노라고 약속합니다. 하지만 맹세를 이행치 못하고 침체에 빠지고 넘어집니다. 그러다가 회개하며 하나님께로 또 나아갑니다. 분발하여 다시 맹세하는 것입니다. 우리의 신앙을 방해하는 대적들은 비웃고, 용기를 꺾는 소리를 냅니다.

"봐, 또 안 되잖아! 사람은 안 변해. 그냥 너 있는 모습대로 살아라!"

그러나 하나님께서는 포기하지 않으시고 나를 계속 격려하십니다.

"괜찮아. 또다시 일어서라. 또다시 맹세하고 결단하라. 또다시 약속을 맺자. 내가 너를 도와주리라!"

우리는 결단이 약하여 번번이 넘어지지만, 계속해서 또 다시 맹세합니다. 그 약속과 맹세의 자리에 하나님께서 계십니다. 그리고 하나님께서는 우리를 정금같은 믿음의 사람으로 세워가고 계시는 줄로 믿습니다.

Prayer •

주님, 매번 새로 일어나게 하시고, 믿음의 사람으로 세워주십시오.

2 사무엘상

15

우리는 무엇을 두려워하며 살아갑니까?

너희가 만일 여호와를 경외하여 그를 섬기며 _ 사무엘상 12:14
내가 백성을 두려워하여 그들의 말을 청종하였음이니이다 _ 사무엘상 15:24

'경외'의 성경 원어 헬라어는 '포베오(φοβέω)'이며 이런 의미입니다. '압도적인 권위로부터 오는 공경, 경탄, 두려움, 공포 등의 복합적 감정.'

'하나님 경외!'는 성경의 중심 메시지 중의 하나입니다. 그 의미를 쉽고 간단히 설명하면, 하나님을 두려워하면서 죄짓지 않으려는 마음입니다. 하나님께서 성도들에게 그 마음을 요구하십니다.

너희 하나님 여호와께서 너희에게 요구하시는 것이 무엇이냐 곧 네 하나님 여호와를 경외하며(신 10:12)

하나님을 경외하며 두려워하라는 명령은 공포를 심어주기 위해 의도된 말씀이 아닙니다. 강압적 권위를 내세우기 위해 주신 말씀이 아닙니다. 늘 나를 살펴보시는 주님과 동행하면서 값진 인생을 살라고 주시는 말씀입니다. 세월 낭비하지 말고 복된 인생 살라고 주시는 말씀입니다. 하나님을 두려워하는 마음으로 살아갈 때 가장 좋은 생애가 되기 때문입니다.

하나님을 경외하며 그의 길을 걷는 자마다 복이 있도다(시 128:1)

무엇을 두려워하며 살아갑니까? 가난이나 실패를 두려워하는 마음이 있습니다. 이별이나 인간 관계가 깨질까 두려워하는 마음이 있습니다. 질병이나 죽음을 두려워하는 마음이 있습니다. 그런데 그러한 것들을 두려워하면, 인생은 두려움에 함몰될 수밖에 없습니다. 반면에 하나님을 경외하면 세상 모든 두려움을 이깁니다. "내가 백성을 두려워하여 그들의 말을 청종했습니다"라고 사울은 말합니다. 사울은 하나님을 두려워하지 않으며 살았습니다. 이것이 사울 인생의 큰 잘못이었습니다. 우리는 사울처럼 큰 잘못을 하지 않고 살아야겠습니다.

Prayer

주님, 우리로 사울이 행한 잘못을 따라 살지 않게 하소서.

2 사무엘상
16 무엇이 잘못된 삶입니까?

> 왕이 여호와의 말씀을 버렸으므로 _ **사무엘상 15:23, 26**
> 내가 어리석은 일을 하였으니 대단히 잘못 되었도다 _ **사무엘상 26:21**

어느 성도님이 자신 안에 사울이 있음을 발견하게 되어서 주님께 감사했다고 말했습니다. 얼마나 은혜로운 일입니까? 사울의 치명적 실패가 무엇이었는지를 알고 자신 안에 사울이 있음을 발견한다면, 삶이 점점 더 나아지게 됩니다.

건강 감사, 물질 감사, 성취 감사, 자녀 좋은 일 감사, 이러한 모든 일에 감사해야 하지만, 내 안에 사울이 있음을 발견하게 되어 감사! 이러한 감사가 있을 때 삶의 문제들을 조금씩 더 지혜롭게 풀어갈 수 있게 됩니다.

사울은 다윗에게 말합니다.

> 내가 어리석은 일을 하였으니 대단히 잘못 되었도다

왜 사울은 어리석었고 대단히 잘못된 삶을 살았을까요?

사울은 이기적이었는데, 이것이 잘못된 삶의 이유이긴 하지만 근본적인 이유는 아닙니다.

사울은 시기가 많았는데, 이것이 잘못된 삶의 이유이긴 하지만 근본적 이유가 아닙니다.

사울은 우울증이 있었는데, 다 부차적인 이유입니다.

근본적인 이유는 이것입니다.

> 왕이 여호와의 말씀을 버렸으므로(삼상 15:23, 26)

인생에서 가장 근본적으로 잘못된 것은 하나님의 말씀이 없는 삶입니다.

오늘 하루의 삶에도 하나님의 말씀이 내게 있습니까?

Prayer

주님, 말씀이 없어 메마르고 잘못된 삶을 살지 않도록 도와주소서.

성경 열 번째 책, 사무엘하

누구와 가장 중요한 관계입니까?

다윗이 일어나…하나님 궤를 메어 오려 하니 _ 사무엘하 6:2

〈사무엘하〉는 다윗 왕의 40년 통치의 역사입니다. 다윗이 왕에 오르고 가장 중요하게 여기며 먼저 행한 일이 있습니다. 변방에 방치된 하나님의 언약궤를 예루살렘으로 옮기는 일이었습니다. 언약궤란 십계명 돌판이 들어있는 거룩한 상자로 하나님이 함께 하신다는 임재의 표시였습니다.

언약궤를 옮기는 일을 가장 먼저 시행했다는 의미가 무엇입니까?
그 무엇보다도 하나님과의 관계를 최우선으로 삼으며 하나님을 중심에 모시려는 순종의 결단입니다.
사람마다 인생에서 가장 중요하게 여기는 관계가 있습니다. 어떤 사람은 부모와의 관계를 가장 중요하게 여깁니다. 어떤 사람은 배우자와의 관계를 가장 중요하게 여깁니다. 어떤 사람은 자식과의 관계를 가장 중요하게 여깁니다. 어떤 사람은 친구와의 관계를 중요하게 여깁니다.
배우자와의 좋은 관계가 중요하고, 부모님과 좋은 관계가 중요하고, 자녀와 좋은 관계가 중요하고, 친구들과 좋은 관계가 중요합니다. 그런데 세상 그 어떤 관계와 비교할 수 없이 중요한 것이 '나와 하나님과의 관계'입니다.

내 인생의 중심에 하나님을 모셔옵니다.
날마다 눈을 뜨면 내 중심에 하나님을 모십니다.
그 무엇보다도 하나님과의 관계를 최우선으로 삼으며,
하나님을 중심에 모시려는 순종의 결단을 합니다.

내 주되신 주를 참 사랑하고 (찬송가 315장)

Prayer

주님, 날마다 눈을 뜨면, 내 중심에 하나님을 모셔오게 하소서. 그 무엇보다도 하나님과의 관계를 최우선으로 삼으며 하나님을 중심에 모시려는 순종의 결단으로 살게 하소서.

2

사무엘하

18 누가 정말 불쌍하고 불행한 사람입니까?

> 다윗이 나단에게 이르되 내가 여호와께 죄를 범하였노라 하매 나단이 다윗에게 말하되
> 여호와께서도 당신의 죄를 사하셨나니 당신이 죽지 아니하려니와 _ **사무엘하 12:13**

죄를 지으면 그 결과로부터 피할 수 없습니다.

밧세바와 간음한 죄를 범한 다윗은 끔찍한 죗값을 받았습니다. 태어난 아이의 죽음, 배다른 자녀끼리의 근친상간과 살인, 셋째 아들 압살롬의 반역과 도주, 아들 압살롬의 죽음 등 죽음과 같고 지옥과 같은 고통이었습니다.

다윗이 그와 같은 고통 속에도 파멸하지 않을 수 있었던 것은, 뼈저린 회개가 있었기 때문입니다. 그래서 회복될 수 있었습니다.

> 무릇 나는 내 죄과를 아오니 내 죄가 항상 내 앞에 있나이다
> 나를 주 앞에서 쫓아내지 마시며 주의 성령을 내게서
> 거두지 마소서 피 흘린 죄에서 나를 건지소서 (시 51편)

이 세상에서 정말 불쌍하고 불행한 사람은 누구이겠습니까?
육신이 치명적인 병에 걸린 사람들이 아닙니다.
가난 속에서 고통받는 사람들이 아닙니다.
힘이 없고 무지한 사람들이 아닙니다.
사회적으로 냉대를 당하거나 천시받는 사람들이 아닙니다.

정말 불쌍하고 비참한 사람은,
자신이 용서받아야 할 죄인임을 알지 못하는 마음이 굳고 강퍅한 사람들입니다.
그래서 용서하시는 예수님을 필요로 하지 않는 자들입니다.
그래서 하나님과의 관계가 깨어진 사람들입니다.

Prayer.

주님, 하나님과의 관계가 깨어진 자가 아니고 자녀 삼아주심을 감사합니다. 죄를 짓고도 회개치 않는 강퍅한 마음에서 구원하소서. 그러한 불쌍하고 불행한 삶에서 건지소서. 파멸하지 않도록 회개하며 살게 하소서.

2 사무엘하

19 무시당하거나 비난받을 때, 잘 분별해야 합니다

시므이라 그가 나오면서 계속하여 저주하고 또 다윗과 다윗 왕의 모든 신하들을 향하여 돌을 던지니
_ **사무엘하 16:5-6**
스루야의 아들 아비새가 왕께 여짜오되 이 죽은 개가 어찌 내 주 왕을 저주하리이까 청하건대 내가 건너가서 그의 머리를 베게하소서 하니 _ **사무엘하 16:9**
여호와께서 그에게 명령하신 것이니 그가 저주하게 버려두라 _ **사무엘하 16:11**

아들 압살롬은 아버지 다윗의 왕위를 뺏으려고 반역을 일으킵니다. 다윗과 신하들은 궁전에서 급히 탈출하던 중에 시므이라는 사람에게 저주와 돌팔매질을 당합니다. 다윗의 부하 아비새가 화가 나서, "죽은 개(시므이)를 칼로 쳐 죽일까요?"라고 묻습니다. 비록 반란에 쫓기고 있었지만, 그럴만한 힘은 충분히 가지고 있었습니다. 그런데 다윗 왕은 그냥 두라고 말하며 저주와 돌팔매질을 감수합니다.

여호와께서 그에게 명령하신 것이니 그가 저주하게 버려두라

지금 내가 당하는 배신과 비난과 저주가 나를 향한 하나님의 손이구나!
내 잘못을 깨닫게 하시며 새롭게 되기 원하시는 하나님의 음성이구나!
다윗은 그렇게 받아들인 것입니다.

나도 그렇게 받아들일 때가 있습니까? 누군가가 나를 무시하거나 비난할 때, 나를 향한 주님 손이며 음성이구나! 내 잘못을 깨닫게 하시며 새롭게 되기 원하시는 하나님의 뜻이구나! 그렇게 받아들일 때가 있습니까?

내 삶에 일어나는 모든 사건은 신앙으로 해석되어야 합니다.
여기 이 사건을 통해 이루려고 하시는 하나님의 선하신 뜻을 분별하고, 순종해야 합니다.

Prayer

주님, 때로 누군가에게 무시당하거나 비난받을 때, 나를 향한 하나님의 선하신 뜻이 무엇인지 잘 분별케 하소서.

2 | 성경 열한 번째 책, 열왕기상
20 솔로몬의 빨간 경고등

솔로몬이 그의 아버지 다윗의 왕위에 앉으니 그의 나라가 심히 견고하니라 _ 열왕기상 2:12

〈열왕기상〉은 '여러 많은 왕'이라는 의미입니다. 이스라엘의 1대 왕 사울이 죽고 2대 왕 다윗도 죽은 후, 3대 왕 솔로몬의 이야기부터 〈열왕기상〉이 시작됩니다.

솔로몬은 출발은 좋았지만 갈수록 나빠져 가는 인생이었습니다. 가장 큰 원인은 우상을 믿는 이방 여자들과 결혼함으로써 그 여인들이 솔로몬의 마음을 돌아서게 했기 때문입니다. 당연히 하나님과의 관계가 갈수록 멀어져 갈 수밖에 없었습니다.

교회 청년 형제가 결혼했습니다. 정말 좋은 자매와 결혼을 잘했습니다. 결혼한 자매가 하나님을 신실하게 믿기 때문이었습니다. 이 세상에서 가장 좋은 아내를 얻은 것입니다. 청년 형제의 신앙은 안정되어갔고, 갈수록 좋아질 것이라 기대됩니다.

출발은 좋았지만 갈수록 나쁜 인생이 되지 않기 위해서는, 신앙의 선한 영향력을 끼치는 사람들과 함께해야 합니다. 찬송가 342장 2절입니다.

네 친구를 삼가 잘 선택하고 너 언행을 삼가 늘 조심하라

불신자는 도무지 만나지도 말라는 의미가 아닙니다.
신앙에 방해되는 나쁜 영향력을 받지 말라는 것입니다.

솔로몬은 우리의 신앙 순례길에 빨간 경고등을 깜빡거리며 서 있습니다.
내가 맺는 관계와 영향력 때문에, 신앙이 갈수록 나빠질 수 있으니 늘 깨어 주의하라고.
하나님과 조금씩 멀어질 수 있으니 늘 깨어 주의하라고.

Prayer
주님, 하나님께로 가까이 이끄는 좋은 관계를 풍성히 허락하소서.

2 **열왕기상**

21 솔로몬의 지혜는,
근본적으로 어떤 지혜였습니까?

하나님이 솔로몬에게 지혜와 총명을 심히 많이 주시고 _ **열왕기상 4:29**

'솔로몬' 하면 떠오르는 것은 '지혜'입니다. 그래서 사람들은 솔로몬의 지혜를 구하며 기도합니다. "하나님, 솔로몬의 지혜를 주십시오. 하나님, 자녀에게 솔로몬의 지혜를 주십시오." 그런데 솔로몬 지혜가 무엇일까요? 하나님이 솔로몬에게 이렇게 말씀하셨습니다.

솔로몬 네가 이것을 구하도다 자기를 위하여 장수하기를 구하지 아니하며 부도 구하지 아니하며 자기 원수의 생명을 멸하기도 구하지 아니하고 오직 송사를 듣고 분별하는 지혜를 구하였으니 내가 네 말대로 하여 네게 지혜롭고 총명한 마음을 주노니(왕상 3:11-12)

솔로몬이 구한 지혜는,
그리하여 하나님께서 솔로몬에게 주신 지혜는,
백성들을 잘 섬길 수 있는 지혜였습니다.
하나님 나라를 위한 지혜였습니다. 생명과 사랑의 지혜였습니다.
신약 성경 야고보서 3장 17절에서 지혜를 이렇게 설명합니다.

하나님께로부터 온 지혜는, 첫째 성결합니다.
그리고 평화가 있고, 양순하고, 기쁨이 있습니다.
또한 어려움에 빠진 자들을 돕고 다른 사람을 위해 선한 일을 하려 애씁니다. 늘 공평하며 정직합니다.

- 쉬운 성경 / 한영 해설 성경 NLT

Prayer

주님, 성결하게 살아가는 지혜, 평화가 있고 양순하고 기쁘게 살아가는 지혜, 어려움에 빠진 자들을 돕고 다른 사람을 위해 선한 일을 하려 애쓰는 지혜, 공평하며 정직하려고 애쓰는 지혜, 하늘로부터 오는 지혜를 주십시오. 아멘.

2 열왕기상

22 병이 든 사람들을 위한 기도

그는 늘그막에 발에 병이 들었더라 _ **열왕기상 15:23**

아사왕은 하나님이 칭찬했던 왕입니다(왕하 15:11). 그런데 그에 대한 기록 말미에는 '그는 늘그막에 발에 병이 들었더라'라고 되어 있습니다. 그리고는 〈열왕기상〉에서 그의 이야기는 끝맺음합니다. 하나님께서 무엇을 말씀하시려는 것일까?

무슨 일인지 알려면, 역대하 16장 12절 읽으면 됩니다.

아사가 왕이 된 지 39년에 그의 발이 병들어 매우 위독했으나 병이 있을 때에 그가 여호와께 구하지 아니하고 의원들에게 구하였더라

아사가 병에 걸렸을 때 의원을 먼저 찾아간 것입니다. 물론 병들었을 때 의원에게 찾아가는 것은 당연한 일입니다. 그런데 문제는, 하나님을 찾으며 기도하는 것보다 의원을 먼저 의지했고 의원을 더욱 의지했다는 것입니다.

의원에 찾아가는 것보다 더 먼저는 하나님께 기도하는 것입니다.
하나님을 찾고 기도하는 것이 우선이며, 그리고 다음이 의사입니다.

Prayer

아픈 이들을 위해 기도합니다. 사랑하는 하나님 아버지, 여호와 라파의 하나님 아버지, 날마다 치유의 광선으로 오셔서 몸의 구석구석에 있는 암세포가 죽게 하시고, 병 덩어리들을 제거하여 주옵소서.
아프고 고통스러운 곳에 십자가 피 묻은 주님 손을 얹으시고 치유하여 주옵소서. 피 묻은 주님의 손을 얹으시고 나음을 입게 하여 주십시오.
주님, 주님을 더 힘껏 충성되이 섬기기 원하오니, 섬길 수 있는 회복과 건강을 허락하여 주옵소서.
주님, 우리가 병상에 있을 때는, 살아계신 하나님의 임재, 임마누엘의 은혜를 더 깊이 통과하게 하옵소서. 병과 씨름할 때, 하루하루가 은혜이며 기적이 되게 하옵소서. 예수 그리스도의 이름으로 기도합니다. 아멘.

2
23 망한 인생입니다

성경 열두 번째 책, 열왕기하

여호와께서 보시기에 정직히 행하였으나 _ **열왕기하 15:34**
여호와께서 보시기에 정직히 행하지 아니하고 _ **열왕기하 16:2**

성경 열두 번째 책 〈열왕기하〉는 계속해서 왕들의 이야기입니다. 북 이스라엘은 1대 여로보암부터 19대 마지막 호세아까지 209년 역사를 이어 오다가 앗시리아에 의해 멸망합니다. 남 유다는 1대 르호보암부터 20대 시드기야까지 345년 역사를 이어 오다가 바벨론에 의해 멸망합니다. 그래서 〈열왕기상·하〉에는 남북 총 39명 왕의 역사가 기록됩니다.

하나님은 왕들을 어떻게 평가하셨는가?

정치적으로 뛰어났는지, 외교적 성과를 거두었는지, 부국강병을 이루었는지, 백성들에게 인기가 좋았는지로 평가하지 않습니다. 둘 중 하나입니다.

하나님 보시기에 정직히 행하였거나, 정직히 행하지 아니하였거나.

다수의 왕은 망한 왕들로 결론지어집니다.

부귀영화가 넘쳤는데, 망한 인생이라 합니다.

황금 수저로 자랐고 최고 권력자인데, 망한 인생이라 합니다.

하나님과 멀어져서 불순종으로 살았다면, 망한 인생이기 때문입니다.

돈 많고 빌딩을 가지고 있더라도, 사회적으로 인정받고 큰 명예와 인기를 누리더라도, 무병장수하더라도, 뛰어난 재능으로 인생에서 승승장구하더라도, 여유롭게 행복하게 사는 듯 보인다고 하더라도, 하나님과 상관없고 멀어진 사람은 망한 인생입니다.

마음 아픈 말이지만, 진실은 그렇습니다.

하나님과 상관없고 멀어진 사람은, 망한 인생입니다.

Prayer.

하나님 보시기에 좋은 인생, 정직한 인생 살아갈 수 있도록 도우소서.

2 열왕기하

24 진정으로 회개할 때, 실패는 낙오가 아니라 기회가 됩니다

히스기야 왕이 듣고 그 옷을 찢고 굵은 베를 두르고 _열왕기하 19:1

앗수르 제국이 다시 침공했습니다. 히스기야는 지난번 대응이(왕하 18:14-16) 실패로 돌아가면서 더 큰 위기 앞에 서게 된 것입니다. 우리 삶에도 이러한 경우가 종종 있습니다. 어려운 문제에 직면해서 취한 이런저런 조치에도 불구하고 상황은 더욱 악화하여가는 것입니다. 한마디로 나의 선택이 실패한 것입니다. 그로인해 마음이 심히 상심 되는 것입니다. 그런데 실패는 낙오가 아니라 기회입니다. 성경의 수많은 인물이 가르치는 영적 교훈은 이것입니다. 이 땅의 수많은 크리스천의 간증은 이것입니다. '실패는 낙오가 아니라 하나님의 놀라운 은혜를 받을 기회이다.'

그런데 누구나 다, 실패가 기회가 되는 것은 아닙니다. 그럼 어떤 사람이 실패를 기회로 전환합니까? 실패를 통하여 영적 교훈을 배우며 새롭게 변화를 받아 가는 사람입니다.

그럼 어떻게 새롭게 변화되어야 하겠습니까? '히스기야는 어제의 실패를 통하여 영적 교훈을 받고 지난번과는 다른 새로움으로 오늘을 대처하는 모습을 보입니다.'

그 옷을 찢고 굵은 베를 두르고 (19:1)

이 표현은 회개를 상징하는 대표적인 말씀입니다. 히스기야는 회개를 새롭게 했습니다. 그 이전까지의 삶에 뉘우침과 회개가 없었던 것은 아닙니다. 그런데 새로워졌다는 것입니다.

회개한다는 것은 무엇을 의미합니까? 책임을 더는 다른 사람에게서 찾지 않고, 환경에서 찾지 않겠다는 것입니다. 내가 왜 이런 위기에 처하게 되었는지? 내가 왜 이런 고난을 맞이하게 되었는지? 내가 왜 실패하게 되었는지에? 그 원인에 대해서 다른 사람이나 환경에서 찾지 않고 자신에게서 찾겠다는 자기 애통입니다. 오늘 히스기야의 영적 교훈은 자신을 돌아보는 회개가 새로워지는 것입니다. 그리고 회개는, 자신의 죄와 허물을, 집중적으로 찾는 것입니다. 감사도 집중해서 찾는 것이며, 회개도 집중해서 찾는 것입니다.

Prayer

주님, 나의 회개를 새롭게 하시옵소서. 진정으로 회개하여서, 모든 실패가 낙오가 아니라 하나님의 큰 은혜를 만나는 기회가 되게 하옵소서.

2-25 성경 열세 번째 책, 역대상
다윗처럼, 영원히 복을 누립니다

여호와여 주께서 복을 주셨사오니 이 복을 영원히 누리리이다 하니라 _ **역대상 17:27**

〈역대상·하〉는 이스라엘 왕들의 역사 기록입니다. 남 유다와 북 이스라엘 왕들의 역사를 다룬 〈열왕기서〉가 있는데 왜 또 〈역대상·하〉가 있을까? 다른 점은 〈열왕기서〉가 남북 모든 왕의 역사라면, 〈역대기서〉는 남 유다만의 역사입니다. 〈역대상〉은 특히 다윗 역사입니다.

다윗은 "여호와여 주께서 복을 주셨사오니 이 복을 영원히 누리리다"라고 고백합니다.

시편에서는 '다윗이' 이렇게 고백합니다.

주 밖에는 나의 복이 없다 하였나이다 (시 16:2)

왕의 권력을 가졌기에 복을 누리게 되었다고 말하는 것이 아닙니다.
금은보화를 가졌기에 복을 누리게 되었다고 말하는 것이 아닙니다.
많은 자녀를 두었기에 복을 누리게 되었다고 말하는 것이 아닙니다.
하나님을 의지하고 하나님을 사랑하고 하나님 가까이하는 생애!
그러한 생애를 끝까지 살았기에 복을 누리게 되었다고 말하는 것입니다.
그것도 '영원히 누리리이다'입니다.

우리도 마찬가지로, 다윗처럼 영원히 복을 누리는 자들입니다.
그러니 삶에서 때로 애간장 태우는 일이 생기고, 때로 거센 비바람이 몰아치더라도 안심하십시오. 잠시 지나는 세상에 너무 집착을 가지며 낙심하지 마십시오. 모든 것이 무너지고 사라지는 이 세상에서 다윗과 우리는 영원히 복을 누립니다. Forever!

Prayer

'여호와여 주께서 복을 주셨사오니 영원히 누리리이다'라는 다윗의 기도와 승리의 신앙 고백이, 나의 기도와 승리의 신앙 고백이 되게 하소서.

2 역대상
26

후회 없이 헌신할 대상이 있다면
행복한 인생입니다

다 즐거이 드리되 _ **역대상 29:6**
백성들은 자원하여 드렸으므로 기뻐하였으니 곧 그들이 성심으로 여호와께 자원하여 드렸으므로 다윗 왕도 심히 기뻐하니라 _ **역대상 29:9**

내 삶을 후회 없이 드리며 헌신할 대상이 있다면, 행복한 인생입니다.

아주 오래전에 톰 크루즈가 주연한 〈7월 4일생〉이라는 영화를 본 적이 있습니다. 미국 독립기념일인 7월 4일에 출생한 주인공은 미국을 자랑스러워했습니다. 조국을 위해 헌신하기 위해 베트남 전쟁에 참여하여 젊음을 불살랐습니다. 그는 부상병의 몸으로 고국으로 돌아왔습니다. 고국으로 돌아온 주인공은 반전 운동이 벌어지는 상황을 보면서 분노하고 갈등하고 방황합니다. 그러한 회의 가운데서 마침내 자신 역시 반전 운동을 시작하게 됩니다. 조국을 위해 베트남 전쟁에 참여하여 불태웠던 헌신이 허무했던 것입니다.

다윗 왕과 백성들은 하나님께 성심으로 자원하여 드리며 기뻐하였습니다. 하나님을 향한 헌신은 영원히 후회함이 없고 헛되지 않은 것입니다.

내 삶을 드리며 헌신할 수 있는 하나님이 계시니, 행복합니다.
끝날까지 후회 없이 드릴 수 있는 하나님이 계시니, 행복합니다.

프랜시스 해버갈(Frances R. Havergal, 1836-1879, 영국 복음주의 대표적인 여류 찬송 작가)은 그 행복의 노래를 지었습니다. 찬송가 213장(통 348)입니다.

나의 생명 드리니 주여 받아주셔서 세상 살아갈 동안 찬송하게 하소서.
손과 발을 드리니 주여 받아주셔서 주의 일을 위하여 민첩하게 하소서.
나의 음성 드리니 주여 받아주셔서 주의 진리 말씀만 전파하게 하소서.
나의 보화 드리니 주여 받아주셔서 하늘 나라 위하여 주 뜻대로 쓰소서.
나의 시간 드리니 주여 받아주셔서 평생토록 주 위해 봉사하게 하소서.

Prayer.

주님, 이 행복한 찬송이 나의 찬송이 되게 하소서. 삶을 드리고, 손과 발을 드리고, 음성을 드리고, 보화를 드리고, 평생토록 주를 위해 봉사할 수 있도록 내 인생을 지키시고 이끌어 주소서. 아멘.

2
27

성경 열네 번째 책, 역대하

울어라, 울어라, 바벨론 강가에서

시드기야가 왕 위에 오를 때에 _ **역대하 36:11**
거기서 갈대아(바벨론) 왕과 그의 자손의 노예가 되어 바사국(페르시아)이
통치할 때까지 이르니라 _ **역대하 36:20**

〈역대하〉는 다윗 왕 이후 남 유다 21명의 왕과 1명의 여왕의 역사 기록입니다. 1대 왕 르호보암부터 시작된 남 유다는 시드기야 때에 바벨론에 패망하였고 많은 백성이 바벨론에 끌려가서 포로 생활을 합니다. 영국의 낭만파 시인 바이런(George Gordon Byron, 1788-1824)은 이 역사적인 사건으로 〈울어라, 바벨론 강가에서〉라는 제목의 시를 지었습니다.

울어라, 바벨론 강가에서 그 사당은 무너졌고 나라는 꿈이 되었다.
울어라, 깨어진 유대의 거문고를 위해,
애도하라, 신의 땅에 이방인이 산다.
그들은 어디서 피 흐르는 발을 씻으랴.
시온의 노래는 어디서 다시금 들으랴.
아아, 어느 날 하늘 소리에 가슴 떨린 유대 노랫가락이 기쁨을 실어 오랴.
유랑의 발길과 슬픔의 마음 지닌 백성.
언제나 유랑에서 쉼을 얻으려 하는가,
비둘기는 둥지가 있고, 여우는 굴이 있고,
사람에겐 나라가 있으나 그들에겐 무덤뿐이리.

혹시, 내가 바벨론 노예처럼 살고 있다고 여겨질 때 있습니까? 돈의 노예, 세상 풍조의 노예로 바벨론 강가에 살고 있다는 생각이 들 때 있습니까? 그러면 애통하십시오. 울어라, 바벨론 강가에서. 애통하라, 신의 땅에 이방인이 산다.
그런데 애통하며 울면 복이 있습니다.

Prayer

주님, 혹시 내가 바벨론의 포로로 살아가고 있지 않은지 발견하고 울고 애통하게 하소서.
그리하여 애통 뒤에 오는 환희와 복을 누리게 하소서.

역대하

2 / 28 사랑하는 교수님께 드린 편지 3 / 세상의 모든 역사

> 그들은 페르시아 왕국이 바빌로니아를 물리칠 때까지도 노예로 있었느니라. (쉬운 성경) _ **역대하 36:20**

그날 교수님께서 "북한 체제는 언제까지 유지할 수 있을까?"라는 말씀을 꺼내시길래 제가 조심스럽게 말을 이어갔습니다.

교수님, 성경 욥기에 보면 이런 말씀이 있습니다.

> 민족들을 커지게도 하시고 다시 멸하기도 하시며 민족들을 널리 퍼지게도 하시고 다시 끌려가게도 하시며 (욥 12:23)

하나님 안 믿는 사람들에게는 받아들여지지 않겠지만 세계 모든 역사는 하나님의 주권 안에서 이루어진다는 것입니다. 바벨론 제국이 어떻게 페르시아 제국에게 멸망하게 되는지. 로마 제국의 경계가 어디까지 커지게 되며 언제 멸망하게 되는지. 독일은 어떻게 동독과 서독으로 분리되었다가 언제 통일되는지. 지금 세계 최강국 미국이나 중국은 얼마나 강성하게 되고 언제 멸망하게 되는지. 그리고 북한은 언제 무너지고 한국과 통일될 수 있을지. 또는 끝까지 통일되지 않을지. 모두 다 하나님이 한정하시고 허락하신다는 것입니다.

그런데 하나님은 세계 역사뿐만이 아니라, 인간의 모든 삶도 다스리고 계십니다. 인간의 생명이 하나님 주권을 벗어나 세상에서 태어날 수가 없고, 인생 모든 여정과 그리고 마지막 죽음도 마찬가지입니다. 다 하나님의 주권 안에서 일어납니다.

그날 긴 대화를 마치고 교수님 댁을 나오면서 봄에 함께 나들이 동행을 제안했습니다. "그러지"라며 따뜻하고 환하게 웃으셨습니다. 그런데 그해 봄부터 병이 악화하셔서 결국 봄나들이를 가지 못했습니다. 하나님의 주권 안에서.

Prayer.

주님, 우리를 긍휼히 여기시고, 하나님 주권 안에서 우리 인생들이 하나님과 만나고 동행하게 하소서.

3

성경 열다섯 번째 책, 에스라

01 가장 먼저 해야 할 일!

> 너희 중에 그의 백성 된 자는 다 유다 예루살렘으로 올라가서 이스라엘의 하나님 여호와의 성전을 건축하라 _ 에스라 1:3

세상 나라의 흥망성쇠 역사는 하나님의 섭리 가운데 진행됩니다. 때가 되어 하나님께서 세계 역사의 물줄기를 바꾸십니다. 새로운 제국 페르시아가 일어나 바벨론을 멸망시키게 하셨고, 포로 귀환 정책을 펼치게 하셨습니다. 그로 인하여 바벨론에 끌려간 이스라엘 포로들은 고국으로 귀환할 수 있게 된 것입니다. 이 세계 역사가 바로 에스라 1장입니다.

바벨론에서의 70년 포로 생활을 끝내고 고국으로 돌아오는 이스라엘 백성들은 꿈꾸는 것 같았다고 시편 126:1에서 노래합니다.

여호와께서 시온의 포로를 돌려보내실 때에 우리는 꿈꾸는 것 같았도다

그런데 고국 귀환 후에 그 무엇보다 먼저 해야 할 일이 있었습니다. 바벨론 침략 때 파괴되었던 하나님의 성전 재건입니다(스 1:3).

황폐해진 생활 터전에서 다시 세워가야 할 것이 한두 가지가 아니지만, 무너진 하나님의 성전 재건을 가장 먼저 하라는 것입니다.

먼저 성전을 재건하라는 것은 하나님을 만나는 예배가 가장 중요함을 알려주는 것입니다. 집을 세우고, 경제를 세우고, 건강과 안전을 세우고, 인간관계를 세우는 그 모든 것이 중요합니다. 그런데 가장 먼저, 하나님과 만나는 예배를 세우고 예배가 중심이 되게 해야 합니다. 그렇지 않으면, 집이나 경제나 건강이나 관계나 아무리 다른 것들을 많이 쌓고 멋지게 세울지라도 늘 불안하고 흔들리고 허무할 것입니다(학 1:4-9).

Prayer

주님, 새로움의 계절 봄을 시작하면서, 가장 먼저 주님과 사랑의 관계를 새롭게 세우게 하소서. 예배를 세우게 하소서.

3
02 **에스라**

49,897명 소수,
주님과 나누는 기쁨을 알 사람이 없도다

그 마음이 하나님께 감동을 받고 올라가서 예루살렘에 여호와의 성전을 건축하고자 하는 이가 다 일어나니 _ 에스라 1:5

200만 명은 넘었을 바벨론 포로 유대인 중에 단지 49,897명만이 고국 귀환을 결단했습니다(스 2:64-65). 왜 소수였을까요? 포로 처지이긴 했지만 오랜 세월 지나는 동안 경제 터전을 닦으며 적응된 삶이 편했기 때문일 것입니다. 또한, '고국까지 거리가' 바벨론(이라크)에서 고국인 예루살렘까지 1,450km나 되는 매우 어렵고 힘든 길이었던 것입니다. 성전을 재건하는 일도 보통 헌신이 요구되는 일이 아닙니다.

우리에게도 가장 먼저 성전을 건축하라고 명령하십니다. 오늘날 성전이 가지는 의미는 구약 시대와는 다릅니다. 신약 시대에는 믿는 자 한 사람 한 사람이 하나님 성전입니다.

> 너희가 하나님의 성전인 것과 하나님의 성령이 너희 안에 계시는 것을 알지 못하느냐
> (고전 3:16)

나를 하나님의 성전으로 건축하는데 충성하며, 형제자매와 교회를 하나님의 성전으로 세우는데 충성하는 이들은 여전히 소수일 것입니다.

그런데 비록 멀고 험할지라도 순종을 선택하면, 그 길은 주님과 친밀한 친구 되어 동행하는 길입니다. 세상 사람은 알 수 없는 주님과 나누는 기쁨, 새롭고 영원한 기쁨이 가득 둘러쌉니다. 주님. 충성치 않는 세대(시 78:8)에서 우리를 건지시고 충성된 소수의 길을 걸으며 기쁘게 하소서.

> 저 장미꽃 위에 이슬 아직 맺혀 있는 그 때에
> 귀에 은은히 소리 들리니 주 음성 분명하다
> 주님 나와 동행을 하면서 나를 친구 삼으셨네
> 우리 서로 받은 그 기쁨을 알 사람이 없도다 (찬송가 442장)

Prayer •

주님, 충성치 않는 세대(시 78:8)에서 우리를 건지시고 하루하루 주님과 친밀한 친구 되어 동행하게 하소서.

3 　**에스라**

03　방해를 이기고 봄처럼 새롭고 부지런히

이로부터 그 땅 백성이 유다 백성의 손을 약하게 하여 그 건축을 방해하되⋯
그 계획을 막았으며 _에스라 4:4-5

성전 재건을 시작하자 이런저런 방해 세력이 나타나서 힘들게 했습니다. 오늘날도 마찬가지입니다. 믿는 자들이 하나님의 성전답게 제대로 신앙생활 하려고 하면 방해하는 세상 세력이 당연히 나타나기 마련입니다.

세상은 내가 참 예배자 되는 것을 좋아할까요? 싫어할까요?
제대로 열심히 신앙생활 할 때 좋아할까요? 싫어할까요?
내가 주께 충성하는 것을 좋아하겠습니까? 싫어하겠습니까?

세상은 싫어합니다.
때로는 가장 사랑하는 사람들이 방해 세력이 되기도 합니다.
"나는 네가 그렇게 열심히 신앙생활 하는 것은 싫어!"
"네가 교회에 너무 빠져드는 것이 싫어. 적당히 해!"
이처럼 방해를 만난 적이 있습니까?
이상히 여길 필요가 없습니다. 당연히 따라 오는 일입니다.

당연히 따라오는 방해를 이기고, 나를, 우리를 하나님의 성전으로 제대로 건축해 가십시오. 말씀 성전으로 건축하고, 기도 성전으로 건축하고, 감사 성전으로 건축하고, 회개 성전으로 건축하고, 섬김 성전으로 건축하고, 증인 성전으로 건축해 가십시오.

Prayer •

주님, 우리 신앙이 봄처럼 약동하게 하소서. 말씀의 삶, 기도의 삶, 회개의 삶 등 무너진 신앙 영역이 어디인지 점검케 하소서. 온갖 난관을 이기며 주님의 성전을 봄처럼 새롭고 부지런히 건축하게 하소서.

3 　**에스라**

04 **세상 눈에 보이는 외관에,
주께서 탄복하시겠습니까?**

이스라엘 자손과 제사장들과 레위 사람들과 기타 사로잡혔던 자의 자손이 즐거이 하나님의 성전 봉헌식을 행하니 _ 에스라 6:16

드디어 성전 재건이 완료되었고 봉헌식을 행하였습니다. 모든 백성이 헌신했지만, 특별히 충성된 지도자들이 있었습니다. 에스라 5:1-2에 소개되는 학개와 스가랴와 스룹바벨과 예수아입니다. 성전(이때 재건된 성전을 스룹바벨 성전이라 칭함)을 세워가는 일에 함께 충성하는 동역자들이 있다는 것은 은혜요 감사입니다.

그런데 사실 이때 완공된 성전은 초라했습니다. 선조들이 지었던 솔로몬 성전은 온갖 좋은 나무와 금과 은으로 치장하여 화려했습니다. 그런데 지금 성전은 산에서 나무를 가져다가 지었던 것입니다.

그러면 하나님께서는 어느 성전을 더 기뻐하시겠습니까?
물론 둘 다 기뻐하시지만, 아직 스룹바벨 성전이 완성되기 전에 주께서는 백성들을 격려하며 약속을 주셨습니다. 눈에 보이는 화려함이나 외관으로 판단하며 위축되지 말라는 것입니다. 만군의 하나님은 외관과 외모를 보시는 분이 아니시다는 것입니다. 그러니 믿음의 용기를 내어서 성전 재건을 완수해가라는 것입니다(학 2:3-9).

지금 이 성전이 솔로몬 화려한 성전에 비해 보잘 것 없이 보이지 아니하냐?
내가 너희와 함께 하노라 만군의 여호와의 말이니라.
내가 이 성전의 영광이 충만하게 하리라. 만군의 여호와의 말이니라.

외관과 외모로 판단하는 세속성에서 벗어나야 합니다. 온 땅의 주인이시오. 온 세상 통치자이신 만군의 여호와께서 세상과 인간 외관의 화려함에 탄복하시겠습니까? 주님 영광이 충만한 성전으로 세워져 가는 믿는 자 한 사람 한 사람을 기뻐하시며 탄복하시는 것입니다. 내가 바로 그 성전입니다.

Prayer
주님, 오늘 하루도 주님이 기뻐하시는 성전으로 살아가게 하소서.

3/05 성경 열여섯 번째 책, 느헤미야
하나님의 위로로 가게 하소서

이스라엘 자손을 흥왕하게 하려는 사람이 왔다 _ 느헤미야 2:10

에스라는 무너진 성전 재건을 독려했던 지도자였고, 느헤미야는 성벽을 재건한 지도자입니다. 히브리어 '느헤미야(נחמיה)'라는 뜻은 '하나님의 위로'입니다. 페르시아의 고위 관직에 있었던 그는 고국이 큰 환난을 겪고 능욕을 받으며, 예루살렘 성은 허물어지고 성문들은 불탔다는 말을 듣고(느 1:3) 귀국을 결심합니다.

페르시아 고위 관직의 권력과 부와 명예를 내려놓고 무너져 있는 자기 형제들의 공동체로 옵니다. 그들을 일으켜 세우며 흥왕케 하려고 옵니다. 하나님의 위로로 백성들 속으로 옵니다.

그런데 크리스천들은 모두 '느헤미야(하나님의 위로)'입니다. 사람들 속으로 하나님의 위로를 가지고 가는 느헤미야입니다. 올바른 위로자가 되려면, 나 자신이 하나님의 위로를 붙들고 있어야만 합니다. 하나님께서 말씀하십니다.

너희를 위로하는 자는 나여늘 나여늘(사 51:12, 개역 한글)

마음이 무너질 때, 어디서 위로를 찾습니까?
사람에게서 위로를 찾습니까? 세상에서 위로를 찾습니까?
사람과 세상의 위로는 다 불완전하며 무너지는 것입니다.
하나님께 위로를 찾을 때 참된 힘을 얻습니다. 그리고 하나님 위로를 알고 붙드는 자만이 사랑하는 이들에게 참된 위로를 줄 수 있는 것입니다.

Prayer

주님, 언제나 하나님 위로를 찾고 붙들게 하시고, 그 주님의 위로를 사람들에게 흘려보내게 하소서. 그들에게 느헤미야로 가게 하소서.

3 느헤미야

06 영적 추억이 많은 사람이 부자입니다

> 그 다음은 여리고 사람들이 건축하였고 또 그 다음은 이므리의 아들 삭굴이 건축하였으며
> _ 느헤미야 3:2

느헤미야와 백성들이 무너진 성벽을 세워가는 3장은 지루할 정도로 이름이 열거됩니다. 누가 문짝을 달고, 누가 성벽을 쌓고, 누가 자물쇠와 빗장을 갖추었다고 기록됩니다. 신분이 알려진 사람들도 기록됩니다. 1절 대제사장들, 8절 금을 세공하여 장신구를 만드는 사람, 그리고 향품 장사 하나냐. 9절 높은 관리 르바야, 32절 장사하는 상인들.

많은 난관을 극복하면서 저마다의 사명과 역할을 가지고 성전을 재건한 것입니다. 그들은 두고두고 성전 재건 역사에 동참했음을 추억할 것입니다. 이에 감사해할 것이며 후손들에게 자랑도 할 것입니다.

어느 지인으로부터 카톡을 받았습니다.

추억이 많은 사람이 부자라더라고요. 앞으로도 추억할 많은 일이 있겠지요.

영적 추억은 더욱 그러합니다. 우리는 하나님 나라를 세우기 위해 많은 영적 전쟁에서 함께 싸우는 추억을 쌓았고 지금도 쌓고 있습니다. 여호와 닛시의 깃발을 들었고 지금도 들고 있습니다.

찰스 스펄전(Charles Haddon Spurgeon, 1834~1892, 영국의 침례교 목사, 설교의 황태자로 불림)은 말합니다.

주님은 괴로움의 고지에서 최고의 병사들을 얻으신다.
The Lord gets His best soldiers out of the highlands of affliction.

Prayer.

주님, 오늘의 사명을 충성되이 감당케 하소서.
오늘의 영적 싸움터에서 최고의 병사로 순종함으로 내일의 부요함이 쌓이게 하소서.

3 느헤미야

07 **자녀들에게 최고, 최선의 인생을 열어주는 일**

> 그 다음은 예루살렘 지방 절반을 다스리는 할로헤스의 아들 살룸과 그의 딸들이 중수하였고
> _ 느헤미야 3:12

성벽 재건을 하는 동안 예루살렘으로 향했습니다. 멀리 있는 사람들도 모였습니다. 2절 여리고 사람, 5절 드고아 사람, 7절 기브온과 미스바 사람, 13절 사노아 주민, 26절 느디님 사람들. 멀리 떨어진 사람들까지 예루살렘으로 달려와 수고한 이유가 어디에 있습니까?

이것은 예루살렘 사람들만이 할 일이 아님을 알았기 때문입니다.
이것은 하나님께서 내게 맡겨 주신 일이라고 받아들였기 때문입니다.

오늘 우리도 마찬가지입니다. 하나님께서 내게 맡겨 주신 일에 관한 순종과 헌신의 아름다운 또 다른 구절이 오늘 묵상 3:12입니다.

딸들까지 동원했던 것입니다. 딸에 대한 아버지 살룸의 마음이 무엇이었을까요? 힘들고 고된 일을 피하길 바랐을 수도 있을 것입니다. 딸들은 얼마든지 빠지도록 할 수 있었을 텐데, 왜 험한 고생을 시킵니까?

내 자녀들이 해야 하는 하나님 일이라고 받아들였기 때문입니다.
하나님 일에 참여하는 것이 영광임을 알았기 때문입니다.

하나님 향한 순종과 봉사와 헌신을 가르치는 것이야말로,
자녀들에게 최고, 최선의 인생을 열어주는 것입니다.

사랑하는 이들에게 '하나님께 순종'을 가르침으로, 그들이 최고, 최선의 인생을 살도록 돕게 하소서. 주님 일에 참여하는 영광을 알게 하소서.

3 느헤미야

08 'Fight!' 싸울 의지가 중요합니다

> 너희는 그들을 두려워하지 말고 지극히 크시고 두려우신 주를 기억하라 너희 형제와 자녀와 아내와 집을 위하여 싸우라 하였느니라 _ 느헤미야 4:14

성벽 재건 방해가 극심했습니다. 그러나 더 큰 문제는 백성들이 '스스로 낙심'에 빠지는 것이었습니다. 두려워하는 마음이 생긴 것입니다(느 4:1, 3, 8, 10, 14).
"우리가 건축하지 못하리라."
'싸울 의지'가 없으면 패배합니다. 싸울 의지에 대한 윈스턴 처칠(Sir. Winston Leonard Spencer-Churchill, 1874~196, 영국의 정치가)의 일화를 떠올립니다. 2차 세계 대전 당시 독일이 영국을 침공할 때, 국민은 낙심과 두려움에 빠졌습니다. 당시 영국 수상이었던 윈스턴 처칠은 라디오 방송을 통해 국민을 향해서 연설하였습니다(1940. 6. 4.).

우리는 계속 싸울 것입니다. 우리는 프랑스에서도 싸울 것이고, 바다와 대양에서도 싸울 것입니다. 우리는 하늘에서도 싸울 것입니다. 우리는 그 어떤 대가를 치르더라도 우리나라를 꼭 지켜낼 것입니다. 우리는 바닷가에서도 싸우고, 활주로에서도 싸우며, 들판에서도, 그리고 길에서도 싸울 것입니다. 우리는 산악에서도 싸울 것이며, 절대 항복하지 않을 것입니다.

영국은 결사 항전하였고 독일로부터 승리를 거두었습니다.
느헤미야는 백성들에게 싸울 의지를 독려합니다.
너희 형제와 자녀와 아내와 집을 위하여 싸우라!

바울도 싸울 의지를 독려합니다(딤전 6:12).
믿음의 선한 싸움을 싸우라 / Fight the good fight of the faith

나를 우리를 하나님 성전으로 제대로 건축해 가기 위해 싸우십시오. 말씀 성전으로 건축하고, 기도 성전으로 건축하고, 감사 성전으로 건축하고, 회개 성전으로 건축하고, 섬김 성전으로 건축하고, 증인 성전으로 건축해 가기 위해 믿음의 선한 싸움을 하십시오.

Prayer

주님, 오늘도 믿음의 선한 싸움을 싸울 의지를 주소서.
하나님 나라와 의를 구하는 믿음의 싸움을 싸우게 하소서.

3 **느헤미야**

09 # 주님을 기뻐하면서 힘을 얻어 태산을 넘어갑니다

여호와로 인하여 기뻐하는 것이 너희의 힘이니라 _ 느헤미야 8:10

산 같이 큰 문제를 만났을 때, 무슨 힘으로 넘어갈 수 있겠습니까?
무슨 힘으로 인생의 거친 풍파를 뚫고 전진할 수 있겠습니까?
슬퍼하며 우는 백성들에게 느헤미야는 독려합니다.

'하나님을 기뻐하는 것이 너희의 힘이니라.'

웃음은 심장을 마사지해서 혈액 순환을 자극하고 숨쉬기를 편하게 해준다는 연구 결과가 있습니다. '웃음이 최고의 명약이다'라는 말이 맞는 것입니다. 장애인 올림픽 트레이너인 독일의 팔겐베르크는 정상인도 감당하기 어려운 마라톤을 장애인이 해낼 수 있도록 지도한 사람입니다. 그의 비결은 선수들이 뛰기 전에 먼저 크게 웃게 하고, 뛰는 중에도 웃게 하고, 경기 후에도 웃게 하는 것입니다. 웃을 때마다 신체 에너지가 증가하여 활력이 넘쳐나는 것을 이용하는 것입니다.

이렇게 세상 기쁨과 웃음도 몸에 힘이 되고 삶에 힘이 되어 장애물을 넘어가게 하는데, 하나님으로 인해 기뻐하는 것! 하나님을 기뻐하는 것! 이 기쁨이야말로 어떻겠습니까! 문제를 만날 때 기뻐하십시오. 그러면 태산 같은 문제도 넘어갈 힘이 생겨날 것입니다.

다윗도 고난의 광야에서 기쁨의 능력으로 세상을 이겼습니다.
의인은 여호와로 말미암아 즐거워하며 (시 64:10)
하박국은 열매와 소출과 식물이 없을지라도 기뻐하겠다고 말합니다.
나는 여호와로 말미암아 즐거워하며…기뻐하리로다 (합 3:18)
우리도 그들처럼, 하나님을 기뻐하면서 힘을 얻어 태산을 넘어갑니다.

주님, 세상과 사탄에게 영적 기쁨을 빼앗기지 않게 하소서.

3 느헤미야

10 우선 순위를 확고히 함이, 신앙을 새롭게 하는 것입니다

> 바벨론 왕 아닥사스다 삼십이년에 내가 왕에게 나아갔다가 며칠 후에 왕에게 말미를 청하고 예루살렘에 이르러서야 엘리아십이 도비야를 위하여 하나님 전 뜰에 방을 만든 악한 일을 안지라
> _ 느헤미야 13:6-7

성전 재건을 완수하고 이스라엘을 떠났던 느헤미야는 다시 고국을 방문합니다. 도비야 등을 필두로 백성들의 신앙이 잘못된 길로 가고 있었기 때문입니다. 느헤미야 13장에는 신앙 개혁을 위한 세 가지 촉구가 나타나는데, 결국은 올바른 우선순위를 확고히 하라는 것이었습니다.

첫째, 느헤미야 13:12. "십일조를 가져다가 곳간에 들이므로" 돈과 욕심과의 영적 싸움터에서 십일조는 물질을 비롯한 모든 것의 주인이 하나님이심을 신앙 고백하는 것입니다. 물질의 우선순위를 확고히 해야 합니다.

둘째, 느헤미야 13:22. "안식일을 거룩하게 하라." 시간의 올바른 우선순위를 확고히 하라는 것입니다. 삶의 모든 일정은 주일을 거룩히 지키는 것을 중심으로 계획해야 합니다.

셋째, 느헤미야 13:26. "옛적에 이스라엘 왕 솔로몬이 이 일로 범죄하지 아니하였느냐…이방 여인이 그를 범죄하게 하였나니" 처음에는 하나님만 의지했던 솔로몬이 우상을 숭배하는 이방 여인들을 왕비로 삼기 시작합니다. 그녀들의 영향력이 점점 솔로몬을 파고 들어오면서, 결국 우상을 섬기는 타락한 왕으로 전락한 것입니다. 솔로몬의 교훈은 관계의 올바른 우선순위를 확고히 하라는 것입니다. 불신자가 끼치는 신앙의 악영향을 차단하며 믿음의 사람들이 끼치는 신앙 영향력 안에서 살라는 것입니다.

올바른 우선순위를 확고히 하는 것이 신앙을 새롭게 개혁하는 것입니다.

Prayer.
주님, 오늘 하루도 올바른 우선순위를 확고히 함으로 신앙을 새롭게 하소서.

> 성경 열일곱 번째 책, 에스더

11 지금 이 때의 시기를 놓친다면

> 이 때에 네가 만일 잠잠하여 말이 없으면 유다인은 다른 데로 말미암아 놓임과 구원을 얻으려니와 너와 네 아버지 집은 멸망하리라 네가 왕후의 자리를 얻은 것이 이 때를 위함이 아닌지 누가 알겠느냐 _ 에스더 4:14

에스더서는 페르시아 아하수에로 왕 때의 역사입니다. 아하수에로(헬라어 크세르크세스)는 스파르타의 300 용사와 테르모필레 전투를 벌였던 왕입니다.

'별'이라는 뜻의 이름을 가진 에스더는 이스라엘 여인으로서 페르시아 아하수에로의 왕후 자리까지 올랐습니다. 그런데 황제 밑의 최고 실력자 하만이 이스라엘인들을 다 죽이려는 술책을 꾸밉니다. 이스라엘 멸망 위기에서 삼촌 모르드개가 에스더에게 말합니다.

> 이 때에 네가 만일 잠잠하여 말이 없으면…
> 네가 왕후의 자리를 얻은 것이 이 때를 위함이 아닌지 누가 알겠느냐(에 4:14)

'이 때'의 시기가 아니면, 다시 할 수 없는 섬김이 있습니다. 오늘 지금 '이 때'가 아니면 영원히 못 할 선한 일이 있습니다.

'이 때'를 놓치면 다시 할 수 없는 기도가 있습니다. 미루지 않고 지금 반드시 해야 할 가족과 교회와 지체들을 위한 중보 기도 제목이 있습니다. '이 때'가 아니면, 그 문제를 가지고 기도해야 할 시기를 놓치게 됩니다.

'이 때에'
에스더처럼 결단하고 행함으로 주께 영광 돌리게 됩니다.
어떤 이들에게 살 힘과 용기를 줍니다.
어떤 이들을 올바른 길로 인도합니다.
세상 눈에 보이지 않지만 위대하고 영원한 일을 합니다.

Prayer

주님, 순간순간 '이 때에' 믿음으로 결단하고 행할 수 있는 영적 능력을 주소서.

3 에스더

12 '죽으면 죽으리라'

> 이 일은 아하수에로 왕 때 있었던 일이니 _ 에스더 1:1
> 하닷사 곧 에스더는 _ 에스더 2:7
> 규례를 어기고 왕에게 나아가리니 죽으면 죽으리이다 하니라 _ 에스더 4:16

'이 때에' 이스라엘의 멸망 위기에서 에스더가 나서게 됩니다.

남자든 여자든 왕의 부름이 없이 안뜰에 들어가 황제 앞에 나아가면 누구든지 죽임을 당하는 규례가 있었습니다. 그런데도 에스더는 자기 백성들의 목숨을 구하려고 결단합니다. 이 유명한 결단이 바로 '죽으면 죽으리라!'입니다.

> 규례를 어기고 왕에게 나아가리니 죽으면 죽으리이다 하니라(에 4:16)

만약에 우리도 인생의 어느 시기에 '이 때'를 만나게 된다면,
에스더처럼 '죽으면 죽으리라'라는 믿음의 결단을 할 수 있을까?
그런 불굴의 신앙 용기를 가질 수 있을까?

솔직히 자신이 없습니다.

그런데 이것은 압니다. '죽으면 죽으리라'라는 불굴의 신앙 결단으로 하나님께 순종하기 시작할 때, 살 길이 열린다는 것입니다. 영원히 빛나는 살 길이라는 것입니다. 다른 사람들도 살리는 길이라는 것입니다.

Prayer.

주님, 에스더의 신앙 결단을 마음에 기억하며 살아가게 하소서.
그리고 주님. 신앙 결단이 필요할 때, 에스더의 마음을 부어주소서.

성경 열여덟 번째 책, 욥기

13 피고석의 하나님

> 욥이라 불리는 사람이 있었는데 그 사람은 온전하고 정직하여 하나님을 경외하며 악에서 떠난 자더라 _ **욥기 1:1**

하나님 잘 믿으면서 온전하며 정직하게 살아가는 신앙인들이 있습니다. 마땅히 그 인생은 평탄하고 복이 넘쳐야 했습니다. 그런데 날벼락 같은 재앙이 닥쳤습니다. 비통함을 추스를 경황도 없이 악재가 연달아 일어났습니다. 심장이 터질 듯 고통스러우며 숨을 내쉬기 어려웠습니다. 가까스로 나오는 신음은 이것입니다. 하나님. 왜요?

> 어찌하여 이런 시련을 내리십니까?
> 그 까닭이라도 알려주소서(욥 10:2 / 공동번역)

그런데 하나님을 잘 믿으면서 온전하며 정직했던 사람은, 그 힘들고 괴로운 일들을 욥처럼 이겨내면서 하나님을 가까이 만나며 하나님 사랑을 더 깊이 알게 될 것입니다. 결국에는 말입니다.

물론 하나님께 따지며 불평 원망하는 사람들도 많을 것입니다.
하나님. 신실한 신앙인이 어째서 고통을 당해야 하는지요?
하나님. 왜 나에게 이런 괴로움을 주시는가요?
이건 분명히 잘못된 일입니다. 나는 하나님 안 믿겠습니다.

C. S. 루이스(Clive Staples Lewis, 1898~1963, 영국 성공회 신자, 사상가이자 소설가)는 에세이 제목을 『피고석의 하나님』(God in the Dock)이라고 지었습니다. 인간이 판사석에 앉아서 하나님을 피고석에 세우기 때문입니다. 우리가 자주 그런 일을 하고 있지 않은지 돌아봅니다.

Prayer

주님, 고통을 만날 때 주께 불평하고 원망하는 사람이 되지 않게 하소서.
견디기 너무 힘든 시간일 테지만, 잘 지나갈 수 있는 믿음을 주소서.

3 　　**욥기**

14 고통받을 때, 믿음의 자리를 떠나지 않고 지키게 하소서

> 내가 하나님께 아뢰오니 나를 정죄하지 마시옵고 무슨 까닭으로 나와 더불어 변론하시는지 내게 알게 하옵소서 _ 욥기 10:2

신앙생활 하면서 의문을 품곤 합니다.
고통당할 때, 하나님은 어디에 계시는가?
그런데 더 중요한 질문은 이것입니다.
고통당할 때, 믿음의 자리를 떠나지 않고 지키고 있는가?
이 의문에 대한 훌륭한 답변이 욥기 23:8-10입니다.

> 내가 앞으로 가도 그가 아니 계시고 뒤로 가도 보이지 아니하며 그가 왼쪽에서 일하시나 내가 만날 수 없고 그가 오른쪽에서 돌이키시나 뵈올 수 없구나 그러나 내가 가는 길을 그가 아시나니 그가 나를 단련하신 후에는 내가 순금 같이 되어 나오리라

탁월한 영적 지도자들이 공통으로 강조하는 진리가 있습니다. 하나님이 항상 함께하심을 느끼는 감정이나 기분과 하나님이 항상 함께하신다는 사실은 전혀 다르다는 것입니다. 앞에도 뒤에도 주님이 계심을 느끼지 못할 때 있지만, 주님이 함께하심은 사실이며 진실입니다.

신앙의 길은 언제나 선택 앞에 놓입니다. 느낌, 기분, 감정을 선택할 것인가? 믿음의 의지를 가지고 하나님의 약속을 선택할 것인가? 욥은 기분이나 느낌이나 감정을 이기고, 믿음의 의지로 사실과 진실을 택합니다.

> 그러나! 내가 가는 길을 그가 아시나니 그가 나를 단련하신 후에는 내가 순금같이 나오리라 (욥 23:10)

Prayer.

주님, 내가 고통당할 때 주님이 변함없이 함께하신다는 사실과 진리를 붙들게 하소서.
믿음의 자리를 떠나지 않고 지키도록 도와주소서.

> 욥기

15 고통받을 때, 내가 전능한 창조주 하나님임을 생각하라

> 무지한 말로 이치를 가리는 자가 누구니이까 나는 깨닫지도 못한 일을 말하였고 스스로 알 수도 없고 헤아리기도 어려운 일을 말하였나이다 _ 욥기 42:3

'어찌해서 이런 고난을 당합니까? 어디에 계십니까?'

하나님은 오랜 침묵 끝에 드디어 모든 문제를 시원하게 풀어줄 듯이 폭풍 가운데서 나타나십니다(욥 38:1). 그런데 욥이 바라는 질문에 대답하는 대신에 욥에게 도리어 질문해 오십니다.

너는 대장부처럼 허리를 묶고 내가 네게 묻는 것을 대답할지니라 내가 땅의 기초를 놓을 때에 네가 어디 있었느냐 네가 깨달아 알았거든 말할지니라 누가 그것의 도량법을 정하였는지, 누가 그 줄을 그것의 위에 띄웠는지 네가 아느냐 그것의 주추는 무엇 위에 세웠으며 그 모퉁잇돌을 누가 놓았느냐 그 때에 새벽 별들이 기뻐 노래하며 하나님의 아들들이 다 기뻐 소리를 질렀느니라 바다가 그 모태에서 터져 나올 때에 문으로 그것을 가둔 자가 누구냐(38:3-8)

세상 이치와 자연의 신비를 알거든 대답해 보라는 것입니다. 동문서답 같은 답변 후, 욥에게 던지시는 이 질문의 의미는 무엇입니까?

혹시 험한 환경과 어려운 상황에 처하더라도, 하나님께서 창조주시며 전능자이심을 깊이 묵상하라는 것입니다. 캄캄한 어둠이 닥칠 때, 전능하신 주님은 완전한 사랑이시니 신뢰하라는 것입니다. 하나님께서는 '왜요? 어째서요?'라는 질문에 답하는 대신에, 이유 모르는 고난 속에서도 굳센 믿음을 갖도록 이끄시는 것입니다.

Prayer

주님, 창조주시며 전능자이신 하나님을 묵상하며 신뢰하게 하소서.

3
16 새 노래로 부르자

성경 열아홉 번째 책, 시편

새 노래로 여호와께 노래하라 _ 시편 96:1

세상 사람들은 노래합니다. 프랭크 시나트라(Frank Sinatra, 1915~1998, 미국의 가수, 영화배우)의 〈My way〉는 세상 노래가 다 녹아있는 대표곡이 아닐까 싶습니다.

And now the end is near 이제 인생의 끝이 다가왔군
And so I face the final curtain 내 생의 마지막을 대하고 있어
My friend Ill say it clear 내 친구여 내가 분명히 말할 게 있네
Ill state my case of which Im certain 확신하며 살았던 내 삶의 방식을

그리고 이렇게 마칩니다.

and did it my way 내 방식대로 내 뜻대로 해결했어
Yes, it was my way 그래 그게 내 뜻이고 내 방식이었어

〈My way〉는 세상살이의 멋진 노래겠지만 성도가 부를 새 노래와는 다릅니다. 시편 1~150까지 방대한 분량을 한 문장으로 요약하면 '새 노래로 부르자'입니다. 신앙생활 하면서 말로 다 표현할 수 없이 큰 감사 하나는 '이제는 내가 의지하며 부를 새 노래가 있구나!'입니다.

순례자들이 진리의 길을 계속 걸어가게 하는 새 노래.
슬픔, 그리고 참 기쁨을 아는 자가 감격하며 부를 새 노래.
회개, 그리고 용서받은 자가 부를 감사의 새 노래.
어둠, 그리고 뚫고 나오는 빛의 새 노래,
죽음, 그러나 영광된 부활과 생명의 새 노래.
깊은 웅덩이와 수렁, 거기에서 건짐 받는 자의 새 노래.
형제와 자매와 함께 믿음으로 합창하는 새 노래.
영원토록 변함없는 메시야를 향한 사랑의 노래.
순례 길을 진군하는 즐거운 새 노래. 할렐루야.

Prayer .

주님, 시편 묵상을 시작합니다. 매일 아침 새 노래가 울려 퍼지게 하소서.

3 **시편 1편**

17 # 형통, 나의 갈 길 다가도록 찰라흐!

> 복있는 사람은…오직 여호와의 율법을 즐거워하여 그의 율법을 주야로 묵상하는도다 그는 시냇가에 심은 나무가 철을 따라 열매를 맺으며 그 잎사귀가 마르지 아니함 같으니 그가 하는 모든 일이 다 형통하리로다 악인들은 그렇지 아니함이여 오직 바람에 나는 겨와 같도다 _ 시편 1:1-4

시편 1편에는 두 갈래 길이 있습니다. 복 있는 자의 길과 악인의 길입니다. 복 있는 자의 길은 주님 말씀을 묵상함으로 시냇가에 심은 나무와 같이 열매 맺는 길입니다. 형통한 길입니다.

'형통'이라는 말은 오해가 생길 수 있는데, 유진 피터슨은 이 오해를 훌륭하게 바로잡아 줍니다.

형통 혹은 번영은 '찰라흐'(צלח)이다. 이 말은 어근의 의미상 여유와 관계있는 말입니다. 다시 말해 하나님이 예수 그리스도 안에서 우리를 다스리고 우리와 함께하시며 우리를 위해 공급하시므로 모든 것이 형통할 것을 아는 자의 느긋한 자세 말입니다.

> 그 중심에 십자가가 있는 역사 속에서 마음 편히 지내는 안정감, 실존의 매 순간이 하나님의 섭리 하에 있으며 우리가 하나님의 자비 가운데 살아가고 있음을 아는 자의 여유가 그것이다. -『한 길 가는 순례자』IVP, p.58.

반면에 말씀이 없는 인생길은, 바람에 나는 겨와 같습니다. 교만과 자랑의 바람, 불안과 염려의 바람, 불평 원망의 바람, 욕심과 쾌락과 바람, 비교의식 열등감 또는 우월감의 바람에 날리는 겨와 같습니다. 겨와 같이 바람에 날리는 슬픈 인생길입니다.

> 나의 갈 길 다가도록 예수 인도하시니 내 주 안에 있는 긍휼 어찌 의심하리오
> 믿음으로 사는 자는 하늘 위로 받겠네 무슨 일을 만나든지 만사 형통하리라
> (찬송가 384장)

Prayer
찬송가 384장으로 찬양하며 가사를 깊이 묵상하며 기도합니다.

3
18
시편 1편

"복 많이 받았네요"라는
잘못된 말을 건네지 않기를

복 있는 사람은… 오직 여호와의 율법을 즐거워하며 그의 율법을 주야로 묵상하는도다 _ **시편 1:1-2**

예전에 어느 성경 묵상집에 있었던 성도의 글입니다.

저는 복 있는 사람이 되고 싶었습니다. 그래서 매일 새벽마다 복을 달라고 빌었습니다. '저 사람 열심히 기도하더니 잘 되네' 그런 말을 듣고 싶었습니다.
그러나 기도하면 할수록 제가 원하는 복과 하나님 말씀하시는 복이 다름을 알게 되었습니다. 주님은 이렇게 가르쳐 주었습니다. '어떤 상황에서든지 하나님 앞에 올바르게 서는 것이 복이다!' 저는 그 응답을 듣고 너무 싫어서 그게 무슨 복이냐 엉엉 울며 소리 질렀습니다.
그렇게 세상적인 복에 더 목말라했던 저를 묵묵히 참고 기다려주신 하나님께 감사를 드립니다. 그리고 회개합니다. 저를 사랑하셔서 진정한 복이 무엇인지 깨닫게 하신 주님 사랑합니다. 찬양합니다.

우리도 그럴지 모릅니다. 세상이 말하는 복이나 내가 원하는 복과 하나님께서 가르쳐주시는 복이 다르다는 것을 듣게 될 때 엉엉 울게 될지도 모릅니다. '어떤 상황에서든지 믿음으로 올바르게 서 있는 것이 복이다!'라는 응답이 너무 싫어서 그게 무슨 복이냐고 불평하고 원망할지 모릅니다.
그래도 진리를 올바르게 알고는 있어야만 합니다. 주님 앞에 바로 서 있지는 못하면서 세상적으로 잘 나가는 이들에게 "어휴! 복 많이 받았네요"라는 잘못된 말을 하며 부러워하지 않아야 합니다.
어떤 상황에서든지 하나님 앞에 올바르게 서는 것이 복입니다.

Prayer

주님, 주어진 생애를 복 있는 자로 걸어가게 하소서.

3 | 시편 2편
19 당신과 내가 망하지 않기를 진짜 기도한다

너희가 길에서 망하리니 그의 진노가 급하심이라 _ **시편 2:12**

성경에 보면 가인, 사울, 웃사 등은 나름 하나님을 따른다고 했지만, 불순종의 길로 거듭 걸어가다가 망했습니다. 저도 주변에 망한 여러 사람을 알고 있습니다. 청년 때 전도되어 다녔던 교회는 수천 명 성도의 교회였습니다. 30대에 신학의 길로 가면서 만난 첫 사역지도 수천 명 성도의 교회였습니다.

큰 교회들 거치면서 많은 신앙인을 만났습니다. 그런데 슬프고 안타까운 일이지만 망한 목사님들, 선교사님들을 알고 있습니다. 망한 장로님들과 권사님들을 알고 있습니다. 망한 집사님, 성도님, 청년들을 알고 있습니다. 또한, 나 역시도 망하지 말라는 법이 없습니다.

사울이나 웃사처럼 망한 길이 아니라, 아벨이나 다윗처럼 복된 길을 걷기를 소망합니다.

위의 내용을 '망하는 길'이라는 제목을 붙여 교회 성도들과 그리고 여러 지인에게 아침 묵상으로 카톡을 보냈습니다. 그런데 조금 지나서 친분이 있는 권사님이 이렇게 답신이 왔습니다.

"당신과 내가 망하지 않기를 진짜 기도한다!"

답신을 읽는 그 찰나에 다시 권사님이 카톡을 보내 왔습니다.

"아 목사님. 남편에게 보낸다는 것이 실수로."

이 장로님, 권사님은 세상적으로 보면 형통한 분들입니다.
그런데 아침 묵상을 하나님의 음성으로 받은 것입니다.

주님, 늘 깨어 근신하면서 망하지 않는 길로 걸어가게 하소서.
순간순간 망함에서 지켜 주시고, 길을 잃지 않고 복된 길로 향하게 하소서.

3 | 시편 3편

슬픈 일을 당하면, 슬픔을 껴안아야 합니다

여호와여 나의 대적이 어찌 그리 많은지요 일어나 나를 치는 자가 많으니이다 _ **시편 3:1**

시편 3편은 다윗이 가슴 찢어지는 슬픔의 시기에 쓴 신앙 시입니다. 아들 압살롬이 왕권을 찬탈하려고 반역을 일으킨 것입니다. 다윗과 측근은 목숨을 구하기 위해 궁궐을 빠져나와 도망갑니다.

엎친 데 덮친 격으로, 다윗이 믿었던 부하이자 친구 아히도벨도 배신합니다(시 55:12-14 '그는 곧 너로다'). 그뿐 아닙니다. 도망가던 길에 시므이라는 사람이 다윗에게 저주하며 돌을 던집니다. 다윗은 방어하거나 보복할 수도 있었지만, 묵묵히 시므이의 비난을 받아주었습니다(삼하 16:5-11).

다윗은 슬픔을 껴안았던 것입니다. 슬픔을 껴안는다는 것은 '어떻게 이런 일이!' 하면서 원망과 절망으로 내가 파괴되도록 놓아두는 것이 아니라, 받아들이면서 영적 성숙을 이루어가는 것입니다. '내 허물은 무엇인가?' 회개하며 주께 더 가까이 가는 것입니다. 우리 삶도 마찬가지입니다. 슬픔이 있기 마련입니다. 나를 무너뜨리려는 질병, 궁핍, 실패 등 여러 대적이 있기 마련입니다. 일어나 나를 치는 자가 있기 마련입니다. 인생이란 그런 것입니다.

그러므로 우리는 슬픔을 만났을 때, 내 삶이 손상되거나 무너지도록 해서는 안 됩니다. 다윗처럼 슬픔을 껴안아야 합니다. 나에게 또는 사랑하는 이들에게 슬픈 일이 없고 좋은 일만 있기를 바라지만, 그런 삶은 없습니다. 그런 바람을 가져보았자 허상입니다. 인생에 슬픔은 언제나 있는 일이기 때문입니다. 그때 영적 성숙을 이루어가고 주께 더 가까이 가는 은혜의 시간이 되도록 해야 합니다.

Prayer

주님, 슬픈 일을 만날 때, 주께 더 가까이 가게 하소서.

시편 5편

온 힘을 다해 피난처로 달려갑니다

그러나 주께 피하는 모든 사람은 다 기뻐하며 _ **시편 5:11**
여호와께 피하는 모든 사람은 다 복이 있도다 _ **시편 2:12**

살아가면서 사람들은 나름 크고 작은 피난처를 두게 됩니다. 어릴 때는 보편적으로 부모님이 최고 피난처입니다. 세상 어떤 무서운 일도 다 지켜 줄 거라 믿으며 엄마에게 달려갑니다. 결혼하면 부부가 피난처가 됩니다. 집 근처에 마음에 드는 카페가 생겼습니다. 그곳이 따분한 삶의 피난처가 되었습니다. 무료하고 외로웠는데, 등산이나 탁구나 축구 동우회에 들어가고 피난처가 되었습니다. 사람들과 달리 상처도 주지 않고 충실하게 따르는 반려견이 피난처가 되기도 합니다. 내 일상을 곰곰이 돌아보니, 나는 무엇을 피난처 삼고 있는 것 같습니까?

그러다가 큰 질병, 인간관계 파괴, 실직 등 환난을 만나게 된다면, 어디로 달려갑니까? 힘을 다해 어디로 달려갑니까? 끝까지 달려가는 피난처는 어디입니까?

다윗은 동굴로, 광야로, 이웃 나라로, 골짜기로 피했습니다.
그러나 그 모든 곳이 진정한 피난처가 되지 못했습니다.
오직 하나님만이 피난처임을 알았던 다윗은 소리 높여 노래합니다.

여호와께 피하는 모든 사람은 다 복이 있도다!(시 2:12)

인생의 어둠이 닥쳐올 때 달려가서 피할 곳이 아무 데도 없다면 얼마나 두렵고 절망스럽고 비참합니까? 내 나름의 피난처가 있습니까?
그런데 세상 그 누구도 그 어떤 것도 진정 피할 곳이 될 수 없습니다. 오직 하나님만이 진정한 피난처 되십니다. 하나님을 피난처로 삼은 자는 복이 있습니다.

Prayer

CCM 〈하나님은 우리의 피난처가 되시며〉를 찬양하며 기도합니다.

3

22

시편 8편

고난의 광야에서, 밤하늘을 올려다보았습니다

> 주의 손가락으로 만드신 주의 하늘과 주께서 베풀어 두신 달과 별을 내가 보오니
> 사람이 무엇이기에 주께서 그를 생각하시며
> 인자가 무엇이기에 주께서 그를 돌보시나이까 _ 시편 8:3-4

시편 8:3-4은 하버드 대학 에머슨 홀(Emerson Hall)입구 상단에 새겨진 문구이기도 합니다. What is man that thou art mindful of him.

고난의 광야에 있던 다윗은 어느 날 밤에 하늘을 보았습니다.
하나님께서 만드신 달과 별을 봅니다.
세상을 지으시고 다스리시는 하나님.
천체를 질서 있게 운행하시는 하나님.
그 광대하신 하나님이
광대한 우주에 티끌 같은 나를 생각하신다니!
그 은혜와 사랑에 감동하며 노래하는 것입니다.
제가 무엇이기에 이렇게 생각해주시며 돌보십니까?

하나님을 모르는 사람들은 부를 수 없는 노래입니다. 그래서 세상 노래가 아니라 새 노래인 것입니다. 티끌 같은 나를 향한 하나님의 생각하심. 사랑하심. 돌보심.

시편 8편 첫 절(1)과 마지막 절(9)은 이렇게 반복합니다.
여호와 우리 주여, 주의 이름이 온 땅에 어찌 그리 아름다운지요.

온 땅과 그리고 나의 온 인생에 문제가 가득하고 고생이 가득하고 대적이 가득한 듯하지만, 믿음의 눈으로 보니 어떻다는 것입니까? 하나님의 사랑이 충만하고 능력이 충만하고 영광이 충만하다는 것입니다.

Prayer

주님, 믿음의 눈을 들어 온 땅에 충만하시며 나의 온 인생에 가득하신 하나님을 보게 하소서.

23 사랑하는 교수님께 드린 편지 (5)/솔제니친의 해석

시편 9편

악인들이 스올로 돌아감이여 하나님을 잊어버린 모든 이방 나라들이 그리하리로다 _ 시편 9:17

교수님, 그날은 3시간 동안 꼬박 대화를 나누었습니다. 그 대화 중에 교수님께서 소련 붕괴 얘기를 이렇게 꺼내셨습니다.

"소련이 미국과 전쟁에서 패망한 것도 아니고, 힘이 없어 주변 나라에 침략당한 것도 아니고, 핵까지 보유한 국가였는데, 어찌 그리 하루아침에 무너져버렸을까? 문화 수준이 낮았던 것도 아니고, 세계를 제패하고 있었던 최강 나라였는데 말이야."

그래서 제가 교수님께 조심스럽게 말을 꺼냈습니다.
"교수님, 소련의 위대한 작가 솔제니친이 조국이 붕괴한 원인에 대해 해석한 적이 있습니다. 교수님처럼 하나님을 믿지 않는 분들은 받아들이기 어려우실 텐데요. 소련이 붕괴한 것은 자기 국민이 하나님을 잊어버렸기 때문이라고 해석한 것입니다.
소련 공산당은 국민에게 하나님을 철저히 삭제시키면서 세뇌했습니다. '어렵고 힘들 때 그분을 믿어라.' 그분을 생각하라. 이렇게 세뇌했습니다."

그러자 교수님이, "그분은 스탈린이지!"라고 화답하셨지요.

"네 그렇지요. 하나님 대신에 스탈린, 레닌 등을 의지하게 했지요. 그리고 공산주의 이데올로기와 이상을 의지하게 하지 않았습니까. '종교는 민중의 아편'이라는 마르크스의 말을 주창하며 기독교를 말살했지 않습니까. 잠시는 공산주의가 위세를 떨치는 듯했지만, 하나님을 잊어버리고 결국은 패망으로 끝나버렸다는 것입니다."

그러자 언제나 그러셨듯이 따뜻하게 제게 말씀하셨습니다.
"솔제니친이나 크리스천들은 그렇게 생각할 수 있겠군."

Prayer

주님, 나라와 민족들이 교만하고 강퍅하여 창조주 하나님을 잊어버리지 않게 하소서.
우리가 교만하고 강퍅하여 하나님을 잊지 않게 하소서.

3 시편 11편

24 크리스천들은 그렇게 생각할 수 있겠군

> 여호와께서는 영원무궁하도록 왕이시니 이방 나라들이 주의 땅에서 멸망하였나이다 _ **시편 10:16**
> 여호와께서는 그의 성전에 계시고 여호와의 보좌는 하늘에 있음이여 그의 눈이 인생을 통촉하시고 그의 안목이 그들을 감찰하시도다 _ **시편 11:4**

교수님 자신은 크리스천이 아니어서 동의하시지 않지만, 솔제니친(Aleksandr Solzhenitsyn, 1918-2008, 러시아의 소설가, 극작가 및 역사가)이나 크리스천들은 그렇게 생각할 수 있겠다는 말씀은 매우 중요한 언급입니다.

그렇다면 우리는 크리스천들로서 어떻습니까?
정말로 그렇게 생각하며 살아갑니까?
세계 모든 역사는 하나님의 허락 안에 이루어지는 것이라고, 정말로 그렇게 생각합니까?
기독교를 탄압하는 중국이 세계 역사 속에서 어떻게 될지에 대해 하나님께서 다 주관하신다고, 정말 그렇게 생각합니까?
독일이 동독과 서독으로 분리되었다가 통일되는 모든 역사를 하나님께서 다 주관하셨다고, 정말로 그렇게 생각합니까?
그리고 북한은 언제 무너지고, 한국과 통일될 수 있을는지 없을지, 모두 다 하나님이 한정하신다고, 정말로 그렇게 생각하며 살아갑니까?
그리고 세계 역사뿐만이 아니라 내 모든 인생 스토리도 하나님 주권 안에서 진행 중이며, 어느 날 죽음도 하나님 주권 안에서 마무리된다고, 정말로 그렇게 생각하며 살아가고 있습니까?

하나님 안 믿으시는 교수님께서도 언급하셨듯이, 크리스천들이라면! 정말로 그렇게 생각하며 확신하며 이 세상을 살아가야 합니다.

Prayer.

주님, 크리스천으로서! 세상 역사와 내 인생 모두를 하나님께서 주관하고 계심을 확신하며 살도록, 오늘도 나를 이끌어 주소서.

시편 14편

리처드 도킨스 교수와 캔터베리 대주교

어리석은 자는 그의 마음에 이르기를 하나님이 없다 하는도다 _ **시편 14:1**

무신론을 펼치는 근거 중 하나가 '하나님은 사랑이라면서 인간들에게 왜 고통을 주는가?'입니다. 전쟁, 기아, 테러, 자연 재난 등 '정말 하나님이 존재한다면 이런 고통은 일어날 수가 없다!'라고 주장하는 것입니다.

예전에 영국 옥스퍼드 대학에서 하나님 존재 여부를 놓고 무신론자며 세계적 석학 리처드 도킨스 교수(Clinton Richard Dawkins, 1941년 3월 26일~, 영국의 동물행동학자, 진화생물학자)와 캔터베리 대주교(Archbishop of Canterbury, 영국 성공회 최고위 성직자로 캔터베리교구의 교구장을 이르는 말)간의 토론에서도 리처드 도킨스의 질문 중 하나가 '하나님이 창조주라면 왜 인간에게 고통을 주는가?'였습니다. '인간의 고통을 볼 때 정말 하나님이 존재하느냐?'는 것입니다.

대주교는 답변했습니다.

"어려운 질문입니다. 그러나 전지전능하신 하나님이 왜 더 큰 어려움을 주지는 않을까도 생각해 봐야 합니다."

'인류에게 더 큰 어려움'이 무슨 의미인지를 깨닫게 하는 적절한 예는 〈노아〉라는 영화에 다음과 같이 매우 인상적인 대사입니다.

"인간이 세상을 타락시켰으니 우리는 파괴되어야 한다."

세상에는 죄가 넘칩니다. 나의 죄 때문에 누군가 피해받을 수 있고, 당신의 죄 때문에 누군가 피해당할 수 있습니다. 인간의 죄가 얽힌 가운데 억울하게 희생당하는 사람들이 생기며 세상은 고통받는 것입니다. 하나님의 사랑이 있기에 세상은 그나마 유지된 것입니다. 오래 참으시는 사랑이 없었다면, 인간은 자신의 죄로 이미 파괴당할 수밖에 없는 존재입니다.

Prayer

주님, 모두가 하나님의 그 크신 사랑을 알게 하소서.
오늘도 내가, 내게 향하시는 하나님의 그 크신 사랑을 알게 하소서.

3 시편 16편
26
네가 있어서 기쁘고 행복하다 /
땅에 있는 성도는 존귀한 자니

땅에 있는 성도들은 존귀한 자들이니 나의 모든 즐거움이 그들에게 있도다 _ **시편 16:3**

내가 미련한 일을 저질렀을 때, 실수했을 때, 어찌할 바를 몰라 난처해하며 괴로운 심정입니다.

그때, 직장에서건 가정에서건 "내가 사랑하고 걱정하는 것은 다른 것이 아니라 바로 당신이야!"라는 따뜻한 말을 듣기가 어렵습니다. "괜찮아, 당신이 소중하고 당신이 있어 행복해!"라는 따뜻한 말을 듣기가 어렵습니다.

대신에 "당신은 왜 그 모양이야! 그렇게 얘기했는데, 또 그래! 하여간 못마땅해." 이런 거친 소리, 공격적인 소리, 화가 난 목소리를 듣기 일쑤입니다. 그래서 우리 마음이 더욱 힘이 들 때가 많습니다.

그런데 하나님 자녀인 우리는, 잠잠히 하나님 아버지의 약속에 귀 기울여 봅니다. 성도 한 사람 한 사람으로 인해 너무나 행복해하시며 기뻐하시는 분은 하나님이십니다. 성경은 우리를 향한 하나님의 사랑을 이렇게 표현합니다.

> 땅에 있는 성도는 존귀한 자니 나의 모든 즐거움이 저희에게 있도다(시 16:3)
> 너의 하나님이 너로 인하여 기쁨을 이기지 못하시며 너를 사랑하사 너로 인하여 즐거이 부르며 기뻐하시리라(습 3:17)

우리가 미련한 일을 저질렀어도, 실수했어도, 그래서 어찌할 바를 몰라 난처해하며 마음이 괴로울 때, 하나님의 음성에 귀 기울이십시오.

"꼭 기억해라. 내가 가장 사랑하고 걱정하는 것은 다른 것이 아니라, 바로 너란다!"

우리는 그 하나님 아버지 사랑에 고맙고, 감격해서
더욱 주님을 사랑하며 주님 뜻에 순종하며 살고자 힘을 냅니다.

Prayer.

"내가 가장 사랑하고 걱정하는 것은 바로 너란다!" 이 하나님의 사랑을 늘 기억하며 살게 하여 주십시오. 나를 존귀하게 여기시는 주님 사랑에 감사하며, 우리도 이 세상의 빛이 되며 소금 되며 존귀하게 살아가게 하옵소서.

3
27

시편 18편

나의 힘이 되신 여호와여 내가 주를 사랑하나이다

나의 힘이신 여호와여 내가 주를 사랑하나이다 _ **시편 18:1**

다윗만큼 고난을 겪어본 사람은 거의 없을 것입니다. 만약에 우리 인생에 다윗만큼의 고난이 닥쳤다면, 심장이 멎든지 파열되어서 죽었을지 모릅니다. 그토록 다윗의 인생은 파란만장했습니다.

'그러나!' 언제나 다윗의 신앙에는 '그러나!'의 결단이 있었습니다. 다윗은 결단했습니다. "나의 힘이신 여호와여 내가 주를 사랑하나이다!" 인생에서 큰 슬픔을 당해도 받아들이고 절망스러운 환경을 만나도 받습니까? 그래서 경험으로 압니까? 캄캄한 벼랑에 서 있을 때 의지하며 부를 노래가 있다는 것이 인생에서 어떤 의미인지를!

그래서 간혹 이런 생각을 할 때도 있습니까? 내게 죽음이 닥쳤을 때 나는 무슨 노래들을 부를까? 어떤 성경 구절들을 마지막 순간까지 붙들까? 어떤 찬송들을 외워 놓을까?

나이가 들면서 자연스러운 죽음의 시간을 맞을 수도 있고, 병상에 누워서 투병하다가 죽음을 맞을 수도 있고, 또는 불의의 사고를 당해 고통 속에서 죽음을 맞을 수도 있고, 또는 심장 마비라든지 뇌출혈 등의 돌연한 죽음을 맞을 수도 있고, 그 순간이 길 수도 있고 찰나일 수도 있을, 사망의 골짜기를 지날 때, 나는 무슨 노래를 부를까요? 다윗의 노래 시편 18편은 추천할만한 은혜롭고 훌륭한 노래입니다.

나의 힘이신 여호와여 내가 주를 사랑하나이다!

만약 시편 18:1이 나의 진정한 노래가 된다면 인생에서 최고로 좋은 일입니다. 주님을 사랑한다는 것은, 내가 이 세상에서 받는 은혜 중에서 가장 큰 은혜입니다. 진실로 그러합니다. 아멘.

Prayer

주님, 나의 창조주이신 하나님을 찬양하고 감사하며 승리의 생활을 하게 하소서.

시편 19편

천지창조 14번째 곡, 저 하늘이 주 영광 선포하고

하늘이 하나님의 영광을 선포하고 궁창이 그의 손으로 하신 일을 나타내는도다 _ **시편 19:1**

고난 중에 있는 다윗은 하나님의 창조를 노래하며 힘을 얻습니다.

그런데 '하나님이 창조주시다'라는 사실과 '고난을 이기는 것'이 무슨 상관이 있는 것일까요? 하나님이 창조주이심을 노래하는 것이 우리가 인생의 어둠을 떨치고 승리의 생활을 하는 것과 무슨 상관이 있는 것일까요?

이사야도 창조주 하나님을 찬양합니다. 이사야 40:27-28은 이러한 내용입니다. 우리는 믿음으로 사는 자들입니다. 그런데 하나님께서 내 사정을 모르시며 돌보아 주시지 않는다고 탄식합니다. 믿는 자들이 이렇게 탄식해서야 되겠습니까? 우리가 고난을 겪는다고 해서 하나님이 우리를 버려두신다며 절망적인 말을 해야만 되겠습니까? 하나님이 어떤 분이신지 여러분들은 듣지도 못하고 알지도 못합니까? 우리가 믿는 하나님은, 영원하신 하나님이십니다. 땅끝까지 창조하신 하나님이십니다.

하나님께서 창조주라는 사실은 오늘도 쉬지 않고 나를 위하여 최선을 지으신다는 것입니다. 하나님께서 날마다 내 안에서, 내 인생에서 선을 창조하심을 알아야 합니다.

우리에게 기쁜 일이 있지만, 슬픈 일도 생깁니다. 승리도 있지만, 실패도 겪습니다. 성취가 있지만, 상실의 시기도 맞습니다. 그런데 하나님께서 나의 모든 인생 사건을 통하여, 나에게 재앙이나 악한 것들을 지으시는 것이 아닙니다. 최선의 것을 지어가십니다. 따라서 우리는 이 세상과 내 인생의 창조주 되시는 하나님을 바라면서 승리의 노래를 부를 수 있는 것입니다.

시편 19편으로 만들어진 하이든의 〈천지창조〉 14번을 감상해 봅시다.

Prayer .

주님, 나의 창조주이신 하나님을 찬양하며 감사하며 승리 생활하게 하소서.

3

시편 19편

29

심카 토라(שִׂמְחַת תּוֹרָה)

여호와의 율법은 완전하여…금 곧 많은 순금보다 더 사모할 것이며 꿀과 송이 꿀보다 더 달도다
_ 시편 19:7, 10

　　다윗이 환난 속에서 감사와 기쁨의 노래를 부를 수 있는 이유는 하나님의 말씀 때문입니다. 세상 다른 민족과 달리, 다윗을 비롯한 구약 백성들이 받은 최고의 복은 하나님의 말씀을 가진 민족이었다는 것입니다. 하나님 말씀을 많은 정금보다 더 사모할 것이며 꿀과 송이꿀보다도 더 달다고 고백합니다.
　　하나님 말씀이 천금보다 귀한 이유가 무엇입니까?
　　말씀을 통해 하나님을 만날 수 있기 때문입니다. 말씀을 통해 하나님 안에 거하기 때문입니다. 하나님이 말씀이시기 때문입니다. 인간은 하나님을 만나고 하나님 안에 거해야 하는데, 하나님을 만나고 경험할 수 있는 최상의 방편은 하나님 말씀을 귀 기울여 듣는 것입니다.

　　말씀을 통해 하나님을 만날 때, 새롭게 살아날 수 있고 참 소망을 얻을 수 있습니다. 하나님의 은혜와 복을 누릴 수 있습니다. 이 땅에서의 진정한 평화와 기쁨을 경험하며 살아갈 수 있는 것입니다. 그래서 구약 백성들은 하나님께서 말씀을 주심에 감사합니다. 춤추며 이렇게 노래하며 소리치며 축제를 즐겼습니다.

　　'심카 토라!'(שִׂמְחַת תּוֹרָה)
　　'심카'는 '기쁨 또는 행복'이라는 뜻이고 '토라'는 '율법 또는 말씀'이라는 뜻입니다.
　　'오 기쁨을 주는 말씀이여! 오 행복을 주는 말씀이여!' 라는 의미입니다.
　　오늘 하루도 기쁨과 행복의 새 노래를 부르십시오.
　　우리가 하나님의 말씀을 가지고 있으니 말입니다!
　　'심카 토라!'

Prayer

주님, 날마다 말씀의 생명, 말씀의 기쁨, 말씀의 능력이 충만하게 하소서.

3
시편 22편

30 # 아 하나님의 은혜로 이 쓸데없는 자

나는 벌레요 _ 시편 22:6
궁핍한 자가 항상 잊어버림을 당하지 아니함이여 _ 시편 9:18
외로운 자가 주를 의지하나이다 주는 벌써부터 고아를 _ 시편 10:14

다윗은 하나님 앞에서 자신을 궁핍한 자, 가련한 자, 외로운 자, 고아, 벌레 등으로 표현합니다. 왜 그렇게 했을까요? 우리도 자신을 그렇게 낮추어본 적이 있습니까?

이처럼 자신의 비천함을 깨닫는 것이야말로 다윗을 지옥의 죽음에서 살리는 길이었고, 다윗을 패망에서 승리로 바꾸는 길이었으며, 다윗을 깊은 웅덩이와 수렁에서 끌어올리는 길이었습니다. 다윗을 최선의 삶으로 인도하는 길이었고, 다윗을 은혜의 구원으로 이끄는 길이었습니다.

생전에 장인께서 부르시고 또 부르신 애창곡이 있습니다. 그런데 본인이 좋아해서라기보다, 장모님께서 장인의 생신 4월 10일을 기념해서 찬송가 410장을 부르자고 하셨기 때문입니다.(새 찬송가 310장).

아 하나님의 은혜로 이 쓸데없는 자 / 왜 구속하는지 난 알 수 없도다

장인께서는 장군으로 예편하신 세상에서 유능하신 분이셨습니다. 그런데 세상 사시는 동안 가장 많이 부른 찬송이 '아 하나님의 은혜로 이 쓸데없는 자'였던 것입니다.

생신 때도 이 노래를, 칠순 때도 이 노래를, 손주들과 온 가족 모임 할 때도 이 노래를 수백 번 불렀습니다. 세상을 떠나신 후에 묘 앞에서도 이 노래를 부릅니다.

아 하나님의 은혜로 이 쓸데없는 자 / 왜 구속하는지 난 알 수 없도다

Prayer.

주님, 오늘 하루도 하나님 은혜에 감격하며 보내게 하소서.

시편 22편

하나님, 이게 인생의 진실 맞지요?

> 내 하나님이여 내 하나님이여 어찌 나를 버리셨나이까? 어찌 나를 멀리 하여 돕지 아니하옵시며 내 신음 소리를 듣지 아니하시나이까? _ 시편 22:1

다윗이 적에게 쫓기며 목숨이 위태할 때 절망과 비통함을 하나님께 호소하는 기도입니다. 하나님. 어찌 나를 버리셨습니까? 나를 돕지 않습니까? 내 신음 소리를 듣지 않습니까?

그런데 이는 원망과 불신의 기도가 아닙니다.
하나님께 악착같이 붙어있으려는 기도입니다.
주님 없으면 죽으니, 어찌하든지 붙어있으려는 몸부림입니다.
하나님과 나누는 깊은 사랑 안에 거하면서 인생의 진실을 확답받으려는 기도입니다.
하나님은 완전하신 사랑이신 거 맞지요!
하나님, 이게 인생의 진실 맞지요!
하나님, 오늘도 쉬지 않고 나의 최선을 지어가시는 거 맞지요!
고비도 환난도 있지만 결국 최후 승리 거두는 거 맞지요!
빛나는 천국, 찬란한 부활이 기다리는 거 맞지요!
이러한 진실을 확답받으려는 기도입니다.

그래서 슬프게 울부짖으며 기도하지만, 진실을 확인하면서 슬프지만, 희망을 노래할 수 있는 것입니다. 고통 중에도 희망을 노래할 수 있는 것입니다. 사망의 음침한 골짜기를 다닐지라도 희망을 노래할 수 있는 것입니다. 이것이 새 노래를 부르는 자들만이 가질 수 있는 영원한 축복입니다.

Prayer

주님, 때로 슬픔 당해도 하나님께 꼭 붙어있으면서 희망을 노래하며 희망을 기도하게 하소서. 오늘도 희망을 노래하며 승리케 하소서

4
01 엘리 엘리 라마 사박다니

시편 22편

> 내 하나님이여 내 하나님이여 어찌 나를 버리셨나이까 어찌 나를 멀리하여 돕지 아니하시오며 내 신음 소리를 듣지 아니하시나이까 _ **시편 22:1**

시편 22편은 다윗의 비탄 시(詩)이며, 메시야 시편으로 불립니다. 훗날 예수님도 십자가 고통 중에 시편 22편 비탄 기도를 합니다.

> 엘리 엘리 라마 사박다니
> 나의 하나님 나의 하나님 어찌하여 나를 버리셨나이까(마 27:46)

우리가 어찌 이 심경을 알 수 있겠습니까?
감히 가까이 가지는 못하고 멀리서 그 비탄을 바라볼 뿐입니다.
그런데 우리는 이 비통한 호소가 무엇인지 압니다.

불신이 아니라 빛나는 믿음이며,
원망이 아니라 빛나는 감사이며,
절망이 아니라 빛나는 희망이며,
하나님과 완전히 연합하는 사랑이라는 것을.
그리고 또한 죄인 된 우리를 향한 예수님 사랑의 의지임을.
너희 죗값을 내가 받고 고통당해 주시겠다는, 사랑의 의지.
너희 죗값을 내가 받고 죽임당해 주시겠다는, 사랑의 의지.
세상 창조 때부터 가지셨던 사랑의 의지요 열정이라는 것을.

Prayer .

CCM 〈생명과 바꾼 주의 사랑을〉 찬양하며, 묵상하며, 기도합니다.

시편 22편

02 세상은 공의롭고 공평합니까?

> 와서 그의 공의를 태어날 백성에게 전함이여 주께서 이를 행하셨다 할 것이로다 _ **시편 22:31**

이 세상은 억울한 일도 많이 있고 공평하지 않다고 생각합니다.
하지만 그렇지 않습니다. 잠시 눈에 보이는 것만 그럴 뿐입니다.
예수 그리스도로 인해 온 세상은 대대로 공평하고 공의롭습니다.
메시야 시(詩), 시편 22편은 전반부(21절까지)는 고난을 후반부(22절부터)는 부활 승리를 나타냅니다. 그리고 이렇게 끝맺습니다.

와서 그의 공의를 태어날 백성에게 전함이여(시 22:31)

하나님의 공의! 이것이 얼마나 위로를 주고 소망이 넘치게 합니까.
하나님이 공의이시기 때문에! 독생자 어린 양 예수께서 스스로 버림당해 주셨고 스스로 십자가 죽임당해주신 것입니다.
하나님의 공의로 말미암아! 예수님 믿는 나는 죄 용서받게 되고, 심판과 죽음에서 구원받게 되며, 부활 생명을 얻게 된 것입니다.

하나님은 세상 모든 인간을 다 살펴보십니다. 하나님을 의지하지 않고 자신이 하나님 되어 살아가는 교만한 자들을 살펴보시며, 하나님을 의지하며 자신을 낮추는 자들을 살펴보십니다. 그렇게 살펴보시는 하나님은 온 세상을 공의로 대하십니다. 그 공의 속에서 믿는 자들은 궁극적 승리인 부활을 약속받습니다.
세상이 불공평하며 공의가 없다고 속상할 때 있습니까?
그렇지 않습니다. 잠시 눈에 보이는 것만 그럴 뿐입니다.
하나님은 영원한 공평과 공의로 세상을 살피며 다스리십니다.

Prayer

주님, 공평과 공의의 하나님 앞에 무릎 꿇고 경배하게 하소서.

4 시편 23편

03 바흐 기념관 입구의 짧은 글귀, Es ist genung

여호와는 나의 목자시니 내게 부족함이 없으리로다 _ **시편 23:1**
내 잔이 넘치나이다 _ **시편 23:5**

오래전에, 독일 라이프치히에서 유학 중이던 교회 청년을 만나고 요한 세바스찬 바흐가 섬겼던 성 토마스 교회를 들렀던 적이 있습니다. 밟는 곳마다 경건했습니다. 교회 옆에 바흐의 작은 기념관이 있었는데, 들어가는 입구에 짧은 글귀가 눈에 띄었습니다. 바흐의 신앙 고백이라고 했습니다.

Es ist genung. (에스 이스트 게눅)
함께 갔던 청년이 '족하다'라는 독일어라고 설명해 주었습니다.
It is enough. '그것만으로 충분하다, 그것만으로 만족하다.'
우리 광야 인생길은 결핍 의식으로 가득 차 있습니다. 늘 돈이 부족하고 시간이 부족합니다. 사람도 늘 나의 기대에 미치지 못합니다. 그런가 하면 나 역시 이 세상의 요구들과 사람들의 기대에 부응하기에 늘 역부족입니다. 불만족입니다. 이런 광야 길에서 시편 23:1의 고백은 아름답습니다.

여호와는 나의 목자시니 내게 부족함이 없으리로다

그렇게 시작된 23편은 끝나는 즈음에 감사가 더욱 깊어집니다. 주님 목자 되시기에 부족함이 없는 정도가 아니라, 차고 넘치는 인생이라는 것입니다.

내 잔이 넘치나이다 (시 23:5)

광야 세상 길이 결핍투성이인 것 같지만 하나님이 함께 하시니 풍족했고, 비어있는 듯했지만, 하나님이 함께 하시니 차고 넘쳤다는 것입니다.

Prayer

주님, 가난한 듯 보여도 사실은 부유했고, 슬픔을 통과하면서도 기쁨의 강은 흘렀고, 약한 가운데 사실은 강건했습니다. 없는 듯 보여도 사실은 다 가졌습니다. 하나님, 내 잔이 넘칩니다. 아멘.

4 시편 31편
04 벼랑 끝에서, 그러하여도 나는 주께 의지합니다

여호와여 그러하여도 나는 주께 의지하고 말하기를 주는 내 하나님이시라 하였나이다 _ **시편 31:14**

사울 왕과 군사들은 다윗이 숨은 곳을 알아내고 포위망을 좁히기 시작했습니다. 곧 잡힐 절체절명의 위기에서 다윗의 절박한 기도가 시편 31편입니다. 두려움 가운데서 기도의 절정은 14절입니다.

여호와여 그러하여도 나는 주께 의지합니다

벼랑 끝 절망에 서게 될 때 어떻게 해야 하는지에 대해서 다윗은 우리에게 믿음을 가르칩니다. '그러하여도 나는 주께 의지합니다!'라고 기도해야 합니다.
깊은 병에 들었을 때 어떻게 하겠습니까?
그러하여도 나는 주께 의지합니다.
비방을 받거나 배신당할 때 뭐라고 말하겠습니까?
그러하여도 나는 주께 의지합니다.
심한 궁핍에 처하거나 실패를 당했을 때 뭐라고 말하겠습니까?
그러하여도 나는 주께 의지합니다.

시편 31편은 종교 개혁가 마르틴 루터의 애창 시편이라고 합니다.
늘 그러해야겠지만, 벼랑에 서게 될 때면 시 31편을 기억하고 노래합니다.
다윗처럼, 마르틴 루터처럼, 우리의 신앙 길에서도
시편 31편이 감사의 노래가 되고 승리의 노래가 되길 소망합니다.

Prayer

주님, 그러하여도 나는 주께 의지합니다! 어떤 상황에서도 이것이 우리 기도가 되게 하소서.

4
05 넘어지나 아주 엎드러지지 아니함은

시편 37편

그는 넘어지나 아주 엎드러지지 아니함은 여호와께서 그의 손으로 붙드심이로다 _ 시편 37:24

엘리엇(Thomas Stearns Eliot, 1888~1965, 영국 시인, 극작가, 문학 비평가)의 〈황무지〉(The Waste Land)라는 시에는 '사월은 잔인한 달'이라고 말하며 인간의 실존적인 상황을 그리고 있습니다. 크리스천들도 광야 황무지 같은 인생길에 넘어지고 또 넘어집니다. 하지만 그때마다 다시 일으켜 세우시는 주님 손이 있습니다.

저는 넘어지나 아주 엎드러지지 않음은 여호와께서 손으로 붙드심이로다

어느 청년 자매가 예수님 믿은 후 쓴 구원 간증문 일부입니다.

모든 것이 허무하고, 부질없는 것이라는 생각과 우울 등의 감정들이 마치 형광펜으로 그어 놓은 것처럼 제 마음속과 머릿속에 강하게 자리 잡고 있었습니다. 한 해 한 해 거듭할수록 제 모습은 바뀌는 것이 없었으며, 오히려 더 많은 어두운 터널 안으로 걸어가고 있었습니다. 무표정한 제 얼굴도, 애써 밝은 척하려는 제 마음도, 따분하리만큼 허무했습니다. 하루에도 수십 번씩 바뀌는 제 감정들을 어떻게 다스려야 할지도 몰랐습니다. 마음껏 웃을 수 없는 그 지루한 슬픔들….
그러다가 친구의 전도로 교회를 나오게 되었습니다. 너무나 따뜻하게 대해주시는 가족들은 세상과 맞서 있던 저에게 너무나 낯설었습니다. 하지만, 시간이 갈수록 툇마루에 누워서 넓은 하늘의 별을 보듯 기분 좋은 설렘이었고, 그 안에서 나의 죄를 회개하고 예수 그리스도를 주님으로 영접하게 되었습니다.
끝으로 아버지 하나님께서 제게 주신 고귀한 말씀으로 마치겠습니다.

"저는 넘어지나 아주 엎드러지지 않음은 주께서 손으로 붙드심이로다."

Prayer .

주님, 황무지 광야 인생길에서 넘어지는 많은 형제 자매들이 있습니다. 하나님께서 손으로 붙드셔서 그들이 아주 완벽히 엎드러지지 않도록 하시고, 다시 믿음의 사람으로 세우소서.
주님. 구하옵기는 그들을 속히 세워주소서.

시편 39편

'헤벨(הֶבֶל), 허무'가 아니라 건강이 회복된 삶

참으로 인생이란 모두 헛됨 뿐이니이다 _ 시편 39:11
주는 나를 용서하사 내가 떠나 없어지기 전에 나의 건강을 회복시키소서 _ 시편 39:13

'허사, 헛되다'라는 히브리 원어는 '헤벨'(הֶבֶל)입니다. 원래 '숨'이라는 단어에서 나온 말입니다. 추운 겨울날 밖에 나와서 '후'하고 내쉬면, 그 숨이 하얗게 뿜어 나오다가 사라져 버립니다. 그것이 인생이라는 것입니다. 그래서 쉬운 성경에는 '허사로다'라는 대신에 이렇게 표현합니다.

"한낱 입김에 불과하다. 한순간의 입김에 불과하다."

영어 성경도 '허사'가 'breath'로 되어 있습니다. 우리 인생이 한순간 입김에 불과하다는 것입니다. 그러나 인생이 헛되고 비관적인 것만은 아닙니다. 시편 39편 마지막 13절은 이와 같습니다.

나를 용서하사 내가 떠나 없어지기 전에 나의 건강을 회복시키소서

다윗은 회개로 나아가면서 건강을 회복시켜 달라고 간구합니다. 여기서 육체적 건강이라기보다는 삶의 건강이라고 보는 것이 옳습니다. 그래서 영어 성경에는 rejoice입니다. 즉, 허무하며 비관적인 병약한 삶이 아니라 기쁨이 충만한 건강한 삶으로 회복시켜 달라는 간구입니다. 인간의 회개와 하나님의 용서에, 인생의 총체적 건강이 달려 있기 때문입니다.

십자가 앞에서 회개하는 인생은 헤벨, 허무가 아닙니다. 혹 실패했을지라도, 혹 곤궁할지라도, 혹 결핍이 많을지라도 십자가 앞에서 회개가 있다면, 그 삶은 헤벨이 아니라 건강이 회복된 삶입니다.

반대로 회개가 없는 삶이라면, 끔찍하고 지독한 허무입니다. 혹시 부와 명예와 권력을 가졌을지라도 끔찍하고 지독한 허무입니다. 건강이 무너진 인생입니다.

Prayer

주님께 회개하며 나아갑니다. 무너진 건강을 회복하소서.

4

07 | 시편 40편

가장 기가 막힐 웅덩이와 수렁에서 건지시고

내가 여호와를 기다리고 기다렸더니…나를 기가 막힐 웅덩이와 수렁에서 끌어올리시고…새 노래 곧 우리 하나님께 올릴 찬송을 _ **시편 40:1-3**

하나님을 소망하며 기다립니까? 아침마다 눈을 뜨면 하나님을 기다립니까? 오늘도 하나님을 기다립니까? 예배마다 하나님을 기다립니까? 만약에 하나님을 소망하며 기다리는 마음이 식었다면, 지금 깊은 웅덩이와 수렁에 빠져 있는 상태입니다. 기다림의 신앙을 회복해야 합니다.

인생은 웅덩이와 수렁에 빠집니다. 어떤 때는 불안과 염려의 웅덩이, 어떤 때는 지독한 공허의 웅덩이, 어떤 때는 질병의 수렁, 어떤 때는 인간관계 단절의 수렁, 어떤 때는 자기 연민의 수렁.

그런데 가장 기가 막힐 웅덩이와 수렁은 무엇입니까? 사람들은 궁핍이라고 생각할 수 있습니다. 질병이라 생각할 수 있습니다. 또는 어떤 사람이라고 생각하며 원망할 수 있습니다. 물론 힘든 환경이나 사람으로 인해 고통당할 수 있습니다. 그러나 가장 기가 막힐 웅덩이와 수렁은 따로 있습니다. 자신의 죄악입니다. 교만, 추악, 불의, 악독, 배신 등.

그런데 우리를 가장 기가 막힐 웅덩이와 수렁에서 건져주시기 위해서 예수님께서 세상에 오신 것입니다. 예수님이 십자가에서 죽임당해주신 것입니다. 우리는 그 하나님 은혜를 감사하고 찬송하고 노래 부르는 것입니다. 이것이 바로 세상 노래와는 다른 '새 노래'입니다.

새 노래 곧 우리 하나님께 올릴 찬송을 내 입에 두셨으니 (시 40:3)

Prayer

주님, 아침마다 눈을 뜨면 오늘 하루도 하나님을 소망하며 하나님을 기다리게 하소서. 하루하루 하나님 은혜를 감사하는 새 노래를, 늘 높이 부르며 살아가게 하소서.

시편 43편

08 연합(확신)의 새 노래

> 내 영혼아 네가 어찌하여 낙심하며 어찌하여 내 속에서 불안해 하는가 너는 하나님께 소망을 두라 그가 나타나 도우심으로 말미암아 내가 여전히 찬송하리로다 _ **시편 43:5**

하나님께서 어떤 도우심으로 나타나기에 찬양하는 것일까요?
바벨론에서 해방하는 도움이 나타나기에 찬양하는 것일까요?
어려운 질병에서 고침을 받고 건강을 회복시키시는 놀라운 도움?
궁핍에서 벗어나게 하시고 풍요함으로 이끄시는 놀라운 도움?
캄캄하기만 했던 진로가 열리는 놀라운 도움?
지치고 힘들었던 자녀 문제가 해결되는 놀라운 도움?
희망이 보이지 않았던 깨어진 관계가 회복되는 놀라운 도움?
물론 그런 도움들이 나타날 수도 있을 것입니다. 그런데 더 궁극적인 도움을 생각합니다. 무엇일까요?

나를 주님과 깊이 연합하게 하는 도움입니다. 연합이란 확신을 의미합니다. 내가 하나님의 완전하시고 영원하신 사랑 안에 거하고 있음을 확신케 하시는 도움입니다. 의심이 사라지고 확신하도록 도우시는 것입니다.

확신을 가지면, 삶에 어떤 풍파가 닥쳐오더라도 이겨냅니다.
내게 베푸신 예수님 십자가 사랑과 용서의 확신!
사망의 음침한 골짜기를 다닐지라도 주께서 함께하신다는 확신!
변치 않는 사랑, 영원하신 사랑에 대한 확신!
이 세상 마친 후, 부활의 승리와 천국 약속에 대한 확신!

그가 나타나 도우심으로 말미암아 내가 여전히 찬송하리로다(시 43:5)

Prayer

주님, 의심으로 흔들리지 않는 연합과 확신이 있도록 도우소서. 나를 주님 사랑과 깊이 연합시켜 주심에 감사 찬양합니다. 세상을 이기는 확신이 있도록 도우시니 감사 찬양합니다.

4
09 **시편 62,63편**

시선과 소망을 진짜로 주께 두며 살아갑니까?

나의 영혼아 잠잠히 하나님만 바라라 무릇 나의 소망이 그로부터 나오는도다 _ **시편 62:5**

C. S. 루이스는 이렇게 말했습니다.

기뻐하고 있는 우리에게 하나님이 다가와 내게 속삭인다. 그러나 고통 속에 있는 우리에게는 하나님이 큰 소리로 고함치신다!

하나님의 고함은 무엇입니까?
'잠잠히 하나님만 바라라! 소망이 그로부터 나온다!'입니다.
'시선과 소망을 사람이나 세상이 아니라 주께 두며 살라!'입니다.
시선과 소망을 진짜로 주께 두는 삶에 대해 다윗이 말합니다.

첫째 62:8, 시시로 그를 의지하고 그의 앞에 마음을 토하라.
시시로(all time), 항상 기도입니다. 염려, 불만, 낙심이 아니라 시시로 기도한다면! 자기 판단이나 지혜를 의지하지 않고 시시로 기도한다면! 주께 시선과 소망을 두며 살고 있는 것입니다.

둘째 63:4, 이러므로 나의 평생에 주를 송축하며.
다윗은 주님께 시선과 소망을 두었기 때문에, 광야에서나 동굴에서나 송축하며 감사합니다. 인생의 어두운 터널에서도 송축하고 감사하는 것이 진짜 나의 시선과 소망을 주께 두며 살아가는 것입니다.

셋째 63:6, 내가 나의 침상에서 주를 기억하며 새벽에 주의 말씀을 작은 소리로 읊조릴 때에 하오리니.
편안한 침상이 아닙니다. 다윗이 도망 중이었던 광야 동굴에서 잠 깨어 일어난 새벽에 말씀을 읊조리며 묵상했던 것입니다. 고난 중에도 염려 낙심을 이기고 묵상의 삶이라면, 시선과 소망을 주께 두며 살아가는 것입니다.

Prayer
주님, 오늘 하루도 시선과 소망을 주께 두며 보내게 하소서.

4
10 시편 73편
아삽은 무엇을 깨달은 것입니까?

하나님의 성소에 들어갈 때에야 그들의 종말을 내가 깨달았나이다 _ **시편 73:17**
무릇 주를 멀리하는 자는 망하리니 _ **시편 73:27**
하나님을 가까이 함이 내게 복이라 _ **시편 73:28**

나는 거의 넘어질 뻔하였고 나의 걸음이 미끄러질 뻔하였으니(시 73:2)

73편은 아삽의 신앙 시인데 처음에는 회의와 불만으로 시작합니다. 하나님을 잘 믿으며 살려는 나는 버겁고 어려운 길을 걷는데, 하나님을 무시하고 대적하는 저들은 평탄한 길을 걸어가기 때문입니다.

그런데 하나님의 성소에 들어갈 때야 깨달았다고 말합니다. 하나님의 성소에 들어간다는 의미는 무엇이겠습니까? 하나님 앞으로 계속 나오며 하나님을 계속 찾는 것입니다. 그 가운데 깨닫게 된 것입니다.

아삽은 무엇을 깨달았습니까?

27절, 무릇 주를 멀리하는 자는 망하리니
28절, 하나님께 가까이 함이 내게 복이라

인간의 참된 행복은 하나님을 멀리하느냐 가까이하느냐에 달려 있다는 진리를 각성했다는 것입니다.

그는 처음에는 깨닫지 못하니 마음에 시험거리 투성이었습니다.
깨닫지 못하니 불평, 염려, 낙심이 가득했습니다.
그런데 계속 하나님의 성소로 들어갔기에 깨닫게 된 것입니다.
아삽처럼 영적 깨달음이 있다면 은혜이고 축복 된 인생입니다.

주님, 하나님 앞으로 계속 나오며 하나님을 계속 찾으면서 아삽처럼 깨닫는 은혜와 복을 주소서. 하나님을 멀리하는 자는 망하게 되며 하나님을 가까이함이 복이라는 진리를 하루하루 깊이 깨달으며 살아가게 하소서.

4 시편 75편
11 세상과 다른, 크리스천들의 감사 이유

우리가 주께 감사하고 감사함은 주의 이름이 가까움이라 _ 시편 75:1

법당에서 스님도 감사하라고 말합니다. 행복한 삶 강좌에서도 감사하라고 합니다. 과학적으로 증명되었으니 감사하라고 합니다. 의사도 감사하라고 합니다. 비신자도 얼마든지 감사 생활할 수 있습니다. 감사 자체로 치유, 평안 등 삶에 긍정적 에너지를 줍니다.

그러면 예수님 믿는 자들의 감사는 무엇이 다른 것일까요?

우리가 고난 중에도 감사하는 이유의 핵심이 무엇일까요?

계속 묵상해 왔듯이 인간의 진정한 복은 하나님께로 가까이 가는 것입니다. 그런데 교만한 인간인지라 하나님께 가까이 갈 가능성이 언제 가장 큽니까? 낮아지고 깨어지는 고난의 시절입니다.

고난 겪고 낮아지니 하나님께 기도하지 않았습니까?

고난받아 깨어지니 말씀을 들으려고 하지 않았습니까?

물론 고난을 낭비하는 사람도 있습니다. 고난 겪을 때, 불평이나 원망이나 자기연민으로 보내면 고난도 낭비하고 세월도 낭비하는 불쌍한 삶입니다. 그런데 고난을 유익과 복이 되게 하는 사람도 있습니다. 고난이 닥치니 주님이 보이더라, 기도하게 되더라, 주께 가까이 가게 되더라, 그렇게 신앙 고백하는 사람은 고난을 유익과 복이 되게 하는 것입니다.

고난은 교만한 나를 낮아지게 하며 주께로 이끄는 통로라서, 그래서! 감사한 것입니다. 주께 가까이 가는 복을 주는 것이라서, 그래서! 감사한 것입니다. 이것이 고난 중에도 크리스천이 감사하는 가장 핵심적인 이유입니다. 가장 행복한 때는 언제입니까? 주님과 가까울 때가 아닙니까?

Prayer

CCM 〈하나님께로 더 가까이 갑니다〉를 찬양하고 기도합니다.

4 시편 90편

12 집에 대해, 인생에 대해 지혜를 갖게 하소서

주여, 주는 대대로 우리의 거처가 되셨나이다 _ 시편 90:1
우리에게 우리 날 계수함을 가르치사 지혜로운 마음을 얻게 하소서 _ 시편 90:12

시편 90편은 모세의 신앙 시(時)입니다. 집과 인생에 대해서 말합니다. "주여. 주는 대대로 우리의 거처(our home)가 되셨나이다." '대대로'(all generation, 모든 세대)라 하였으므로, 현재의 우리도 해당합니다. 주님이 우리의 영원한 집이 되시는 것입니다. 아멘.

〈집〉에 대해 말했던 모세는 〈인생〉에 대해 말합니다. 당시 백성들은 계속 모세와 하나님을 원망하고 불평하며 불순종하는 인생이었습니다. 그래서 하나님의 회초리를 맞게 됩니다. 5절, 홍수같이 쓸어가 버린 인생. 6절, 풀 같이 마름. 7절, 주의 분노에 소멸. 8절, 죄악을 주 앞에 놓으신 인생. 9절, 모든 날이 주의 분노 중에 날아감, 10절, 돌아보니 수고와 슬픔의 허무. 그렇게 불행한 인생을 지켜보며 모세가 간구하는 기도가 12절입니다.

우리에게 우리 날(인생) 계수함을 가르치사 지혜로운 마음 얻게 하소서

인생을 올바로 헤아리는 지혜의 마음을 갖기가 정말 어렵습니다.
우리는 과거의 날들을 잘 헤아리지 못합니다. 교만, 거짓, 비판의 지난 실패들을 헤아리며 반성해야 하는데, 올바르게 헤아리지 못합니다.
현재의 날들도 잘 헤아리지 못합니다. 오늘이라는 시간을 허비하지 않으면서 빛으로 소금으로 변화를 이루며 살아야 하는데, 그렇지 못합니다.
미래를 헤아리지 못합니다. 틀림없이 닥쳐오는데, 마치 안 오는 것처럼, 영적 게으름으로 준비 없이 삽니다. 12절을 쉬운 성경으로 보면 더욱 마음에 와닿습니다.

우리의 인생이 얼마나 짧은지 깨닫게 해주소서. 그러면 우리의 마음이 지혜로워질 것입니다.

주님, 집에 대해서, 그리고 인생에 대해서 지혜를 가지게 하소서.

4 시편 107편

13 인간이 동물보다 위대한 것

지혜있는 자들은 이러한 일들을 지켜보고 여호와의 인자하심을 깨달으리로다 _ 시편 107:43

플라톤, 파스칼, 톨스토이 등 위대한 철학자, 사상가, 문학가들은 '인생이란 무엇인가?'에 대해 탐구하며 글을 남겼습니다. 그런데 인생에 대해 성경보다 더 정확하게 말해주지는 못합니다. 성경은 인간을 지으시고 인생을 주관하시는 하나님의 말씀이기 때문입니다. 시편 107편은 일반적으로 인생의 네 가지 모습을 보여준다고 해석됩니다.

첫째, 광야에서의 주리고 목마른 모습(4-5).
둘째, 곤고와 쇠사슬에 매이고 갇혀 살아가는 모습(10).
셋째, 심령이 병들고 괴로운 모습(18).
넷째, 폭풍우 치는 바다 가운데 있는 모습(23, 26, 27).

어떤 사람은 이렇게 반박할 수 있습니다.
"그건 너무 비관론적 인생관이군요. 저는 인생관이 달라서요. 저는 낙관적 성향이라서 인생이 그렇게까지 불쌍할 게 있나 싶어요."
그런데 천재 수학자이자 과학자 파스칼은 말합니다.
"인간이 동물과 비교해서 위대한 것이 있는데, 그것은 자신이 불쌍하다는 것을 안다는 것이다."
왜 불쌍함을 아는 것이 위대함이겠습니까? 인간이 불쌍하다는 것을 알아야 비로소 겸손히 하나님을 찾고 의지하기 때문입니다. 하나님을 찾고 의지해야 그 사랑과 은혜 안에 영원토록 거하기 때문입니다. 그래서 시편 107편은 마지막 절(43)을 이렇게 마무리 짓습니다.

지혜 있는 자는 이런 인생의 일들을 지켜 보고 여호와의 인자하심을 깨달으리로다

Prayer .
주님, 우리가 언제나 인생의 진실을 보며 살게 하소서.

시편 121편

나의 과거 현재 미래, 하나님의 섭리 속에서

나의 도움은 천지를 지으신 여호와에게서로다 _ **시편 121:2**

하나님께서 성도의 인생과 운명을 영원한 시간 속에서 이끄시는 원리를 '하나님의 섭리'라고 말합니다.

지금 미처 헤아릴 수 없는 일들이 있다 할지라도 내게 일어나는 모든 삶은, 슬픈 일이든 기쁜 일이든 성공이든 실패든, 나를 향한 하나님의 최선을 이루어가는 과정이라는 것입니다. 내 삶에 일어나는 모든 것에는, 하나님께서 나를 위하여 일하시는 사랑의 손길이 있다는 하나님의 섭리를 확신하며 살아가는 신앙인의 고백이 2절입니다.

나의 도움이 천지를 지으신 여호와에게서로다

그리고 주님의 섭리를 확신하며 외치는 승리의 정점이 8절입니다.

여호와께서 너의 출입을 지금부터 영원까지 지키시리로다

나의 도움은 하나님에게서 옵니다.
그런데 하나님의 도우심과 지켜 주심은
우리 인간이 생각하는 시간….
과거, 현재, 미래라는 시간을 초월하여 영원의 차원입니다.
그래서 때로, 현재 겪는 고난을 이해할 수 없을지라도
하나님의 분명한 약속을 확신하면 강하고 담대합니다.

지금부터 영원까지 지키시리로다!

나의 과거와 나의 현재와 나의 미래는,
하나님의 섭리 가운데 있습니다.

Prayer

찬송가 620장 〈이 믿음 더욱 굳세라〉를 찬양하며 묵상하며 기도합니다.

시편 123편

15 크리스천, '키리에 에레이손'의 사람

우리를 긍휼히 여기시고 긍휼히 여기소서 _ **시편 123:3(개역한글)**

시편 123편 중심 단어는 '긍휼'입니다. 긍휼의 뜻은 '불쌍히 여김, 자비'입니다. 하나님은 긍휼히 여기시는 하나님이십니다. 내가 잘한 것이 있어서가 아니라, 마음에 드는 것이 있어서가 아니라, 그저 불쌍해서 도우시는 자비의 하나님이십니다. 헬라어로는 '키리에 엘레이손'(Κύριε ἐλέησον) 즉, '키리에(주여) 엘레이손(불쌍히 여기소서)'입니다.

요한 세바스찬 바흐의 마태 수난곡 39번 제목을 '키리에 엘레이손'이라고 붙였는데 성악가들이 다음과 같이 가사를 붙여 노래를 부릅니다.

아, 나의 하나님이여 내 눈물을 보아 불쌍히(긍휼히) 여기소서.
당신 앞에서 애통히 우는 나의 마음과 눈동자를 보시옵소서.
주여 불쌍히(긍휼히) 여기소서.

크리스천이 되고 새롭게 알게 된 단어가 '긍휼'입니다.
기도하면서 가장 많이 붙잡고 의지했던 것이 '긍휼'입니다.
가장 위로 주었던 것이 '나를 향한 주님의 긍휼'입니다.
주님, 나를 불쌍히 여기소서. 나를 가엾게 여기소서.
불쌍한 존재로 보이는 것이 초라하게 느껴지고 싫습니까?
가엾은 존재로 보이는 것이 자존심과 체면이 손상됩니까?
그러나 자신이 얼마나 초라한 존재인지를 깨닫는 것이, 그래서 주님의 긍휼을 바라는 기도의 삶이야말로, 가장 지혜로운 삶입니다.
이 가난하고 겸손한 기도가 인간에게 최고로 축복 된 기도입니다.
하나님이 일하시는 가장 강력한 기도입니다.
크리스천, '키리에 엘레이손'의 사람들입니다. 아멘.

주님, 우리가 '키리에 엘레이손'의 기도를 잊지 않게 하소서.

4
16 비빌 언덕이 많이 있는 부자입니까?

시편 125편

여호와를 의지하는 자는 시온 산이 흔들리지 아니하고 영원히 있음 같도다 _ 시편 125:1

'소도 언덕이 있어야 비빈다'는 속담이 있습니다. 사람들도 기댈 수 있는 언덕을 찾습니다. 그런데 가족, 실력, 재산 등 기댈 곳이 많은 사람은, 세상 눈에 부러울 수 있겠지만 그것이 꼭 좋은 것만은 아닐 수 있습니다.

반면 기댈 곳이 없다면, 꼭 나쁜 것만은 아닐 수 있습니다. 오히려 유익이 될 수 있습니다. 정말로 기댈 곳이 없는 사람이야말로 하나님께만 기댈 가능성이 크기 때문입니다. 가족도 기댈 곳 안 되고, 건강도 기댈 곳 안 되고, 경제 사정도 기댈 곳 안 되고, 그런 비빌 언덕이 없는 사람이 주께만 기대고 의지할 가능성이 큰 것입니다.

그리고 그렇게 주님만을 기대게 되었다면, 오히려 축복이었던 것입니다. 그래서 주님은 말씀하십니다. 낙타가 바늘귀로 들어가는 것이 부자가 하나님 나라에 들어가는 것보다 더 쉽다(마 19:24).
부자는 세상에 기댈 것이 많아서 절박하게 하나님을 기대지 않는다는 것입니다.

중세 유럽도 그렇습니다. 그들은 미술, 음악, 건축, 문학, 경제, 철학 등 모든 분야에서 세상이 부러워하는 최강이었습니다. 선진국이 되고 번성할수록 교만했고 죄를 더하였습니다. 그들은 예수님의 십자가를 바라보는 대신에 예술, 문화, 정치, 경제를 의지하고 자랑했으며 결국 퇴락하기 시작한 것입니다.

성경 역사와 유럽 교회 역사는 교훈합니다. 세상적으로 기댈만한 것들이 있고, 번영할수록 영적 퇴보를 두려워해야 한다는 것을. 늘 깨어서 주님만을 기대고 의지하는 영적 훈련의 삶을 살아가야 한다는 것을.

Prayer

주님, 오늘 하루도 세상이 아니라 주를 의지하며 지내게 하소서.

4　시편 126편

17 오늘 믿고서 내 눈 밝았네 참 내 기쁨 영원하도다

> 그 때에 우리 입에는 웃음이 가득하고 우리 혀에는 찬양이 찼었도다 하나님께서 우리를 위하여 큰 일을 행하셨으니 우리는 기쁘도다 _ **시편 126:2-3**

하나님께서 바벨론으로부터 해방이라는 '큰일'을 행하셨기에 이스라엘 백성들은 너무 기뻐서 어쩔 줄 몰라 했습니다. 그들이 하나님이 주시는 영적 기쁨으로 충만한 가운데 노래한 것이 시편 126:1-3입니다.

우리도 마찬가지입니다. 우리에게 꿈꾸는 것같이 기쁜 일은 무엇입니까? 하나님께서 행하신 큰일은 무엇입니까? 십자가 사랑으로 말미암은 구원 사건입니다.

세상이 주는 기쁨이 있고, 재미가 있습니다. 모두 소중한 기쁨입니다. 그런데 이는 다 찰나에 불과합니다. 게다가 소모적인 기쁨도 많습니다. 현대는 '쾌락을 좇는 시대/즐거움을 추구하는 시대'라고 불립니다. 편리함 속에서 재미를 추구하는 시대라는 것입니다. 어떻게 하면 사람들에게 편리, 흥미나 재미를 제공할 수 있을까 하는 많은 아이디어가 속출하고, 오락/여행/영화 등 레저 산업이 놀라운 성장을 이루고 있습니다. 현대인들이 레저에 중독되어가고 있는 것입니다.

그런데 이런 레저가 사람들에게 주는 즐거움의 효과는 잠시뿐입니다. 오래가봐야, 며칠 정도로, 극히 일시적입니다. 더욱 답답한 것은, 레저를 통해 얻어지는 즐거움과 재미는, 돈에 의해 많이 좌우됩니다. 돈이 부족하거나 떨어지면 즐거움/재미가 고갈되는 상황이 되고 맙니다. 이처럼 세상은 찰나적이고 소비적인 재미, 흥미에 중독되어가고 있는 것입니다.

이에 반해서 하나님을 믿게 되는 날로부터 내 안에 시작되는 새로운 기쁨이 있습니다. 영원한 기쁨이 있습니다. 영적인 기쁨입니다. 성경 곳곳에서 약속하십니다.

> 무릇 주를 찾는 자는 다! 주로 인하여 즐거워하고 기뻐하게 하시리라 (시 40:16)

예수님께서도 친히 말씀하셨습니다.

> 나의 기쁨이 너희 안에 있어 너희 기쁨을 충만하게 하려 함이라 (요 15:11)

참된 기쁨은 하나님에게서 오는 영적인 능력입니다. 영적 기쁨의 능력을 키워가길 소망합니다.

Prayer

하나님. 주님 만난 날부터 주어진 영적 능력인 기쁨을 세상과 사탄에게 빼앗기지 않게 하소서. 기쁨이 충만한 제자로 살아가게 하소서.

시편 127편

니시 도미누스 니시 도미누스

여호와께서 집을 세우지 아니하시면 세우는 자의 수고가 헛되며 여호와께서 성을 지키지 아니하시면 파수꾼의 깨어 있음이 헛되도다 _ **시편 127:1**

〈아모르 파티〉라는 노래가 있습니다. "산다는 게 다 그런 거지/가슴이 뛰는 대로 가면 돼/왔다 갈 한 번의 인생아/아모르 파티"

그런데 왔다 갈 한 번의 인생을 가슴이 뛰는 대로 후회 없는 듯 살아도 인생의 껍데기만 그럴듯하게 혹은 멋지게 보일 뿐, 속은 비어있는 허무와 비극일 수 있습니다. 시 127:1이 바로 그 진리입니다.

"여호와께서 아니 하시면 헛되며 헛되도다!"

니시(NISI, 아니하시면) 도미누스(DOMINUS, 하나님이) 푸루스트라(FRUSTRA, 헛되다) - 라틴어

라틴어 '아모르'(Amor)는 '사랑'이라는 말입니다. '파티'(Fati)'는 '운명'이라는 뜻입니다. 즉, '운명을 사랑하라.'입니다. 그런데 이 '아모르 파티'는 니체(Friedrich Wilhelm Nietzsche, 1844~1900, 독일의 문헌학자, 철학자)가 『즐거운 지식』 등에서 언급한 인생에 대한 태도를 설명하며 사용했던 용어입니다. 니체에 따르면 인간 개개인의 운명은 필연적인 것입니다. 니체는 이 필연적인 운명을 긍정하고 사랑하는 태도로 살아갈 때, 인간이 위대해지며 인간 본래의 창조성을 발휘할 수 있다고 설명했습니다. 이는 운명에 대한 체념이나, 굴복이 아니라, 고통을 포함해 자신에게 일어나는 모든 일을 받아들이는 삶의 태도입니다.

그런데 니체가 누구입니까? '하나님은 죽었다'라고 말한 무신론 철학자입니다. 니체의 '운명을 사랑하라'(아모르 파티)는 하나님 없는 운명입니다. 따라서 허탄한 운명이요 최후 심판을 피할 수 없는 비극적 운명입니다.

우리는 하나님께서 세워가시니 영원히 헛되지 않습니다.

NISI DOMINUS FRUSTRA(하나님이 아니하시면 헛되도다)

비발디 작품 NISI DOMINUS(RV608)를 감상합니다.

Prayer

주님, 오늘 하루도 주님이 나의 삶을 세워주소서

시편 136편

할렐루야가 넘칩니까? 인색합니까?

여호와께 감사하라 그는 선하시며 그 인자하심이 영원함이로다 _ **시편 136:1**

시편 136은 처음부터 끝까지 (1~26), 매 절마다 '하나님께 감사하라!'라고 반복합니다. '하나님께 감사하라'의 히브리어는 '할렐루야'(הַלְלוּיָהּ)입니다. 다시 말하면 1절 할렐루야 그는 선하시며 그 인자하심이 영원함이로다! 2절 할렐루야 그는 선하시며 그 인자하심이 영원함이로다! 26절 할렐루야 그는 선하시며 그 인자하심이 영원함이로다! 크리스천 일생이 할렐루야이어야 함을 가르쳐 주는 것입니다. 성 어거스틴도 말한 바가 있습니다.

크리스천은 머리부터 발끝까지 할렐루야이어야 한다!

할렐루야를 많이 고백하고 노래하며 살아갈 수도 있을 것이고, 반면에 인색하게 고백하며 살아갈 수도 있을 것입니다. 나를 돌아보면 어느 쪽인 것 같습니까? 할렐루야를 넘치게 고백한 삶과 인색하게 고백한 삶의 결과는 다르게 나타나게 됩니다. 나중 결과뿐만이 아니라 오늘 현재의 하루하루도 다르게 나타납니다.

할렐루야 인생이라면, 반드시 승리의 인생입니다.
할렐루야 인생이라면, 결코 후회 없는 인생입니다.
할렐루야 인생이라면, 영원히 위대한 인생입니다.
반대로 할렐루야 고백이 인색하면 패배의 인생이 됩니다.
어둡고 불안한 인생이 될 가능성이 큽니다.
부끄럽고 후회하는 인생이 될 가능성이 큽니다.
끝내 할렐루야의 삶으로 바뀌지 않는다면 그 가능성은 현실이 됩니다.

Prayer

내 입술과 내 마음과 내 삶에 주께 감사! 할렐루야가 인색하지 않게 하소서. 할렐루야를 힘차게 부르며 불러 승리의 인생, 후회 없는 인생, 영광된 인생이게 하소서.

시편 137편

가슴 치며 울 수도 있어야 합니다

우리가 바벨론의 여러 강변 거기에 앉아서 시온을 기억하며 울었도다 _시편 137:1

　바벨론과 전쟁으로 패망하여 포로로 끌려간 이스라엘 백성들이 조국 시온(예루살렘)을 기억하며 슬피 웁니다. '시온'이라는 단어는 예배를 상징하기도 합니다. 하나님께 함께 예배드리던 일, 나팔 소리로 찬양하며 비파와 수금으로 노래 부르던 일, 함께 어울리며 섬기던 일을 기억하며 그리움과 한탄의 눈물을 흘리는 것입니다.
　나라의 패망과 포로의 비극까지는 아니지만, 이 슬픈 역사를 오늘 우리도 조금은 겪었습니다. 코로나로 인해 하나님 앞에 나아와서 함께 예배드리지 못했던 시간이 있었던 것입니다.

　우리나라 크리스천들은 주일이 되면 교회로 향했습니다. 섬에 살든 깊은 산 속에 살든 전국 방방곡곡에서 교회로 향했습니다. 함께 찬양하고 기도하고 회개하고 말씀 듣고 식사하고 공부하고 봉사하고 교제하였습니다. 그런데 그 거룩한 회중 예배와 만남이 제한되어 버린 것입니다. 이러한 어둠 속에서 신앙인의 자세가 무엇이어야 하는지 가르쳐 줍니다.

　시온을 기억하며 울었도다

　함께 예배드리던 일, 찬양하며 노래 부르던 일, 함께 교제하며 봉사하고 섬기던 일을 기억하며 눈물 흘리는 것입니다.

　함께 예배드림이 이 세상이 줄 수 없는 기쁨이지 않았습니까?
　함께 드리는 예배가 내 삶과 인생을 바꾸어 가지 않았습니까?
　성도의 교제가 나를 잘못된 길에서 끌어내 주지 않았습니까?
　예배를 지켜오면서 인생 가운데 받은 은혜가 있지 않습니까?

　우리는, 모두 함께 모여 예배드릴 수 있음이 당연한 것이 아님을 배웠습니다.
　예배를 드리지 못했을 때 가슴 치며 울었던 백성들의 예배를 사모하는 그 마음을, 먼 역사 뒤에서 우리도 믿음의 유산으로 받기를 소망합니다.

Prayer

주님, 나의 예배가 회복되고 이 땅의 예배가 회복되게 하소서.

4
21 시편 139편

나를 아시는 하나님 / 코람데오 신앙

여호와여 주께서 나를 살펴 보셨으므로 나를 아시나이다 _ **시편 139:1**

    시편 139:1-4까지 '여호와가 나를 아신다'라는 표현이 반복됩니다.
    '너를 안다'라는 말씀에 담겨 있는 의미는 '하나님의 사랑!'입니다. 하나님은 우리 괴로움과 고난을 아십니다. 우리의 섬김과 순종을 아십니다. 우리의 변덕도 알고 허물도 아십니다. 나의 모든 것을 아시면서 기다리며 참아 주십니다. 격려하고 붙들어 주십니다. 야단치며 회초리도 드십니다. 위로하며 치유도 주십니다. 그런데 결국에 모든 결론은 나를 향한 사랑이십니다.

    '너를 안다'라는 말씀에 담긴 또 하나의 의미는, '코람데오 신앙으로 살라 '입니다. 라틴어 Coram은 '얼굴 앞에서 혹은 앞에서'라는 의미이고, Deo는 '하나님'입니다. 즉, '하나님 앞에서'(before God) 하나님의 권위 아래 하나님의 영광을 위해 살아가는 신학 사상입니다. 인간을 지켜보시며 아시는 그분 앞에서 진실하게 살려는 삶을 의미합니다.
    '안하무인'(眼下無人)이라는 말이 있습니다. 교만하여 다른 사람을 업신여기는 태도입니다. 성도에게 적용한다면 교만하여 하나님을 개의치 않으며 사는 것입니다. 교만하여 하나님이 보이지 않는 것입니다.

    성도는 나를 살펴보시고 아시는 하나님 앞에 서 있음을 의식하며 살아야 합니다. Coram Deo! 하나님 앞에 서 있다는 사실을 의식해야지, 나의 예배, 나의 마음과 가치관, 나의 언어와 행동 자세가 변화되는 것입니다. 나는 안하무인으로 살아서는 안 되며 하나님을 의식하며 살아야 합니다. 그것이 복입니다. 하나님이 알고 계신다는 의식이 성결로 이끌고, 안전으로 이끌고, 순종으로 이끌고, 성공적인 인생으로 이끌기 때문입니다.

Prayer •
주님, 우리의 오늘 하루도 코람데오 신앙으로 살게 하소서.

4 / 22
시편 145편

왕이신 나의 하나님! 신앙 고백에 복 있습니다

왕이신 나의 하나님이여 내가 주를 높이고 영원히 주의 이름을 송축하리이다 _ **시편 145:1**

시편 145편은 다윗의 마지막 시편으로 알려져 있습니다. 다윗은 왕으로서 찬란하게 살기도 했지만, 사울에게 쫓기며 광야로, 타국으로 도망치는 고난의 세월도 보냈습니다. 목숨 부지를 위해 침 흘리며 미친 척도 했습니다. 아들의 반란으로 혼비백산 피난하는 끔찍한 시절도 있었습니다. 그렇게 '이 또한 지나가는' 세상 속에서 145편을 어떻게 시작합니까?

왕이신 나의 하나님이여!

누가? 무엇이? 인생에 영향을 끼치며 다스린다는 고백입니까? 사람이 아니요. 물질도 아니요, 나 자신도 아니요, 오직 주님만이 나를 다스리시며 내 인생을 통치하시는 왕이라고 고백하는 것입니다. 이 고백은 다윗의 모든 인생 싸움터에서 승리의 고백이었으며 모든 불리한 상황에서 역전의 고백이었습니다. 만약에 우리도 다윗처럼 동일하게 신앙 고백한다면 승리하고 역전하며 빛이 가득합니다.

왕이신 나의 하나님이여!

우리의 신앙생활을 돌아보면, 힘들 때 이 고백을 하면서 세상을 이길 힘과 용기를 얻었습니다. 어두울 때 이 고백을 하면서 하늘의 위로와 평안을 얻었습니다. 겸손과 낮은 마음을 얻었습니다.

왕이신 나의 하나님이여!

이 고백을 했었던 과거 그때가 행복했고, 이 고백을 하는 지금이 진정 행복하고, 이 고백을 하게 되는 내일이 진정 행복할 것입니다.

Prayer •

주님, 왕이신 나의 하나님을 송축하면서, 과거 현재 미래 모든 인생 싸움터에서 승리하게 하소서. CCM 〈왕이신 나의 하나님〉을 찬양합니다.

4
23

시편 150편

모든 끝은, 감사로 끝납니다

> 할렐루야 그의 성소에서 하나님을 찬양하며 _ **시편 150:1**
> 호흡이 있는 자마다 여호와를 찬양할지어다 할렐루야 _**시편 150:6**

시편은 하나님께서 역사 속의 신앙인들을 통해 기록하게 하셨습니다. 모세를 통해(90편 등) 기록된 시편도 있고, 솔로몬이 기록한 시편(72편)도 있고, 고라 자손이나(42편 등) 아삽을(75편 등) 통해 기록하게도 하셨고, 다윗을 통해 기록하게도 하셨고, 이름이 밝혀지지 않은 무명 신앙인들을 통해서도 기록하게 하셨습니다.

믿음의 길은 기도로 걸어가는 길인데, 시편을 보면 이 땅을 살면서 주께 드릴 수 있는 모든 종류의 기도들이 있습니다. 치유를 위한 기도. 인생무상 회환의 기도. 주께 원수를 맡기는 기도. 영적 목마름의 기도. 회개 기도. 불안과 두려움 속에서 주님 도움 바라는 탄원 기도. 절망의 벼랑 끝에서 구원 요청의 탄식 기도.

이제 시편의 대장정을 마치는 150편에 이르게 되었습니다.

1절 시작입니다. 할렐루야 그의 성소에서 하나님을 찬양하며
6절 끝입니다. 호흡이 있는 자마다 여호와를 찬양할지어다 할렐루야

하나님께서 우리에게 들려주시는 음성은 무엇입니까?
끝은 감사로 끝나야 한다는 것입니다. 살다 보면 성공으로 보이는 결과가 주어질 수도 있고, 실패로 보이는 결과가 주어질 수도 있는데 사건의 끝은 감사여야 한다는 것입니다. 하루의 끝도 할렐루야 감사 기도로 마감하고, 한 달의 끝도 할렐루야 기도로 마감하고, 1년의 끝도 할렐루야 기도로 마감하고, 언젠간 맞을 인생의 끝 날도 할렐루야 감사입니다.

Prayer

주님, 모든 끝을 감사로 끝내는 신앙 자세를 가지게 하소서. 그리고 그 아름다운 끝에, 아름다운 시작이 기다림을 알게 하소서.

성경 스무 번째 책, 잠언

누가 지혜로운 사람입니까?

지혜가 길거리에서 부르며 광장에서 소리를 높이며 _ 잠언 1:20

길거리에서 소리치는 것이 있다고 말합니다. 광장에서 외치는 것이 있다고 말합니다. 그 정체가 무엇이냐? '지혜'입니다.

〈잠언〉에는 '지혜'라는 단어가 100번 이상 반복됩니다. 지혜의 사전적 의미는, '세상 사물이나 상황을 올바로 깨닫고 슬기롭게 살아갈 수 있는 생각의 능력, 정신의 능력'입니다. 그러면 이 세상을 올바르고 슬기롭게 살아갈 지혜가 무엇이겠습니까?

잠언 2:16, 지혜가 너를 구원할 거라고 말합니다.
2:20, 지혜가 너를 선한 길로 인도할 거라고 말합니다.
3:18, 지혜를 얻는 자는 생명 나무를 얻고 지혜를 가진 자는 복되다고 말합니다.
4:7, 지혜가 제일이니 지혜를 얻으라고 말합니다. 지혜가 생명이고 구원이고 축복이라고 소리치는 것입니다. 그럼 지혜가 무엇이겠습니까?

지혜란, 하나님을 아는 것입니다.
피조물 인간에게 지혜란, 창조주 하나님을 아는 것입니다.
"하나님을 아는 것이란 무엇인가요?"라고 묻는다면, 하나님 아는 지식은 끝이 없기에 한마디로 답할 수 있는 것은 아닙니다. 어쨌든 분명한 것은 지혜란 하나님을 아는 것이요 지혜로운 자는 하나님을 아는 사람입니다.

따라서 '겸손'이야말로 지혜입니다. 자랑은 지혜가 아닙니다. 교만은 지혜가 아닙니다. 지혜는 겸손한 것입니다. 인간이 겸손할 때 하나님을 알 가능성이 열리기 때문입니다. 생명이고 축복이고 최고라고 길거리에서 소리치며 광장에서 외치는 지혜란, 겸손한 것입니다. 누가 지혜로운 사람입니까? 겸손한 사람입니다.

세상 천재일지라도 하나님을 알지 못하면 지혜가 없는 것입니다.
지혜로운 자가 인생을 얻고 사람도 얻고 영원도 얻습니다.

Prayer

주님, 우리의 삶이 지혜로운 날들이 되게 하소서.

4 잠언

25 주님 경외하는 지혜가 없음이, 가장 우려되는 문제입니다

여호와를 경외하는 것이 지식의 근본이거늘 _ 잠언 1:7
여호와를 경외하는 것이 지혜의 근본이요 거룩하신 자를 아는 것이 명철이니라 _ 잠언 9:10

오늘날 어린 자녀들에게 나타나는 현상 하나는 무서워할 줄 모른다는 것입니다. 어른들을 무서워할 줄 모르고, 선생님을 무서워할 줄 모르고, 부모님을 무서워할 줄 모르는 것입니다.

오늘날 하나님 자녀들에게도 우려스러운 현상 하나는 무서워할 줄 모른다는 것입니다. 하나님을 무서워하고 두려워하는 마음이 부족합니다. 이것이 목회자에게 가장 우려되는 문제점입니다. 성도들에게 가장 우려되는 문제점이요, 자라나는 세대에게 가장 우려되는 문제점입니다.

돈이 부족한 것도 우려되고, 건강이 부족한 것도 우려되고, 가정 화목이 부족한 것도 우려되지만, 하나님을 공경하며 두려워하는 마음이 부족한 것이 가장 우려되는 문제점입니다.

하나님을 두려워하는 마음이 '경외심'입니다. 성경의 중심 메시지 중 하나는 '하나님을 경외하라!'입니다. 주께서 이렇게 당부하셨습니다.

네 하나님 여호와 경외하기를 배우게 할지니라(신 31:13)

성도는 하나님 두려워하는 마음을 배우고 길러가야 합니다. 하나님을 공경하는 마음을 계속하여 배워가고 자라나게 해야 합니다.

그런데 하나님을 경외하는 것이 '지혜'라고 잠언은 가르칩니다.

여호와를 경외하는 것이 지혜의 근본이요

우리는 지혜롭고 총명한 사람들입니까? 우리 자녀들은 지혜와 총명을 가졌습니까?

Prayer

주님, 우리에게 주를 경외하는 지혜가 자라나게 하소서.

4
26 성경 스물한 번째 책, 전도서
지독한 허무를 직면했습니까?

헛되고 헛되며 헛되고 헛되니 모든 것이 헛되도다 _ 잠언 1:2

〈전도서〉는 '헛되다'라는 말을 36회나 반복합니다.
실존주의 작가 까뮈(Albert Camus, 1913~1960, 프랑스의 작가, 저널리스트이자 철학자)는 소설 『이방인』에서 말합니다.

한 사람이 서른 살에 죽든, 예순 살에 죽든, 열 살에 죽든 다를 게 없어.
어떤 경우든 다른 사람들이 계속해서 살 거고 세상은 예전처럼 돌아갈 테니까.

거대한 인간 역사 속에서 작은 점 하나로 왔다가 안개처럼 사라지는 인생의 진실을 직면하며 '참 허무하구나!' 그렇게 뼈에 사무치고 지독한 허무함을 가진 경험이 있습니까?
그런 지독한 허무함을 가진 적이 있다면, 나쁜 것이 아닙니다.
오히려 인생 여정에서 꼭 필요한 것입니다.
세상 만족에 빠지며 즐거움을 향해 살아가는 사람이 진실로 하나님을 찾는 경우는 없습니다.
인생의 지독한 허무와 가련함 속에서 주님을 찾게 되는 그 가난한 자리는,
천국의 축복이 시작되는 곳입니다.
〈전도서〉의 메시지는 단지, '해 아래 인생이란 허무한 것이다!'가 아닙니다.
참된 인생이 무엇인지를 발견하라는 것입니다.

참된 인생은 이것입니다.
하나님을 알고 하나님을 사랑하고 하나님 뜻에 순종하며 사는 것입니다.

Prayer
주님, 사랑하는 이들이 하나님을 찾아 허무에서 벗어나게 하소서.

전도서

27 삶의 목적이 없거나 모르면, 허무합니다

이미 있던 것이 후에 다시 있겠고 이미 한 일을 후에 다시 할지라 해 아래에는 새 것이 없나니
_ 전도서 1:9-10

오늘도 내일도 나는 무엇을 위하여 애쓰며 살아가는 것일까?
돈을 벌기 위해서라고 말하는 사람도 있을 것입니다.
자식과 가정을 위해서라고 말하는 사람도 있을 것입니다.
그런 것 생각해 보지 않았다고 말하는 사람도 있을 것입니다.
그냥 하루하루를 사는 것이라고 말하는 사람도 있을 것입니다.

세상 많은 사람이 '무엇을 위해서 사는가?'라는 인생 목적에 대해서 진지하게 고민해 볼 겨를도 없이 정신없이 살아갑니다. 그러다가 문득, 인생의 지독한 허무를 느끼게 되는 것입니다. 인생이 허무해지는 중요한 이유 하나는 살아가는 목적이 세워져 있지 않기 때문입니다. 인생의 올바른 목적을 발견하고 그 목적을 따라 살아간다면 무상함을 이기는 것입니다. 불안과 두려움을 이겨냅니다.

그러면 하나님께서 성경을 통해 가르치시는 인생의 목적이 무엇입니까? 돈을 많이 벌고 모으는 것이 내 삶을 향한 주님 목적이 아닙니다. 평탄하고 안정된 삶을 확보하는 것이 나를 향한 주님 목적이 아닙니다. 세상에서 성공하는 것도 나를 향한 주님 목적이 아닙니다.

내 삶에 두신 하나님 목적을 요약하여 표현하면 하나님과 사랑을 나누며 교제하는 것입니다. 내 구주 예수를 더욱더 사랑하며 사는 것입니다. 그리고 다른 사람을 사랑하고 섬기는 것입니다.

인생이 허무해지는 이유 하나는, 살아가는 목적이 제대로 세워져 있지 않기 때문입니다. 또는, 잘못된 목적을 향해 달려가기 때문입니다. 사랑과 섬김이라는 하나님이 주신 인생의 목적은 세상 허무와 불안을 이기게 합니다.

Prayer
주님이 주신 인생의 참 목적을 알아 허무와 불안에서 이기게 하소서.

전도서

28 짐승 운명이나 사람 운명이 같으면, 허무합니다

> 짐승이 죽음같이 사람도 죽으니 사람이 짐승보다 뛰어남이 없음은 모든 것이 헛됨이로다 다 흙으로 말미암았으므로 다 흙으로 돌아가나니 _ 전도서 3:19-20

갈수록 고양이나 강아지 등 반려동물을 많이 키웁니다. 그런데 고양이도 강아지도 인간도 죽기 마련입니다. 죽음 앞에서는 한낱 한 줌의 흙입니다.

그런데 정말 그렇습니까? 정말, 고양이나 강아지나 사람이 다를 바가 없겠습니까? 그렇다면, 예수께서 왜 고난받으시고 죽임당하셨단 말입니까!

인생이 허무해지는 중요한 이유 중 하나는, 죽음입니다.
전도서 3:19을 〈쉬운 성경〉으로 읽으면 이렇습니다.

사람의 운명과 짐승의 운명은 비슷하다. 사람이 죽는 것처럼 짐승도 죽으므로, 사람이나 짐승이나 호흡은 동일하다. 이렇게 모든 것이 헛되니 사람이 짐승보다 나은 것이 무엇인가?

사람이 짐승보다 나은 것이 무엇입니까?
하나님과 사랑을 나누며 교제한다는 것입니다.
하나님께 감사 찬양하며 기도한다는 것입니다.
하나님께 회개하며 순종하며 값지게 산다는 것입니다.
천국 약속을 받았고 부활과 영생을 누린다는 것입니다.
성경의 중심, 신앙의 중심은 천국 부활 소망입니다.
성도의 운명이 짐승의 운명과 다르기 때문에
절대 헛되지 않은 것입니다.

Prayer

주님, 우리에게 부활의 소망을 넘치게 하소서. 우리에게 주어진 인생을 하나님 뜻을 따라 값지게 살아가게 하소서.

4 성경 스물두 번째 책, 아가

29 주님과의 연합이 관건입니다

솔로몬의 아가라(Solomon's Song of Songs) _ **아가 1:1**
나의 사랑, 내 어여쁜 자야 일어나서 함께 가자 _ **아가 2:10**

〈아가서〉는 술람미 여인을 향한 솔로몬의 사랑 고백입니다.
이는 또한, 믿는 자들을 향한 예수 그리스도의 사랑 고백입니다.

〈아가서〉의 주제는 사랑의 연합입니다.

나의 사랑 나의 어여쁜 자여 일어나서 함께 가자.

날마다 주님과 사랑으로 연합하는 삶을, '예배의 삶'이라 할 수 있습니다. 오스왈드 챔버스(Oswald Chambers, 1874~1917, 스코틀랜드 개신교 목사, 교사)는 『주님은 나의 최고봉』에서 예배의 힘을 말합니다.

삶에서 어떤 위기가 발생해도 우리는 괜찮을 것이라고 생각합니다.
그러나 만일 당신이 삶의 현장에서 하나님 보시기에 제대로 살아오지 않았다면 위기가 찾아올 때 일어날 수 없을 것입니다.
하나님을 개인적으로 예배하는 (연합의) 관계가! 위기를 해결하는 가장 중요한 요소입니다.

우리는 말씀 묵상 가운데 하나님과 사랑으로 연합합니다.
기도와 간구 가운데 하나님과 사랑으로 연합합니다.
하나님 뜻에 순종하는 가운데 하나님과 사랑으로 연합합니다.
날마다 평범한 날들 속에서 하나님과의 연합과 예배의 삶이, 위기를 해결하는 가장 중요한 요소입니다.
하나님과의 연합과 예배의 삶이, 인생을 승리로 이끄는 관건입니다.

Prayer .

하루하루 평범한 일상에서 주님과의 연합과 예배의 삶을 이루게 하소서.

4 아가

30 나에게 가장 큰 사랑이 되었음을 깨달았습니다

나의 사랑, 내 어여쁜 자야 일어나서 함께 가자 _ 아가 2:10

〈아가〉서는 예수님과 성도가 나누어야 할 사랑 노래입니다.

천국 가신 장모님은 주님과 깊은 사랑을 나누며 사셨습니다. 흔들리지 않는 믿음으로 주님께 헌신하며 사셨습니다. 주일예배, 수요예배, 새벽기도회에 힘쓰시고, 기도의 삶, 말씀의 삶에 힘쓰시고, 많은 신앙 서적을 읽으셨고, 섬기고 봉사하며 약한 자들을 돌보는 일들을 많이 하셨습니다. 선교와 구제를 위한 봉헌도 넘치도록 하셨습니다.

장인께서는 헌신하는 장모님을 못마땅하게 여기셨습니다. 장모님께 신앙생활 너무 열심히 하지 말고 대강대강 하라는 불평과 불만을 표하기도 하셨습니다. 그런데 훗날 주님의 사랑과 은혜를 경험하고 장인께서 이런 편지를 장모님께 쓰셨습니다. 그리고 거실 벽에다 붙여 두셨습니다.

당신이 하나님을 사랑하는 것이
나에게 가장 큰 사랑이 되었음을 깨달았습니다.
당신이 나를 사랑하는 것만을
당신의 사랑이라고 생각했으나
이번에 새로 발견한 사랑이 큰 자산입니다.
당신과 더욱더 하나님을 함께 사랑할 것을 기대하며
이 모든 것을 예수 그리스도의 이름으로 기도합니다.

주님을 가장 사랑하는 것이 배우자와 자녀와 가족에 대한 최고의 사랑이 됩니다. 주님을 가장 사랑하는 것이 교회와 형제와 자매들과 이웃에게 줄 수 있는 최고의 사랑이 됩니다. 영원한 사랑을 주는 것입니다.

Prayer •

찬송가 314장 〈내 구주 예수를 더욱 사랑〉을 찬양하며 묵상하고 기도합니다.

5

성경 스물세 번째 책, 이사야

01 우리도 계시와 환상을 봅니다

이사야가 유다와 예루살렘에 관하여 본 계시라 _ 이사야 1:1

〈이사야〉로부터 구약 마지막 〈말라기〉까지 17권은 선지자들이 기록했기에 〈선지서〉라고 부릅니다. 선지자란 백성의 죄를 고발하고 징계를 선언하며 회개를 촉구하는 사람입니다. 주께 순종해야 한다고 외치는 사람입니다. 그리고 하나님께서 알려주시는 올바른 인생과 역사를 꿰뚫어 보는 사람입니다. 즉 '하나님의 계시'를 보는 사람입니다.

이사야는 하나님의 계시를 보았습니다. 에스겔도 하나님께서 '환상 속으로' 데리고 갔다고 말합니다(겔 8:3). 그들은 계시(환상)를 본 것입니다. 그런데 '현실성이나 가능성이 없는 헛된 생각이나 공상'이라는 사전적 의미로서의 환상이 아닙니다. 영어 성경으로 보면 이해가 쉬운데, 이사야가 본 '계시'는 'The vision'으로 되어 있고, 에스겔의 '환상 가운데'는 'In visions of God'으로 되어 있습니다. 즉 '하나님의 비전'입니다. 하나님의 비전이란, 인생과 세상의 진리를 올바로 보는 시각입니다.

그러면 〈이사야〉를 통해 보여주시는 인생과 세상의 진리는 어떤 것인가? 먼저 인간의 패악함과 불순종의 죄악을 보여주십니다. 장차 일어날 바벨론의 심판도 보여주십니다. 놀랍게도 미래에 일어날 예수 그리스도의 초림도 보여주십니다. 그리고 세상의 심판과 새 하늘과 새 땅도 보여주십니다.

그런데 하나님께서 에스겔이나 이사야에게만 아니라 모든 시대 모든 성도에게 비전과 계시를 보여주십니다. 바로 우리가 가진 성경이 비전이요 계시이기 때문입니다.

우리는 환상의 사람이요 계시의 사람이요 비전의 사람입니다.

Prayer

주님, 오늘 하루도 인생과 세상의 진리를 올바르게 보며 걷게 하소서.

5 이사야

02 범죄한 나라 허물진 백성이지만, 끌어올리실 것입니다

슬프다 범죄한 나라요 허물 진 백성이요 _ 이사야 1:4

성경은 사랑의 편지입니다. 찬송가 563장은 이렇게 노래합니다.
'날 사랑하심 날 사랑하심 날 사랑하심 성경에 쓰였네'
그런데 사랑의 편지라면서 〈이사야〉에서는 위로와 평안을 주시기보다는 인간의 죄를 샅샅이 들춰내십니다. 총 66장인데, 1장부터 39장에 이르기까지 징계와 심판을 예고하십니다. 왜 그렇습니까?
백성을 죄와 심판에서 건지는 것이 사랑이기 때문입니다. 인생의 가장 치명적인 불행과 고통은 온갖 죄이기 때문입니다. 하나님은 우리를 사랑하시기 때문에, 죄를 들춰내시는 일과 심판에 대한 경고를 멈추실 수가 없는 것입니다.
나는 누구입니까? 나 역시 범죄한 나라요 허물진 백성이기에, 부끄럽고 슬픕니다. 그래서 오늘도 시편 130편으로 회개 기도합니다.

주여 내가 깊은 곳에서 주께 부르짖었나이다
여호와여 주께서 죄악을 지켜보실진대 주여 누가 서리이까
그러나 사유하심이 주께 있음은 주를 경외하게 하심이니이다
파수꾼이 아침을 기다림보다 내 영혼이 주를 더 기다리나니
파수꾼이 아침을 기다림보다 더하도다

시편 130편의 노래가 찬송가 363장입니다. 내가 깊은 곳에 있을 때, 깊은 절망과 깊은 슬픔과 깊은 죄악 가운데 있을 때, 부르짖을 주님이 계시다는 것은 세상 그 어떤 말로도 표현할 수 없는 큰 위로입니다. 깊은 곳에 있을 때 주님을 기다리며 부르짖으십시오. 깊은 데서 끌어올리실 것입니다.

Prayer

주님, 내가 깊은 곳에서 주께 부르짖습니다. 나를 끌어올리소서.

5 　**이사야**

03 주 사랑을 뭐라 할까?

> 너희가 어찌하여 매를 더 맞으려고 패역을 거듭하느냐? _ 이사야 1:5

　　이사야서는 66장에 이르는 긴 내용으로, 주제는 '하나님의 사랑'입니다.
　　이러한 찬양이 있습니다. "주님은 신실하고 / 항상 거기 계시네 / 주 사랑을 뭐라 할까?" 그런데 이사야 1:5을 보니, 이사야는 엄한 훈육을 하며 징계를 예고합니다. 그래서 사람들은 이러한 의문을 가집니다. "사랑의 하나님이 징계하시다니요? 주 사랑이 무엇인가요?" 주 사랑을 뭐라고 할까?라는 질문에 이사야는 이렇게 답하는 것입니다. "하나님 징계는 하나님 사랑의 다른 이름입니다!" 자녀들이 잘못을 저질렀을 때는 이에 대한 책임을 지며 징계를 받습니다. 그런데 그 징계는 사랑의 또 다른 이름이라는 것입니다.

> 너희가 어찌하여 매를 더 맞으려고 패역을 거듭하느냐?

　　이사야는 사람들에게 주 사랑을 뭐라고 말할까?라고 질문하고 있습니다. 당시 백성들은 사랑에 대해 잘못된 개념을 가지고 있었습니다. 이사야는 잘못된 개념을 바꾸기 위해서 이렇게 선포합니다. "우리가 계속하여 하나님 말씀을 순종하지 않으면 주님이 기뻐하시지 않습니다. 야단을 맞게 됩니다. 우리가 새롭게 변화되지 않으면 우리 인생은 무너집니다. 우리 가정과 사회와 나라는 무너집니다."(이사야 30:13 참조)

　　대개 사람들은 위로, 인정과 칭찬, 이런 것을 제대로 받을 수 있다면 행복하게 살 수 있다고 주장합니다. 그러나 이에 대한 하나님의 진리는 무엇입니까? "너희가 얼마나 허물 많은 존재인지를 깨닫고 회개하며 변화되지 않는다면, 진정한 행복을 누리며 살 수 없다." 세상의 생각과 하나님 생각은 다른 것입니다. 이사야 55:8-9은 이렇게 기록되어 있습니다.

> 하나님 생각은 너희 생각과 다르다. 하나님 길은 너희 길보다 높으며 하나님 생각은 너희 생각보다 높으니라.

Prayer

　　주님. 우리가 하나님 사랑의 그 깊이와 넓이를 더욱 깨닫게 하시고, 겸손히 회개하여 늘 새롭게 변화를 받게 하소서.

5　　이사야

04　하나님의 초청을 놓쳤기에,
　　그녀는 공허하고 불행했습니다

여호와(하나님)께서 말씀하시되, 오라! _ **이사야 1:18**
오라! 우리가 여호와(하나님)의 산에 이르며 _ **이사야 2:3**
오라! 우리가 여호와(하나님)의 빛에 행하자 _ **이사야 2:5**

〈이사야〉 1~2장에서 큰 은혜로 울리는 단어가 있습니다. '오라!'
　사람들은 초청받는 인생이 되길 원합니다. 관심받지 못하고, 혹은 대접받지 못하고, 혹은 냉대 가운데 사는 것이 아니라 환대받으며 초청받는 사람이 되기를 바라는 것입니다. 그런데 많은 모임에 초청받았던 마릴린 먼로(Marilyn Monroe, 1926~1962, 미국 배우)는 이런 말을 남겼습니다.

　나는 한 여성이 가질 수 있는 모든 것을 가졌습니다. 넘치는 사랑과 관심 속에서 부족한 것이 없습니다. 미래에도 이렇게 살아가리라 확신합니다. 그런데 왜일까요? 나는 너무나도 공허하고 불행합니다. 나의 인생은 파장하여 문 닫는 해수욕장과 같습니다.

　결국, 마릴린 먼로는 인생의 전성기에 생을 마감하였습니다. 거의 날마다 환대의 초청을 받으며, 그래서 기뻐하고 으쓱하고 자랑스러워했지만, 그녀는 공허하고 불행했습니다. 왜일까요? 인생의 가장 중요한, 정말로 가야 할 초청을 놓친 채 살았기 때문입니다.
　인간이 결코 놓쳐서는 안 될 진정한 초청이 있습니다.
　'오라!' 하나님의 사랑 초청입니다.
　살아가는 동안 수없이 하나님의 초청이 계속될 것입니다. 가족을 통해서, 또는 인생의 어떤 사건을 통해서, 또는 지인을 통해서 하나님의 초청이 계속될 것입니다.
　하나님께서 '오라!'고 초청치 않으셨다면, 그리고 그 초청을 거절했다면, 아무 소망이 없었습니다. 우리는 공허와 불행에서 건짐 받은 것입니다.

Prayer

주님, 사랑하는 이들이 하나님의 초청을 놓치지 않게 하소서.

5 　　**이사야**

05 # 추모
(내 인생이 아름다운 한 편의 노래가 되게 하소서)

좋은 포도 맺기를 바랐더니 _ 이사야 5:2

　　농부이신 하나님은 좋은 포도 열매를 맺기 원하십니다.
　　서풍자 권사님은 좋은 포도 열매셨습니다. 5월 4일 주일예배를 마치고 고속버스를 타고 대구 조카 집으로 가셨습니다. 장애를 가지시고 60세 되도록 혼자 사는 조카의 이사를 돕기 위해서입니다. 권사님은 고령이시지만 평소 워낙 건강하셨기에 이삿짐을 무리하게 옮기셨던 것입니다. 다음날 아침 5월 5일, 대구 대학병원에서 전화가 왔습니다. 심장 마비로 숨을 거두셨다는 비보였습니다. 믿기지 않게 홀연히 떠나심에 대한 슬픔은 말로 다 할 수 없지만, 마지막 날까지 섬기다 가셨으니 주님과 나눌 기쁨은 더 크실 것입니다.

　　성도들의 추모글 중 몇 편입니다.
- 권사님은 작은 예수의 삶을 사셨고, 삶으로 믿음을 가르쳐 주었습니다. 제가 본 가장 진실한 크리스천이셨습니다.
- 하나님을 향한 권사님의 사랑과 충성이 저에게 그리고 우리 교회에 본이 되었습니다. 크신 사랑과 섬김 잊지 않겠습니다.
- 북에 번쩍 남에 번쩍 전국을 바람처럼 다니시며 몸을 아끼지 않고 섬기면서도, 지친 몸을 이끌고 연세도 잊고 새벽 기도드리십니다. 주님과 친밀히 교제 나눈 일에 게으름이 없습니다. 주님이 보내신 천사셨습니다. 제게 훌륭한 스승이며 주님 보내신 선물이었습니다. 사랑합니다. 잊지 않겠습니다. 감사합니다.

　　유품 속에서 권사님이 A4용지에 복사해서 고이 간직해 놓으신 메리 캐럴린 데이비스(Mary Carolyn Davies, 1888-1940, 미국의 여류 작가)의 신앙 시 한 구절을 발견했습니다.

　　오늘 또 내일 만나는 모든 사람에게
　　기쁨과 희망을 주는 존재가 되게 하시며
　　내 인생이 한편의 아름다운 노래가 되게 하소서.

Prayer

주님, 우리 인생이 하나님의 아름다운 노래가 되게 하소서.

5 이사야

06 기도 대신에, 세상을 두리번거립니까?

> 여호와께서 또 아하스에게 말씀하여 이르시되 너는 네 하나님 여호와께 한 징조를 구하되 깊은 데에서든지 높은 데에서든지 구하라 하시니 아하스가 이르되 나는 구하지 아니하겠나이다 나는 여호와를 시험하지 아니하겠나이다 _ 이사야 7:10-12

기도 없이 삶의 문제를 해결하려 든다는 것은 미련한 일이면서 죄이기도 합니다. 이것은 삶의 현장에 주님을 모셔 오지 않는 것입니다. 기도가 참 소망인데, 기도가 사라지고 있다면 인생에서 무엇을 소망 삼아 사는 것입니까?

아하스 왕은 인생에서 기도가 사라진 왕입니다. 위기에 처한 아하스에게 하나님은 이사야를 통해 기도하라고 가르칩니다. "깊은 데에서든지 높은 데에서든지 구하라" 그런데 아하스는 어떻게 했습니까? "나는 구하지 아니하겠나이다. 나는 여호와를 시험하지 아니하겠나이다 한지라" 기도하지 않아도 하나님께서 알아서 하시지 않겠느냐는 것입니다. 이는 매우 겸손하고 믿음 있는 태도처럼 보이지만, 사실 아하스 왕은 옆 나라 앗수르 왕에게 돈을 주고 군사 지원을 약속받았습니다.

그는 믿음이 없었던 것입니다. 하나님밖에 도우실 분이 없음을 기억하고 간절히 구하는 것이 믿음인데, 기도하지 않았던 것입니다. 기도하기보다는 세상을 두리번거리며 도울 힘을 찾았던 것입니다. 그런데 잠시는 앗수르에 의지하여 안정되고 기쁨이 되고 유익이 되는 것 같았지만, 하나님 대신에 의지하며 붙들었던 바로 그 앗수르 때문에 괴로움을 당하게 됩니다.

깊은 데에서든 높은 데에서든 어느 곳에서든지 구하고 기도하십시오.
이 땅을 살아가는 동안에 기도가 소망입니다.

Prayer

주님, 기도하지 않는다면 믿음이 없는 것임을 깨닫게 하소서. 기도 대신에 세상을 두리번 거리는 것이 아니라 오늘도 기도하게 하소서. 하루를 기도로 시작하고 기도로 마무리하게 하소서.

5 이사야

07 '내게 무슨 일이 일어났느냐?'
'나와 함께 하시는 이가 누구냐?'

> 보라 처녀가 잉태하여 아들을 낳을 것이요 그의 이름을 임마누엘이라 하리라 _ **이사야 7:14**

〈이사야〉의 핵심 구절 하나는 7:14입니다. 장차 임마누엘의 이름으로 예수님께서 이 세상에 오신다는 예언입니다. 임마누엘의 뜻은, '하나님이 우리와 함께하심이라'입니다.

성경은 믿는 자에게 고난 없는 삶을 약속하지 않습니다.
우리에게 어려움과 고난이 있습니다.
실패와 넘어짐 없는 인생을 약속하고 있지 않습니다.
우리에게 실패와 넘어짐이 있습니다.
병에 걸리기도 합니다. 사고를 당하기도 합니다.
소중한 인간관계가 깨어지는 아픔을 경험하기도 합니다.
경제적 고난 속에서 괴로워하기도 합니다.
그러나 성경은 약속합니다. 임마누엘!
'언제나 하나님이 너와 함께 계신다!'라는 약속입니다.
사랑하는 하나님이 나와 함께 해주시는 삶이라서
날마다 은혜로운 날이고 날마다 기적입니다.

사람들은 인생의 관심을 내게 무슨 일이 일어났느냐에 두고 있습니다. 좋은 일, 복잡한 일, 어렵고 곤란한 일, 나쁜 일. 그러나 진실로 중요한 것은 내게 무슨 일이 일어났느냐가 아니라, 나와 함께 하시는 분이 누구이신가 하는 것입니다. 하나님께서 말씀하십니다.

> 두려워하지 말라…놀라지 말라 내가 너와 함께 함이라(사 41:10)

Prayer.

주님, 오늘도 임마누엘 약속과 믿음 안에서 강하고 담대하게 하소서.

08 총 맞는 것과 같은 고통을 당하기 전에, 하나님께로 돌아오라

> 주께서 이르시되 이 백성이 입으로는 나를 가까이하며 입술로는 나를 공경하되 그들의 마음은 내게서 멀리 떠났도다 _ 이사야 29:13
> 너희는 심히 거역하는 자에게로 돌아오라 _ 이사야 31:6

[총 맞은 것처럼]이라는 제목의 가요가 있습니다. 남녀의 이별을 주제로 한 노래인데, 꼭 이별의 고통이 아니더라도, 우리 인생에는 총 맞은 것처럼 고통스러울 때를 만나기도 합니다. 이 노래의 가사는 다음과 같습니다. "심장이 멈춰도 이렇게 아플 것 같진 않아… / 총 맞은 것처럼 정말 가슴이 너무 아파 / 이렇게 아픈데 이렇게 아픈데 살 수가 있다는 게 이상해… / 죽을 만큼 아프기만 해 총 맞은 것처럼"

이리저리 하나님을 계속 피하며 살아오다가, 가슴에 총을 맞고서야 하나님께 돌아오는 사람들이 많이 있습니다. 그 누구도 나를 도울 수 없는 절망의 자리에서나마 하나님께로 돌아온다면, 얼마나 다행입니까! 총 맞은 것처럼, 죽을 만큼 아픈 자리까지 갔어도 하나님께로 돌아온다면 얼마나 다행입니까! 인생이 바뀌고 운명이 바뀌고 영원이 바뀌게 되었으니, 얼마나 다행입니까! 그런데 더 좋은 것은, 총을 맞기 전에 하나님께로 돌아오는 것이 아니겠습니까!

이사야는 백성들의 상태를 이렇게 기록합니다. "주께서 이르시되 이 백성이 입으로는 나를 가까이하며 입술로는 나를 공경하되 그들의 마음은 내게서 멀리 떠났도다(사 29:13)", "도움을 구하러 애굽으로 내려가는 자들은 화 있을진저 그들은 말을 의지하며 병거의 많음과 마병의 심히 강함을 의지하고 이스라엘의 거룩하신 이를 앙모하지 아니하고 여호와를 구하지 아니하나니"(사31:1) 그래서 이사야는 절절한 마음으로 외칩니다. "이스라엘 자손들아 너희는 심히 거역하는 자에게로 돌아오라(사 31:6)"

총 맞는 것과 같은 고통을 당하기 전에 하나님께로 돌아오라는 것입니다. 그들은 하나님을 의지하며 바라보는 것이 아니라 세상을 의지하며 바라보았습니다. 마음과 힘을 다해 세상을 사랑했습니다. 하나님이 아닌 세상과 사람의 도움과 기쁨을 구했습니다. 가슴에 총을 맞고서야 하나님께 돌아오는 사람들이 많이 있지만, 총 맞기 전에 하나님께로 돌아오면 좋겠습니다.

Prayer

주님. 늘 하나님을 앙모하며 하나님께 기도하며 하나님께 구하는 삶이 되게 하소서.

5 | 이사야
09

광명한 천사로 가장하는 사탄의 속삭임

그들의 선견자들에게 이르기를 선견하지 말라 선지자들에게 이르기를 우리에게 바른 것을 보이지 말라 우리에게 부드러운 말을 하라 거짓된 것을 보이라 _이사야 30:10

사람들은 자기 귀에 듣기 좋은 부드럽고 솔깃한 말을 원합니다.
잘못을 지적하고 책망하면 마음이 상합니다.
회개를 촉구하는 하나님 경고에는 마음 문이 닫힙니다.
하나님 진리를 전하면 백성들이 들으려 하지 않는 것입니다.
듣고 싶은 달콤한 메시지가 은혜가 된다며 좋아합니다.

선견하지 말라. 우리에게 바른 것을 보이지 말라.
우리에게 부드러운 말을 하라. 거짓된 것을 보이라.

'진실이 아니고 거짓이라도 우리에게는 부드럽고 달콤한 얘기를 해주십시오.' 이는 사탄의 속삭임입니다. 고린도후서 11:14에 보면 사탄이 '광명한 천사'의 모습을 하고 나타난다고 경고합니다.

이것은 이상한 일이 아니니라 사탄도 자기를 광명한 천사로 가장하나니

예를 들어서 사탄은, 진리의 말씀을 전하는 자보다 광명하게 성도들에게 접근할 수 있습니다. 매력적이고 논리적으로 접근할 수 있습니다. 그러면서 하나님으로부터는 서서히 멀어지게 할 수 있습니다.

따라서 착하고 따뜻한 연설이라고 해서 따르지 말고,
인기 있고 매력적인 설득이라고 해서 감복하지 말고,
호소력이 있는 논리라고 해서 동조하지 말고,
올바른 하나님 말씀을 잘 분별하며 들어야 합니다.

Prayer

주님, 잘못을 지적받아서 내 마음이 아프고 상하더라도, 하나님 진리의 말씀을 착한 마음으로 듣게 하시고, 아멘으로 순종케 하소서.

5 **이사야**

10 # 이사야가 참된 인생이 무엇인지 세상에 외칩니다!

말하는 자의 소리여 이르되 외치라 _ **이사야 40:6**

하나님께서는 이사야에게 너는 세상을 향해 외치라고 명하시자, 이사야가 묻습니다.

내가 무엇이라 외치리이까?(사 40:6)

하나님께서 대답하십니다.

이 백성은 실로 풀이로다 풀은 마르고 꽃은 시드나 우리 하나님의 말씀은 영원히 서리라 하라!(사 40:7-8)

인간의 모든 아름다움은 풀처럼 마르고 꽃처럼 시들고 떨어진다고 외치라는 것입니다. 그러면 이 외침이 단지 '인생 허무!'를 알리려는 의도입니까? 아닙니다. 이 외침이 정말 강조하려는 것은, 참된 인생이 무엇인가 올바로 발견하라는 것입니다. 올바로 발견해야 할 참된 인생이란 무엇입니까? '우리 하나님의 말씀은 영원히 서리라!'입니다. 따라서 영원한 하나님의 말씀을 알고 확신하고 순종하며 살아가는 것이 참된 인생이라는 것입니다. 풀처럼 마르고 꽃처럼 시드는 허무의 장막을 걷어내고 영원하신 하나님을 보는 것이 참된 인생이라는 것입니다.

이사야가 우리에게 외칩니다.
그리고 우리도 세상을 향해 외칩니다.
인생 허무의 장막을 걷어내고, 영원하신 하나님을 보십시오! 영원히 서 있는 하나님의 말씀을 보십시오! 그리고 그 말씀을 따라 살아가십시오! 이것이 마르고 시드는 허무에서의 참된 인생입니다.

Prayer

주님, 날마다 아침마다 주님의 말씀을 보며 허무를 걷어내게 하소서.

5 이사야

11 외로우니까 사람이다
홀로니까 믿음의 사람이다

아브라함이 혼자 있을 때에 내가 그를 부르고 그에게 복을 주어 창성하게 하였느니라 _ **이사야 51:2**

외로우니까 사람이다
살아간다는 것은 외로움을 견디는 일
공연히 오지 않는 전화를 기다리지 말라 - 정호승 〈수선화〉 중

아브라함에게 '혼자'라는 것은, 사람들 속에서 혼자인 외로움일 수 있지만, 신앙의 고독이라고 할 수도 있겠습니다. '아브라함이 혼자 있을 때' 그때 사건을 생각해 봅니다. 야곱이 얍복 강변에서 홀로 남았던 사건도 겹쳐 옵니다(창 32:24).

홀로 남았다는 의미는, 세상 그 누구도 인생의 참된 의지가 되지 못함을 깨닫고, 하나님만을 의지하고자 그분께 나아갔다는 것입니다. 아브라함도 바로 그런 깨달음의 혼자 시간이었을 것입니다.

크리스천은 야곱처럼, 아브라함처럼, 혼자 있는 시간을 반드시 가져야 합니다. 그 '홀로'의 시간에 하나님을 어느 때보다 가까이 만나게 되고, 하나님의 세밀한 음성을 듣게 되고, 하나님의 위로를 얻게 되고, 하나님으로부터 힘과 능력을 얻게 되는 것입니다.

홀로니까 신실한 크리스천이다
믿음으로 살아간다는 것은 홀로의 시간을 가지는 것이다
공연히 세상과 사람을 의지하지 말라

Prayer .

주님, 믿음으로 사는 것은, 주님과 나와 홀로의 시간을 가지는 것임을 알게 하소서.
공연히 세상과 사람을 의지하지 않게 하소서.

5 이사야

12 엄청난 대가를 치르셨기 때문에 구원은 쉽습니다

> 그가 찔림은 우리의 허물 때문이요 그가 상함은 우리의 죄악 때문이라 그가 징계를 받으므로 우리는 평화를 누리고 그가 채찍에 맞으므로 우리는 나음을 받았도다 _ **이사야 53:5**

〈이사야〉의 핵심 구절 하나를 꼽으라면 7:14 임마누엘 예수님에 대한 예언과 계시이며, 또 하나를 꼽으라면 53:5 십자가 예수님에 대한 예언과 계시입니다.

죄인 된 우리 대신 찔리셨으니, 우리는 찔리지 않아도 됩니다.
우리 대신 징계 받으셨으니, 우리는 징계 받지 않아도 됩니다.
우리 대신 채찍 맞으셨기에, 우리는 채찍에 맞지 않아도 됩니다.
구원받기 위해서 우리가 받아야 할 것들을 주님께서 모두 다 담당해 주셨으니, 우리의 구원은 쉬운 것입니다. 그분을 믿기만 하면 되는 것입니다. 그래서 오스왈드 챔버스는 『주님은 나의 최고봉』이라는 책에서 말합니다.

하나님께서 우리 구원을 위해 이미 엄청난 대가를 치르셨기 때문에 구원은 쉽습니다. 그러나 그 구원이 내 삶 속에서 드러나게 하는 것은 어렵습니다.
이에 하나님께서는 사람을 구원하시고 그에게 성령을 부여하셨습니다. 그리고 당부하십니다. "이제 힘을 내라. 비록 네 주변의 상황들이 너를 방해해도 네게 충성하라"

(6월 16일 묵상)

주님을 거절하는 이들에게, 예수 그리스도께서 죄인의 구원을 위해 십자가 죽임당하심을 믿는, 구원의 은총을 주소서. 그리고 구원받은 우리는 성령님을 의지하면서 주께 사랑과 충성을 드리며 살게 하소서. 오늘 하루도 내 삶 속에 주님이 드러나소서.

5 이사야

13 이 말씀을 이루어가는 생애가 되게 하소서

> 주 여호와의 영이 내게 내리셨으니 이는 여호와께서 내게 기름을 부으사 가난한 자에게 아름다운 소식을 전하게 하려 하심이라 나를 보내사 마음이 상한 자를 고치며 포로 된 자에게 자유를, 갇힌 자에게 놓임을 선포하며 여호와의 은혜의 해와 우리 하나님의 보복의 날을 선포하여 모든 슬픈 자를 위로하되 무릇 시온에서 슬퍼하는 자에게 화관을 주어 그 재를 대신하며 기쁨의 기름으로 그 슬픔을 대신하며 찬송의 옷으로 그 근심을 대신하시고 그들이 의의 나무 곧 여호와께서 심으신 그 영광을 나타낼 자라 일컬음을 받게 하려 하심이라 그들은 오래 황폐하였던 곳을 다시 쌓을 것이며 옛부터 무너진 곳을 다시 일으킬 것이며 황폐한 성읍 곧 대대로 무너져 있던 것들을 중수할 것이며 외인은 서서 너희 양 떼를 칠 것이요 이방 사람은 너희 농부와 포도원지기가 될 것이나 오직 너희는 여호와의 제사장이라 일컬음을 받을 것이라 사람들이 너희를 우리 하나님의 봉사자라 할 것이며 너희가 이방 나라들의 재물을 먹으며 그들의 영광을 얻어 자랑할 것이니라 _ **이사야 61:1-6**

〈이사야〉 61:1-6은 진실한 하나님 자녀들이라면 그리워하는 삶입니다. 진정한 그리스도의 제자라면 꿈꾸는 삶입니다. 예수님을 따르면서 아름다운 복음을 전하며, 마음이 병들고 상한 자를 치유하며, 어둠에 갇혀 있는 자에게 자유를 전하며, 황폐했던 인생을 회복시키며, 무너진 자들 다시 살리는 생애. 나로 인해 기쁨과 위로 얻는 이들이 있고, 회복 얻는 이들이 있으며, 새롭게 변화되고 다시 강건케 되는 이들이 있는 인생. 하나님께서 우리에게 이러한 하나님의 제사장과 봉사자로서의 소명을 주셨습니다.

이 소명을 따라서 살아간다면,
그것은 얼마나 아름다운 생애입니까?
얼마나 행복한 생애입니까?
얼마나 감사한 생애입니까?
얼마나 성공적이고 멋진 생애입니까?
이보다 더 좋은 삶이 있겠습니까?

Prayer.

주님, 우리가 이 말씀과 소명을 꿈꾸며, 그리워하며, 이루어가는 삶이 되게 하소서. 성령님의 기름 부으심으로 말미암아 오늘 하루도 하나님의 제사장과 봉사자로 세상 사람들 가운데 있게 하소서.

5 이사야

14 언제 어떻게 죽을지 모르니, 미리 남겨둘 말

> 내가 지을 새 하늘과 새 땅이 내 앞에 항상 있는 것 같이 너희 자손과 너의 이름이 항상 있으리라 여호와의 말이니라 _ **이사야 66:22**

　이사야는 하나님의 계시, 비전을 보았습니다. 인간의 패역과 불순종의 죄악을 보았습니다. '징계받고 무너지는 절망'을 보았고 '회복되며 살아나는 희망'도 보았습니다. 놀랍게도 예수님 초림도 보았고 새 하늘과 새 땅도 보았습니다. 그런데 이사야만 계시를 보는 것이 아닙니다. 성경을 가진 성도들도 계시와 비전을 보는 것입니다. 인생과 세상의 올바른 진리를 봅니다.

　막내딸이 고등학생 때, 비극적인 사건을 매스컴에서 접하고 사람은 언제 어떻게 죽을지 모르니 미리 남겨둘 말이 있다고 했습니다. 그래서 내심 "아빠 엄마 고마워!"라든지 "사랑해!"라는 그런 말을 생각했는데, 예상외의 말을 꺼내었습니다.

　혹시, 내가 재난을 당해 죽게 되더라도, 나는 꼭 천국에 가 있을게. 내가 평소에 신앙에 대한 의문을 많이 표현해서 내가 천국에 가 있지 못할까 봐 엄마 아빠가 걱정하고 괴로워 할 것 같아 미리 말해두는 거야. 내가 아무리 믿음이 없어 보여도 예수님 믿고 꼭 천국에 가 있을 테니, 걱정하거나 괴로워하지 마.

　새 하늘과 새 땅은 항상 있으며, 우리도 항상 그곳에 있습니다.
　성경의 중심과 신앙의 중심은 새 하늘과 새 땅, 천국 소망입니다.
　새 하늘과 새 땅, 천국 소망이 없다면 교회는 참된 교회가 아니고,
　성도는 참된 성도가 아니요, 믿음은 참된 믿음이 아닙니다.

주님, 우리가 계시의 사람 비전의 사람으로, 새 하늘과 새 땅을 보며 살아가게 하소서. 잠시 지나는 세상의 하루하루를 강하고 담대하게, 기쁘고 감사하게 살아가게 하시되, 언제나 새 하늘과 새 땅을 바라보게 하소서.

5
15

성경 스물네 번째 책, 예레미야

눈물 속에서, 소망을 본 선지자

> 요시야가 다스린 지 십 삼년에 여호와의 말씀이 예레미야에게 임하였고 요시야의 아들 유다의 왕 여호야김 시대부터 요시야의 아들 유다의 왕 시드기야의 십일년 말까지 곧 오월에 예루살렘이 사로잡혀 가기까지 임하니라 _ **예레미야 1:2-3**

예레미야는 요시야, 여호야김, 여호야긴, 시드기야 왕 4대에 걸쳐 하나님 말씀을 전했습니다. 조국이 망할 거라고, 바벨론에 항복하라고, 하나님께서 허락해 놓으신 뜻이라고 전했습니다. 그런 말을 전하면 백성들이 좋아하겠습니까? 책망하고 징계를 전하면, 사람들이 좋아하겠습니까? 백성들은 그를 미워했고 핍박했습니다. 예레미야는 슬프고 괴로웠습니다. 많은 눈물을 흘렸습니다. 그래서 예레미야를 '눈물의 사람'이라고도 말하는 것입니다.

> 슬프고 아프다 내 마음속이 아프고 내 마음이 답답하여(4:19)
> 죽임을 당한 딸 내 백성을 위하여 주야로 울리로다(9:1)

백성들의 죄악 때문에 징계와 심판을 예언해야만 했던 예레미야.
허락하신 뜻이니, 바벨론에게 항복해야 한다고 했던 예레미야.
진리를 말했기에 백성에게 미움과 배척을 받았던 예레미야.
하나님 말씀을 듣지 않는 백성들의 교만으로 말미암아, 슬프고 아프고 답답하고 눈물을 흘렸던 예레미야.
그러나 예레미야는 슬픔 속에서 눈물 흘리면서도, 하나님께서 마침내 이루실 소망을 백성들에게 선포했습니다. 오늘 우리에게도 마찬가지로 선포되는 소망입니다. 아멘.

> 여호와의 말씀이니라 너희를 향한 나의 생각을 내가 아나니 평안이요 재앙이 아니니라 너희에게 미래와 희망을 주는 것이니라(29:11)

Prayer.

주님, 예레미야 29:11 말씀이 우리의 기도가 되고 능력이 되게 하소서. 아멘.

5 예레미야

16 정말로 괜찮습니까? 평강합니까?

> 그들이 내 백성의 상처를 가볍게 여기면서 말하기를 평강하다 평강하다 하나 평강이 없도다
> _ 예레미야 6:14

하나님께서 예레미야를 통해 종교 지도자들에게 말씀하십니다.

내 백성의 상처를 가볍게 여기며 평강하다 평강하다 하나 평강이 없도다!

중세의 타락한 종교 지도자들에게 외쳤던 마르틴 루터의 〈95개조 반박문〉 중 92항에서도 인용합니다. "그리스도의 백성들을 향하여 평강도 없는데 '평강하다 평강하다'하고 말하는 예언자들은 다 물러가라!" 이는 모든 성도가 스스로 돌아보면서 들어야 하는 경고입니다.
"너희가 괜찮다 괜찮다 평강하다 평강하다 말하나 평강이 없도다."

지금의 신앙생활이 나태함이나 안일함에 빠진 위기임을 모르면, 그래서 자신을 새롭게 변화시키려는 기도도 없고, 마음의 거룩한 아픔과 염려도 없고, 이런저런 신앙 결단이나 도전도 없이 살아가고 있다면, 최악의 곤경에 빠진 것입니다. 괜찮지도 평강하지도 않는 것입니다. 어느 묵상집의 내용입니다.

나는 내 연약함을 알고 있었다. 그래서 말하곤 했다. "예, 제가 그 부분에 부족한 것을 압니다" 그러고는 사람들이 나를 이해해주길 바랐다. 이것이 습관처럼 되다 보니 나의 부족한 부분을 훈련(새롭게 변화시키려) 하려 하지 않았다. 영적으로 연약한 부분을 그냥 두면 그것 때문에 내 모든 삶이 무너질 수 있다. 그래서 연약한 부분을 강하게 하는 훈련이 필요하다.

영적으로 연약한 부분을 회개하며 변화시키려 하지 않고 그냥 놓아두면, 그것 때문에 내 모든 삶이 무너질 수 있습니다.

Prayer
주님, 오늘도 경건의 훈련에 힘쓰며 새롭게 변화 받게 하소서.

5 예레미야

17 새벽부터 부지런히 찾아오십니다

> 여호와의 말씀이니라 이제 너희가 그 모든 일을 행하였으며 내가 너희에게 말하되 새벽부터 부지런히 말하여도 듣지 아니하였고 너희를 불러도 대답하지 아니하였느니라 _ 예레미야 7:13

성경이 증거하고 있는 진리는, 하나님께서 우리를 찾고 찾아오신다는 것입니다. 그렇다면 "너희가 하나님을 찾아라!"라는 말씀의 바른 의미는 무엇입니까? 사랑으로 나를 찾아오시는 하나님을 향해 내가 응답하는 것입니다. 우리의 무관심과 거부와 교만에도 불구하고 끝없는 사랑으로 나를 찾아오시는 하나님을 향해 응답하는 것입니다.

오늘 묵상 〈예레미야〉 7:13은 처음부터 끝까지 우리를 찾아오시는 하나님에 대한 이스라엘의 반응은 인간들의 상태를 잘 보여줍니다. 〈예레미야〉에는 이와 동일한 메시지가 계속 반복됩니다(7:25, 25:4, 26:5, 29:19, 32:33, 35:14, 44:4).

하나님은 '끊임없이 새벽부터 부지런히' 백성들을 찾아오시며 말씀하셨습니다. 그러나 이스라엘은 이미 다른 것에 마음을 빼앗겨 응답할 수 없었습니다. 사람들은 예레미야의 메시지를 듣지 않았습니다. 재앙이 있다고 경고했지만 무시했습니다. 그러던 어느 날 바벨론 군대가 쳐들어와서 이스라엘은 점령당했습니다.

우리도 마찬가지입니다. 내가 처한 모든 삶에서 나를 찾아오고 계시는 하나님께 귀 기울이지 않으면, 어느 날 나를 점령해 오는 것이 있게 됩니다. 이스라엘의 패망을 교훈 삼아, '끊임없이 새벽부터 부지런히' 찾아오시며 말씀하시는 하나님을 모셔 들여야 합니다.

Prayer

주님, 오늘도 나의 온 마음을 열어 하나님을 모셔 들이게 하소서.
나의 귀를 열어 말씀을 경청하게 하소서.

5 예레미야

18 예레미야의 통증, 키에르케고르의 통증, 우리의 통증

만물보다 거짓되고 심히 부패한 것은 마음이라 _ 예레미야 17:9
평강하다 평강하다 하나 평강이 없도다 _ 예레미야 8:11

'덴마크 따라 하기'라는 말이 나올 정도로 덴마크는 행복 국가입니다. 덴마크의 행복은 교육, 복지, 자연 등 삶의 풍요함에서 나옵니다. 그러나 성경에서는 행복이 어디에서 나온다고 알려 줍니까? 주께 가까이함에서 나옵니다. "하나님께 가까이 함이 내게 복이라"(시 73:28). 무엇이 하나님께로 가까이 이끌 수 있겠습니까? 겸손한 회개, 죄에 대한 통증이 나를 주께로 가까이 이끄는 것입니다.

유명한 철학자 키에르케고르(Søren Aabye Kierkegaard, 1813~1855, 실존주의 철학자)는 세계에서 가장 행복한 나라로 꼽히는 덴마크 사람입니다. 가장 행복하지만, 하나님과 멀어진 이들을 향해 키에르케고르는 이렇게 외칩니다.

> 우릴 하나님께로 좀 더 가까이 이끄는 것은 죄의식입니다.
> - 래리 크랩(Lawrence J. Crabb, Jr. 1944~2021, 기독교 상담가)의 『하나님의 러브레터』, p.196.

키에르케고르도, 예레미야도, 자신의 죄와 허물에 대한 통증과 회개가 없으면 참 행복과 평강이 없다고 말합니다.

"평강하다 하나 평강이 없도다."

최근에 나의 잘못에 관해 아픔을 느껴 본 적이 있습니까? 죄를 깨닫고 애통하며 회개한 적이 있습니까? 그러면 행복한 사람이요, 평강의 사람이요, 희망적인 사람입니다. 반면에 최근에 잘못에 대한 통증도 없고 회개도 없었던 것 같습니까? 그렇다면, 영적으로 매우 심각한 상태입니다. 그렇다면, 하나님의 은혜로운 역사하심도 없는 것입니다. 절망적이고 불행한 사람입니다.

Prayer

주님, 내 안에 심히 부패한 죄에 대해 통증을 갖게 하소서.

5
19

예레미야

영원한 언약(Everlasting Covenant), 새 언약

> 그들은 내 백성이 되겠고 나는 그들의 하나님이 될 것이며 내가 그들에게 한 마음과 한 길을 주어 자기들과 자기 후손의 복을 위하여 항상 나를 경외하게 하고 내가 그들에게 복을 주기 위하여 그들을 떠나지 아니하리라 하는 영원한 언약을 그들에게 세우고 나를 경외함을 그들의 마음에 두어 나를 떠나지 않게 하고 내가 기쁨으로 그들에게 복을 주되 분명히 나의 마음과 정성을 다하여 그들을 이 땅에 심으리라 _ 예레미야 32:38-41

하나님 말씀을 듣지 않는 백성들의 교만으로 말미암아, 슬퍼하며 눈물을 흘렸던 예레미야는 '눈물의 사람'이었습니다.
백성의 죄악 때문에 징계와 심판을 예언해야만 했던 예레미야.
허락하신 뜻이니, 바벨론에게 항복해야 한다고 말했던 예레미야.
진리를 전했기에, 백성에게 미움과 배척받고 외로웠던 예레미야.
그러나 예레미야는 기쁘고 복된 소식을 주께로부터 받게 됩니다.
그것은 영원한 언약, 새 언약이었습니다.

그들을 떠나지 아니하리라 하는 영원한 언약을 그들에게 세우고

하나님께서 떠나지 아니하시며 사랑을 베풀겠다는 영원한 언약은, 예수님으로 말미암아 맺어지는 새 언약입니다. 죄와 사망의 나라에서 구원하셔서 주 예수의 나라에 심으시고 그 땅에서 살게 하시겠다는 새 언약입니다. 주 예수의 나라가 지금 이미 왔고 장차 완전히 올 것이라는 새 언약입니다. 하나님의 사랑이 영원하시다는 새 언약입니다. 그리고 바로 내가! 이 새 언약의 사람인 것입니다. 아멘.

영원한 언약의 길을 따르는 자들의 승전가가 찬송 516장입니다.
영원한 언약을 받은 모든 성도가 기뻐하며 부를 새 노래입니다.

Prayer.
주님, 이 땅에서 새 언약의 사람으로 하나님 나라를 소망하며, 승리의 삶을 온전히 살게 하소서.

5
20 **예레미야**

하나님은 일하십니다 '오늘 지금!' 말입니다

> 일을 행하시는 여호와, 그것을 만들며 성취하시는 여호와, 그의 이름을 여호와라 하는 이가 이와 같이 이르시도다 _ **예레미야 33:2**

성도들은 하나님께서 쉬지 않고 일하고 계심을 믿는 사람입니다.

세상 모든 나라와 민족 속에서 일하시고, 우리나라와 오늘의 우리 사회 속에서 일하시며, 나의 직장과 내 학교와 나의 가정에서 일하고 계심을 믿는 사람입니다. 그리고, 하나님께서 어떻게 일하시고 행하시는지 신앙의 눈으로 주목하며 살아가는 사람입니다.

하나님의 일하심에 대해 예레미야 33:2에서도 잘 설명합니다.

> 일을 지으시는 여호와, 일을 행하시는 여호와, 일을 성취하는 여호와

이사야도 하나님을 일을 행하시는 분으로 설명합니다.

> 보라 내가 새 일을 행하리니 이제 나타낼 것이라!(사 43:19)

정말 하나님이 일하시는가? 회의와 불신과 낙심을 가지기도 합니다. 집이 무너질 때도 있고, 성을 빼앗길 때도 있으며, 건강을 잃을 때도 있고, 쓰라린 실패를 할 때도 있습니다. 그러한 어둠의 시기에 도대체 하나님께서 어떻게 일하고 계신다는 것인가? 지금 미처 이해할 수 없다 할지라도 내 삶에 일어나는 모든 것들은, 나를 향한 하나님의 '선하신 일!'을 이루어가는 과정입니다. 일을 지으시며, 일을 행하시며, 일을 성취하는 여호와. 아멘.

오늘 지금 하나님이 일하고 계심을 잊지 않으며 사는 것이, 인생의 모든 어둠을 헤쳐가고 이겨나갈 수 있는 영적 능력입니다.

Prayer

주님, 나의 인생길 모든 상황 속에서 '오늘 지금도!' 일을 지으시고 행하시고 성취하시는 하나님이심을 잊지 않고 살아가게 하소서.

5 예레미야

21 가끔이 아니라, 매번 응답하십니다

> 일을 행하시는 여호와, 그것을 만들며 성취하시는 여호와, 그 이름을 여호와라 하는 이가 이와 같이 이르시노라 너는 내게 부르짖으라 내가 네게 응답하겠고 네가 알지 못하는 크고 은밀한 일을 네게 보이리라 _ 예레미야 33:2-3

일을 지으시고 행하시고 성취하시는 주님께서, 부르짖으면 응답하겠고, 알지 못하는 크고 은밀한 일을 보이겠다고 말씀하십니다.

오스왈드 챔버스의『주님은 나의 최고봉』5월 26일 묵상입니다.

예수님께서는 응답되지 않는 기도에 대해 말씀하신 적이 없습니다….
기도에 대한 예수님께서 가지셨던 말로 표현할 수 없는 확신을!
당신도 성령을 통해 가지고 있습니까?
'구하는 이마다 얻을 것이요' 그러나 우리는 말합니다. '그러나…. 글쎄요.'
하나님께서는 가끔이 아니라 매번 최선의 방법으로 기도에 응답하십니다.
그렇다고 우리가 원하는 대로 그 응답이 당장 나타난다는 뜻은 아닙니다.

'하나님께서는 가끔이 아니라(not sometimes), 매번(but every time) 최고의 방법으로(in the best way) 응답하신다.'라고 말합니다.
God answers prayer in the best way, not sometimes, but every time.
하나님은 우리 기도에 모두 응답하십니다. 소원했던 바와 다른 결과가 나타날 때가 있지만, 그것이 하나님께서 뜻하신 최선의 응답입니다. 하나님 응답이 내 뜻과 계획과 다르더라도 낙심하지 않도록 해야 합니다. 하나님 뜻과 계획이 온전하심을 신뢰해야 합니다. 간절히 구했는데 응답이 없었다고 생각되는 기도가 있었는지 돌아봅니다. 하나님께서 내게 가장 좋은 방법으로 응답하셨고 또한 응답하고 계시는 줄로 믿고 계속 기도하십시오. 크고 은밀한 일을 반드시 보이실 것입니다.

Prayer .

예레미야 33:2-3 말씀을 붙들고 암송하며, 계속 기도하십시오.

5 | **성경 스물 다섯 번째 책, 예레미야애가**
22

아침마다 은혜가 새롭습니다

슬프다 이 성이여 전에는 사람들이 많더니 이제는 어찌 그리 적막하게 앉았는고 _ 예레미야애가 1:1

성경 25번째 책 〈예레미야애가〉는, 구약 백성들이 불순종의 죄를 거듭하다가 바벨론에 패망한 역사 현장에서 이렇게 시작됩니다.

슬프다 이 성이여 어찌 그리 적막하게 앉았는고

〈예레미야애가〉의 영어 제목도 Lamentations(비탄)입니다. 이 제목은 1:1, 2:1, 4:1절 첫 단어입니다. "어찌 그리"(אֵיכָה, 에카), θρῆνος(트레노스, 눈물 또는 애가) 오, 어찌하여 이토록 슬픈 일을 당하게 허락하십니까? 오, 어찌하여 이런 고난을 주십니까? 하나님! 우리를 사랑하시는 것이 맞습니까? 슬픔과 고난과 징계로 가득한 〈예레미야애가〉도 사랑의 편지라 할 수 있습니까? 당연히 사랑의 편지입니다.

여호와의 인자와 긍휼이 무궁하시므로 우리가 진멸되지 아니함이니이다
이것들이 아침마다 새로우니 주의 성실하심이 크시도소이다(애 3:22)

하나님 용서는 아침마다 새롭고 매번 새로웠습니다.
하나님 위로는 아침마다 새롭고 매번 새로웠습니다.
하나님 회복은 아침마다 새롭고 매번 새로웠습니다.
하나님 사랑은 아침마다 새롭고 매번 새로웠습니다.
그래서 우리는 오늘 여기에 이렇게 서 있습니다.
슬픔과 고난 속에서 어쩌나 싶었는데, 매번 서 있습니다.
주의 사랑이 영원하시므로 우리는 영원히 서 있을 것입니다.

Prayer

CCM 〈주의 인자는 끝이 없고〉를 찬양하며 기도합니다.

5 예레미야애가

23 본심을 알고, 잊지 않게 하소서

주께서 인생으로 고생하게 하시며 근심하게 하심은 본심이 아니시로다 _ 예레미야애가 3:33

본심이 무엇입니까? 본심을 알아야 합니다.
나를 사랑하시는 하나님의 본심은 예레미야 29:11입니다.

너희를 향한 나의 생각을 내가 아나니 평안이요 재앙이 아니니라
너희에게 미래와 희망을 주는 것이니라

나를 사랑하시는 하나님의 본심은 신명기 8:16입니다.

이는 다 너를 낮추시며 너를 시험하사 마침내 네게 복을 주려 하심이었느니라

나를 사랑하시는 하나님의 본심은 예레미야애가 3:33입니다.

주께서 인생으로 고생하게 하시며 근심하게 하심은 본심이 아니시로다

우리를 사랑하시는 하나님의 본심을 알기 때문에,
매번 일어날 수 있고 매번 힘을 낼 수 있습니다.

고생스럽고 근심스러운 상황 속에서도 나를 사랑하시는 하나님 본심을 알면 담대하고 자유할 힘을 얻겠지만, 나를 사랑하시는 하나님의 본심을 모르면 상황에 밀려다니며 낙심하고 요동칩니다.
고생스럽고 근심스러운 상황을 만날 때마다 나를 사랑하시는 하나님의 본심을 기억하며, 자유하고 강하고 담대하십시오.

Prayer.

주님, 나를 사랑하시는 하나님의 본심을 잊지 않고 붙들게 하소서.
그리하여 요동치며 낙심치 않고 자유하고 강하게 하여 주소서.

24 환상 가운데 데려가십니다

성경 스물여섯 번째 책, 에스겔

하늘이 열리며 하나님의 모습이 내게 보이니 _ 에스겔 1:1

하나님께서 에스겔에게 하늘 문을 여시며 은혜를 주십니다.

환상 가운데에 나를 이끌어(8:3).
주의 영이 나를 들어 하나님의 영의 환상 중에 데리고(11:24)

〈에스겔〉을 읽으면 여러 곳에서 하나님께서 그를 환상 가운데로 데리고 가셨음을 알게 됩니다. 그래서 그는 '환상의 사람'입니다. '환상 가운데'를 영어 성경으로 보면 "in visions of God"입니다. 하나님의 비전 가운데로 그를 데리고 간 것입니다. 하나님의 비전이란, 세상과 인생의 진리를 올바르게 보는 시선을 의미합니다. 하나님께서 에스겔에게 세상과 인생에 대한 하나님의 진리를 보여주셨던 것입니다.

그런데 하나님께서 에스겔에게만 이러한 일을 행하시는 것이 아닙니다. 모든 시대, 모든 성도를 끊임없이 환상 가운데로 이끄시고 데려가십니다. 하나님께서 〈에스겔〉을 통해 보여주시는 올바른 세상과 인생이란 어떤 것인가? 전체가 48장인 〈에스겔〉 전반부를 통해 보여주시는 올바른 세상은, '무너지는 인생'입니다. 후반부를 통해 보여주시는 올바른 세상은, '회복되는 인생'입니다.

어느 한쪽만 치우쳐 보면 안 됩니다. 죄악 된 인생은 과거 무너졌었고, 지금도 무너지는 중이며, 미래에 무너지게 된다는 엄연한 진실을 볼 수 있어야 합니다. 하지만 주님을 소망 삼고 순종하는 인생은 언제나 새롭게 회복된다는 희망찬 진실도 볼 수 있어야 합니다.

너희가 살아나리라(37:6)
그들이 곧 살아나서(37:10)

Prayer

주님, 오늘도 주님을 소망 삼고 순종함으로 새롭게 되게 하소서.

5 | 에스겔

25　내가 마른 뼈임을 안다면, 축복입니다

> 그들이 이르기를 우리의 뼈들이 말랐고 우리의 소망이 없어졌으니 우리는 다 멸절되었다 하느니라
> _ 에스겔 37:11

바벨론 포로로 끌려간 에스겔은 '텔아비브'(3:15)에 거주했습니다. 히브리어로 'תֵּל'(텔)은 언덕이며, 'אָבִיב'(아비브)는 봄입니다. '봄의 언덕'은 낭만적인 느낌이 듭니다. 그러나 포로들은 조국의 패망 속에서 절망으로 가득 차 있었습니다. 에스겔은 자신들의 상황에 대해 '우리의 뼈들이 말랐고'라고 말합니다. 그러면서 주님 음성을 들려줍니다.

너희 마른 뼈들아 여호와의 말씀을 들을지어다(37:4)

우리의 상황은 어떻습니까?
너무 분주해서 하나님의 말씀을 읽지 못하고 있다면,
실상은 마른 뼈와 같은 상태입니다.
평탄한 삶 속에서 성경 말씀이 부담스럽게 느껴진다면,
마른 뼈가 분명합니다.
안일한 가운데 영적 게으름으로 말씀을 경홀히 여기고 있다면,
필경 마른 뼈와 같은 상태입니다.
인생에 닥친 문제 해결에만 골몰하여서 하나님 말씀을 멀리하고 있다면, 절대로 마른 뼈의 상태에서 벗어날 수 없습니다.
그러나 자신의 실상이 마른 뼈와 같음을 깨닫고 하나님을 찾으며 그분의 말씀을 듣는 자에게는 하나님 약속이 성취됩니다.

너희가 능히 다시 살리라! 능히 새롭게 살리라!

나는 인생 골짜기의 마른 뼈입니까?
내가 마른 뼈임을 인식한다면, 그것은 축복입니다.

Prayer •

주님, 나는 인생 골짜기의 마른 뼈입니다. 주님 말씀을 묵상하고 순종하며 늘 새롭게 살아나게 하소서.

5 에스겔

26 # 여호와 삼마 THE LORD IS THERE

그 날 후로는 그 성읍의 이름을 여호와 삼마라 하리라 _ 에스겔 48:35

에스겔은 20대 청년이었는데, 비극을 겪게 됩니다. 바벨론에 의해 조국 패망을 맞은 것입니다. 그리고 텔아비브라는 포로 수용 마을에 거하게 되었습니다. 포로로 끌려간 그들 마음은 절망으로 가득 차 있었습니다.

그런데 그 파멸과 절망 속에 있는 에스겔에게 하나님께서 놀라운 은혜의 약속을 알려주십니다. 〈에스겔〉 마지막 48:35입니다.

그 성읍의 이름을 여호와 삼마라 하리라

'여호와 삼마(יהוה שמה)'라는 이름의 뜻은,
'주님이 거기에 계시다, THE LORD IS THERE'입니다.
주님이 거기에 계십니다.
내가 기뻐했던 곳뿐만 아니라, 슬퍼했던 거기에 계십니다.
내가 승리했던 곳뿐만 아니라, 패배했던 거기에 계십니다.
내가 건강했던 곳뿐만 아니라, 병약했던 거기에 계십니다.
바로 거기에서 나를 업으시고 동행하셨습니다.
인생의 고비 거기에서 '여호와 삼마'의 이름을 붙잡습니다.
도종환(1955~) 시인의 〈당신은 거기 계십니다〉 중에서 일부입니다.

우리가 처음 당신을 만난 것은
절망의 골짜기를 헤매일 때였습니다.
어둠 건너편에서 당신은 환하게 계시었습니다.
상처 입은 짐승처럼 울부짖다 쓰러져 고개를 들었을 때
당신은 항상 우리에게 오실 것입니다.
우리와 늘 함께 가실 것입니다.

Prayer

주님, 오늘도 '여호와 삼마'의 약속을 붙잡고 승리하게 하소서.

5

27

성경 스물일곱 번째 책, 다니엘

하나님은 나의 재판관이십니다

그들 가운데는 유다 자손 곧 다니엘과 _ **다니엘 1:6**
하나님이 다니엘로 하여금 환관장에게 은혜와 긍휼을 얻게 하신지라 _ **다니엘 1:9**

애석한 일이지만 우리나라 전직 대통령들이나 가족이 재판관 앞에 서는 경우가 많습니다. 최고 권세를 누리고 있었기에 재판관 앞에 서게 되고, 무거운 형벌을 받게 될 것을 꿈에도 생각지 못하며 살았을 것입니다. 그런데 세상 사람들도 다 마찬가지입니다. 생각지도 못하며 살아가고 있지만, 반드시 재판관 앞에 서게 되는 것입니다. 그런데 놀라운 은혜와 사랑이 있습니다. 재판장이신 하나님께서, 예수님이 우리를 대신하여 사형 형벌을 받도록 선고하신 것입니다. 그리고 우리에게 무죄를 선고하시는 것입니다.

〈다니엘〉이라는 뜻은 '하나님이 나의 재판관이시다'입니다.
따라서 예수님 믿는 크리스천이라면 누구나 '다니엘'입니다.
하나님이 나의 재판관이시기 때문입니다!
꿈에도 생각지 못한 재판석에 서고 재판관의 선고가 내려질 때, 성도들은 안심합니다. 하나님이 나의 재판관이시기 때문입니다.

84세 되신 할아버님이 우리 교회에 나오시고 예수님을 믿게 되었을 때, 할아버지께 말씀드렸습니다.

할아버님은 청양에서 부모님 자녀로 태어나셨는데, 이제 84세에 하나님 자녀로 다시 태어나셨고 천국 백성 되셨으니 안심하고 살아가세요. 세상 사람들은 나그네 인생길 어디서 와서 어디로 가는지 모르며 살지만, 이제 할아버님은 나그네 인생길 다 끝나시는 심판 날에 하나님께서 천국으로 가게 하시니 안심하고 살아가세요.

성도들은 내일 죽음을 맞는다고 할지라도 두려움 없이 안심하고 살면 됩니다.
사랑의 하나님이 나의 재판관이시기 때문입니다. 아멘.

Prayer

주님, 사랑하는 이들이 예수님을 믿음으로 의롭다 재판받게 하소서.

5 | 다니엘

28 키에르케고르의 결단의 철학

다니엘은 뜻을 정하여 _ 다니엘 1:8
너는 가서 마지막을 기다리라 / 너 다니엘아 끝까지 너의 길을 가거라 (쉬운 성경) _ 다니엘 12:13

다니엘은 청소년기에 바벨론 포로로 끌려갔습니다. 포로 생활에서도 다니엘은 하나님 향한 믿음을 지켰습니다. 그의 신앙생활 핵심은 1:8이라 할 수 있습니다. '다니엘은 뜻을 정하여!' 다니엘은 바벨론 세상의 유혹이나 혹은 핍박 속에서도 오직 믿음으로 살기로 뜻을 정하여 결단했습니다.

키에르케고르의 〈결단의 철학〉을 설명하는 이야기가 있습니다.

겨울이 되자 철새들은 따뜻한 남쪽으로 가기 시작했습니다. 한참 가다 보니 옥수수밭이 보였습니다. 철새들은 밭에 내려앉아 옥수수를 쪼아먹기 시작했습니다. 추위가 더해지자 철새들은 '자 이제 떠나자'라며 하나둘 날아가기 시작했습니다. 그러나 다른 생각을 가진 철새들도 있었습니다.
"이렇게 맛있고 좋은 것을 두고 어떻게 간단 말인가? 하루만 더 먹고 내일은 떠나리라."
이런 생각이 반복되는 동안 날씨가 추워지고 눈이 내리기 시작했습니다.
"이제는 정말로 떠나야 하리라."
철새들은 하늘을 향해 날개를 펼쳤습니다. 그러나 몸은 움직여지지 않았고 결국 눈 속에 파묻혀 죽고 말았습니다.

눈 속에 묻힌 철새들을 떠올리며, 결단할 것들을 생각해 봅니다.
신앙으로 살아간다는 것은, 뜻을 정하고 결단하는 것입니다.
다니엘에게 주신 하나님의 마지막 음성은 이것입니다(12:13).

너 다니엘아 끝까지 너의 길을 가거라
네가 죽어 편안히 쉬다가 마지막 때에
죽은 사람들 가운데서 일어나 상을 받을 것이다(쉬운 성경)

Prayer
주님, 다니엘과 같이 끝까지 충성된 길을 걸어가게 하소서.

성경 스물여덟 번째 책, 호세아

29 온 세상을 이기는 힘!

이 땅에는 … 하나님을 아는 지식도 없고 _ **호세아 4:1**
우리가 여호와를 알자 힘써 여호와를 알자 _ **호세아 6:3**

호세아가 살던 여로보암 왕 때는 경제적으로 정치적으로 번영과 성장을 이루고 있었습니다. 그런데 하나님께서 말씀하십니다.

이 땅에는 하나님을 아는 지식이 없도다(호 4:1).

'아는 것이 힘이다!' 프란시스 베이컨(Francis Bacon, 1561~1626, 영국의 철학자, 정치인)이 남긴 유명한 말입니다. 올바른 사실을 아는 것, 진리를 아는 것, 유익한 정보를 아는 것은 힘입니다. 그런데 가장 중요하게 알아야 할 것이 있습니다. 바로 하나님이십니다. 하나님을 아는 것이야말로 이 세상을 살아가는 동안 가장 힘이 되는 것입니다.

낙심되고 곤고한 때가 있습니다.
그때 무엇이 나에게 가장 힘이 되겠습니까?
가정 문제나 자녀 양육 등으로 혼란스러울 때가 있습니다.
그때 무엇이 가장 힘이 되겠습니까?
불안하고 우왕좌왕 갈피를 못 잡을 때가 있습니다.
그때 무엇이 나에게 가장 힘이 되겠습니까?
세상 아무도 의지할 사람 없고 외로울 때가 있습니다.
그때 무엇이 가장 힘이 되겠습니까?
사랑하는 이가 죽음 맞는 날도 있고, 내가 죽음과 만나는 날도 있습니다. 그때 무엇이 가장 힘이 되겠습니까?

하나님을 아는 것입니다! 나를 영원히 사랑하시는 하나님을 아는 것, 영원히 함께하시는 하나님을 아는 것, 전능하신 하나님을 아는 것이 온 세상 이기는 힘입니다. 하루하루 더욱 힘써 하나님 알아 가기를 소망합니다.

Prayer.

주님, 하루하루 더욱 힘써 하나님 알아 가게 하소서.

5

호세아

30

우상으로 무너지지 않게 깨어 있으십시오

그들이 또 그 은, 금으로 자기를 위하여 우상을 만들었나니 _ 호세아 8:4

장인께서 세상을 떠나셨을 때 장례식장을 끝까지 지키신 친구 분이 계십니다. 생전에 장인께서 이 친구 분을 부러워하시는 부분이 있으셨는데, 바로 친구의 신앙입니다. 육군사관학교를 나오신 친구 분은 장군 심사를 앞두고 초조해하며 주께 매달려 기도했습니다. 군인의 꿈은 별을 다는 것입니다. 장군 되게 해 달라고 얼마나 기도했던지 환상을 보게 되었다고 합니다.

환상 중에 변소가 보입니다. 그리고 많은 구더기가 더러운 분뇨로 범벅이 된 벽을 타고 기어 올라가는데, 서로 앞서가려고 난리더라는 것입니다. 생각지 못한 이 환상 속에서, 세상의 모습과 자신의 모습을 보게 되었다는 것입니다. 그러면서 이 분의 기도는, 장군 되게 해 달라는 간청에서 눈물의 회개로 바뀌었다고 합니다. 하나님을 믿는다면서도! 사실은 하나님을 주인으로 삼지 않고 명예를 주인 삼고 세상을 주인 삼으며 죄의 종으로 살아감을 회개했다는 것입니다.

호세아 8:17은 우상 때문에 패망하고 무너지는 사람들에게 주는 경고의 말씀입니다.

그들이 또 금 은, 금으로 자기를 위하여 우상을 만들었나니

그런데 우상 때문에 무너지고 있는 자들은 누구였습니까?
하나님을 믿지 않았던 이방 백성들이 아닙니다.
여호와 성전에 와서 예배하는 사람들 안에 우상이 가득했다는 것입니다.
즉, 교회 안의 믿는 사람들이 우상으로 무너지고 있다는 것입니다.

Prayer

주님, 내가 주인 삼은 내 우상을 보게 하시고, 회개하며 내려놓게 하소서.
서서히 우상이 되어가는 것들로 무너지지 않도록 나를 지켜 주소서.

5 **호세아**

31 나를 사랑하셔서
나를 미워하시는 하나님께 감사합니다

그들의 모든 악이 길갈에 있으므로 내가 거기에서 그들을 미워하였노라 _ **호세아 9:15**

하나님은 사랑이시다면서, 미워하신다니, 무슨 말입니까?
자녀 인생이 잘 되기를 바라는 부모님은 자녀가 비뚤어진 길로 가면, 왜 그렇게 미운 짓을 하느냐고 말하면서 야단칩니다.

우리는 지식을 쌓고자 애를 씁니다. 자기 분야에 대한 지식, 건강에 대한 지식, 처세에 대한 지식 등 세상을 살아가는데 필요한 지식을 가지기 원합니다. 그런데 하나님께서 말씀하십니다.

내 백성이 지식이 없으므로 망하는도다(호 4:6)

실력이 없어 망할 거라고 하지 않습니다. 돈이 없어서, 건강이 없어서 망할 거라고 하지 않습니다. 하나님을 아는 지식이 없어서 망한다는 것입니다. 따라서 하나님을 아는 지식을 제대로 가진다면, 불행한 인생 망하는 인생이 될 수가 없는 것입니다.
하나님을 아는 지식 하나는, 하나님은 미워하신다는 것입니다. 왜 미워하신다고 말씀하십니까? 길갈에서 인생을 망치게 하는 우상을 따랐기 때문입니다. 하나님은 백성들이 미워서 가시로 길을 막으시고 담을 쌓으며 어려움 주십니다(3:6). 욕심의 길 우상의 길 망하는 길 아니라 올바른 인생길, 최선의 인생길로 가게 하기 위함입니다.
내가 세상 것을 주인 삼을 때, 나를 미워하시는 하나님. 자녀 인생이 우상으로 무너지지 않기를 바라시며 미워하시는 하나님. 나를 잘못된 길에서 건져내시려고 미워하시는 하나님. 그 하나님을 알아, 인생의 유혹이나 허망함과 싸워 승리하고 또는 거친 풍랑과 싸워 승리해야겠습니다.
나를 사랑하셔서 나를 미워하시는 하나님께 감사합니다.

Prayer.

주님, 우리가 하나님을 알아 인생의 유혹이나 허망이나 거친 풍랑과 싸워 승리하게 하소서.

성경 스물아홉 번째 책, 요엘

01 심판의 날, 영광의 날

이는 여호와의 날이 이르게 됨이니라 _ **요엘 2:1**

〈요엘〉의 중심 주제 하나는 하나님의 심판입니다. 반드시 오게 될 심판의 날을, '여호와의 날'(욜 2:11, 3:14), '그 날에'(욜 3:19)라고 표현하는데, 북쪽 군대에 의해 멸망하는 날이라고 예고합니다(욜 2:20). 북쪽 군대란 바벨론입니다. 바벨론에 의한 멸망 예고는 궁극적으로는 세상 끝 날, 최후 심판의 날에 대한 예고입니다.

그러나 성도들은 그날을 전혀 두려워할 것 없습니다. 세상 끝 날은 심판의 날이지만 성도에게는 예수께서 재림하시는 영광의 날이요 승리의 날이기 때문입니다. 내 인생의 끝 날이 올지라도 전혀 두려워할 것 없습니다. 성도에게는 천국 구원이 완성되는 날이기 때문에 요엘 2:32을 확신하며 영원히 기뻐합니다.

누구든지 여호와의 이름을 부르는 자는 구원을 얻으리니

세상 떠난 가족 때문에 괴로워하는 분과 얘기를 나누었습니다. 암으로 죽은 가족 때문에 슬퍼하였습니다. 생전에 고생만 시킨 것 같다는 죄책감으로 괴로워했습니다. 고인이 하늘에서도, 남아 있는 식구들을 걱정하며 마음 아파할 거라며 가슴이 무너진다고 했습니다. 그래서 말씀드렸습니다.

고인이 안타까워서 괴로워하지 마세요. 남아 있는 자들이 마음이 먹먹하고 회한이 있고 그리워 그런 거지…. 하나님 믿고 천국에 가신 고인은 100% 샬롬 가운데 계십니다. 다시 눈물이 없고, 고통이 없는 곳에 계십니다. 가장 좋은 곳에 계시니 고인에 대해서는 안심하시고 남은 가족들이 하나님과 동행하며 잘 살아가야지요.

믿음의 사람이 죽음을 맞으면, 고인 때문에 괴로워할 것은 없습니다. 천국을 가기 때문입니다. 100% 샬롬 안에 거하기 때문입니다.

Prayer

주님, 사랑하는 이들이 구원을 얻게 하소서.

6 | 요엘
02 자녀들도 청년들도 노인들도

> 그 후에 내가 내 영으로 만민에게 부어 주리니 너희의 자녀들이 장래 일을 말할 것이며 너희 늙은 이는 꿈을 꾸며 너희 젊은이는 이상을 볼 것이며 _ 요엘 2:28

요엘은, 역사의 먼 훗날에 성령께서 만민에게 임하게 된다는 놀라운 예언을 합니다. '만민'이란, 예수님을 영접한 모든 크리스천을 말합니다. 그날이 바로 사도행전 오순절 성령 강림절 사건입니다. 그날에 자녀들은 장래 일을 말하고, 늙은이는 꿈을 꾸며, 젊은이는 이상을 볼 것이라고 예언합니다. 요엘 2:28을 이렇게 이해해도 됩니다.

자녀들도 성령께서 임하심으로 영적 비전을 볼 것이며
청년들도 성령께서 임하심으로 영적 비전을 볼 것이며
노인들도 성령께서 임하심으로 영적 비전을 볼 것이다

어떤 이는 야망을 품은 꿈을 가지고 살아갑니다. 예를 들어 히틀러도 꿈이 있었습니다. 그런데 그것은 악마적인 꿈이었습니다. 세상 사람들이 모두 히틀러처럼 그렇게까지 악마적인 꿈은 갖지는 않을 것입니다. 하지만 매우 이기적인 꿈을 가질 수 있습니다. 이것이 야망을 품은 꿈입니다.

야망을 품은 꿈을 가진 사람은 열정이 있습니다. 그래서 성취와 성공을 이룰 수 있습니다. 야망은 아무리 높은 포부를 설정했더라도 그 실체는 자기를 위한 욕망입니다. 따라서 자신의 욕심과 유익을 추구하는 과정에서 죄악이 발생합니다. 본인은 물론이고 가족과 주변 사람들과의 관계에서 매몰차고, 상처 주고 미워하고 배신하는 등 죄가 생깁니다. 이와 같은 이기적인 욕심과 야망 때문에 일어나는 불행의 결말들은 TV 드라마나 영화로도 쉽게 접할 수 있는 이야기입니다.

영적 비전(꿈)이란 하나님 뜻을 품는 꿈입니다. 그렇다면 하나님께서 신자들에게 부어주시는 꿈이란 어떤 것이겠습니까? 하나님을 사랑하고 다른 사람을 섬기며 살겠다는 꿈입니다. 이것이 영적 비전(꿈)입니다. 그리고 영적 비전(꿈)을 가지고 살아간다면 그것이야말로 뛰어난 삶이고 값진 삶이고 빛나는 삶입니다.

Prayer.

주님 우리가 영적 비전을 보며 살아가게 하옵소서. 하나님을 사랑하고 다른 사람을 섬기겠다는 영적 꿈을 꾸고, 그 꿈을 이루어내며 살아가게 하옵소서.

6 성경 서른 번째 책, 아모스

03 선진국이 된 한국 교회와 성도들

드고아의 목자 중 아모스가 _ **아모스 1:1**
여호와께서 이스라엘 족속에게 이와 같이 말씀하시기를 너희는 나를 찾으라 그리하면 살리라. 벧엘을 찾지 말며 길갈로 들어가지 말며 브엘세바로도 나아가지 말라길갈은 반드시 잡히겠고 벧엘은 비참하게 될 것임이라 하셨나니 _ **아모스 5:4-5**

아모스는 호세아와 동일 시대 선지자로서 북이스라엘 여로보암 2세 왕일 때 하나님 말씀을 대언했습니다. 그때는 막강한 군사력으로 주변 나라와 평화 관계를 형성하고 있었고, 경제적으로는 이스라엘 역사상 최고 번영기였으며, 종교적으로도 예배가 넘쳤습니다. 벧엘과 길갈에서는 매해 큰 종교 축제가 벌어지고 있었습니다.

그런데 하나님께서 호세아를 통해 그들은 번성할수록 내게 범죄하니(호 4:7)라고 말씀하시고, 아모스를 통해 벧엘을 찾지 말라. 길갈로 들어가지 말라. 브엘세바에도 나아가지 말라. 너희는 나를 찾으라 그리하면 살리라(암 5:4-5)고 말씀하십니다.

무슨 의미입니까? 예배를 드리긴 하지만 형식뿐이며, 주님을 찾고 만나고자 하는 진정한 마음이 없다는 것입니다. 번영하면서 교만해졌던 것입니다.

오늘 우리 사회는 그 어느 시대보다 번영하고 있습니다.

번영을 이루었던 교회들을 생각해 봅니다. B.C. 750년경 아모스와 호세아 시대의 이스라엘, A.D. 200년경의 라오디게아 교회, 그리고 찬란한 번영을 이루었던 중세 시대에 서구 유럽 교회, 그리고 한국 교회.

가난했던 우리나라도 개발도상국으로, 개발도상국에서 선진국으로 성장했습니다. 선진국으로 번영하니 좋은 일입니다. 그런데 번성할수록 하나님께 죄를 범한다는 호세아와 아모스의 대언을 늘 마음에 새기며 두려운 마음으로 깨어 있어야 합니다. 형식뿐이지 않기를 바라며, 진정한 신앙이 사라지지 않기를 바라며, 교만해지지 않기를 바라며, 깨어 있어야 합니다.

Prayer
주님, 평탄해지고 형통해질 때 교만의 죄를 짓지 않게 하소서.

6 　아모스

04　지고 가야 할 짐이 없을 때, 가장 위험할 때입니다

드고아의 목자 중 아모스가 _ **아모스 1:1**

'아모스'라는 이름의 뜻은 '짐을 짊어진 사람'입니다. 아모스는 하나님께서 맡겨 주신 사명의 짐을 지고 살았습니다. 한번은 교회 청년이, 직분의 짐이 힘들어서 내려놓고 쉬고 싶다는 말을 했습니다. 직분 감당이 그렇게 힘이 들면 내려놓아도 괜찮다고 말해주었습니다. 그런데 섬김이 네가 사는 길이고, 네가 치유되는 길이라고 말해주었습니다. 그 청년은 다행히 계속하여 섬김의 짐을 지었습니다. 그래서 늘 새롭게 치유를 받았고, 또다시 살아났습니다.

크리스천 성자라고 불리는 썬다싱(Sundar Singh, 1889-1929, 인도의 성자로 불림)의 일화입니다.

어느 추운 날 동료와 함께 산을 넘어 수도원을 향했습니다. 한참을 가는 중에 누군가 쓰러져있는 것을 보았습니다. 함께 가던 수도사가 말했습니다.
"우리도 너무 지치고 힘이 다 빠졌으니 그냥 갑시다."
하지만 썬다싱은 그 사람을 업었습니다. 그리고 산을 넘는 데 너무 힘이 들었습니다. 죽을 고생을 다 해 수도원 가까이 왔습니다. 이젠 살았다 싶어 안도의 숨을 내쉬는데, 무엇인가 발에 걸리는 것입니다. 보니까 앞서가던 수도사였습니다. 혼자 가다가 너무 추운 나머지 얼어 죽은 것입니다.

그 후에 썬다싱이 "인생에서 가장 어렵고 위험할 때가 언제입니까?"라는 질문에 "내가 지고 가야 할 짐이 없을 때, 나는 가장 어렵고 위험할 때입니다."라고 답했다고 합니다.

아모스는 하나님께서 맡겨 주신 사명의 짐을 지고 살았습니다.
그런데 크리스천은 모두가 섬김의 짐을 지고 가는 아모스입니다.
내가 지고 가야 할 섬김의 짐이 없을 때, 가장 위험할 때입니다.
오늘 하루도 섬김의 짐을 집니다. 그래서 우리는 안전합니다.

Prayer •
주님, 오늘 하루도 섬김의 짐을 기쁘게 지게 하소서.

05 십자가 없는 위로는 착각입니다

> 아모스

너희가 내게로 돌아오지 아니하였느라 여호와의 말씀이니라 _ **아모스 4:6, 8, 9, 10**

    고난받는 이웃의 짐을 함께 지는 아름답고 착한 사람이 많습니다. 구호 단체에 속해 평생 봉사하며 헌신하는 사람들도 많습니다. 기업들의 사회적 기여도 대단합니다. 모두 아름답고 고마운 일입니다. 교회와 성도들은 세상의 빛과 소금으로서 고통받는 이웃에게 사랑과 선행을 나누어야 합니다. 그리고 사회 정의를 이루는 본이 되어야 합니다. 이것이 아모스의 주요한 외침이었습니다. 그런데 아모스가 짊어진 사명의 핵심은 영적인 것입니다. 백성들을 하나님께 돌아오게 하려고 회개를 촉구하는 사명이었습니다.

    사람들 향한 가장 중요한 섬김은 주께 돌아오게 하려고 간절히 기도하며 인도하는 섬김입니다. 주님을 떠나있는 교만한 죄인임을 깨우쳐 주는 섬김입니다. '돌아오라!'라는 주님의 말씀을 전하는 섬김입니다.

    오스왈드 챔버스의『주님은 나의 최고봉』12월 20일 묵상입니다.

    십자가 없는 위로는 착각입니다. 만일 당신이 인간적 동정이나 이해심만으로 다른 사람들을 돕는다면 당신은 예수 그리스도의 반역자의 역할을 하는 것입니다. 하나님과 깊은 관계를 유지하는 가운데 하나님의 입장에서 그 영혼을 위로해야 합니다.
하나님의 동역자로 부름을 받는다는 것은, 사람들의 죄성을 드러내고 예수 그리스도를 구세주로 소개하는 것입니다. 따라서 하나님의 동역자는 인간적 사랑으로 사람을 기쁘게 하려는 자가 아니라 상대의 영혼을 복음으로 수술하려는 자여야 합니다.
우리도 사람들을 깊게 꿰뚫어 볼 수 있어야 합니다. 그러려면 성경에 깊은 조예가 있어야 합니다. 그래야 진리를 힘차게 말할 수 있고 두려움 없이 성경 말씀을 적용할 수 있습니다.

Prayer

주님, 사랑하는 이들의 구원을 위함 섬김의 짐을 지고 가게 하소서.

6 성경 서른한 번째 책, 오바댜

06 새 발의 피에 불과합니다

> 너의 마음의 교만이 너를 속였도다 바위 틈에 거주하며 높은 곳에 사는 자여 _ **오바댜 1:3**

구약 성경에서 가장 짧은 〈오바댜〉는 에돔 족속의 패망을 경고하고 있는데, 핵심 구절이 1:3입니다.

너의 마음의 교만이 너를 속였도다.

에돔은 적의 침략을 막을 수 있는 산악에 있었고 협곡의 보호를 받고 있었습니다. 그런 지형적 위치에 힘입어 교만했습니다. 그런데 바로 그 교만이! 패망을 가져온다고 오바댜 선지자는 강력히 경고하는 것입니다.

여러 해 동안 중국 어느 도시의 신학교를 왕래하며 강의를 해왔습니다. 그리고 중국인 사역자들에게 목사 안수를 하는 안수 위원 중 한 사람으로 질문하는 기회가 있었습니다. 몇 가지 성경적이고 신학적인 질문을 하고 마지막으로 쉬운 질문을 하나 했습니다. 한국 교회를 보아 왔을 텐데 한국 교회와 성도들이 조심해야 할 점이 있다면 무엇이라고 생각하는지 한 가지만 얘기해 달라고 물었습니다.

한 분이 먼저 답변을 했습니다. 중국어라 알아들을 수는 없었지만, 매우 조심스럽게 말을 꺼내고 있음을 느낄 수 있었습니다. 그의 눈에 비친 세계 최고 선교 강국인 한국 교회와 성도들이 조심해야 할 점은, 우리가 들을 수 있는 답변 중에 최악의 답변이었습니다. 가장 아픈 답변이었습니다. 그것은 바로 '겸손의 부족'이었습니다. 한국 교회는 겸손이 부족한 것 같다고 조심스럽게 말한 것입니다.

C.S. 루이스는 이런 말을 했습니다.

교만에 비하면, 다른 죄악은 새 발의 피에 불과하다.

Prayer

주님, 오늘 하루도 교만치 아니하고 겸손하게 하소서.

성경 서른두 번째 책, 요나

07 내 안에 요나의 판단이 있습니다

> 너는 일어나 저 큰 성읍 니느웨로 가서 그것을 향하여 외치라 그 악독이 내 앞에 상달되었음이니라 하시니라 _ **요나 1:2**

요나를 향한 하나님 뜻과 말씀은 명확했습니다. '니느웨로 가라.'
요나는 고뇌합니다. '왜 하필이면 니느웨로 가라고 하시는가?'

니느웨는 앗시리아 제국의 수도였습니다. 앗시리아는 이스라엘을 위협하는 원수의 나라였습니다. 사랑하는 가족과 동포에게 고통을 주는 적대적인 나라에 가서 하나님 심판을 외치라는 것이었습니다. 심판을 외치라는 의미는, 아무리 악독한 사람일지라도 회개의 기회가 포함된 것입니다. 용서받고 하나님 은혜 안에 들어오게 될 기회가 포함된 것입니다.

요나는 원수가 하나님 사랑 안에 들어오는 것이 싫었습니다.
그래서 주님 뜻에 불순종하며 니느웨가 아니라 다시스로 갑니다.
요나 생각에는 악한 민족이 하나님 긍휼을 받으면 불공평하기 때문입니다.
니느웨는 벌을 받아야 공평하기 때문입니다.
이는 요나의 공평과 의였습니다.

요나는 우리들의 이야기며 나의 이야기입니다.
선악과를 먹고 판단하려는 죄성을 가진 이들의 이야기입니다.

지금 자기 생각에 공평한 것들은 무엇이고 불공평한 것들은 무엇입니까?
옳은 것들은 무엇이고 틀린 것들은 무엇입니까?
내 마음에 니느웨와 같이 싫은 사람들이 있습니까?
주님 은혜 안에 들어와서 복 받으면 안 될 것 같은 민족이 있습니까?
회개하고 천국에 함께 가면 안 되는 부류의 사람들이 있습니까?

Prayer

주님, 요나처럼 나의 공평과 의로 살아가는 죄를 용서하소서.

성경 서른세 번째 책, 미가

08 정의란 무엇인가? 1

> 사람아 주께서 선한 것이 무엇임을 네게 보이셨나니 여호와께서 네게 구하는 것은 오직 정의를 행하며 인자를 사랑하며 겸손하게 네 하나님과 함께 행하는 것이 아니냐 _ **미가 6:8**

하나님께서 구하는 것은 '정의를 행함'입니다. 정의에 대한 관점은 시대와 장소에 따라서 다양합니다. 플라톤(Plato, B.C. 428~427 또는 424~423 ~ B.C. 348~347, 그리스 철학자)은 정의의 본질을 '조화(Harmony)'라고 파악했고, 아리스토텔레스(Aristotles, B.C. 384~32, 그리스의 철학자, 플라톤의 제자, 알렉산더 대왕의 스승)는 '평등(Equivalance)'으로 파악했습니다. 구약성경의 역사에서도 정의가 무엇인지에 관해 풍성한 답변들을 가집니다.

그런데 하나님이 바라시는 정의의 출발점이 있습니다. 주님이 바리새인들을 꾸짖었던 자기 판단과 자기 의를 버리는 것입니다. 정의는 남을 판단하고 미워하는 가운데서는 이룰 수 없는 것입니다. 나는 선하고 정의롭고 너는 악하고 불의하다는 잣대로는 이루어질 수 없는 것입니다.

솔제니친(Aleksandr Solzhenitsyn, 1918-2008, 러시아의 소설가, 극작가, 역사가)이 망명 생활을 청산하고 고국 러시아로 돌아갔습니다. 어떤 기회가 되어서 과거의 공산주의 지도자들과 만나게 되었습니다. 그러자 일부에서 어떻게 그토록 불의하고 악한 사람들과 만날 수 있느냐고 비난하였습니다. 이때, 솔제니친은 이렇게 말했습니다.

선과 악의 경계선은 '우리'와 '그들' 사이에 그어진 게 아니라,
각 사람의 내면에 그어져 있습니다.

옳고 그름의 경계선, 정의와 불의의 경계선은 나와 너 사이에 긋는 것이 아니라 나의 내면에 그어져야 합니다.

Prayer .

주님, 판단하고 자기 의를 내세우고 미워하는, 정의롭지 못한 우리를 불쌍히 여겨주소서.
오늘 하루도 정의를 행하고, 주님을 사랑하며 겸손하게 주님과 동행케 하소서.

6 미가

09 〈니콜라이 교회〉에서 배운, 정의란 무엇인가? 2

여호와께서 네게 구하는 것은 오직 정의를 행하며 _ **미가 6:8**
오직 정의를 물같이 공의를 마르지 않는 강 같이 흐르게 _ **아모스 5:24**

한 성도님이 이런 질문을 했습니다.
"모두 다 자신들이 정의라고 말하는데, 어떻게 하는 게 정의로운 크리스천인가요?"
정의가 아닌 것을 생각해 봅니다. 나는 옳고 너는 틀렸다는 잣대를 가지고 비판하면 정의가 아닙니다. "비판하지 말라."(마 7:1)
자신의 잘못과 불의는 못 보면서 남의 잘못과 불의는 비상할 정도로 찾아내며 비난하고 증오한다면, 진정한 정의가 될 수 없습니다. "어찌하여 형제의 눈 속에 있는 티는 보고 네 눈 속에 있는 들보는 깨닫지 못하느냐."(마 7:4)
설사 자신의 목숨까지 내던지면서 정의를 외친다 해도, 마음에 비판과 미움으로 가득 차 있다면 그것은 결국 '자기 의(義)'일 뿐입니다.

교회와 성도들이 하나님의 정의를 이룬 역사적 사실 하나를 예로 들자면, 독일 통일에 불을 댕긴 라이프치히 〈니콜라이 교회〉라고 생각됩니다. 예전에 〈니콜라이 교회〉를 들렀다가, 그 역사 현장 속에서 교회를 맡으셨던 퓌러 목사님(Christian Fuhrer, 1943-2014, 독일 개신교 목사, 1989년 동독 월요일 시위의 주요 인물)의 당시 호소를 알게 되었습니다.

이 밤에 우리 주 예수 그리스도의 의가(뜻이) 이루어졌습니다.
여기에는 승자와 패자가 없었기 때문입니다.
아무도 상대편에 대해서 우월감을 갖지 않았기 때문입니다.
아무도 자존심을 잃지 않았기 때문입니다.

승자와 패자를 가르지 않는 마음. 내가 너보다 의롭다며 상대편에 대해 우월감을 갖지 않는 마음. 상대방의 마음을 상하거나 잃지 않도록 배려하는 마음. 이 마음에서 나오는 행위는 예수 그리스도의 정의입니다.

Prayer
주님, 예수 그리스도의 정의를 행하게 하소서.

요한 세바스찬 바흐 칸타타 147번

> 베들레헴 에브라다야 너는 유다 족속 중에 작을지라도 이스라엘을 다스릴 자가 네게서 내게로 나올 것이라 그의 근본은 상고에, 영원에 있느니라 _ **미가 5:2**

선지자 미가는 남 유다와 북 이스라엘의 죄악과 징계와 패망을 예언합니다. 그런데 두렵고 절망스러운 패망을 예고하는 미가 선지자는 인류의 참 소망과 기쁨으로 오실 예수 그리스도께서 베들레헴에서 탄생하시게 된다는 놀라운 예언을 합니다(미 5:2). 그래서 훗날 헤롯 왕이 모든 대제사장과 백성의 서기관들을 모아 놓고 그리스도가 어디서 나겠느냐고 물으니, 옛날에 선지자 미가가 예언했던 곳이 있는데 베들레헴이라고 말하게 되는 것입니다.

이르되 유대 베들레헴이오니 이는 선지자(미가)로 이렇게 기록된 바 또 유대 땅 베들레헴아 너는 유대 고을 중에서 가장 작지 아니하도다 네게서 한 다스리는 자가 나와서 내 백성 이스라엘의 목자가 되리라 하였음이니이다(마 2:5-6)

인류의 참 소망과 기쁨으로 예수께서 탄생하십니다. 요한 세바스찬 바흐의 칸타타 147번 〈예수 - 인류의 소망과 기쁨〉(Jesus bleibat meine Freude)을 감상하며 은혜 받는 날이 되면 좋겠습니다.

주는 나의 기쁨이시며 / 내 마음의 본질이며 희망이십니다.
그는 모든 시련에서 나를 지켜 주시고 / 내 생명의 힘이 되시며
나의 두 눈에 기쁨이자 태양이 되시고 / 나의 영혼에 보물이며 찬미입니다.
그렇기에 나는 마음과 눈에서 / 주를 멀리하지 않으려 합니다.

Jesus bleibet meine Freude / Meines Herzens Trost und Saft
Jesus wehret allem Leide, / Er ist meines Lebens Kraft,
Meinert Augen Lust und Sonne / Meiner Seele Schatz und Wonne;
Darum lass ich Jesu nicht / Aus dem Herzen und Gesicht.

Prayer

주님, 예수님만이 인류의 소망과 기쁨임을 깊이 묵상하는 날이 되게 하소서.

6 미가

11 가장 선한 자라도 가시 같고 찔레 울타리보다 더하도다

> 그들의 가장 선한 자라도 가시 같고 가장 정직한 자라도 찔레 울타리보다 더하도다 _ 미가 7:4

맹자의 성선설과 순자의 성악설이 있습니다.

맹자의 본성론은 인간은 원래 선하다는 성선설(性善說)입니다. 맹자는 원초적으로 선한 본성을 지닌 인간의 도덕적 능력을 신뢰하였습니다. 그래서 사람의 선한 마음을 가족으로부터 시작해서 세상에 넓혀감으로써 왕도를 구현할 수 있다고 생각했던 것입니다.

이에 반해 순자는 성악설(性惡說)입니다. 인간의 악한 본성을 방치하면 사회적 큰 혼란을 일으키게 되니, 예의를 통해 인간의 악한 성향을 철저히 규제함으로써 왕도에 도달할 수 있다고 보았습니다.

인간 본성은 선한가? 아니면 악한가? 단지 이 사실만으로 맞고 틀림을 택하라면, 성악설이 맞습니다. 인간은 아무리 선하고 정직해봤자 상대적으로 의롭게 보일 뿐이지, 가장 선한 자라도 가시 같고 가장 정직한 자라도 찔레 울타리보다 더하다고 하나님께서 말씀하십니다. 그러나 하나님의 사랑과 공의가 악한 인간들을 구원할 것이라고 선언합니다(미 7:9).

미가를 통해 보게 되는 하나님 공의가 어떤 것입니까?(미 5:2) 하나님께서 친히 인간이 되셔서 세상 베들레헴에 오신 것입니다. 그리고 인류의 죄를 대속하기 위하여 십자가 형벌을 받으신 것입니다.

우리는 심판받을 수밖에 없는 원래 악한 죄인입니다. 그런데 우리 대신 심판받으신 예수님을 믿을 때, 그분의 의로움을 옷 입으며 악인에서 의인이 됩니다.

인간의 공의는, 예수 그리스도뿐입니다.

Prayer

주님, 인간의 공의는 예수님이심을 깊이 깨닫게 하소서.

6 / 12 성경 서른네 번째 책, 나훔

죄를 쓸어 가시는 십자가 보혈의 강

니느웨에 대한 경고…그가 범람하는 물로 그 곳을 진멸하시고 _ **나훔 1:1, 8**

선지자 나훔은 니느웨를 수도로 둔 앗수르의 멸망을 예언합니다. 세계 역사에서 앗시리아 제국은 막강한 군사력으로 주변 국가들을 정복하며 교만이 하늘을 찔렀고 포악했습니다. 유물로 발견된 앗수르 왕의 어록에 이러한 글귀들이 적혀 있을 정도입니다.

> 짐은 온 천하의 왕이며 굴복하지 않은 자들을 모두 짓밟아버리고
> 온 세상 사람들을 내 손아귀에 넣었느니라(나시르팔 왕)

그런데 하나님께서 나훔에게 앗수르의 수도 니느웨의 멸망을 알리도록 하신 것입니다. 하나님께서 범람하는 물, 큰 홍수로 진멸하실 것이라고 예언합니다. 이는 횡포한 앗수르 제국으로 인해 고통당하던 모든 사람에게 위로와 소망이 되었습니다.

나훔은 히브리어의 'נחמיה(느헤미야)'의 단축형이며 뜻은 '위로, 위안'입니다. 주님의 통치 안에서 악은 결국 멸망하게 된다는 위로를 전한 것입니다. 그런데 악은 멸망한다는 나훔의 예언은 우리 자신에게도 위로와 소망을 주는 메시지임을 묵상하게 됩니다. 내 안에는 니느웨처럼 파괴되어야 할 죄가 있기 때문입니다. 교만, 위선, 불평과 원망, 거짓과 욕심, 판단과 미움 등 니느웨 같은 죄성이 내 안에 있는 것입니다.

찬송가 258장 〈샘물과 같은 보혈은〉 가사를 묵상하며 찬양하고 기도합니다.

Prayer
주님, 내 안에 니느웨와 같은 악함이 있습니다. 그런데 이와 싸워 이길 힘이 부족합니다. 십자가 보혈이 내 배에서 강같이 흘러나와 그 죄악들을 쓸어가 주십시오. 그것만이 희망입니다.

6 나훔

13 실제로 일어났고, 일어나며, 일어날 역사입니다

> 니느웨에 대한 경고 곧 엘고스 사람 나훔의 묵시의 글이라 _ **나훔 1:1**
> 그가 범람하는 물로 그곳을 진멸하시고 자기 대적들을 흑암으로 쫓아내시리라 _ **나훔 1:8**

니느웨가 홍수로 멸망한다는 성경의 예언은 오랫동안 세상 사람들의 비웃음과 공격을 받았습니다. 홍수 멸망이 허황하다는 것입니다. 그리고 니느웨가 홍수로 망한 역사 유적들을 중앙아시아 그 어디에서도 찾을 수 없었기 때문입니다.

그런데 1846년 헨리 레이어드(Austen Henry Layard, 1817-1894)라는 영국 고고학자가 이라크 구릉 지역에서 발굴 작업을 하다가 흙을 6m나 파헤치고 들어갔을 때 놀라운 일이 일어났습니다. 앗수르 유적들이 발견된 것입니다. 니느웨의 존재가 실제로 드러나게 되었습니다(대영 박물관이나 루브르 박물관에는 많은 유물이 전시되어 있습니다.).

그리고 정말로 나훔 1:8 그대로! 홍수가 니느웨를 덮쳐 망하게 되었음도 밝혀졌습니다. 기원전 609년 티그리스강이 범람해서 니느웨 위로 6m나 되는 토사가 쌓이며 도시가 묻혀 버렸던 것입니다. 그러니 세상 사람들은 앗수르의 흔적을 발견할 수 없었던 것입니다. 약 2500여 년간 앗수르 제국의 유적은 세상 사람들이 모르는 채 땅 속에 묻혀 있었던 것입니다.

> 성경은 과거의 역사이며, 현재 역사이며, 또한 미래의 역사입니다.
> 모세와 백성들 앞에 홍해가 갈라지는 출애굽 사건도 실제 역사이며,
> 앗수르의 홍수 멸망도 실제 역사이며,
> 선지자들이 예언하였던 예수님 초림도 실제 역사이며,
> 그리스도의 십자가 죽음과 부활도 실제 역사이며,
> 장차 새 하늘과 새 땅도 반드시 일어날 실제 역사입니다.
> 마찬가지로 내게 주어진 주님 약속은 실제 역사요 사건입니다.
> 임마누엘, 구원, 천국 등 모두 실제 일어날 하나님 역사입니다.

Prayer.

주님, 우리에게 하나님의 역사에 대한 믿음을 더욱 주소서

성경 서른다섯 번째 책, 하박국

하박국, 하나님을 꼭 껴안은 사람

선지자 하박국의 묵시로 받은 경고라 _ **하박국 1:1**

하박국이라는 이름에 있는 뜻은 '껴안다'입니다. 하나님을 꼭 껴안고 하나님께 달라붙어서 살아갑니까? 아니면 하나님과 적당히 떨어져 살아갑니까?

하박국은 조국 이스라엘이 악한 갈대아 사람들(1:6, 바벨론을 말함)에게 멸망하게 된다는 계시를 듣고 탄식합니다.

> 어찌하여 내게 죄악을 보게 하시며 패역을 눈으로 보게 하시나이까(1:3)
> 어찌하여 거짓된 자들을 방관하시며 악인이(바벨론) 자기보다 의로운 사람을(이스라엘) 삼키는데도 잠잠하시나이까(1:13)
> 그가 그물을 떨고는 계속하여 여러 나라를 무자비하게 멸망시키는 것이 옳으니이까 (1:17)

그러나 하박국은 고통스러운 문제와 씨름하고 탄식하는 중에서도, 본인의 이름대로 하나님께 달라붙었고 꼭 껴안았습니다. 우리 삶에 고통스러운 문제와 위기가 닥쳐올 때가 있습니다. 그런데 삶의 모든 문제와 위기는 주님의 은혜와 축복을 받는 기회입니다. 성경에 나타나는 은혜의 사건은 모두 문제와 위기에서 출발했습니다. 문제와 위기가 없다면, 하나님의 놀라운 역사도 없습니다.

하나님은 위기와 문제를 통해 역사하십니다.
흔히 말하듯 위기는 오히려 기회입니다.
그런데 아무에게나 다, 위기가 기회로 바뀌는 것은 아닙니다.
하나님께 달라붙고 하나님을 전심으로 껴안는 사람입니다.
이 어려운 세상을, 우리가 하박국으로 살아내기를 소망합니다.

Prayer

주님, 이 어려운 세상을 하박국으로 살아내게 하소서.

6　하박국

15　하박국, 하나님을 기다리고 기다린 사람

> 내가 내 파수하는 곳에 서며 성루에 서리라 그가 내게 무엇이라 말씀하실는지 기다리고 바라보며 나의 질문에 대하여 어떻게 대답하실는지 보리라 _ **하박국 2:1**

하박국은 하나님을 기다리겠다고 작정합니다. 기다리는 것이 신앙이며, 신앙의 능력입니다. '기다리고'는 히브리어로 'חָפָה'(짜페)라는 단어인데, 어원에는 '기대를 가지고! 소망을 가지고!'라는 뜻이 내포되어 있습니다.

그저 하루하루 막연히 보내는 것이, 'חָפָה'(짜페), 기다림'이 아닙니다.
그건 그저 버티는 것입니다.
내 생각과 계획에 골몰한 시간을 보내는 것도 기다림이 아닙니다.
정신없이 바쁘게 시간을 보내는 것도 기다림이 아닙니다.
염려 가득한 가운데 시간이 지나가는 것도 기다림이 아닙니다.
그것 역시 버티는 것입니다.
하지만 우리는 'חָפָה'(짜페)'의 사람들이 되어야 합니다.

믿음의 기다림이란, 기도하고 말씀을 묵상하며 하나님의 뜻을 찾는 것입니다. 하나님이 행하실 일에 대한 기대와 소망을 잃지 않는 것입니다. 하루하루가 하나님의 은혜요 기적임을 알고 감사하며 보내는 것입니다. 하나님의 말씀에 순종하며 살아가는 것입니다. 하나님께서 하박국에게 주신 약속을 흔들리지 않고 붙드는 것입니다.

비록 더딜지라도 기다리라! 지체되지 않고 반드시 응하리라(합 2:3)

물론 우리는 주님의 응답이 언제 이루어질지는 알지 못합니다.
내가 생각한 시한까지 이루어지지 않을 수 있습니다.
내가 생각한 방식과 모습으로 주어지지 않을 수 있습니다.
하지만 분명한 것은 이것입니다.

비록 더딜지라도 기다리라! 지체되지 않고 반드시 응하리라! 아멘!

Prayer

주님, 우리가 하박국처럼 기다리는 삶이 되게 하소서.

6 하박국

16 키에르케고르, 희망이 아니고 믿음입니다

> 여호와께서 내게 대답하여 가라사대 너는 이 묵시를 기록하여 판에 명백히 새기되 달려가면서도 읽을 수 있게 하라 _ **하박국 2:2**
> 의인은 그의 믿음으로 말미암아 살리라 _ **하박국 2:4**

달려가면서도 읽을 수 있게 하라.

아무리 삶이 분주하여 바쁘게 달려가더라도 하나님께 받은 말씀의 묵시는 반복하여 읽으며 마음에 새겨야 한다는 것입니다. 그러면 반드시 마음에 새겨야 하는 묵시의 핵심은 무엇입니까? 2:4절 후반부입니다.

의인은 믿음으로 말미암아 살리라!

키에르케고르는 『죽음에 이르는 병』이라는 책을 남겼습니다. 죽음에 이르는 병은 암이나 뇌 질환, 심장병 등을 말하는 것이 아닙니다. 죽음에 이르는 병은 자살하고 싶을 정도의 지옥 같은 환경도 아닙니다. 그는 말합니다. '죽음에 이르는 병은 절망이다!' 그리고 키에르케고르는 '절망'의 치유책도 제시합니다. 단순히 '희망'을 치유책으로 제시하지 않았습니다. 세상 희망은 무너져버리기 때문입니다. 그래서 그는 이렇게 말합니다. '절망의 반대는 믿음이다!'

우리가 달려가는 인생에서 돈이 많으면 얼마나 좋겠습니까?
그런데 인생에 돈보다 더 좋고 중요한 것이 있으니, 믿음입니다.
실력을 갖추고 능력 있게 달려갈 수 있으면 얼마나 좋겠습니까?
사람들과 좋은 관계 속에서 살 수 있다면 얼마나 좋겠습니까?
아픈 곳 없이 건강할 수 있다면 얼마나 좋겠습니까?
그런데 이 모든 것보다 더 좋고 중요한 것이 있으니, 믿음입니다.

의인은 믿음으로 말미암아 살리라!

이 묵시를 마음에 새기고 인생의 모든 고비 고비를 넘어갑니다.

Prayer

주님, 믿음으로 인생의 모든 고비를 넘어가게 하소서.

17 이것이, 믿음으로 사는 삶입니다!

하박국

의인은 그의 믿음으로 말미암아 살리라 _ **하박국 2:4**

우리는 오직 믿음으로 구원받았고 의인이 되었습니다. 그리고 구원받은 이후에도 오직 믿음으로 살아가야 합니다. 세상에서 믿음으로 살아가는 모습을 가장 쉽게 잘 보여주는 성경 한 구절을 들라면 히브리서 11:6입니다.

하나님께 나아가는 자는 반드시 그가 계신 것과 또한 그가 자기를 찾는 자들에게 상 주시는 이심을 믿어야 할지니라

믿음은, 반드시 하나님이 계심을 믿는 것입니다. '창조주 하나님의 존재를 반드시 믿는다.' 그런 의미가 아닙니다. 지금 내 삶의 모든 상황에서 만나는 모든 사람과의 관계 속에 반드시 하나님이 함께 계심을 믿는 것입니다. 찬송가 399장 〈오직 믿음으로〉라는 찬양이 나의 신앙 고백이 되는 것이, 반드시 하나님이 계심을 믿는 삶입니다.

어린 양들아 두려워 말아라 주님 우리와 함께 하신다
고난과 역경 환난 중에도 능력의 주님 너를 지키신다
오직 믿음 믿음으로 두려움 없으리 오직 믿음

그리고 믿음은, 하나님은 자신을 찾는 자녀들에게 상 주심을 믿는 것입니다. 신실하며 충성스럽게 하나님 찾으며 나아갈 때 최선의 상을 주십니다! 그런데 우리는 우리 인생에 무엇이 최선의 상인지 모를 수 있습니다. 돈이 더해지고 부자가 되는 것이 내 인생에 최선의 상인지? 성취가 더해지는 것이 내 인생에 최선의 상인지? 자녀들이 세상에서 잘 나가는 것이 내 인생에 최선의 상인지? 우리는 모릅니다. 그러나 모든 것을 아시는 전능하신 하나님께서 약속하십니다.

Prayer

주님, 히브리서 11:6의 믿음을 더욱 굳세게 하소서.

6 **하박국**

18

우리는 기뻐하는 사람들, 에덴의 사람들입니다

나는 여호와로 말미암아 즐거워하며 나의 구원의 하나님으로 말미암아 기뻐하리로다 _ 하박국 3:18

"어찌하여!"라면서 혼돈과 탄식으로 하나님께 물었던 하박국은 마침내는 주님을 향한 찬양과 기쁨으로 마칩니다.

나는 여호와로 말미암아 즐거워하며 구원의 하나님으로 말미암아 기뻐하리로다

기쁨이란 근본적으로 영적 능력입니다. '영적'이라는 말은 '하나님과 관련이 있는 것'입니다. 하나님께서 인간을 창조하시고 살게 하신 곳이 에덴동산입니다. '에덴(עֵדֶן)'의 뜻은 '기쁨, 즐거움'입니다. 인간은 하나님과 사랑을 나누며 기쁘게 살도록 창조된 것입니다. 그런데 인간들은 교만 가운데 하나님을 떠났고, 진정한 기쁨을 잃어버리게 된 것입니다. 세상이 주는 기쁨만을 맛보며 살게 된 것입니다. 물론 세상이 주는 기쁨도 좋습니다. 돈이나 사람이 주는 기쁨. 여행이나 합격이나 승진이 주는 기쁨. 소유로 인한 기쁨. 다 좋습니다. 하지만 찰나적인 기쁨이고 돈의 힘으로 주어질 때가 많습니다.

하지만 하나님의 자녀가 되면 이제 다시 에덴의 기쁨을 회복할 수 있습니다. 주님과 사랑을 나누는 관계 속에서 기뻐할 수 있습니다. 캄캄한 어둠이 닥쳤지만, 하박국은 오직 주님과 사랑의 관계로 기쁨을 노래합니다(3:17-18).

비록 무화과나무가 무성하지 못하며 포도나무에 열매가 없으며
감람나무에 소출이 없으며 밭에 먹을 것이 없으며
우리에 양이 없으며 외양간에 소가 없을지라도 나는 여호와로 말미암아
즐거워하며 나의 구원의 하나님으로 말미암아 기뻐하리로다

우리를 향한 세상과 사탄의 큰 공격 하나는 영적 기쁨을 빼앗는 것이라는 사실을 잊지 않아야 합니다. 우리는 에덴의 사람들입니다.

Prayer

주님, 하루하루를 에덴의 사람으로 살아가게 하소서.

6
19 주님이 사랑의 노래를 불러주십니다

성경 서른여섯 번째 책, 스바냐

> 너의 하나님 여호와가 너의 가운데 계시니 그는 구원을 베푸실 전능자이시라 그가 너로 말미암아 기쁨을 이기지 못하시며 너를 잠잠히 사랑하시며 너로 말미암아 즐거이 부르며 기뻐하시리라 하리라
> _ 스바냐 3:17

성경 36번째 책 〈스바냐〉는 심판의 슬픈 예고로 시작됩니다.

여호와께서 이르시되 내가 땅 위에서 모든 것을 진멸하리라(습 1:2)

그러나 하나님을 사랑하며 경외하며 순종하는 자들이 있는데, 그들을 '남은 자 (The remnant, 습 3:13)'라고 말씀하시며 사랑을 전하십니다.

너의 하나님 여호와가 너의 가운데에 계시니 그는 구원을 베푸실 전능자이시라 그가 너로 말미암아 기쁨을 이기지 못하시며 너를 잠잠히 사랑하시며 너로 말미암아 즐거이 부르며 기뻐하시리라 하리라

우리가 하나님을 사랑하며 경외하는 '남은 자'이기를 소망합니다.
'남은 자'의 아름다운 대열에서 이탈하지 않길 바랍니다. 그래서 주님께서 불러주시는 노래를 듣는 자들이 되길 바랍니다. 얼마나 놀랍습니까! 하나님께서 나로 인해 기쁨을 이기지 못하시고, 나를 잠잠히 사랑하시고, 나를 향해 노래를 불러 주신다니.

하나님에 대해서 이렇게 주장하는 사람들도(이신론자) 있습니다.
하나님은 시계태엽을 감아 놓고 다 감겨서 멈출 때까지 멀리서 지켜볼 뿐 관여하지 않는다. 하나님께서 세상을 창조하시기는 하셨지만, 그 세상이 돌아가는 데는 관여하지 않으신다.

그러나 성경을 읽어보면 그렇지 않습니다. 하나님은 사람들의 삶 속에 들어오셔서 함께 하시며 사랑을 베푸시고 기쁨을 나누시고 구원 베푸십니다. 그리고 놀랍게도 나를 향해 사랑의 노래를 불러 주십니다.

Prayer

주님, 이 세상에서 순결한 믿음을 지키는 '남은 자'로 승리하게 하소서.

6
20

성경 서른일곱 번째 책, 학개

위대하고 빛나고 영원한 삶

> 너희는 산에 올라가서 나무를 가져다가 성전을 건축하라 _ 학개 1:8

존 웨슬리(John Wesley, 1705~1791, 감리교 창시자)의 어머니 수잔나는 자녀들에게 꿈을 심어주기 위해서 날마다 잠자리에 드는 아이들과 이런 대화를 했다고 합니다.

"너희는 누구냐?", "우리는 위대한 어린이들입니다."
"누가 너희를 위대하다 했느냐?"
"하나님께서 우리를 위대한 사람이라고 했습니다."
"그러면 너희들은 지금 무엇을 하고 있느냐?"
"예 우리는 지금 역사를 창조하고 있습니다."
"그 일은 누가 시켰느냐?"
"우리를 위대하게 쓰기 원하시는 하나님이 시켰습니다."

하나님의 자녀 된 자들은 시시한 존재가 아니라 위대한 존재로 새롭게 지음을 받았고 위대한 삶으로 부름을 받았습니다. 그런데 이스라엘 백성들은 그 부르심대로 살지 못했습니다. 바벨론에서 돌아와서 무너진 성전 재건에 힘써야 하는데, 그들은 시작은 했지만 16년이나 방치하고 있었습니다. 자신들의 집을 짓는데는 빨랐고 자신들의 삶을 챙기기에는 열심이었으나 성전 재건은 계속하여 미루고 있었습니다. 그래서 학개는 독려하고 책망합니다.

> 이 성전이 황폐하였거늘 너희가 이 때에 판벽한 집에 거주하는 것이 옳으냐 너희는 산에 올라가서 나무를 가져다가 성전을 건축하라 그리하면 내가 그것으로 말미암아 기뻐하고 또 영광을 얻으리라 여호와가 말하였느니라(학 1:4, 8)

우리는 살아계신 하나님께서 머무시고 함께하시는 성전이 되었습니다! 예배 성전, 기도 성전, 묵상 성전, 섬김 성전, 회개 성전, 감사 성전으로 건축해가는 삶이 위대하고 빛나고 영원한 삶입니다.

Prayer

주님, 위대하고 빛나고 영원한 성전 건축의 삶이 되게 하소서.

6 학개

21 윤동주 〈내일은 없다〉

너희는 산으로 올라가서 나무를 가져다가 성전을 건축하라 _ **학개 1:8**
이 백성이 말하기를 여호와의 전을 건축할 시기가 이르지 아니하였다 하느니라 _ **학개 1:2**

성전을 재건하다가 16년이나 방치한 백성들은 말했습니다.

여호와의 전을 건축할 시기가 이르지 않았습니다(학 1:2)

우리도 종종 이렇게 말합니다. "지금 말고요, 나중에요. 지금은 해야 할 일이 너무 많습니다. 언젠가는 하나님 성전 된 나를 세우는데 매진하겠습니다." 'someday sickness(언젠가 병)'이 있는데, 우리 삶을 서서히 패배로 이끌어 갑니다. 하나님은 학개 선지자를 통해 독려하였습니다.

지금 바로 성전을 건축하라. 신앙을 세우는게 먼저이다(학 1:8)

신실한 크리스천인 윤동주(1917~1945, 독립운동가, 시인이자 작가)는 〈내일은 없다〉라는 시를 썼습니다.

  내일 내일 하기에
  물었더니
  밤을 자고 동틀 때
  내일이라고
  새 날을 찾던 나는
  잠을 자고 돌보니
  그 때는 내일이 아니라
  오늘이더라
  무리여! 동무여!
  내일은 없나니

주님, 나를 서서히 패배로 이끄는, 나중으로 미루는 악한 습관을 고치게 하소서. 오늘 당장 결단하고 시작하는, 선한 습관을 주소서. 오늘도 주님 성전을 아름답게 세워가는 하루가 되게 하소서.

6 학개

22 세상과 사람의 눈과 하나님의 눈은 다릅니다

> 이제 이것이 너희에게 어떻게 보이느냐 이것이 너희 눈에 보잘것없지 아니하냐 그러나 여호와가 이르노라 스룹바벨아 스스로 굳세게 할지어다 여호사닥의 아들 대제사장 여호수아야 스스로 굳세게 할지어다 여호와의 말이니라 이 땅 모든 백성아 스스로 굳세게 하여 일할지어다 _ 학개 2:3-4

황폐했던 성전을 재건했지만, 선조들이 지었던 솔로몬 성전에 비해서 초라했습니다. 솔로몬 성전은 좋은 나무들과 금 4,400톤, 은 3,400여 톤으로 하여 화려했습니다. 반면 재건 성전은 산에 올라가 나무를 가져다 지어서, 보잘것없다고 생각하는 사람들이 있었습니다. 하지만 주님이 말씀하십니다.

> 너희 눈에는 보잘 것 없지 아니하냐(학 2:3)

'너희 눈에는!'
사람 눈에 보이는 것과 하나님 눈에 보이는 것은 같지 않습니다.
하나님은 스가랴를 통해서도 말씀하십니다.

> 작은 일의 날이라고 멸시하는 자가 누구냐(슥 4:10)

믿음의 일은 세상과 사람의 눈으로 사소하게 보일 수 있습니다.
그러나! 하나님께 전심으로 예배를 드리는 삶을 산다면,
다른 사람을 주께로 인도하고자 기도하며 섬김을 베푼다면,
주님의 영광을 가릴까 봐서 타인에게 참거나 손해 보거나 양보한다면,
형제와 자매들의 신앙 성숙을 이 모양 저 모양 돕고 있다면,
세상과 사람의 눈에는 사소하게 보일지라도 위대한 일입니다!
그것은 하나님의 성전을 건축하는 일이요 영원한 일입니다!
거기에 살아 역사하시는 하나님 영광이 충만합니다!
세상의 눈과 하나님의 눈은 다릅니다. 주께서 격려하시니 스스로 굳세게 하며 주님께서 영광을 받으시는 위대한 일에 힘쓰기를 소망합니다.

Prayer .
CCM〈당신의 그 섬김이 천국에서 해 같이〉를 찬양하며 기도합니다.

6

23

성경 서른여덟 번째 책, 스가랴

오직 나의 영으로 되느니라!

(페르시아) 다리오 왕 제 이년 여섯째 달에 … 학개로 말미암아 _ **학개 1:1**
(페르시아) 다리오 왕 제 이년 여덟째 달에 … 스가랴에게 _ **스가랴 1:1**

페르시아 다리오 왕 때 학개라는 인물이 역사에 등장하고, 2개월 후에 스가랴 선지자가 등장합니다. 〈스가랴〉는 어려운 내용이 기록된 책이긴 하지만, 구약 백성들에게 주는 메시지는 학개 선지자의 메시지와 같습니다. 바벨론 침략 때 무너진 채로 황폐한 성전 재건을 완수하라는 것입니다. 그러면서 놀라운 위로와 소망을 전합니다. 성전 재건을 할 때 많은 어려움이 닥치며 큰 산들이 가로막겠지만, 주께서 친히 도우셔서 이루실 것이라는 예언입니다. 하나님의 영이 권능으로 역사하시겠다는 것입니다.

만군의 여호와께서 말씀하시되 이는 힘으로 되지 아니하며 능력으로 되지 아니하고 오직 나의 영으로 되느니라 큰 산아 네가 무엇이냐 네가 스룹바벨 앞에서 평지가 되리라 그가 머릿돌을 내놓을 때에 무리가 외치기를 은총, 은총이 그에게 있을지어다 하리라 하셨고(슥 4:6-7)

이는 오늘날 우리에게도 같은 말씀입니다. 우리는 예배의 성전, 기도의 성전, 사랑과 섬김의 성전, 감사 찬송의 성전, 증거하는 성전, 회개하는 성전, 예수님 성품을 닮아가는 거룩한 성전으로 세워져 가야 합니다. 어려움이 닥치고 큰 산들이 가로막겠지만, 하나님께서 스가랴를 통해 이미 계시하셨습니다. 우리가 하나님의 성전으로 건축되어갈 수 있는 길은 나의 힘과 능력으로 되는 것이 아니라 성령님 능력으로 되는 것이라는 사실입니다.

오직 나의 영으로 되느니라(슥 4:6)

Prayer

주님, 내 마음 대신 성령님의 마음을 구합니다. 내 지혜 대신 성령님의 지혜를 구합니다. 내 능력 대신 성령님의 능력을 구합니다. 성령님을 의지하고 도움을 구하면서, 하루하루 하나님의 성전으로 건축되게 하소서.

6 스가랴

24 # 그는 / 바로 / 친구다

> 다리오 왕 제 이년 여덟째 달에 여호와의 말씀이… 스가랴에게 임하니라 이르시되 _ **스가랴 1:1**
> 선지자들 곧 선지자 학개와 잇도의 손자 스가랴가 이스라엘의 하나님 이름으로 유다와 예루살렘에 거주하는 유다 사람들에게 예언하였더니 _ **에스라 5:1**

성경 15번째 〈에스라〉 16번째 〈느헤미야〉 37번째 〈학개〉 38번째 〈스가랴〉의 저자 네 명은 거의 동시대 신앙인들로서 백성에게 성전을 지으며 거룩한 삶을 살라고 독려합니다. 겸손한 회개로 이끌며 신앙을 굳게 다져주려고 애씁니다. 내 주변에 이런 사람이 있습니까?

마틴 부버(Martin Buber, 1878~1965, 오스트리아 출신의 유대계 종교철학자)는 말합니다.

> 우리가 다른 사람을 위해 할 수 있는 가장 위대한 일은 그 사람의 가장 깊은 내면에 있는 것을 굳게 다져주는 것이다.

유진 피터슨이 말합니다.

> 우리 삶에…들어오는 사람이 있다. 그는 우리 내면의 진실에 대해 관심가지며, 우리의 속 생각을 알아주며, 내적 신념을 따르려는 삶의 어려움을 이해해주고, 우리 내면 가장 깊은 곳을 굳게 다져 준다. 그는/바로/친구다 - 『현실에 뿌리 박은 영성』, Ivp, p. 72.

에스라처럼, 느헤미야처럼, 학개처럼, 스가랴처럼 내 삶에 신앙의 내면을 굳게 세워주는 사람들을 생각해 봅니다. 내 곁에 신앙의 삶을 제대로 건축하자고 독려하는 사람 있다면 참 감사한 일입니다. 그는 내 인생에 진실한 도움, 영원한 도움이 되는 친구입니다.

Prayer

주님, 내 곁에 에스라처럼, 느헤미야처럼, 학개처럼, 스가랴처럼 신앙의 내면을 굳게 세워주는 영적 친구들을 허락하소서. 나 또한 그들에게 영적 친구가 되게 하소서.

스가랴

25 말씀이 인생의 상처를 넉넉히 치유합니다

> 그 마음을 금강석 같게 하여 율법과 만군의 여호와가 그의 영으로 옛 선지자들을 통하여 전한 말을 듣지 아니하므로 큰 진노가 만군의 여호와께로부터 나왔도다 _ 스가랴 7:12

사람들은 위로와 격려가 필요합니다. 스가랴 7장에 보면 격려가 필요한 벧엘 사람들이 제사장들과 선지자들에게 고충을 상담합니다.

내가 여러 해 동안 행한대로 오월 중에 울며 근신하오리까(7:3)

매년 5월이 되면 과거 조국의 패망을 기억하며 슬퍼하고 금식하고 울었는데 앞으로도 계속해서 그렇게 해야 하느냐며 고충을 상담하는 것입니다.

우리에게 이렇게 적용해 볼 수 있겠습니다. 저는 정말로 슬픈 일을 겪었습니다. 그 일이 떠오르면 괴롭습니다. 언제까지 이 상처와 아픔을 가슴에 새기고 가야 할지 모르겠습니다. 슬픈 상처는 위로와 공감만으로 근본적인 해결이 되지 않습니다. 진정한 회복과 치유가 이루어지려면, 주님의 말씀을 들어야 합니다. 사실, 인생의 상처가 생긴 근본 이유도 그 마음을 금강석 같게 하여(돌처럼 굳게하여, 쉬운 성경) 하나님의 말씀을 듣지 않는 삶이었기 때문입니다.

〈창세기〉부터 시작하여 구약을 마무리해가면서 말씀을 얼마나 사모했는지 돌아보며, 허드슨 테일러(James Hudson Taylor, 1832-1905, 영국 출신. 중국내지선교회 창설자)의 말을 생각해 봅니다.

> 우리가 성경을 읽으려고 할 때, 사탄은 언제나 다른 일들로 주의를 흐트러뜨린다. 하다못해 정리되지 않은 창문 블라인드라도 보여줄 것이다.

사탄과 세상의 방해를 이기고 하나님의 말씀을 묵상하는 사람은!
인생의 아픔과 상처를 넉넉히 치유합니다.

Prayer

주님의 말씀을 매일 아침 묵상하며 승리하게 하소서.

성경 서른아홉 번째 책, 말라기

하나님께 반박하는 사람들

> 여호와께서 이르시되 내가 너희를 사랑하였노라 하나 너희는 이르기를 주께서 어떻게 우리를 사랑하셨나이까 하는도다 _ **말라기 1:2**

구약의 마지막 〈말라기〉입니다. 하나님께서 말라기를 통해 책망하시자 백성들은 잘못을 인정하지 않고 반박합니다. 첫 번째 반박이 1:2입니다.

> 여호와께서 이르시되 내가 너희를 사랑하였노라 하나 너희는 이르기를 주께서 어떻게 우리를 사랑하셨나이까 하는도다

주님이 저를 사랑하셨다고 말씀하시지만, 저는 사랑받았다는 느낌이 없습니다. 은혜 베푸셨나요? 주님 도우심을 모르겠어요. 저는 혼자 힘으로 살고 있는걸요.

잘못된 예배를 꾸짖자 또 반박합니다. 1:6-7, 10입니다.

> 너희는 이르시기를 우리가 어떻게 주의 이름을 멸시하였나이까
> 우리가 어떻게 주를 더럽게 하였나이까

주님은 우리가 예배를 경홀히 여기고 남은 찌꺼기를 드린다고 꾸짖으시는군요. 그런데 조금 성의나 준비가 부족해도, 예배에 안 오는 것보다는 낫지 않습니까? 쓰고 남은 것들을 드리더라도 안 드리는 것보다는 낫지 않습니까?

또 다른 반박은 3:8입니다.

> 우리가 어떻게 주의 것을 도둑질하였나이까

십일조와 봉헌은 하나님의 것이라면서 우리에게 도둑질했다고 꾸짖으시는군요. 그게 왜 주님의 것을 훔친 건가요?
우리는 주님 말씀에 반박하는 것이 습관이 되지 않았는가 돌아봐야 합니다.

Prayer.

주님, 우리가 교만한 마음으로 주님을 반박하는 죄악된 습관에서 우리를 건져 주소서.

6 말라기

27 하나님을 대적하는 사람들

> 너희가 완악한 말로 나를 대적하고도 이르기를 우리가 무슨 말로 주를 대적하였나이까 하는도다
> _ 말라기 3:13

백성들은 하나님을 대적합니다. 불신의 마음과 말로 대적합니까?

이는 너희가 말하기를 하나님을 섬기는 것이 헛되니(3:14).
하나님을 섬기는 것이 삶에 무슨 소용이 있는가? 공부, 직장, 가족 문제, 진로에 무슨 유익을 주는가? 섬겨 봤자 헛된 일인 것 같아! 이런 불신앙적인 마음을 품을 때, 하나님을 대적했던 것입니다.

슬퍼 행하는 것이 무엇이 유익하리요(3:14, 개역한글)
'슬퍼 행하는 것!'이란, '죄를 슬퍼하며 회개함'을 뜻합니다. 내 잘못을 슬퍼하며 회개해봤자 내 삶에 무슨 유익을 주는가?

지금 우리는 교만한 자가 복되다 하며(3:15)
백성들은 하나님을 잘 안 믿어도 부자라서 으스대고 살며 복 받았다고 말합니다. 자기가 하고 싶은 대로 살면서 교만하게 뽐내는 사람들이 얼마나 복되냐며 부러워합니다. 이것이 주님을 대적하는 것입니다.

악을 행하는 자가 번성하며(3:15)
선하게 살면 뭐해? 약삭빠르고 속이는 자가 더 성공하는걸! 수단 방법 가리지 않고 결과로 나타나는 번영과 성공을 부러워하는 것입니다.

하나님을 시험하는 자가 화를 면한다 하노라(3:15)
하나님을 무시하며 시험하는 자들도 징계받지 않고 화를 면하며 멀쩡하게 잘만 살아가는 세상이잖아! 이처럼 냉소적인 생각과 말을 하는 것이, 하나님을 대적하는 것입니다.

Prayer

주님, 내 마음과 말을 지키사, 주님을 대적하지 않게 하소서.

28 우리는 말라기, 빛의 사자들입니다

말라기

> 만군의 여호와가 이르노라 보라 내가 내 사자를 보내리니 그가 내 앞에서 길을 준비할 것이요
> _ 말라기 3:1

'말라기'라는 이름은 'messenger(전달자, 사자)'라는 뜻입니다.

하나님께서 백성들에게 하나님의 사자 '말라기'를 보내셨습니다.

그리고 말라기를 통해서 (이사야를 통해서도) 장차 주의 길을 준비하는 사자를 보내겠다고 예언하십니다. 〈말라기〉에서 말하는 사자는 바로 신약 시대 '침례(세례) 요한'입니다.

> (침례(세례) 요한이) 이르되 나는 선지자 이사야의 말과 같이 주의 길을 곧게 하라고 광야에서 외치는 자의 소리로라 하니라(요 1:23)
>
> (침례(세례) 요한이 예수께서 자기에게 나아오심을 보고 이르되 보라 세상 죄를 지고 가는 하나님의 어린 양이로다(요 1:29)

그런데 성도들은 모두 다 예수님을 전하는 '하나님의 사자'입니다.

세상 사람들은 모두 무엇인가 정보를 전하며 살아갑니다. 기술 정보, 건강 정보, 여행 정보, 육아 정보, 맛집 정보. 그리고 누군가의 소식을 전합니다. 나름 모두가 메신저로 살아가는 중인 것입니다.

그런데 크리스천은 예수님을 전하는 메신저입니다. 가족, 이웃, 친구, 동료에게 세상 죄를 지고 가는 어린 양 예수님을 전하는 사자입니다. 찬송가 502장 후렴은 이렇습니다. "빛의 사자들이여 복음의 빛 비춰라 죄로 어둔 밤 밝게 비춰라 빛의 사자들이여." 영어로는 'Heralds of the Light'입니다. '헤럴드(Heralds)'는 알리고 전달하는 사람을 뜻합니다. 성도는 모두 말라기입니다.

Prayer.

주님, 우리가 하나님의 메신저로서, 빛의 사자로서 살아가게 하소서.

6 말라기

29 몹시 굶주린 상태에서, 예수 그리스도를 만나다(마르틴 루터)

> 내 이름을 경외하는 너희에게는 공의로운 해가 떠 올라서 치료하는 광선을 비추리니 너희가 나가서 외양간에서 나온 송아지 같이 뛰리라 _ **말라기 4:2**

〈말라기〉 내용은 많이 어둡습니다. 1:1부터 하나님의 경고와 책망이 있습니다. 〈말라기〉 마지막 4:6은 이렇게 끝맺습니다.

> 두렵건대 내가 와서 저주로 그 땅을 칠까 하노라 하시니라

죄에 대한 경고. 그리고 죗값으로 치러야 할 저주.
이토록 비참한 인간 운명입니다.
그런데 어둠이 짙을수록 더욱 간절히 빛을 찾게 되고, 절망이 깊을수록 더욱 간절히 소망을 찾게 됩니다. 깜깜한 어둠 속에서 빛 되신 메시야가 오시는 것입니다. 칠흑 같은 어둠 속에서 소망이신 그리스도께서 오시는 것입니다. 이제! 신약 마태복음이 펼쳐집니다.
마틴 루터는 말합니다.

> 몹시 굶주린 상태에서 예수를 만나게 된다.

공의로운 해, 예수 그리스도께서 치료하는 광선을 비추리니 너희가 나가서 외양간에서 나온 송아지 같이 뛰리라. 아멘. 성도들은 예수 그리스도로 인해 힘을 얻어서, 걷고 뛰고 찬송합니다.

> 베드로가 이르되 은과 금은 내게 없거니와 내게 있는 이것을 네게 주노니 나사렛 예수 그리스도의 이름으로 일어나 걸으라 하고 오른 손을 잡아 일으키니 발과 발목이 곧 힘을 얻고 뛰어 서서 걸으며 그들과 함께 성전으로 들어가면서 걷기도 하고 뛰기도 하며 하나님을 찬송하니(행 3:6-7)

Prayer

주님, 오늘 하루도 예수님으로 인해 걷고, 뛰고, 찬송하는 날이 되게 하소서.

6 **말라기**

30 # 망해도 좋으니 인생이 허무한 것 알게 해 주세요

> 그가 아버지의 마음을 자녀에게로 돌이키게 하고 자녀들의 마음을 그들의 아버지에게로 돌이키게 하리라 돌이키지 아니하면 두렵건대 내가 와서 저주로 그 땅을 칠까 하노라 하시니라 _ 말라기 4:6

구약 성경 묵상 마치는 오늘은 〈말라기〉 마지막 4:6을 봅니다.

그가 자녀들의 마음을 아버지에게로 돌이키게 하리라

그는 누구입니까? 예수 그리스도이십니다.
또한, 예수 그리스도를 믿는 우리 모두이며 나입니다.
우리는 하나님을 떠나 있는 사람들 마음이 하나님 아버지께로 돌아오길 위해 기도하고 섬기는 자입니다. 하나님과 멀어진 사람들 마음이 아버지께로 돌아오길 위해 기도하고 섬기는 자입니다. 자녀들 마음, 배우자 마음, 부모님 마음, 지체들 마음이 아버지께로 돌아오게 해달라고 간절히 기도하며 섬기는 자입니다. 그것이 이 땅에서 내가 살아가는 거룩하고 아름다운 사명이기 때문에, 아래의 마음과 기도가 바로 나의 마음과 기도여야 합니다.

제 남편은 어느 모로 보나 금그릇이었습니다. 의사라는 번듯한 직업에 부모께 효도하는 매사에 성실하고 부지런한 사람이었습니다. 그런데 예수님을 믿지 않았습니다. 저는 금그릇 남편이 깨어지지 않는 것 때문에 너무나 애통했습니다.
하나님, 저 사람 저렇게 개미처럼 일만 하다가 지옥 가면 어찌합니까? 인생이 허무한 것을 알게 해 주세요. 병원이 망해도 좋습니다. 그렇게라도 남편이 주님 만날 수 있다면 제 목숨을 거두어 가시더라도 남편을 구원해 주십시오. 그렇게 날마다 눈물로 기도할 수밖에 없었습니다.

- 김양재(1951~, 우리들교회 목사), 『가정아 기뻐하라』 중에

Prayer

주님, 사랑하는 그들의 마음이 하나님 아버지께로 돌아오도록 쉬지 않고 기도하며 섬기며 살게 하소서. 오늘도 기도하게 하소서.

성경 마흔 번째 책, 마태복음

01 마침내 정한 역사에 오셨습니다

아브라함과 다윗의 자손 예수 그리스도의 계보라 _ **마태복음 1:1**
아들을 낳으리니 이름을 예수라 하라 이 모든 일이 된 것은 주께서 선지자로 하신 말씀을 이루려 하심이니 _ **마태복음 1:21-23**

신약 〈마태복음〉은 예수 그리스도 계보와 탄생으로 시작합니다.
예수님 오심은 구약 선지자들만 예언한 것이 아니라 태초부터 계획된 것입니다.
태초에 하나님이 천지를 창조하셨습니다. 그리고 '창조는 단순히 하나님의 행위가 아니라 열정'이라고 몰트만이 말했듯이, 창조에는 하나님의 영원하신 사랑과 열정이 있습니다. 그 영원하신 사랑과 열정 안에 독생자를 내어주시는 임마누엘 사건이 계획되어 있었습니다.

태초의 창조 역사가 지나갔습니다.
아담과 하와의 죄 범한 역사가 지나갔습니다.
믿음의 조상, 주님 나라를 시작한 아브라함 역사가 지나갔습니다.
해방과 자유의 출애굽 역사와 광야의 역사가 지나갔습니다.
메시야의 대망을 꿈꾸게 해 온 다윗의 역사가 지나갔습니다.
심판과 희망을 예언했던 선지자들의 역사가 지나갔습니다.
마침내 정한 시간에, 예수 그리스도께서 이 세상에 오셨습니다.
세상에 오셔서 인류 구원을 위해 계획하신 사랑을 이루셨습니다.

우리는 신약 성경을 펼치면서, 하나님의 역사를 이루시는 예수님에 관하여 듣고 눈으로 보고 손으로 만진 바 될 것입니다(요일 1:1). 살아 계신 그리스도께서 우리와 함께 계심을 알게 될 것입니다.

그리고 우리가 예수 그리스도를 따라갈 때, 그분이 길이시기에 길을 잃지 않고, 그분이 진리이시기에 진리를 잃지 않고, 그분이 생명이시기에 생명을 잃지 않고 걸어갈 것입니다(요 14:6). 아멘.

Prayer

주님, 신약 묵상을 시작합니다. 날마다 충만히 오시옵소서.

7
02 영원히 존귀하고 위대한 계보에 속했습니다

마태복음

아브라함과 다윗의 자손 예수 그리스도의 계보라 _ 마태복음 1:1

나는 어떤 혈통 속에서 태어났고, 어떤 가문에 속해 있습니까?
예수님을 믿게 된 사람들은 새로운 혈통과 가문에 속하게 됩니다.
예수님의 계보이고 그분의 세계(世系)이고 그분의 혈통입니다.
'계보'를 영어 성경으로 보면, 'genealogy(혈통, 가계)'입니다. '혈통'이란 한 조상에서 시작하여 그 피를 받아 내려오는 계통입니다.

성도는 예수님께서 십자가에서 흘리신 피를 이어받아 내려오는 계보이며 혈통입니다. 그 피를 이어받아 내려오는 모든 성도는 영원히 존귀한 하나님 혈통에 속하며 영원히 위대한 천국 가문에 속하게 된 것입니다. 한 피 받아 한 몸 이룬 형제자매들과 함께 하는 혈통이요 가문입니다.

사랑하는 주님 예수 같은 주로 섬기나니
한 피 받아 한 몸 이룬 형제여 자매들이여 (찬송가 220장)

나의 역사는 세계 역사처럼 예수님 믿게 된 이전과 이후가 구분되는 것입니다. 세계 역사는 예수 그리스도의 실제 탄생을 중심으로 기원전 B.C(before Christ, 예수님 오시기 전)와 기원후, A.D(라틴어 Anno Domini, in the year of our Lord, 예수님 오신 이후)로 구분됩니다. 이 구분은 인류의 매우 지혜로운 결정이었습니다. 개개인도 마찬가지입니다. 믿는 자의 인생과 운명과 영원은 예수님 믿기 전(B.C.)과 예수님 믿은 후(A.D.)로 나누어집니다.

예수님 믿은 후 우리는 그분의 혈통과 가문이 되었습니다.
예수님의 빛의 세계와 영원한 나라가 내 삶에 시작되었습니다.
예수님의 사랑이 되고 그분의 영광이 되고 꿈이 되었습니다.
우리 인생이 바뀌고 운명이 바뀌고 영원히 바뀐 것입니다. 아멘.

Prayer

주님, 인생과 운명과 영원을 바꾸신 하나님을 찬양합니다. 아멘.

7 마태복음

03 Bad News(나쁜 소식)와 Good News(기쁜 소식)

> 아들을 낳으리니 이름을 예수라 하라 이는 그가 자기 백성을 그들의 죄에서 구원할 자이심이라 하니라 _ **마태복음 1:21**

세상에는 나쁜 소식(Bad News)이 있습니다. 인간의 죄가 홍수처럼 넘친다는 소식입니다. 성경은 홍수처럼 넘쳐나는 죄악들을 고발합니다.

> 곧 모든 불의, 추악, 탐욕, 악의가 가득한 자요 시기, 살인, 분쟁, 사기, 악독이 가득한 자요, 수군수군하 는 자요 비방하는 자요 하나님께서 미워하는 자요, 능욕하는 자요 교만한 자요, 자랑하는 자요 도모하는 자요 부모를 거역하는 자요 우매한 자요 배악하는 자요 무정한 자요 무자비한 자라(롬 1:29-31)

그런데 세상에는 더 나쁜 소식이 있습니다. 죄에 대해서는 반드시 심판이 있다는 소식입니다. 누구도 그 심판에서 벗어날 수 없다는 것입니다.

> 한 번 죽는 것은 사람에게 정해진 것이요 그 후에는 심판이 있으리니(히 9:27)

그러나! 기쁜 소식, 복음(Good News)이 있습니다. 예수 그리스도께서 오셨다는 소식입니다. 왜 오셨습니까?

> 아들을 낳으리니 이름을 예수라 하라 이는 그가 자기 백성을 그들의 죄에서 구원할 자이심이라 하니라

복음을 받아들이지 않는 세상 사람들은 나쁜 소식만을 가지고 평생 살다가 나쁜 소식을 가지고 죽습니다. 그러나 우리는 기쁜 소식을 가지고 살다가 기쁜 소식을 가지고 죽습니다. 우리는 Good News의 사람들입니다. 죄와 심판에서 구원받은 복된 사람들입니다. 그 크신 하나님의 사랑입니다!

Prayer

주님, 사랑하는 이들이 기쁜 소식을 받아들이게 하소서.

04 성인(聖人)이십니까? 구주요 하나님이십니까?

마태복음

> 아들을 낳으리니 그 이름을 예수라 하라 이는 그가 자기 백성을 그들의 죄에서 구원할 자이심이라 하니라 _ **마태복음 1:21-22**
> 예수께서 제자들에게 물어 이르시되 사람들이 인자를 누구라 하느냐 _ **마태복음 16:13**
> 이르시되 너희는 나를 누구라 하느냐 _ **마태복음16:15**

알렉산더나 링컨이나 백범 김구는 역사에 실제로 존재했던 인물입니다. 아킬레우스(Achilles, 그리스 신화 『오디세이아』의 영웅)나 오디세우스(Odusseús, 그리스 신화 『오디세이아』의 주인공, 트로이 전쟁의 영웅)는 신화 속 가상 인물입니다. 세상은 예수께서 역사에 실제로 존재했던 인물임을 부인하지는 않습니다. 그런데 누구신가에 대해서는 대답이 다릅니다. 세상은 예수님을 최고 성인 중 한 분으로 평가합니다. 간디나 어거스틴 등이 성인인 것처럼 말입니다. 우리는 예수님을 성인 중 한 분으로 생각하지 않습니다. 인류를 죄에서 구원하시기 위해 임마누엘로 세상에 오신 메시야시요 하나님으로 신앙 고백합니다. 예수님은 제자들에게 사람들이 인자를 누구라 하느냐? 물으셨습니다. 제자들이 대답합니다.

> 더러는 침례(세례) 요한, 더러는 엘리야, 어떤 이는 예레미야나 선지자 중의 하나라 하나이다(마 16:15)

예수님께서 제자들에게 너희는 나를 누구라 하느냐?
너희는 나를 누구라 하느냐? 또 물으시자 베드로가 대답합니다.

> 주는 그리스도시요 살아계신 하나님의 아들이시니이다(마 16:16)

인류를 죄악과 파멸로부터 건져주시는 '구세주'의 헬라어는 Χριστός(그리스도, Christ) 히브리어로는 מָשִׁיחַ(메시야, Messiah)'입니다. 그리고 '하나님의 아들'이란 당시 유대교 사회에서 하나님과 동일시되는 호칭이었습니다.

우리에게도 물으셨습니다. "너는 나를 누구라 하느냐?"
우리는 신앙을 고백했습니다. "나의 주님이시요 구세주십니다."
그 위대한 신앙 고백을 하는 자들이야말로 복 있는 사람들입니다.

Prayer .
주님, 사랑하는 이들이 베드로의 신앙 고백을 이루게 하소서.

05 사랑하는 교수님께 드린 편지 ⑹ / 종교와 생명

> 보라 처녀가 잉태하여 아들을 낳을 것이요 _ **마태복음 1:23**

그날, 인간에게 종교는 무엇인가에 관해서도 대화를 나누었습니다. 교수님께서 기독교나 불교나 종교는 궁극적으로 같은 것이 아니겠는가 하고 말씀하셨습니다. 그래서 제가 몰트만 얘기를 꺼냈습니다.

"교수님, 몰트만이라는 신학자가 이렇게 말했습니다. 예수가 이 세상에 가져온 것은 새로운 종교가 아니라 새로운 생명입니다. 하나님을 믿지 않는 분들은 받아들이기가 어렵겠지만, 기독교는 종교가 아니라 생명입니다. 마호메트나 석가모니는 '내가 길과 진리와 생명에 관해 가르치겠다'라고는 말하겠지만, '내가 생명 그 자체다. 내가 진리다. 내가 길 그 자체다'라고 말하진 않습니다. 그런데 예수님은 다르게 말씀하십니다."

그러자 그때 교수님께서 조용히 웃으시면서 말씀하셨습니다.
"내가 곧 길이요 진리요 생명이다. 그렇게 말했지."
"예, 교수님, 맞습니다. 예수님이 세상에 가져온 것은 새로운 종교가 아니라 생명입니다. 그런데 생명은 오직 하나님만이 주실 수 있는 것입니다. 즉 예수님은 하나님이신 것입니다. 그래서 인간 세상에 일어날 수 없는 일로써, 마리아가 성령으로 그분을 잉태하였다고 성경은 기록합니다. 그리고 성경 〈이사야〉에는 이렇게 기록되었습니다.

> 한 아기가 우리에게 났고 한 아들을 우리에게 주신 바 되었는데…그의 이름은…전능하신 하나님이라 영존하시는 아버지라 평강의 왕이라(9:6)

성경 〈빌립보서〉에는 이렇게 기록되었습니다.

> 그는 근본 하나님의 본체시나 하나님과 동등 됨을 취할 것으로 여기지 아니하시고 오히려 자기를 비워 종의 형체를 가지사 사람들 같이 되셨고(빌 2:2-7)

예수님은 사람이 되어 이 땅에 잠시 오신 하나님이신 것입니다.

Prayer

주님, 사랑하는 이들이 생명의 사람들이 되게 하소서.

7 마태복음
06 헨델의 메시야 〈할렐루야〉 합창

> 헤롯 왕 때에 예수께서 유대 베들레헴에서 나시매 … 왕으로 나신 이가 어디 계시냐 _ **마태복음 2:1-2**
> 유대 땅 베들레헴아 … 네게서 한 다스리는 자가 나와서 _ **마태복음 2:6**

〈마태복음〉이 예수님을 소개하는 중심은, 왕이시다는 것입니다. **왕으로 나신 이가 어디 계시냐?** 헨델의 오라트리오 〈메시야〉는 위대한 음악입니다. 알다시피, 런던에서 초연될 때는 객석에 앉아 있던 영국 황제 조지 2세가 할렐루야 합창 부분에서 너무나 감격하여 자리에서 일어났다는 일화가 전해져 옵니다. 그리고 측근은 물론 다른 관객들도 기립했다고 합니다. 그 후로 오늘까지 관습이 되어 〈메시야〉의 할렐루야 합창 때에는 청중이 모두 일어납니다.

> 왕의 왕 주의 주 영원히 다스리시네
> 왕의 왕 주의 주 영원히 다스리시네

그런데 합창을 들을 때 기립하는 것보다 더 중요한 사실이 있습니다. 실지로 예수님이 우리 왕이시요, 영원히 다스리심을 잊지 않을 때, 우리는 인생 어둠과 절망을 떨치고 일어날 수 있다는 것입니다.

내 삶에서, 왕의 자리에 누가 있습니까? 무엇이 있습니까? 예수께서 나의 왕이 되신다는 고백과 선언은, 험난한 세상에서 불굴의 용기로 일어나게 하는 위대한 전승가입니다. 예수 그리스도께서 영원히 다스리시는 왕이시니, 성도는 언제나 어느 곳에서나 영원토록 승리의 왕국 백성들입니다. 따라서 예수 그리스도께서 왕이심을 잊지 않는 것이, 우리 생애를 승리로 이끄는 최대의 관건입니다. 그분이 나의 왕이십니다.

> 왕의 왕 주의 주 영원히 다스리시네

Prayer

주님, 예수 그리스도께서 나의 왕이심을 잊지 않게 하소서.

7 마태복음

07 내가 헤롯 왕이 될 때가 많습니다

> 헤롯 왕 때에 예수께서 유대 베들레헴에서 나시매 … 유대인의 왕으로 나신 이가 어디 계시냐 … 헤롯 왕과 온 예루살렘이 듣고 소동한지라 _ **마태복음 2:1-3**

〈마태복음〉 2장에서 첫 등장인물 헤롯 왕은 소동합니다. 소동했다는 의미는 '심기가 불편해졌다'입니다. 어떤 말을 들었기 때문에 심기가 불편해진 것입니까? 동방 박사들의 소리 때문이었습니다.

유대인의 왕으로 나신 이가 어디 계시냐 우리가 동방에서 그의 별을 보고 그에게 경배하러 왔노라 하니

헤롯은, 내가 왕인데 다른 왕이 온다니! 다른 왕에게 경배하러 간다니! 그러면서 소동하고 예수님을 해하려고 궁리했던 것입니다.

역사 속의 헤롯은 예수님을 왕으로 인정하지 않는 모든 세상 사람들의 대표입니다. 그런데 예수님을 믿는 성도들도 헤롯 왕이 될 때가 많습니다. 입술로는 "나의 왕이십니다, 나의 주이십니다"라고 찬양하고 고백하지만, 실제 삶으로는 내가 왕이 될 때가 많은 것입니다. 거기에 혼돈이 따를 것이고, 불의가 따를 것이고, 균열이 따를 것입니다. 결국에 무너질 것입니다.

예수 그리스도만이 왕이십니다. 우리 산 자의 왕이시요, 세상 떠난 이들의 왕이시요, 영원한 왕이십니다.

Prayer

주님, 입술로는 주님이 나의 왕이시라고 찬양하고 고백하지만, 실제 삶으로는 내가 왕이 될 때가 너무나 많습니다. 내가 왕이 될 때 혼돈과 불의와 균열이 따르고 무너지는 것을 알면서도 반복하는 나의 어리석음과 죄를 용서하소서. 내가 왕이 되고 내가 하나님 되고 내가 주인 되는 교만의 죄를 멀리하게 하소서. 예수님만이 나의 왕이시요, 우리의 왕이시요, 온 세상의 왕이시요, 영원한 왕이심을 분명히 신앙 고백하며 살아가게 하소서.

7 | 마태복음

08 날마다, 천국이 가까이 있는 날 되길 소망합니다

이 때부터 예수께서 비로소 전파하여 이르시되 회개하라 천국이 가까이 왔느니라 _ **마태복음 4:17**

성경 공부를 하던 중에 성도들에게, 하나님을 믿고 신앙생활 하면서 무엇이 달라졌느냐는 질문을 했던 적이 있습니다. 어떤 성도는 감사라고 했습니다. 어떤 성도는 사랑, 어떤 성도는 성실의 자세, 어떤 성도는 평안과 여유, 어떤 성도는 회개, 어떤 성도는 구제와 봉사라고 했습니다. 하나님 믿고 난 후 무엇이 달라졌는지에 대해 저마다 의미 있는 답변이 있을 것입니다. 좋고 긍정적이며 필요한 변화입니다!

그런데 이러한 내용은 성도가 아닌 사람들 인생에서도 나타날 수 있는 변화입니다. 좋은 책 읽으면서, 훌륭한 세미나 들으면서, 좋은 사람 만나면서, 시민 단체 속하여 활동하면서 감사와 사랑과 성찰과 가난한 이들을 위한 봉사의 삶으로 변화될 수 있습니다.

하나님을 믿고 난 후 무엇이 달라졌습니까? 가장 중요하고 핵심적인 답변 하나는 천국 소망입니다. 아니, 이 답변이 없다면 진실로 크리스천 맞는 것이겠습니까? 성도는 천국을 약속 받게 될 것입니다. 그런데 천국, 곧 하나님 나라는 죽음 후에 가는 미래뿐만이 아닙니다. 오늘 하루하루 누릴 수 있는 현재 하나님 나라까지 포함되어 있습니다. 그래서 예수님은 "천국이 가까웠느니라!"라고 말씀하시는 것입니다. 얼마나 가까이에 있느냐? 영어 성경으로 보면 'is at hand'로 옮겨 놓았습니다. 손만 뻗으면 닿을 수 있는, 그렇게 가까운 곳에 있다는 것입니다.

원래 내 욕심과 내 자아가 주인인 '내 나라'뿐이었는데, 예수님 믿고 그분이 통치하시는 하나님 나라가 시작되었습니다. 장차 완전히 오게 될 그 나라는 오늘도 역동적으로 도래하고 있습니다. 하루하루 우리의 날들이, 천국이 가까이 있는 날 되길 소망합니다.

Prayer

주님, 오늘 하루의 삶에도 주님 나라가 힘있게 임하게 하옵소서.

7 마태복음

09 벼랑 끝에 있는 자는 복이 있나니, 천국이 저의 것임이요

심령이 가난한 자는 복이 있나니 천국이 그들의 것임이요 _ **마태복음 5:3**

래리 크랩의 〈하나님의 러브레터〉에서는 "심령이 가난한 자는 복이 있도다!"라는 말씀을 이렇게 해석합니다. "벼랑 끝에 있는 자는 복이 있다"(p. 304)

세상을 붙들려고 하다가 세상 벼랑에 서고, 사람을 붙들려고 하다가 사람 벼랑에 서고, 벼랑에 섰습니까? 그래서 그 벼랑에서 예수님만이 나의 진정한 소망임을 깨달으면 복이 있다는 것입니다. 그런데 그 복이 무엇이라고 말합니까? "천국이 너희 것이라"

하나님은 복 주시는 분입니다. 그런데 복 중의 복이 있습니다. 바로 하늘나라의 복/천국의 복입니다. 크리스천이 된다는 것은 무엇을 의미할까요? 여러 가지로 표현될 수 있지만, 가장 중요한 개념 중 하나는 이제 하나님 나라 백성이 되었다는 것입니다. 그런데 우리가 명심해야 할 것은, 천국은 죽음 후에 가는 미래 천국뿐만이 아니라, 오늘 하루하루 누릴 수 있는 현재 천국까지 포함되어 있다는 사실입니다. 그래서 예수님은 "천국이 가까웠느니라!"라고 가르치시는 것입니다. 영어 성경 보면 "is at hand!"로 옮겨 놓았습니다. 곧, 천국은 손만 뻗으면 닿을 수 있는, 그렇게 가까운 곳에 있다는 것입니다. 이토록 가까이 있는 천국을, 너희의 삶 속에서, 충만하게 누리면서 살라는 것입니다.

그러나 실제로는 충만하게 누리지도 못하고 소망도 하지 않으며 사는 주요한 이유 중 하나는 천국보다 더 좋아 보이는 것들이 이 세상에 너무나 많기 때문일 것입니다. 오늘날은 돈과 소비의 힘이 막강하고, 쾌락의 힘이 막강하고, 과학과 의학도 발달하고, 너무너무 편리하고 즐기기 좋은 세상이 되어버린 것입니다. 세상 나라에 매료되고 중독이 되니 하나님 나라/천국을 놓치는 것입니다. 사탄도 가만히 있을 리가 없는 것입니다.

이기적이고 세리 마태는 같은 유대인들에게 무시를 받고 외로웠던 사람이었습니다. 그런데 절망과 벼랑에서 예수님을 만나 예수님과 사랑의 관계가 맺어져 행복한 사람이 되었습니다. 천국이 마태의 것이 되었기 때문입니다.

Prayer

주님, 나에게 심령이 가난한 복을 주소서.

7-10 마태복음

사랑하는 교수님께 드린 편지 7 / 절망하는 사람

심령이 가난한 자는 복이 있나니 천국이 그들의 것임이요 _ **마태복음 5:3**

'심령이 가난한 자는 복이 있도다'라는 말씀을 이렇게 해석한 것을 참 좋아합니다. '절망하는 자가 복이 있도다.'
깊은 사랑을 나누었던 교수님과 대화를 나누다가 이런 말씀을 드렸습니다.

교수님, 그런데 절망하는 사람이 복이 있습니다.
세상에 절망하고, 사람에 절망하고, 자신에게 절망할 때, 복이 있습니다.
왜냐하면, 그때 하나님을 만나기 때문입니다.

이 세상 길에서 내가 만나는 사랑하는 모든 이들이, 세상에 절망하고 사람에게 절망하고 자신에게 절망하길 소망합니다.

절망 속에서, 절대 희망이신 하나님을 찾게 되길 소망합니다.
하나님을 찾고 참 기쁨이 샘솟길 소망합니다.
하나님 안에서 영원한 행복이 시작되길 소망합니다.

절망하는 그 사람이, 희망이 있습니다. 복이 있습니다.

Prayer

주님, 나로 절망 속에서 하나님을 더 간절히 찾고 더 가까이 만나게 하소서. 주님, 이 세상 길에서 만난 사랑하는 모든 이들이, 세상에 절망하고 사람에 절망하고 자신에게 절망하고, 그리하여 절대 희망이 되시는 예수 그리스도를 만나는 은총을 베풀어 주소서. 그래서 그들이 생명의 복된 강에 들어오게 하시고, 영원한 행복의 바다에 이르도록 긍휼을 베풀어 주소서.

7 | 마태복음
11 윤동주의 〈팔복〉 / Felix culpa (펠릭스 쿨파)

애통하는 자는 복이 있나니 그들이 위로를 받을 것임이요 _ 마태복음 5:4

세상은 어떻게든 슬픈 마음을 피하고 싶어 합니다. 그런데 예수님께서 가르치시는 인생 진리는, 애통하고 아파하는 자가 복 있다는 것입니다. 그런데 무엇을 애통하고 아파하는 것을 말합니까? 자신의 죄입니다. 자기 허물과 죄를 돌아보며 애통하고 회개하는 자가 행복하다고 말씀하시는 것입니다. '회개'라는 단어는 부정적으로 들릴 수 있겠지만, 가장 희망적이고 가장 아름다운 승리의 단어입니다.

신실한 크리스천 윤동주 시인의 〈팔복〉이라는 시가 있습니다.

슬퍼하는 자는 복이 있나니
슬퍼하는 자는 복이 있나니
슬퍼하는 자는 복이 있나니
슬퍼하는 자는 복이 있나니
슬퍼하는 자는 복이 있나니
슬퍼하는 자는 복이 있나니
슬퍼하는 자는 복이 있나니
슬퍼하는 자는 복이 있나니
저희가 영원히 슬플 것이오

성 어거스틴(Augustinus Hipponensis, 354~430, 4세기 북아프리카인 알제리 및 이탈리아에서 활동한 기독교 신학자, 성직자, 교부은 'Felix culpa, 펠릭스 쿨파')라는 말을 했습니다. 영어로는 'Oh happy sin'입니다. 죄가 기쁘다는 것이 아닙니다. 죄를 깨닫게 되어서 기쁘다는 것입니다. 죄를 깨닫고 아파하며 거룩한 하나님께 자복할 수 있어서 기쁘다는 것입니다. 예수께서 말씀하십니다.

애통하는 자는 복 있나니.

Prayer

주님, 나의 허물과 죄 때문에 슬퍼하는 자가 되게 하소서. 그리하여 기뻐하는 사람으로 살고 복된 사람으로 살게 하소서.

7

12

마태복음

세상일에 크게 흔들리지 않는 온유를 주십시오

온유한 자는 복이 있나니 그들이 땅을 기업으로 받을 것임이요 _ **마태복음 5:5**

대형 교회에서 20여 년 부목사로 섬겨 왔던 친구가 개척을 했습니다. 20여 년 동안 목회 현장에서 얼마나 많은 경험을 했겠습니까. 그리고 산전수전 다 겪었기에 얼마나 강하고 담대하게 연단되었겠습니까. 그런데 그 교회 여름 수양회 출발 당일에 아침부터 많은 비가 내렸습니다. 그래서 문득, 위로의 문자 한 통을 보내었습니다.

초원에서 여행객이 목동에게 물었습니다. "오늘 날씨가 어떨 것 같소."
목동이 대답했습니다. "내가 좋아하는 날씨라오."
여행객이 다시 물었습니다. "댁이 좋아하는 날씨라니요?"
목동이 말했습니다. "나는 오늘 내게 주어진 것에 감사하며 좋아해야 행복해진다는 것을 배웠습니다. 그러니 오늘도 내가 좋아하는 날씨가 될 것은 분명하오."

이렇게 문자를 보내었더니, 조금 후에 답신이 왔습니다.

날씨도 안 좋고 예상보다 적은 인원이 가서 마음이 좀 불편하고 안 좋았는데. 위로가 된다. 고맙다.

인생 날씨가 험악할 때 불평이 생기고, 화가 나고, 심지어 좌절감에 빠져듭니다. 주님께서 말씀하십니다. 온유한 자는 복이 있도다. 온유의 헬라어 원어 '프라우스(πρανσ)'는 야생마 훈련 과정에 쓰인 단어입니다. 즉, 야생마 같은 모습이 변화되어 주님 주권을 인정하며 평정을 유지하는 내면의 힘이 내 안에 온유를 주소서. 인생 날씨가 험악할 때에도 나의 영혼이 주님만 바라며 요동치 않는 온유한 마음을 주십시오. 세상 모든 일에 크게 흔들리지 않게 하십시오.

나의 영혼이 잠잠히 하나님만 바람이여 나의 구원이 그에게서 나오는도다 … 내가 크게 흔들리지 아니하리로다(시 62:1-2)

Prayer .

주님, 그리스도의 온유한 제자로 살게 하소서. 온유의 마음 주소서.

13. 나에게 가장 최선의 것을 더해주실 것입니다

> 너희는 먼저 그의 나라와 그의 의를 구하라 그리하면 이 모든 것을 너희에게 더하시리라
> _ 마태복음 6:33

'너희는 먼저 하나님의 나라와 의를 구하라!'는 명령은 하나님 나라에 다시 태어난 크리스천들의 역사적 사명입니다. 그리고 때로 부족하고 실패해도, 때로 버겁고 지쳐도, 신앙을 추스르며 계속해서 먼저 그 나라와 구하며 살아가면 하나님의 약속이 무엇입니까? '이 모든 것을 더하시리라.'입니다.

그런데 우리는 인생의 그때그때 무엇이 더해져야 좋은지 잘 모릅니다. 돈이 더해지는 것이 지금 내게 가장 좋은 인생인지? 성취가 더해지는 것이 지금 내게 가장 좋은 인생인지? 가족 화평이 더해지는 것이 가장 좋은 인생인지? 자녀가 꽃길을 걸으며 성공하는 것이 가장 좋은 인생인지? 우리는 올바르게 알지 못합니다. 그러나 예수님은 완전히 아십니다. 먼저 하나님 나라와 의를 구하라는 말씀에 순종하며 살아가는 이들에게 무엇이 더해지는 것이 최선의 인생인지 주님은 아십니다. 과거도, 현재도, 미래도, 영원까지도 아시는 하나님께서는 내게 무엇이 더해지는 것이 최선의 인생인지 아십니다. 예수 그리스도께서 성도들에게 약속하십니다.

> 먼저 하나님의 나라와 의를 구하라 그리하면 이 모든 것을 더하시리라

어떻게 그리고 언제 더하시는지 알 수 없지만 약속하셨습니다. 하나님 약속에 대해서 〈민수기〉는 이렇게 기록되어 있습니다.

> 하나님은 사람이 아니시니 거짓말을 하지 않으시고 인생이 아니시니 후회가 없으시도다 어찌 그 말씀하신 바를 행하지 않으시며 하신 말씀을 실행하지 않으시랴(민 23:19)

먼저 그 나라와 의를 구한다면, 주께서 모든 것을 더하십니다.

Prayer

주님, 마태복음 6:33이 매일의 사명이 되게 하소서.

7 | **마태복음**

14 주님을 멀찍이 따라가며 대강 세상과 타협하면

> 베드로가 멀찍이 예수를 따라 대제사장의 집 뜰에까지 가서 그 결말을 보려고 안에 들어가 하인들과 함께 앉아 있더라 _ 마태복음 26:58

우리는 예수님을 따라갑니다. 그런데 가까이 따라갈 때가 있는가 하면 멀찍이 따라갈 때도 있습니다. 베드로는 예수님을 멀찍이 따라갔습니다. 주님을 멀찍이 따라가면서 예수님을 세 번 부인했습니다. 신앙인들이 주님을 멀찍이 따르다 보면 조롱당하며 수치스러운 인생이 됩니다. 베드로는 당시 가장 약자인 여종에게까지 추궁당했습니다(마 26:69). 그들 앞에서 예수님을 모른다고 했습니다. 그들은 베드로를 보면서 혀를 찼을 것입니다. 예수 따라가는 제자로 살더니, 로마 군병에게 잡혀가자 발뺌한다며 혀를 찼을 것입니다. 베드로의 신앙을 비웃었을 것입니다.

주님을 멀찍이 따르며 세상과 대강 타협하면 사람들이 좋아하고 반겨주는 것 같습니다. 단순한 예를 들면 예배 빠지며 지인들과 모임에 어울려 주고, 신앙 원칙보다 적당히 타협하며 세상 형편 고려하면, 사람들이 좋아하고 반겨주는 것 같습니다. "당신은 꽉 막히지 않고 융통성 있는 신자라 참 좋아. 기독교를 강요하지 않아서 참 좋아. 고리타분하지 않은 교인이라서 참 좋아." 이렇게 세상이 좋아하고 반겨주는 것 같지만, 실제로는 그렇지 않습니다. 결국에 우습게 봅니다. 세상이 속으로 혀를 차며 조롱할지도 모릅니다.

목회자로서 성도들의 죽음을 지켜볼 때, 많은 이들이 죽음 앞에서 후회하는 것을 보게 됩니다. 주님께 더 가까이 나가서 헌신하지 못하고 멀찍이 따라간 삶을 후회합니다.

베드로가 닭 우는 소리와 함께 심히 울며 통곡했고 가슴 치며 후회하는 모습을 봅니다(마 26:74-75).

Prayer

주님, 오늘도 주님을 멀찍이가 아니고 가까이 따라가게 하소서.

성경 마흔한 번째 책, 마가복음

우리를 찾아오시고 초청하십니다

> 갈릴리 해변으로 지나가시다가 시몬과 그 형제 안드레가 바다에 그물을 던지는 것을 보시니 그들은 어부라 예수께서 이르시되 나를 따라오라 내가 너희로 사람을 낚는 어부가 되게 하리라 하시니
> _ 마가복음 1:16-17

주님께서 베드로와 안드레에게 '나를 따라오라'라고 초청하십니다.
주님은 우리에게도 따라오라고 제자의 삶으로 초청하십니다.
주께로 초청받은 어느 성도님이 감사의 카톡 글을 보내왔습니다.

살면서…. 제가…제 아이들과 함께 교회를 다닐 거라고 상상은 해봤으나, 실제로 이렇게 될 줄은….
좋은 분들이 이끌어 주셔서, 하나님의 초청으로 이렇게 좋은 분들과 좋은 곳에서 함께 시간을 가질 수 있어서 무척 좋습니다.
우연이 아니라고, 저와 아이들은 이 하나님의 초청이 우연이 아니라고 믿습니다.

주님은 우리를 찾아오시고 제자의 삶으로 초청하십니다. 우리의 온 생애는 나를 찾아오시는 주님 사랑으로 가득합니다. 때로는 사람을 통해서 주님께서 나를 찾아오시며 초청하십니다. 때로는 따뜻한 도움의 손길을 통해서, 때로는 질병이나 실패 등의 고통과 좌절을 통해서, 그리고 때로는 가슴에 새겨지는 진리의 말씀을 통해서 주님께서 나를 찾아오십니다. 나의 온 삶을 통해서 사랑의 주님은 나를 찾으시고 초청하시는 것입니다.

2000여년 전 인간의 몸으로 제자들을 찾아오신 예수님께서, 오늘도 여전히 우리를 찾아오시며 제자의 삶으로 초청하고 계십니다.
사랑의 주님은 날마다 아침마다 새롭게 찾아오시고 초청하십니다.
주님의 찾아오심과 초청을 외면하거나 거절하거나 무관심하지 않았는지를 돌아보며 회개합니다. 주님, 오늘도 주님을 따르게 하소서.

Prayer

주님을 외면하거나 무관심하지 않았는지 돌아보며 회개하여 주님을 따르게 하소서.

마가복음

16. 당연한 크리스천, 이상한 크리스천

> 무리와 제자들을 불러 이르시되 누구든지 나를 따라오려거든 자기를 부인하고 자기 십자가를 지고 나를 따를 것이니라 _ 마가복음 8:34

예수님을 믿고 경건과 충성으로 살려면 많은 어려움을 겪습니다.

예수 그리스도 안에서 하나님의 뜻대로 살고자 하는 사람들은 고난을 겪게 될 것입니다(딤후 3:12).

하나님 뜻에 순종하며 경건하게 살려는 신앙인들은 왜 어려움을 받을 수밖에 없습니까? 주님 나라 백성으로 새롭게 태어난 사람은 이 세상 나라의 것과는 근본적으로 다른 주님 나라의 가치관을 받아들이게 됩니다. 세상은 돈과 성취와 권력이 주도하는 약육강식이 근간을 이룹니다. 그런데 주께서는 내 것을 내어주라는 것입니다. 시간을 희생하고 모이기에 힘쓰라는 것입니다. 편안한 잠자리를 희생하고 말씀을 묵상하며 기도에 전력하라는 것입니다. 내 감정을 내려놓고 용납하며 참으라는 것입니다. 소유를 희생하고 물질을 드리라는 것입니다.

이러한 말씀에 순종하려니 어떻습니까? 당연히 어려울 수밖에 없는 것입니다. 주님의 가치관과 다른 이 세상에서 별 곤란을 받지 않고 손해나 불편 없이 살아간다면 그것이 오히려 이상한 일인 것입니다.
당연한 크리스천으로 살아가고 있습니까?
아니면 이상한 크리스천으로 살아가고 있습니까?

예수님은 '무리와 제자들을' 불러 말씀하십니다. 누구든지 나를 따라오려거든 자기를 부인하고 자기 십자가를 지고 따를 것이니라. 이 말씀을 들은 '무리' 중에 섬김의 십자가를 지고 충성스럽게 주님을 따라가겠다고 결심하는 '제자들'이 생겨납니다. 주님을 따라가면서 곤란한 일을 당하는 것은 당연합니다. 그것은 예수님의 영광된 제자로 살고 있다는 증거입니다. 아멘.

Prayer

주님, 무리가 아니라 제자로 살아가게 하소서.

우리는 'Blessing'의 행복한 사람들입니다

이는 길에서 서로 누가 크냐 하고 쟁론하였음이라 _ 마가복음 9:34

한번은 청년이 이런 말을 했습니다.

"저는 교회에 나오기 전에는 이 단어를 몰랐습니다. 섬김이라는 단어요."

얼마나 감사한 일입니까! 하나님 섬기는 값진 인생 살 수 있어서. 교회와 형제자매를 섬기는 값진 인생 살 수 있어서. 세상을 섬기는 값진 생애 살 수 있어서. 누군가를 주님 사랑으로 섬기는 값진 생애 살 수 있어서. 섬김이라는 그 은혜의 삶으로 주께서 초청해 주셔서. 많은 것을 가지고 있어서 행복한 것처럼 보여도, 섬김이 없다면 사실은 초라하고 왜소한 삶입니다. 섬김이야말로 크고 부요하고 행복한 삶입니다.

한번은 제자들 사이에서 '누가 크냐?'라는 문제로 논쟁이 벌어졌습니다. 주께서 말씀하십니다. "섬기는 자가 크다." 성취를 얼마나 이루었느냐? 소유가 얼마나 많으냐? 이것으로 인간의 크고 작음을 평하는 타락한 세상에서 주님은 말씀하십니다. "섬기는 자가 크다."

성경에서 '행복'에 해당하는 영어는 'Happiness'가 아니라 'Blessing'입니다. 해피니스는 'happen'이라는 어원의 파생 단어로 '우연히 일어나다'의 뜻이 있습니다. 즉 예측할 수 없는 세상만사에 의해 행복이 좌우됩니다. 돈, 건강, 인간관계, 성취 등을 의지하며 행복을 지키고자 힘쓰지만, 내 의사와는 상관없이 불현듯 일어나는 비바람 앞에서 행복은 순식간에 무너집니다. 사람들은 모래 위의 성과 같은 happiness에 걸려 비틀거립니다. 반면 블레싱의 어원은 'bleed/피 흘리다, 희생하다'의 뜻입니다. 즉, 주님이 피 흘리며 희생으로 섬기셨듯이 우리 역시 섬기며 살아야 하고, 섬김의 삶에 참된 행복이 있다는 진리를 가르치는 것입니다.

우리는 'Happiness'가 아니라 'Blessing'의 행복한 사람들입니다.

주님, 우리가 'Blessing'의 행복한 사람들로 살아가게 하소서.

7 마가복음

18 옥한흠 목사님의 설교 중에서

만일 소금이 그 맛을 잃으면 무엇으로 이를 짜게 하리요 _ **마가복음 9:50**

한국 교계에 최고 존경을 받았던 옥한흠 목사님이 암으로 죽음을 맞이하시기 전에 상암동 월드컵 경기장에서 초교파 부활절 연합 집회 설교자로 서신 적이 있습니다. 세속주의에 물들어가는 한국 교회와 성도를 향한 유언과 같이 애끓는 심정의 설교 중 내용입니다.

지금도 우리 한국 교회는 이런 것을 자랑하고 있습니다. 교인 숫자가 천만의 성도라고, 세계 제일의 교회들이 있다고, 새벽을 깨우는 대단한 열심, 남에게 뒤지지 않는 헌신, 만 명이 넘는 선교사들을 배출했다고, 많은 헌금이 거두어들여 진다고, 대형 교회 건축을 하고 있다고.

그러나 우리는 이 사회가 한국 교회를 불신하고 있다는 것을 알아야 합니다. 목사의 신뢰도는 오래전부터 하위권입니다. 전도해도 잘 받아들이지 않습니다. 무종교자들에게는 기독교가 제일 인기가 없습니다. 사랑, 사랑하면서 교회는 왜 그렇게 잘 싸우느냐고 비아냥거립니다. 예수를 믿는 우리가 자기들보다 더 정직한 데가 어디 있느냐고 따져 묻습니다. 돈을 사랑하는 데는 자기들과 똑같다고 봅니다.

솔직히 말해서 예수 믿는 우리의 도덕성, 가치관, 처세관을 놓고 보면 세상 돌아가는 쪽으로 더 많이 기울고 있다는 것을 숨길 수가 없습니다. 우리도 모르게 우리는 세속주의 늪에 빠져 허우적거리고 있는 모습을 세상 앞에 그대로 보여주고 있는 것입니다. 이처럼 교회가 소금으로서의 짠맛을 잃으면, 우리보다 더 악한 세상 사람들의 발에 밟히도록 내던져지는 것이 주님의 징계요 심판입니다. 지금 한국 교회가 그런 끔찍한 상황에 놓여 있지 않은지 두려운 마음을 금할 수 없습니다.

목사님이 세상을 떠나신 지 오래 된 오늘날, 소금으로서의 짠맛을 잃어서 세상 사람들 발에 계속 밟히지 않았는지 두려운 마음 금할 수 없습니다. 예수님께서 말씀하십니다(마 5:13, 14). 너희는 세상의 소금이니! 너희는 세상의 빛이라!

Prayer •

주님, 우리로 세상의 소금이요 빛이 되게 하소서.

7 마가복음

19 섬김의 가장 본질은 '용서 / 받아들임'입니다

> 인자가 온 것은 … 섬기려 하고 자기 목숨을 많은 사람의 대속물로 주려 함이니라 _ 마가복음 10:45

〈마태복음〉에서 주님을 소개하는 중심 메시지 하나가 '왕으로 오신 그리스도'시라면 〈마가복음〉은 '섬김의 종으로 오신 그리스도'입니다. 그런데 예수님께서 행하신 섬김의 가장 본질적인 것은 '용서'입니다. '받아들임'입니다. 〈로마서〉에서는 이렇게 말씀하십니다.

> 그러므로 그리스도께서 우리를 받아 하나님께 영광을 돌리심과 같이 너희도 서로 받으라(롬 15:7)

우리는 이 말씀을 알면서도, 왜 그토록 순종이 어려운 것일까요?
죄인인 내가 주님이 십자가에서 흘리신 피로 용서받았음을 알면서도, 왜 다른 사람을 용서하고 받아들이기는 그토록 힘이 드는지요? 자기 편 사람에 대한 이해와 용납은 무조건적이면서도, 상대 편 사람들에 대해서는 왜 그리 마음이 옹졸한지요? 왜 그토록 못마땅해하는지요? 왜 쉽게 판단하고 돌을 던지는지요?

> 너희가 너희를 사랑하는 자를 사랑하면 무슨 상이 있으리요 세리도 이같이 아니하느냐(마 5:46)

주님의 이 말씀을 알면서도, 왜 우리는 나를 사랑하는 사람에게만 이해와 사랑이 바다만큼 넓은지요?

주님. 오늘도 우리는 받아들이지 못하고 용서하지 못했습니다.
주님. 그토록 이기적이며 강퍅한 우리를 긍휼히 여겨 주십시오.
주님. 내 죄를 용서하시기 위해 십자가 죽임당하심을 깊이 묵상하면서,
내일은 또다시 받아들이고 용서하는 섬김을 시도하게 도와주소서.

Prayer

주님, 오늘도 우리는 받아들이지 못하고 용서하지 못했습니다.
주님, 그토록 이기적이며 강퍅한 우리를 긍휼히 여겨 주십시오.
주님, 내 죄를 용서하시기 위해 십자가 죽임 당하심을 깊이 묵상하면서,
내일은 또다시 받아들이고 용서하는 섬김을 시도하게 도와주소서.

7 성경 마흔두 번째 책, 누가복음

나의 데오빌로 Theophilus

데오빌로 각하에게 _ **누가복음 1:3**
데오빌로여 _ **사도행전 1:1**

〈누가복음〉은 예수님의 제자 누가가 하나님의 영감을 받아서 데오빌로의 믿음을 도우려고 쓴 글입니다. '각하'의 의미는, 그냥 높임말 '님/귀하'로 생각하면 됩니다. '데오빌로(Theophilus)'라는 이름에는 깊은 뜻이 담겨 있습니다. Theos(하나님)라는 단어와 Philos(사랑 우정)라는 단어의 합성어로서, '하나님이 사랑하시는 자'라는 의미입니다. 제자 누가는 이렇게 서신을 쓰고 있는 것입니다. '하나님이 사랑하시는 자 데오빌로 당신이 그리스도를 믿게 되기를 바랍니다. 당신의 믿음이 자라나며 견고하여 흔들리지 않기를 바랍니다.'

내 삶 가운데 있는 나의 데오빌로는 누구입니까? 내 인생에 들어와 있는 나의 데오빌로는 누구입니까?

이 묵상집은 데오빌로에게 전하는 사랑의 편지이고 선물입니다.
데오빌로를 생각할 때, 그리움이 있고 간절함이 있습니다.
데오빌로를 생각할 때, 안타까움이 있고 미안함도 있습니다.
그를 생각하면, 지칠 때도 있지만 기다림을 접지 않습니다.
애타는 슬픔도 있지만, 깊은 기쁨도 준비되어 있음을 압니다.
오늘도 '하나님 사랑하시는 자' 데오빌로 당신 위해 기도합니다.
그리고 기도하기를 쉬는 죄를 범치 않으려고 다짐도 해 봅니다.
십자가 희생 죽음이 당신을 위한 사랑임을 알기를 원합니다.

'견고하여 흔들리지 말라!'

데오빌로 당신을 향한 주님 말씀임을 알기를 원합니다.
우리는 모두 데오빌로, 하나님께서 사랑하시는 자입니다.

Prayer
주님, 데오빌로를 기억하시고 큰 은혜를 베풀어 주소서.

7 | 누가복음
21 잊혀가고 사그라져 가는 소원과 기도 제목

> 제자 야고보와 요한이 이를 보고 이르되 주여 우리가 불을 명하여 하늘로부터 내려 저들을 멸하라 하기를 원하시나이까 예수께서 돌아보시며 꾸짖으시고 _ **누가복음 9:54-55**

주님과 제자들이 사마리아에 들르시려고 했습니다. 그런데 사마리아인들과 유대인들은 적대 관계였기 때문에 자기 마을 통과를 거절했습니다. 그러자 야고보와 요한은 분노하며, "불을 명하여 하늘로부터 내려 저들을 모두 멸하라"고 하면 어떻겠냐고 묻습니다. 그러자 주께서 꾸짖으셨습니다.

주님은 "나는 마음이 온유하고 겸손하니!"(마 11:29)라고 말씀하셨습니다. 〈누가복음〉이 예수님을 소개하는 중심 메시지 하나가 '완전하고 이상적인 인간'입니다. 〈누가복음〉이 기록된 당시 사회를 지배했던 그리스 철학의 중심 사상은 '완전한 인간'이었습니다. 아리스토텔레스는 덕이 완성된 인간을 이상적으로 보면서, 덕의 완성이란 지적인 덕과 도덕적인 덕이 조화를 이루는 것이라 했습니다. 플라톤은 이성이 기개와 욕구를 잘 제어하여 이성에 따라 살아가는 철인을 이상적 인간상이라 했습니다.

그런데 완전하고 이상적인 인간이 이 세상에 있겠습니까? 아무도 없습니다. 당시의 철학 사상을 꿰뚫고 있었던 의사 누가는 오직 예수님만이 인간의 완전성을 이루실 수 있음을 알려주는 것입니다. 왜냐하면 예수님은 하나님이시요. 참 인간이시기 때문입니다.

세속적 사회 속에서 눈에 보이는 외모와 소유를 향한 간절함은 더욱 커갑니다. 눈에 보이지 않는 내면의 신앙 성숙을 위한 기도 제목들은 사그라들고 있습니다. 그중 하나가 예수님 닮기 원하는 소원과 기도 제목입니다.

Prayer

찬송가 452장을 찬양하며 기도합니다.
내 모든 소원 기도의 제목 예수님 닮기 원함이라 / 예수님 형상 나 입기 위해 세상의 보화 아끼잖네
예수님 닮기 내가 원하네 날 구원하신 예수님을 / 내 마음 속에 지금 곧 오사 주님의 형상 인치소서

7	**누가복음**
22	# 가르쳐 주시니 얼마나 감사합니까!

제자 중 하나가 여짜오되 … 우리에게도 (기도를) 가르쳐 주옵소서 _ **누가복음 11:1**

예수님 제자 중 한 명이 기도를 가르쳐 달라고 말합니다. 제자는 재산 증식 비결을 가르쳐 달라고 한 것도 아니고, 건강 유지 방법을 가르쳐 달라고 한 것도 아니고, 자녀 잘 기르는 방법이나 가정 화목 비결을 가르쳐 달라고 한 것도 아니고, 기도를 가르쳐 달라고 했습니다. 그러자 예수님께서는 '너희는 이렇게 기도하라!'라고 〈주기도문〉을 가르쳐 주신 것입니다. 가르쳐 주시니 얼마나 감사한 일입니까! 주님 가르침을 우리 지혜로는 다 알 수가 없고 다 이해하지 못하나, 가장 최선의 인생길을 가르쳐 주시니 얼마나 감사한 일입니까! 때론 실패해도 때로 방황해도, 가르쳐 주신 그 길로 또다시 따라가면 되니까 얼마나 감사한 일입니까!

주님께서 귀로 듣기만 하라고 가르치시는 것이 아니고, 마음에 담아만 두라고 가르치시는 것이 아니고, 배운 대로 행하며 기도하라고 가르치시는 것입니다. 행함이 없는 믿음은 '죽은 믿음!'입니다.

> 하늘에 계신 우리 아버지여
> 이름이 거룩히 여김을 받으시오며 나라가 임하시오며
> 뜻이 하늘에서 이루어진 것 같이 땅에서도 이루어지이다
> 오늘 우리에게 일용할 양식을 주시옵고
> 우리가 우리에게 죄 지은 자를 사하여 준 것 같이
> 우리 죄를 사하여 주시옵고
> 우리를 시험에 들게 하지 마시옵고
> 다만 악에서 구하시옵소서
> 나라와 권세와 영광이
> 아버지께 영원히 있사옵나이다 아멘 (주님 가르치신 기도문, 마 6:9-13)

Prayer .

주님, 주기도문대로 기도하고 행하며 살아가는 은혜를 주소서.

7 누가복음

23 한국 교회는, 눈물이 없는 것 같습니다

가까이 오사 성을 보시고 우시며 _ **누가복음 19:41**

예수님을 닮아간다고 할 때, 결국은 그분의 사랑입니다. 〈누가복음〉에서 예수님 사랑을 감동적으로 보여주는 성경 구절 한 곳이, 19:41입니다. 가까이 오사 성을 보시고 우시며. 백성의 죄악과 무지와 그로 인한 멸망 때문에 우신 것입니다. 눈물은 깊은 사랑입니다.

중국 신학교 졸업한 후 목회하던 중국인 목회자 2명이 한국을 방문하여 목사 시취(試取) 고시를 보게 되었습니다. 중국 신학교 설립 때부터 신학 강의를 하러 다녔던지라 시취위원 자격으로 그들을 만났습니다. 여러 질문 중 이런 질문도 했습니다.

한국 교회를 보면서 배워야 할 장점 한 가지와 주의해야 할 단점 한 가지를 생각해보겠습니까?

한 사람이 먼저 말했습니다. 통역으로 들려준 답변은 이것이었습니다.

한국 교회는 편안하고 안정되었는데, 눈물이 없는 것 같습니다.

그 답변을 듣고 마음이 부끄럽고 아팠습니다.
우리는 눈물이 없어졌는가?
눈물은, 예수님을 향한 깊은 사랑입니다.
그리고 영혼들을 향한 깊은 사랑입니다.

Prayer

주님, 우리는 편안하고 안정되었습니다. 주님, 그런데 우리는 눈물이 메말라갑니다. 우리를 긍휼히 여기시고, 깊은 사랑의 눈물을 회복하게 하시고, 그 사랑을 가지고 살아가게 하소서.

7 **누가복음**

24 아픈 흔적이 있습니까? 행복의 궤적이 됩니다

가까이 오사 성을 보시고 우시며 _ 누가복음 19:41

카톡 한 통을 받았습니다. "목사님, 울면서 기도했던 적이 언제였는지 기억이 안 나네요. 그러면 안 되는데 세상에 적응해버린 것 같네요."

우리는 세상에 쉽게 적응해 갑니다. 현대 크리스천들에게 있어 강력한 우상 하나는 더 안전함, 더 편안함, 더 쾌적을 향하는 욕구입니다. 그러다 보니 예수님 향한 나의 사랑과 충성의 기준이나, 한 영혼 영혼을 향한 나의 사랑과 섬김의 기준이 점점 낮아집니다. 그래서 '참 이상한 현상이 일어납니다.' 칭찬 들을 만한 헌신이 아니라 기본적이고 당연한 순종인데도 칭찬 듣는 현상이 일어나는 것입니다. 현대 사회 분위기인 편안함과 안락함과 쾌적함의 추구와 욕망 속에서, 내 신앙 기준을 낮추고 있지는 않은지 돌아봅니다.

올바른 사랑과 섬김에는, 부족한 순종에 대한 회개가 있습니다.
어떻게 하면 더 헌신할 수 있을까 하는 고뇌가 있습니다.
눈물의 기도가 있고 아픔도 있고 고생도 있고 포기도 있습니다.
사랑하고 섬기기 위해서 아픈 흔적이 있다면,
오늘 하루도 고생한 흔적이 생겼고 포기한 흔적이 생겼다면,
그 아픔과 수고는 절대 헛되지 않으며, 별처럼 빛나는 것입니다.
값지고 행복한 인생을 경험하며 살아간 궤적이 되는 것입니다.

그러므로 내 사랑하는 형제들아 견실하며 흔들리지 말고
항상 주의 일에 더욱 힘쓰는 자들이 되라
이는 너희 수고가 주 안에서 헛되지 않은 줄 앎이라(고전 15:33)

Prayer
주님, 사랑하고 섬기다가 아파하는 흔적이 있는 삶이게 하소서.

7 누가복음

25 〈누가복음〉에서는 기도가 강조됩니다
I am a doctor

예수께서 그들에게 항상 기도하고 낙심치 말아야 할 것을 _ **누가복음 18:1**

비행기가 착륙하여 출구를 향해 나가려고 할 때, 갑자기 뒤쪽에서 비명이 들렸습니다. "익스 큐즈 미! 익스 큐즈 미!" 여자가 울부짖으며 승객들을 비집고 내 옆까지 달려 나오고 있었습니다. 여자의 팔에는 3~4살쯤 된 남자아이가 안겨 있었는데, 스쳐 가는 아이의 얼굴이, 눈을 뜬 채 초점을 잃고 기절한 듯 죽은 듯 보였습니다. 순간적으로 기도했습니다. 주님 저 불쌍한 아이를 구해주십시오. 살려주십시오.

그런데 뒤편에서 또, 남자의 다급한 소리가 들렸습니다. "익스 큐즈 미! 아 엠 어 닥터. 아 임 히어. 아 임 히어!" 의사가 지나가도록 비켜주는데 갑자기 심경이 복잡해지면서 엄마의 비통함이 느껴졌고 동시에 지독한 무력감도 몰려 왔습니다.

위급한 상황에서 "아 엠 어 패스터. 나는 목사다. 내가 여기 있다."라고 달려나가 도울 수 있는 것이 하나도 없음에 대한 무력감 속에 출구쯤에 다다르자, 의자에 아이를 엎드려 눕혀 놓고 의사가 뭔가 처방을 하고 있었습니다. 엄마는 배설물로 보이는 것을 치우고 있었습니다. 다행히 살았구나! 감사했습니다. 그리고 갑자기 생각지 못한 위로가 밀려왔습니다.

네가 나에게 기도하지 않았느냐?
너는 닥터는 아니지만 기도하는 자였지 않았느냐?!

누군가 간절함으로 기도하고 있음을, 승객들은 몰라도, 아이의 엄마는 몰라도, 의사는 몰라도, 예수 그리스도의 이름으로 기도하는 놀라운 일이 있었던 것입니다. 그리고 기도를 하나님께서 받으신다는 진리가 마음을 기쁘게 했고 무력감에서 자유롭게 했습니다.

우리는 기도의 사람입니다! 낙심치 말고 항상 기도하십시오.

Prayer
주님, 낙심치 말고 항상 기도하는 은혜를 주소서.

26. 엠마오로 가는 슬픈 사람, 예루살렘으로 가는 기쁜 사람

누가복음

> 그 날에 그들 중 둘이 예루살렘에서 이십오 리 되는 엠마오라 하는 마을로 가면서 이 모든 된 일을 서로 이야기하더라 그들이 서로 이야기하며 문의할 때에 예수께서 가까이 이르러 동행하시나 그들의 눈이 가리어져서 그인 줄 알지 못하거늘 예수께서 이르시되 너희가 길 가면서 주고받고 하는 이야기가 무엇이냐 하시니 두 사람이 슬픈 빛을 띠고 머물러 서더라 _ 누가복음 24:13-17

램브란트(Rembrandt Harmensz, 1606~1669, 바로크 시대의 네덜란드 화가)는 이 성경 본문을 배경으로 〈엠마오로 가는 길〉이라는 작품을 남겼습니다. 예수님 십자가 죽음 후 제자들은 낙심과 절망으로 뿔뿔이 흩어졌습니다. 제자 중 두 명은, 예루살렘에서 11킬로미터 떨어진 엠마오 마을로 낙향하고 있었습니다. 그런데 그 길에 부활의 주님이 나타나셨습니다. 그들은 눈이 가리어져 있었기 때문에 알아보지 못했습니다. 눈이 가리어져 있다는 의미는 관심이 달랐다는 것입니다. 그들은 예수님을 자신들의 기대를 이루어주시는 분으로 생각하고 온통 거기에 관심을 두었습니다. 즉, 주님이 이스라엘을 로마로부터 해방할 자라고(속량할 자, 눅 24:21) 여겼던 것입니다. 그런데 죽임을 당하시자, 모든 것이 끝났다고 생각하며 엠마오로 갔던 것입니다.

자신의 기대에 관심이 사로잡혀 있으면 영적 눈이 가려져 하나님 계획을 깨닫지도 못하고 동행하시는 주님을 보지도 못합니다. 내 기대와 관심과 생각대로 일이 이루어지길 갈망하는 가운데, 동행하시는 주님을 보지 못할 때가 얼마나 많습니까! 그러면 당연히 낙심과 슬픈 빛을 띠고, 엠마오로 향하는 슬픈 사람이 되는 것입니다.

예수님과 예수님의 뜻이 가장 중요한 관심사가 되어야 눈이 밝아지며(24:31) 곁에서 동행하시는 예수님을 보게 되는 것입니다. 동행하시는 예수님을 보게 된다면! 엠마오로 가는 슬픈 사람이 아니라, 예루살렘으로 가는 기쁜 승리의 사람이 되는 것입니다. 오늘도 동행하시는 주님을 보면서 기쁜 승리의 하루가 되길 소망합니다.

Prayer.

주님, 오늘도 동행하시는 주님을 보면서 승리의 하루가 되게 하소서

성경 마흔세 번째 책, 요한복음

27 예수님이 하나님이시라는 거지요!

태초에 말씀이 계시니라 이 말씀이 하나님과 함께 계셨으니 이 말씀은 곧 하나님이시라 _ **요한복음 1:1**

〈마태복음〉에서 예수님을 소개하는 중심 메시지는 '다스리시는 왕, 그리스도'이십니다. 〈마가복음〉에서는 '섬기시는 종, 그리스도'이십니다. 〈누가복음〉에서는 '완전한 본이 되시는 인간, 그리스도'이십니다. 〈요한복음〉에서 예수님을 소개하는 중심 메시지는 '사람이 되어 잠시 세상을 방문하신 하나님, 그리스도'이십니다.

요한복음 1:1은 이렇게 기록됩니다. 태초에 말씀이 계시니라
말씀은 예수님을 뜻합니다. 태초에 예수 그리스도께서 계시니라
태초부터 계셨다는 것은 창조주 하나님이시라는 말입니다.

만물이 그로(예수 그리스도) 말미암아 지은 바 되었으니 지은 것이 하나도 그가 없이는 된 것이 없느니라(요 1:3)

막내딸이 초등 4학년 때쯤 한참 인터넷을 보다가 말했습니다.
"아빠, 예수님이 계신다는 것은 세상 사람들이 인정하는데, 예수님이 하나님이라는 것은 인정하지 않는 것 같아."

80세에 우리 교회 처음 나오신 성도가 난생처음 성경 공부를 시작하실 때 물으셨습니다.
"목사님. 그러니까 예수님이 하나님이시라는 거지요!"

C.S. 루이스는, 예수님을 위대한 스승이니 성자니 하는 허튼 생각에 빠져서 그분에게 어울리지도 않는 말을 붙여서는 안 된다고 말합니다.

Prayer

주님. 우리를 허튼 생각에 빠져 살다가 죽음을 맞는 것 아니라 예수 그리스도를 하나님으로 믿는 믿음을 주셔서 감사합니다. 사랑하는 모든 이들을 허튼 생각에서 건져 주소서. 허튼 인생에서 건져 주소서. 예수님이 하나님이시라는 것이 우리의 신앙 고백입니다.

요한복음

교수님께 드린 사랑의 편지 8 / 영접함이란?

> 자기 땅에 오매 자기 백성이 영접하지 아니하였으나 영접하는 자 곧 그 이름을 믿는 자들에게는 하나님의 자녀가 되는 권세를 주셨으니 _ **요한복음 1:11-12**

기억나시는지요? 그때 교수님께서 '영접'이라는 성경 용어를 궁금해하시며 이렇게 물으셨습니다. "영접한다는 것이 무슨 말인가?" 네, 크리스천들이 사용하는 '영접한다'는 말은 영어로는 'Receive(받아들이다)'입니다. 무엇을 시인하며 받아들이느냐?

먼저, 죄에 대한 진리입니다. 인간의 죄는 무엇인가? 인간은 일평생 죄를 지으며 살아가는데, 모든 죄의 근원은 인간이 창조주 하나님을 부인하는 교만임을 시인하며 받아들이는 것입니다. 내가 하나님 되고 주인 되어서 살아가는 교만이 죄의 근원이라는 사실을 받아들이는 것입니다. 내가 바로 죄인임을 시인하는 것입니다.

또, 죄인인 인간에게 심판이 있음을 받아들이는 것입니다. 하나님의 심판대에서 인간은 자신을 스스로 구원할 길이 없음을 시인하는 것입니다. 내게는 죄를 해결할 답이 없음을 받아들이는 것입니다.

그리고 예수님이 구세주이심을 받아들이는 것입니다. 인류를 죄와 심판에서 구원하시기 위해 사람으로 오신 하나님이심을 받아들이는 것입니다. 세상은 예수님을 하나님으로 영접하지 않았습니다. 그런데 영접하는 사람들이 있습니다. 유명한 성경 말씀이 요한복음 1:12입니다.

> 영접하는 자 곧 그 이름을 믿는 자들에게는 하나님의 자녀가 되는 권세를 주셨으니

교수님, 그날 3시간이나 대화를 이어갔습니다. 고령이심에도 불구하고 집중력과 총기에 놀랐습니다. 그리고 열심히 제 말씀을 들으시며 때때로 웃음 지으셨습니다. 그 웃음이 따뜻했습니다. 제게 늘 변함없이 따뜻하셨습니다.

Prayer.

주님, 사랑하는 이들이 예수님을 영접하는 구원의 은혜를 베푸소서.

7 　　요한복음

29　목숨(bios)뿐 아니라 생명(zoe)도 얻었습니다

그 안에 생명이 있었으니 _ **요한복음 1:4**
너희로 믿고 그 이름을 힘입어 생명을 얻게 하려함이니라 _ **요한복음 20:31**

〈요한복음〉에서 36회나 반복되는 핵심 단어는 '생명(ζωή)'입니다. 예수님을 믿으면 생명을 얻는다는 것입니다. 신약을 기록한 헬라어는 〈생명〉을 두 개 단어로 기록합니다. 비오스(βίος, bios)와 조에(ζωή, zoe)입니다. bios는 심장이 뛰는 동안 유지되는 육체의 목숨을 말합니다. zoe는 영적 생명을 말합니다. zoe의 생명은 두 가지 의미를 가집니다. 하나는, 생명의 원천이신 하나님과 나누는 사랑의 교제, 그 자체입니다. 또 하나는, 하나님과 영원히 함께 사는 영생의 의미입니다. 그리고 zoe는 예수님을 믿는 자에게 주어집니다.

믿고⋯생명을 얻게 하려 함이라(요 20:31)

예수님의 생명, 'Zoe'를 얻지 못한 사람은, 육체의 목숨은 존재하고 있지만, 하나님의 생명이 없는 절망스럽고 비통하기 그지없는 사람입니다. 사람이 세상을 얻고도 생명을 얻지 못하면 얼마나 불쌍합니까? 재벌, 스타, 막강 권력자라도 죽은 목숨뿐이라면 말입니다.

우리는 목숨(bios)뿐 아니라, 생명(zoe)도 선물로 받았습니다.
찬송가 298장은 〈요한복음〉에서 울려 퍼지는 감격과 환희의 노래입니다. 우리가 이 땅에서와 영원토록 기뻐하며 부를 영광과 승리의 새 노래입니다.

고마우신 구세주를 내가 찬송하리라
죽음에서 생명으로 나를 인도하셨네
크신 사랑 찬양하리 나의 죄 사하려고
십자가에 죽임 당한 나의 주 찬양하리

Prayer

주님, 찬송가 298장을 늘 감격하며 부르는 은혜를 주소서.

7 요한복음

30 크리스천은 종교를 전하는 것이 아니라, 생명을 전합니다

그 안에 생명이 있었으니 _ **요한복음 1:4**
내가 온 것은 … 생명을 얻게 하고 _ **요한복음 10:10**
너희로 믿고 그 이름을 힘입어 생명을 얻게 하려 함이니라 _ **요한복음 20:31**

살아가는 동안에 종교가 무엇이냐는 질문을 많이 받습니다. 종교의 사전적 의미는, '절대자의 힘에 의존하여 인간 생활의 고뇌를 해결하고 삶의 궁극적 의미를 추구하는 문화 체계'입니다. 그런데 기독교는 문화 체계로서의 종교 중 하나가 아니라는 사실을 분명히 깨달아야 합니다. 종교가 아니면, 그럼 무엇입니까? 신앙인들은 위르겐 몰트만의 말을 명심하며 세상 사람들에게 답변할 준비를 하고 있어야 합니다.

"예수께서 세상에 가져온 것은 새로운 종교가 아니라 새로운 생명이다"

공자는 이 세상에 유교라는 종교를 가져왔습니다. 석가모니는 불교라는 종교를 가져왔습니다. 마호메트는 이슬람이라는 종교를 가져왔습니다. 공자나 석가모니나 마호메트가 생명을 가져온 것은 아닙니다. 그런데 예수님은 종교가 아니라 생명을 가져오신 것입니다.

예수님은 "내가 곧 길이요 진리요 생명이라"고 말씀하셨습니다. 예수님을 제외하고는 그 누구도 생명이라고 말한 분은 없습니다. 오직 예수님만 죽음을 이기고 영원한 생명을 주실 수 있기 때문입니다. 어느 한 사람이 예수님을 믿을 때, 새로운 종교를 얻는 것이 아니라 새로운 생명을 얻는 것입니다.

크리스천은 종교의 사람이 아니라 생명의 사람입니다.
우리는 종교를 전하는 사람이 아니라, 생명을 전하는 사람입니다.

Prayer

주님, 우리가 계속하여 생명을 전하는 삶이 되게 하소서.

7 요한복음
31 생명을 얻은 어느 청년의 구원 간증문

내가 온 것은 … 생명을 얻게 하고 _ **요한복음 10:10**

예수님을 믿고 생명을 얻은 어느 청년의 구원 간증문입니다.

저는 목사님과 『새 생명의 삶』이라는 성경 공부를 시작했습니다. 첫 번째 강의 '인간의 실존'을 시작으로 매주 성경 공부는 기다려지기도 했지만, 한편으로는 '내가 구원의 확신을 얻지 못하면 어떡하지!' 하는 두려움에 싸이기도 했습니다. 그런데 다섯 번째 강의까지 계속되었는데, 구원의 확신을 얻지 못하자 불안해졌습니다. 솔직한 심정으로 그때에는 부활의 영원한 생명에 대한 확신이 도저히 들지 않았고 앞으로도 그 확신이 들지 않을 것이라 생각했습니다. 그리고 앞으로 교회 나오는 자체가 싫어질 것만 같았습니다.

그런 저는 영원히 마르지 않은 샘물과도 같은 여섯 번째 강의를 듣게 되었습니다. 에베소서 2:4-5에 긍휼이 풍성하신 하나님이 우리를 사랑하신 그 큰 사랑을 인하여 허물로 죽은 우리를 그리스도와 함께 살리셨고 라는 말씀이 제 마음에 뜨겁게 응어리 치는 것과 설명할 수 없는 평안이 밀려 왔으며, 저는 예수님 십자가 죽으심으로 말미암아 내게 부활의 생명이 주어졌음을 확신하게 되었습니다. 즉 제가 예수 그리스도와 '영원히, 영원히' 살아가게 되었음을 확신할 수가 있었습니다. 그래서 이렇게 고백했습니다. 제가 정말 예수님 만나기 전의 모습이 죄로 가득 차 있었던 것, 주님 중심이 아니고 제 중심적으로 삶을 살고 있었던 것, 교만한 삶이었음을 시인합니다. 그리고 그 죄를 회개합니다. 제가 주님 말씀을 듣고 사는 자 되기 원하오니 주님 저를 받아주십시오.

끝으로 요한복음 1:12로 간증을 마치겠습니다.
영접하는 자 곧 그 이름을 믿는 자들에게는 하나님의 자녀가 되는 권세를 주셨으니

저는 하나님 자녀로 다시 태어난 행복과 감사와 기쁨에 넘칩니다. 그리고 제가 살아가는 목적이 하나님 영광을 위해서임을 믿음으로 '아멘'합니다. 나의 생명 되시고 주인 되신 예수님 경배합니다.

Prayer

주님, 사랑하는 이들에게 예수님을 만난 구원의 간증을 허락하소서.

8 요한복음

01 Agnus Dei(하나님 어린 양)를 감상하며 슬펐습니다

> 요한이 예수께서 자기에게 나아오심을 보고 이르되 보라 세상 죄를 지고 가는 하나님의 어린 양이로다 _ **요한복음 1:29**

침례(세례) 요한은 예수님을 향해 말합니다. 보라 세상 죄를 지고 가는 하나님의 어린 양이로다(요 1:29). 희생 어린 양 예수 그리스도를 본다는 것이 쉽지는 않았습니다. 〈프라도 미술관〉에서 Agnus Dei(아뉴스 데이/하나님 어린 양/Francisco de Zurbaran)를 감상한 적이 있습니다. 검은색 배경에 힘겹게 거의 감긴 눈의 어린 양이 축 늘어져 있었습니다. 앞발과 뒷발이 묶여 있었습니다. 그 어린 양에게 눈길을 오래 맞추지 못하고 돌아섰습니다. 감정을 정확히는 표현하지는 못하겠는데, Agnus Dei를 보고 있자니, 감당하기 어려운 감정이 밀려왔던 것입니다. 어린 양 예수 그리스도를 본다는 것이 쉽지는 않았습니다.

구약 백성이 예배드릴 때 죄를 속하는 대표적 희생 제물이 어린 양입니다. 어린 양을 예배에 데리고 나옵니다. 제사장의 선언을 통해 예배자의 죄가 어린 양에게 옮겨집니다. 그리고 어린 양은 피 흘리며 희생 죽임 당합니다. 자신이 받아야 할 끔찍한 죄 형벌을 어린 양에게 대신 물으시는 하나님 용서의 은혜가 말로 다 할 수 없는 것입니다!

그런데 어린 양의 죽음이 예수님 십자가 죽음의 예표였던 것입니다.
나의 죄를 지고, 세상 죄를 지고 피 흘리시며 죽으셨습니다.
마음이 어린 양을 본다는 것이 쉽지는 않았습니다.
가톨릭이나 성공회나 루터교 성만찬 전례에도 낭송된다고 합니다.
누가 어디에서 부르고 낭송하든 영원한 노래입니다.

Agnus Dei, qui tollis peccata mundi, miserere nobis.
하나님 어린 양, 세상의 죄를 없애시는 주님, 저희에게 자비를 베푸소서.

Prayer

주님, 어린 양의 대속의 은혜를 늘 찬양하며 살아가게 하소서.

요한복음

02 인류의 믿음이 걸린 전쟁에서 승리의 노래 부릅니다

> 그가 먼저 자기의 형제 시몬을 찾아 말하되 우리가 메시야를 만났다 하고 (메시야는 번역하면 그리스도라) _ 요한복음 1:41

오래전에 전 세계적으로 논란과 화제를 일으켰던 『다빈치 코드』라는 책이 있습니다. 영화 예고편에 이런 내용이 있습니다. 이것은 인류의 믿음이 걸린 전쟁이다. 모든 비밀이 밝혀지는 순간 전 세계가 걷잡을 수 없는 충격에 휘말릴지 모른다. 『다빈치 코드』에서 인류가 오랫동안 믿어왔던 어떤 진리를 거짓이라고 밝히느냐? 예수가 하나님이라는 진리가 거짓이라는 것입니다. 예수는 인간이고 메시야로서의 십자가 죽음도 거짓이요, 부활 승천도 거짓이라고 말합니다.

예수님을 하나님으로 믿을 것인가? 믿지 않을 것인가? 〈요한복음〉 1장부터도 인류의 믿음이 걸린 전쟁이 펼쳐집니다. 〈요한복음〉은 예수님의 정체를 말하는데, 결국은 하나님이시라는 것입니다.

> 그가 태초에 하나님과 함께 계셨고 만물이 그로 말미암아 지은 바 되었으니 지은 것이 하나도 그가 없이는 된 것이 없느니라 (요 1:2-3)

예수님은 세상을 지으신 하나님이시라고 선언합니다. 역사의 어느 시점에(성탄절) 사람의 몸을 입고 잠시 세상에 방문하신 하나님이시라는 것입니다.
> 본래 하나님을 본 사람이 없으되…하나님이 나타나셨느니라 (요 1:18)

그리고 또, 예수님 정체를 십자가 죽음으로 대속하신 메시야라고 밝힙니다.

> 우리가 메시야(그리스도)를 만났다 하고 (1:41)

〈요한복음〉 1장에서 벌어지는 믿음의 전쟁은 대대로 이어집니다. 우리는 전쟁에서 승리의 노래를 부릅니다. '예수는 그리스도시요!'

Prayer
주님, 사랑하는 이들이 믿음의 전쟁에서 승리케 하소서.

8 요한복음

03 나를 잃고, 길을 잃은 현대인들, 집중하십시오

> 예수께서 이르시되 와서 보라 _ **요한복음 1:39**
> 내가 행한 모든 일을 내게 말한 사람을 와서 보라 이는 그리스도가 아니냐 하니 _ **요한복음 4:29**

사회적으로 인정받는 어느 멘토가 TV프로에 출연하여 사람들의 고민에 깊은 공감은 물론 명쾌한 해답을 제시해 감동을 주었다며 화제가 되었습니다. '나를 잃어버린 현대인들'에게 그분이 강조했던 권면의 말은 '스스로에게 집중하라'였습니다.

스스로에게 집중하라.

나를 잃어버린 현대인들에게 많은 도움이 되는 교훈일 것입니다.
하지만 인간이 자기 스스로에게 집중하여서, 잃어버린 길을 찾을 수 있겠습니까? 자기 스스로에게 집중하고 자기 스스로를 파고든다고 해서 옳은 길로 들어갈 수 있겠습니까?

성경에서 근원적인 대답을 주고 있으니, 이것입니다.

예수 그리스도께 집중하라. 예수 그리스도께 와서 보라.

예수께로 와서 집중하라. 너를 위해 십자가 죽기까지 사랑하심을.
어린 양께로 와서 집중하라. 네 죄 사하시고 영원한 생명 주심을.
예수께로 와서 집중하라. 너의 길과 진리와 생명 되심을.
예수께로 와서 집중하라. 네 소망 되시고 알파요 오메가 되심을.
세상 안개 속에서 나를 잃으며, 길을 잃으며 헤맬 때 있습니까?
주님께로 와서 주님을 바라보며 주님께 집중하십시오!
그러면 밝은 빛이 비추일 것입니다.

Prayer.

주님, 오늘 아침도 주께 나오며 주님을 바라보며 주님께 집중합니다.

요한복음

04 바람이 분다 살아야겠다

*예수께서 대답하시되…바람이 임의로 불매 네가 그 소리는 들어도 어디서 와서 어디로 가는지 알지 못하나니 성령으로 난 사람도 다 그러하니라 _ **요한복음 3:5, 8**

　8월 초 한여름 절정 햇볕은 뜨겁고 습도는 높으며 힘듭니다. 돌아보면 건강치 못했기에 뜨거운 여름마다 가을을 기다렸습니다. 가을바람을 많이 기다렸습니다. 그리고 폴 발레리(Paul Valery, 1871~1945, 프랑스의 작가, 시인, 철학자)의 '바람이 분다 살아야겠다'는 시를 떠올렸습니다. 물론, 시 내용이 가을철의 바람을 가리키는 것은 아니지만 말입니다.

　누군가가 이렇게 말했다. 바람이 분다 살아야겠다.
　오늘 아침 창문을 여니 멀리 잿빛의 도시 위로
　하나 가득 몰려든 비바람.
　문을 닫고 돌아와 따뜻한 난로 옆에 앉는다.
　아, 나의 앞에는 얼마나 거친 시간들이 준비되어 있는 것일까.
　누군가가 말했듯이 바람이 분다 살아야겠다.

　밤에 니고데모가 예수께 찾아와 이것저것 신앙적 의문들을 물으며 설명을 요구했습니다. 예수님은 니고데모에게 '성령님'을 '바람'에 비유하여 말씀하십니다.

　'바람이 임의로 불매'

　바람은 보이지 않고 손에 잡히지도 않습니다. 하지만 불어오는 소리를 귀로 듣고 피부로 느끼면서 존재를 알게 됩니다. 성령 하나님이 바로 그와 같다고 예수께서 비유하시는 것입니다. 우리 인생의 어느 시점에 성령의 바람이 불어오지 않았다면 우리가 어떻게 이처럼 하나님을 믿으면서 기쁨, 감사, 섬김, 천국 소망으로 살 수 있겠습니까! 바람이 분다 살아야겠다. 팔을 활짝 열며 성령의 바람을 맞습니다.

　우리는 성령의 바람이 불어와 살게 된 사람들입니다. 아멘.

Prayer

주님, 성령의 바람이 불어와 날마다 새로운 날이 되게 하소서.

8 | 요한복음

05 삼위일체 교리는 하나님의 신비입니다

> 태초에 말씀이 계시니라 … 만물이 그로 말미암아 지은 바 되었으니 _ 요한복음 1:1, 3
> 바람이 임의로 불매 네가 그 소리는 들어도 어디서 와서 어디로 가는지 알지 못하나니 성령으로 난 사람도 다 그러하니라 _ 요한복음 3:8
> 태초에 하나님이 천지를 창조하시니라 … 하나님의 영은 수면 위에 운행하시니라 _ 창세기 1:1-2

죽었다가 깨어나도 설명할 수 없고 논증할 수 없는 것이 있습니다. 인간이 이해할 수 있는 범위와 영역을 넘어서는 것이기에 '신비'입니다. 〈삼위일체〉도 그렇습니다. 요한복음에는 〈삼위일체〉 신학이 드러납니다. 〈삼위일체〉란 하나님은 하나이신 세 분으로서 성부 하나님, 성자 하나님, 성령 하나님이시라는 진리입니다.

태초에 하나님이 천지를 창조하셨습니다(창 1:1)
태초에 하나님의 영은 운행하셨습니다(창 1:2)
태초에 예수님이 만물을 창조하셨습니다(요 1:1-3)
하나님이 말씀하십니다. 우리가 창조하자(창 1:26)

성 어거스틴은 '당신이 이해할 수 있다면, 그분은 이미 하나님이 아닙니다'라는 말을 했습니다. 한계를 가진 인간이 어떻게 하나님을 다 이해할 수 있고 분석할 수 있고 설명할 수 있겠습니까? 〈삼위일체〉 교리는 인간의 이해나 논증이나 과학의 문제가 아니라 믿음의 문제인 것입니다.

성도는 인간의 지혜와 상식으로는 도저히 이해할 수 없는 것을 '믿으며' 살게 된 사람들입니다. 도저히 논증할 수 없는 것을 '믿으며' 살게 된 사람들입니다. 하나님 신비를 '믿으며' 살게 된 사람들입니다. 눈에 보이지 않지만, 성부 하나님, 성자 하나님, 성령 하나님, 삼위일체 신비의 하나님과 동행하고 있는 것입니다. 그리고 성도는 신비의 힘을 가지고 인생의 고비 고비를 승리로 넘어갑니다.

Prayer.
주님, 성부 성자 성령 하나님을 풍성히 경험하며 살게 하소서.

| 요한복음

06 우물가에서 'Amazing Grace'였습니다

메시야 곧 그리스도라 하는 자가 오실 줄을 내가 아노니 그가 오시면 모든 것을 우리에게 알려 주시리이다 예수께서 이르시되 네게 말하는 내가 그라 하시니라 _ **요한복음 4:25-26**

예수님과 대화하는 여인은 고통의 인생을 살아가는 인간을 대표합니다. 이름도 모르고, 다만 사마리아 우물가 여인으로 불립니다. 남편도 여러 번 바뀌었습니다. 경제적 궁핍에 처해 있고, 사람들과 관계에서도 소외되었던 것 같습니다. 반복되는 실패와 상처 속에서 낙심하며 살아가고 있었습니다. 그런 상황 속에서 그녀는 자신에게 진정 필요한 것이 무엇인지 알게 되었습니다. 그녀가 무엇보다도 기다리며 필요한 것은 '메시야'였습니다. 여인은 간절함으로 말합니다.

저는 불쌍한 죄인이고 불행한 여인입니다. 구세주를 기다립니다. 그분이 오시면 모든 것을 말씀해 주실 것입니다. 죄 사함받는 길을 말씀해 주실 것입니다. 절망스러운 인생에서 건져 주실 것입니다

그러자 예수님은 선언하십니다. "내가 그라!"

불행에서 건지시고, 어둠과 절망에서 건지시고, 죄와 죽음에서 건지시는 구세주를 만난 것입니다. Amazing Grace! 놀라운 은혜였습니다.

세 가지 분명한 사실이 있습니다.
하나는, 우리는 모두가 우물가의 사람들이라는 사실입니다.
또 하나는, 세상 모든 우물가의 사람들에게는 구세주가 필요하다는 사실입니다. 구세주가 필요 없다고 말하는 사람은 어리석고 강퍅합니다.
또 하나는, 오직 예수님만이 구세주라는 사실입니다. 어떤 다른 이도 인류의 구세주가 될 수 없습니다.

우리도 우물가에서 주님을 만났습니다. Amazing Grace였습니다.

Prayer
주님, 사랑하는 이들이 우물가 여인처럼 놀라운 은혜를 받게 하소서.

요한복음

07 끊임없이 찾아오시는 하나님의 열심, 우리의 열심

사마리아를 통과하여야 하겠는지라… _ **요한복음 4:4**
사마리아 여자 한 사람이 물을 길으러 왔으매 예수께서 물을 좀 달라 하시니 _ **요한복음 4:7**

예수님께서 사마리아로 들어가십니다. 우연히 낮 12시 뙤약볕에 나온 곤고한 여인을 만났겠습니까? 우연히 물 한 그릇을 요청했겠습니까? 그렇지 않습니다. 주님께서 의도적으로! 사마리아 마을로 들어오신 것입니다. 뙤약볕에 물을 길으러 온 사마리아 여인을 찾아오신 것입니다. 왜 무엇 때문입니까? 하나님의 선물, 곧 구원의 영생, 생수를 주시기 위해서입니다. (4:10)

우리도 마찬가지입니다. 어떻게 해서 교회를 나오게 되었습니까? 어떻게 해서 하나님의 구원 선물을 받게 되었습니까? 주님께서 의도적으로 나를 찾아오셨기 때문입니다. 사람을 통해서, 따뜻한 도움의 손길을 통해서, 때로는 질병이나 실패 등의 고통과 좌절을 통해서, 가슴에 새겨지는 진리의 말씀을 통해서, 주님께서 나를 찾아오십니다. 나의 온 삶을 통해서 주님은 나를 찾아오시는 것입니다.

그런데 우리는 마치, 우리가 먼저 하나님을 찾아야 만이 하나님께서 만나주신다고 생각하는 것입니다. 그러나 그렇지 않습니다. 그것은 성경을 오해한 것입니다. 성경 전체가 증거하는 진리는 하나님께서 우리를 찾고 찾으신다는 것입니다! 그렇다면 '하나님을 찾으라'라는 말씀의 의미는 무엇인가? 찾아오시는 하나님을 향해 사랑과 응답하는 것을 의미합니다. 무관심과 거부와 교만과 고집에도 불구하고 끝없이 나를 찾아오시는 하나님을 향해 순종으로 응답하라! 이것이 '너희가 하나님을 찾으라'라는 의미입니다.

하나님은 모든 인간에게 구원의 선물, 영원한 생명을 주시려고 열심히 찾아오십니다. 그리고 구원받은 백성들에게도 아침마다 새롭게 찾아오십니다. 우리는 사랑과 순종으로 열심히 응답하여 제자로 살아갑니다.

Prayer.

하나님의 열심에, 우리도 열심히 반응하며 신실한 제자로 살아가게 하옵소서.

요한복음

08 세상이 묻고, 빌라도가 묻습니다
"진리가 무엇이냐?"

> 진리를 알지니 진리가 너희를 자유롭게 하리라 그들이 대답하되 우리가 아브라함의 자손이라 남의 종이 된 적이 없거늘 어찌하여 우리가 자유롭게 되리라 하느냐 _ 요한복음 8:32-33

자유가 아니면 죽음을 달라(Give me liberty or give me death)

미국의 변호사이며 정치가였던 패트릭 헨리(Patrick Henry, 1736~1799)의 말입니다.
자유가 없는 삶(종 된 삶)은 죽음보다 못하다는 뜻입니다.

성경은 인간의 상태를 이렇게 말합니다. 죄의 종(롬 6:6), 죽음의 종(히 2:15), 사탄의 종(엡 2:2), 사람의 종(고전 7:23), 이 세상 초등학문의 종(갈 4:3). 그뿐이겠습니까? 소유의 종이요, 인정의 종이요, 세상 가치관과 풍조의 종입니다.

이렇게 종노릇 하며 비참하게 살아가는 자신의 실존을 자각할 때 진정한 자유를 갈망하게 됩니다. 그런가 하면 많은 사람은 자신이 종이 되어 살아가는 줄도 깨닫지 못하거나 자유가 무엇인지 알지 못합니다. 그러면서 자유를 이야기합니다. 이러한 우리를 향해 예수님은 "진리가 너희를 자유케 하리라!" 말씀하셨습니다.

예수님은 '진리가 너희를 자유케 하리라!' 말씀하셨습니다.
빌라도는 법정의 예수께 묻습니다. '진리가 무엇이냐?'(요 18:38)
탁월한 정치가들이 진리와 자유에 대해서 연설할 수 있습니다.
탁월한 철학자나 예술가도 진리와 자유를 표현할 수 있습니다.
세상 모든 사람이 진리와 자유에 대해서 말할 수 있습니다.
예수님께서 빌라도에게 그리고 세상 모든 이들에게 알려 주십니다.

내가…진리요 (I am the truth, 요 14:6)

오직 예수님만 인간을 참 자유케 합니다.
우리는 "예수님이 아니면 죽음을 달라"입니까?

Prayer

주님, 우리가 진리를 더 알아 가서 더욱 자유하게 하소서.

요한복음

09 Tomorrow
"내가 약속했잖아, 너를 데리러 오겠다고"

> 너희는 마음에 근심하지 말라 하나님을 믿으니 또 나를 믿으라 내 아버지 집에 거할 곳이 많도다 …가서 너희를 위하여 거처를 예비하면 내가 다시 와서 너희를 내게로 영접하여 나 있는 곳에 너희도 있게 하리라 _ 14:1-3

〈Tomorrow〉라는 영화를 본 적이 있습니다. 지구의 재난을 극복하는 이야기인데, 이 영화에서는 더 깊은 주제를 발견할 수 있었습니다. '아버지가 아들을 구할 수 있을 것인가?'입니다. 뉴욕에 해일과 빙하의 재난이 덮칩니다. 기상학자인 주인공은 뉴욕에 있는 아들과 극적으로 통화를 이루게 됩니다. 아버지는 절박하게 말합니다.

내가 너를 구하러 갈 테니 절대로 남쪽으로 피난하기 위해 거리로 나오지 말아라. 거리로 나오면 얼어 죽게 된다.

아들은 "내가 너를 구하러 가겠다"라는 아버지 약속을 믿습니다. 그래서 시민들의 피난 행렬에 동참하지 않습니다. 아버지는 죽음을 무릅쓰고 뉴욕으로 향했고, 마침내 아들을 만납니다. 클라이맥스는 그다음입니다! 아버지는 아들을 꼭 안으며 감동적인 말을 합니다. "내가 약속했잖아! 너를 데리러 오겠다고." 영화 마지막 대사의 그 깊은 감동을 지금도 간직하고 있습니다. 아버지의 말이, 하나님께서 주시는 말씀으로 들렸기 때문입니다. 주님은 나를 데리러 오실 것이고, 안으시며 말씀하실 것입니다.

내가 약속했잖아. 너를 데리러 오겠다고.

언젠가 세상 마지막을 맞을 때, 주님은 약속대로 성도들을 데리러 오실 것입니다.

내가 다시 와서 너희를 내게로 영접하여!

주님, 아버지의 집에 가게 됨을 믿으며 강하고 담대하고 하소서.

8 | **요한복음**

10 # 누가 나를 세우며 살렸습니까? 성령님 아닙니까?

> 보혜사 곧 아버지께서 내 이름으로 보내실 성령 그가 너희에게 모든 것을 가르치고 내가 너희에게
> 말한 모든 것을 생각나게 하리라 _ **요한복음 14:26**
> 누구든지 그리스도의 영이 없으면 그리스도의 사람이 아니라 _ **로마서 8:9**

성경은 약속의 책입니다. 하나님의 약속이 기록되어 있습니다.
재앙이 아니라 평강으로 인도하신다는 약속.
하나님을 간절히 찾고 찾으면 하나님을 만나게 된다는 약속.
나를 단련시킨 후에 정금같은 믿음의 사람으로 세우신다는 약속.
여호와의 성실이 아침마다 새로울 것이라는 약속.
하나님께서 나를 인자하심과 선하심으로 인도하신다는 약속.
생명을 다 마쳤을 때 천국으로 영접하신다는 약속.
인생을 떠받치고 있는 반석은 주님이시며, 주님의 약속입니다.

세상에 믿던 모든 것 끊어질 그 날 되어도
구주의 언약 믿사와 내 소망 더욱 크리라
주 나의 반석이시니 그 위에 내가 서리라 (찬송가 488장)

그런데 하나님 약속 중 가장 위대하고 핵심적인 약속이, 예수님 부활 승천 후에 성령님이 모든 믿는 자들에게 오신다는 약속입니다. '보혜사 곧 아버지께서 내 이름으로 보내실 성령.'

'보혜사'의 신약 성경 원어 헬라어는 '파라클레토스'(παράκλητος)인데, '위로자, 상담하며 격려하는 자, 도움을 주는 협조자, 변호하며 성결케 하는 자' 등의 뜻입니다. 성령님이 정말로 그렇게 오시지 않았습니까! 슬픔과 낙심 가운데 빠진 나를 붙들며 위로했습니까? 누가 나에게 새 용기를 주며 일어나게 격려했습니까? 죄로 자책하고 괴로워할 때 누가 나를 변호하며 성결함으로 회복시켰습니까? 누가 죽어 있는 내 영혼을 치유하고 새롭게 살렸습니까? 성령님 아닙니까!

Prayer

주님, 내 인생에 보혜사로 오신 성령께 감동되고 충만케 하소서.

8   **요한복음**

11 # 죄란 무엇입니까? 의란 무엇입니까? 심판이란 무엇입니까?

> 진리의 성령이 오시면 그가 너희를 모든 진리 가운데로 인도하시리니 _ **요한복음 16:13**
> 그가 와서 죄에 대하여, 의에 대하여, 심판에 대하여 세상을 책망하시리라 _ **요한복음 16:8**

성령께서 가르치시는 첫째 진리는 '죄에 대해서'입니다. 세상 사람들은 말합니다. 양심의 죄, 법적인 죄, 도덕적인 죄 등. 그런데 성령께서 이렇게 가르치십니다. 죄에 대하여라 함은 저희가 나를 믿지 아니함이요(요 16:9) 예수님을 믿지 않는 것이 인간의 죄임을 알려주시는 것입니다. 우리는 믿기 때문에 죄 용서받고 구원받습니다.

둘째, '의에 대해서!'입니다. 세상 사람들은 말합니다. 정치적인 옳음과 의, 도덕적인 옳음과 의, 법적인 옳음과 의 등. 그런데 성령께서 가르쳐주시는 것은 다릅니다. 의에 대하여라 함은 내가 아버지께로 가니 너희가 다시 나를 보지 못함이요(요 16:10) 이 세상에 오셔서 십자가 대속 죽음으로 하나님 뜻을 이루시고 아버지께로 가시는 예수님 만이 유일하고 완전한 의라는 것입니다. 따라서 인간이, '옳다!'라는 판결을 받을 수 있는 근거는 예수님을 영접하여 그분의 의가 나의 것이 되었기 때문입니다. 우리는 예수님을 영접하였기에 의롭게 된 것입니다.

셋째, '심판에 대해서!'입니다. 세상 사람들은 말합니다. 도덕적 심판, 법적 심판, 정치적 심판, 국민의 심판 등. 그런데 성령께서 가르쳐주시는 심판은 16:11입니다. 심판에 대하여라 함은 이 세상 임금이 심판을 받았음이니라. 세상 임금인 사탄의 권세는 잠시뿐이고, 이미 지옥 판결을 받았으며, 심판 날 지옥으로 떨어집니다. 그런데 사탄만이 아닙니다. 세상 살 동안 예수님 믿을 기회가 있었는데도 불구하고 교만함으로 끝끝내 하나님을 부인하고 거역한 이들 역시 지옥 심판을 받는 것입니다.

성령께 죄와 의와 심판이 무엇인지 알고 배우게 되었습니까?

> 너는 배우고 확신한 일에 거하라(딤후 3:14)

그러면 승리합니다.

Prayer

주님, 아버지의 집에 가게 됨을 믿으며 강하고 담대하고 하소서.

클린턴이 궁금했을지 모르는, God's Dream Team

> 내게 주신 영광을 내가 그들에게 주었사오니 이는 우리가 하나가 된 것 같이 그들도 하나가 되게 하려 함이니이다 _ 요한복음 17:22

오래전, 형님 내외분이 작품 활동 중이었던 뉴욕을 방문하고 한국으로 돌아오기 위해 케네디 공항에 대기하고 있었습니다. God's Dream Team이라는 제목의 책을 읽고 있었는데, 그때 놀랍게도 세계 각국으로 강연을 다니던 클린턴 미국 전 대통령이 나타났습니다. 그에게 사인을 받으려고 사람들이 몰려가서 종이쪽지 같은 것을 내밀고 있었습니다. 나 역시도 읽고 있던 책을 가지고 접근해 보았습니다. 5~6명의 경호원이 몰려드는 사람들을 정중하고 부드럽게 그러나 단호하게 제지하는 가운데 탑승구 쪽으로 향하던 클린턴이 멈추어 섰습니다. 그리고 손짓으로 딱 한 사람, 바로 나를 부르는 것입니다. 경호원이 길을 내주어 클린턴 앞으로 가서 책을 건네주고 사인을 받았습니다. 오래도록 기억되는 재미있는 사건입니다. 그는 왜 내게만 사인을 해주었을까요? 내가 흔들고 있었던 책 제목이 눈에 띄었기 때문이었을까요? God's Dream Team 그는 사인을 해 주면서도 이 동양인이 읽고 있는 『하나님의 드림팀』이 무슨 내용일까 궁금하지 않았을까 싶습니다.

'하나님의 드림팀'이란 교회를 말합니다. 하나님은 성도들을 교회의 하나 된 팀으로 묶어 주셨습니다. 무엇을 위한 팀이냐? 주님 사랑과 진리를 알리며 나타냄으로써 가족, 이웃, 민족과 열방을 주께로 돌아오게 하시는 것입니다. 그러면서 주님은 교회가 하나가 되기를 바라시며 반복하여 기도하십니다(요 17:11, 21, 22, 23).

교회도 서로 다른 성향을 지닌 사람들이 함께 모이면 당연히 갈등이 있습니다. 그럼에도불구하고 성도들이 끊임없이 성령의 하나 됨을 지켜가는 것이 주님 뜻입니다. 평안의 매는 줄로 성령이 하나 되게 하신 것을 힘써 지키라(엡 4:3) 그리고 '하나 됨'을 위해서는 나부터! 온유와 겸손을 돌아봐야 합니다.

Prayer.
주님, 성령의 하나 되게 하신 것을 힘써 지키는 제자로 살게 하소서.

8 **요한복음**

13 담쟁이 넝쿨이 예수님을 가립니까?
하용조 목사님 책 중에서

> 이에 예수께서 가시관을 쓰고 자색 옷을 입고 나오시니 빌라도가 그들에게 말하되 보라 이 사람이로다 하매 _ **요한복음 19:5**

요한복음 19:5의 라틴어는 유명합니다. 'Ecci homo!' (에케이 호모 / 보라 이 사람이도다)
로마 총독 빌라도가 말했고, 독일 화가 슈테른 베르그(Sternberg)가 그림을 그렸고, 무신론자 니체는 〈Ecce Homo〉라는 제목의 책을 썼습니다.
다음은 하용조 목사님의 〈예수님만 바라보면 행복해집니다〉라는 제목의 책 중의 내용입니다.

영국 어느 마을의 교회 정문 아치에 다음과 같은 문구가 새겨져 있었습니다.
"We preach Christ crucified"(우리는 예수께서 십자가에 못 박힌 것을 설교한다)
그 교회 성도들은 예수께서 십자가에 못 박혀 돌아가신 것에 대한 설교를 듣고 싶었고, 목사님 역시 그것을 설교하고 싶었습니다. 그것이, 성경의 핵심, 복음의 핵심이었기 때문입니다. 그러나 세월이 지나가면서 사람들은 예수께서 십자가에 못 박혀 죽으셨다는 말을 고리타분하게 느끼기 시작했습니다, 그런데 때마침 교회 정문 옆에 있는 담쟁이 넝쿨이 자라서 'crucified'라는 말을 가렸습니다. 그랬더니 "We preach Christ"(우리는 그리스도를 설교한다)가 되었습니다. 병 고치시는 예수님, 형통 주시는 예수님, 위로하시는 예수님, 축복주시는 예수님, 이적과 기사를 베푸시는 예수님을 전했습니다. 그러면서 십자가 예수님은 사라지기 시작한 것입니다.

그런데 넝쿨은 계속해서 자라나서 'Christ'라는 말까지 가리고 말았습니다. 그래서 그들이 볼 수 있는 단어는 "We preach"(우리는 설교한다) 뿐이었습니다. 그리고 편안한 마음으로 사회 참여 문제나 정치 문제, 철학이나 도덕 등 여러 가지 이슈들에 대해서 설교하기 시작했고 사람들은 그 문제들에 관심을 가지기 시작했습니다. 그래서 결국은 십자가 예수 그리스도(복음)를 잃어버린 교회가 되어 버렸다는 얘기입니다.
오늘날 한국의 교회와 성도와 그리고 나는 어떠합니까? 담쟁이 넝쿨이 그분을 가리고 있지 않습니까?

Prayer.

주님. 예수 그리스도의 십자가 복음이 희미해지지 않게 하소서.
담쟁이 넝쿨이 예수님을 가리지 않게 하소서.

| 8 | 요한복음 |

14 십자가에 못 박으소서, 십자가에 못 박으소서

> 대제사장들과 아랫사람들이 예수를 보고 소리질러 이르되 십자가에 못 박으소서 십자가에 못 박으소서 하는지라 빌라도가 이르되 너희가 친히 데려다가 십자가에 못 박으라 나는 그에게서 죄를 찾지 못하였노라 _ **요한복음19:6**

예수님을 데려다가 채찍질하였습니다. 가시나무로 관을 엮어 머리에 씌우고, 왕을 상징하는 자색 옷을 입혔습니다. "유대인의 왕이여 평안할지어다" 하며 손으로 때렸습니다.

가시관을 쓰시고 자색 옷을 입으신 예수를 보며 대제사장들과 군중이 빌라도에게 소리쳤습니다. "십자가에 못 박으소서 십자가에 못 박으소서" 빌라도가 말합니다. "너희가 친히 데려다가 십자가에 못 박으라 나는 그에게서 죄를 찾지 못하였노라."

하지만 예수님은 아무 말씀 없이 묵묵히 모든 고통을 받고 계셨습니다.
그리고 십자가에 달리시고 죽임당하셨습니다.
이사야는 이미 예수님의 고통을 이렇게 노래했습니다(사 53:7).

그가 곤욕을 당하여 괴로울 때에도 그의 입을 열지 아니하였음이여
마치 도수장으로 끌려가는 어린 양과 털 깎는 자 앞에서 잠잠한 양 같이
그의 입을 열지 아니하였도다

다윗은 예수님의 고난을 이렇게 노래했습니다(시 22:12, 13, 16).

많은 황소가 나를 에워싸며 바산의 힘센 소들이 나를 둘러쌌으며
내게 그 입을 벌림이 찢으며 부르짖는 사자 같으니이다
개들이 나를 에워쌌으며 악한 무리가 나를 둘러 내 수족을 찔렀나이다

나 같은 죄인 살리시려고 묵묵히 십자가에 못 박혀 죽으신 주님!
창조주를 못 박는 그 악을 구원의 통로로 삼으신 주님!
나의 사랑, 나의 생명, 나의 예수님.

Prayer

나의 사랑 나의 생명 나의 예수님(CCM)을 부르면서 가사를 묵상하고 기도합니다.

15 베드로의 I am not
캐시 버넬의 Yes, I believe in God!

> 문 지키는 여종이 베드로에게 말하되 너도 이 사람의 제자 중 하나가 아니냐 그가 말하되 나는 아니라 하고 _ **요한복음 18:17**

문 지키던 여종이 베드로에게 너도 그 사람의 제자 중 하나가 아니냐?고 묻자, 베드로는 "I am not(나는 아니라)."고 부인합니다. 예수님을 위해 목숨도 아까지 않겠다고 장담하였지만 한순간에 무너졌습니다.

이와 대비되는 20여 년 전에 '캐시 버넬 사건'이 있습니다. 미국 콜로라도 덴버에 있는 한 고등학교에서 끔찍한 사건이 벌어졌습니다. 두 남학생이 히틀러의 생일을 기념하자면서 총을 가지고 난사한 것입니다. 자신들을 가르치는 선생님과 친구들 등 모두 13명을 죽이며 세계를 충격에 빠트렸던 사건이었습니다. 당시 범인이 학생들을 한 곳에 모아 놓고 한 사람 한 사람에게 총구를 대며 했던 질문이 무엇이냐? "너는 하나님을 믿느냐?"였습니다. 믿지 않는다고 하면 살려주었습니다.

죽음의 공포 앞에서 여학생 캐시 버넬(Cassie Bernall, 1981-1999)은 확실하게 신앙 고백했습니다. 범인이 그녀를 끌어내서 머리에 총을 대고 물었습니다.

"Do you believe in God?"

공포 속에서도 여학생은 이렇게 대답했다고 합니다.

"Yes, I believe in God! You need to follow along God's path!"

(너희들도 역시 하나님의 길을 따라야만 해!)

그러자 범인들은 분노하면서 "그럼 네가 믿는 하나님 곁으로 가라!"며 방아쇠를 당겼습니다. 당시 미국 온 지역에서 자신들의 비겁한 신앙 모습을 회개하는 신앙 각성 운동이 일어나게 되었습니다.

수제자 베드로는 할 수 있을 거라고 생각했는데 하지 못했습니다.
캐시 버넬은 도저히 할 수 없을 거라고 생각했는데 했습니다.
후에 베드로는 성령 충만 받고 주님 나라의 위대한 종으로 살다가 예수님처럼 십자가 순교했습니다. 어떤 특정 인간이 위대한 것이 아니라, 그 사람 안에서 역사하시는 성령님이 위대하신 것입니다.

Prayer.

주님, 우리가 제자답게 살 수 있도록 성령께서 역사하소서.

8

16 **요한복음**

오늘도 말씀하십니다 와서 아침을 먹으라

예수께서 이르시되 와서 조반을 먹으라 하시니 제자들이 주님이신 줄 아는고로 당신이 누구냐 감히 묻는 자가 없더라 _ 요한복음 21:12

예수님 죽음 후 흩어진 제자 중 일부는 디베랴 호수에서 옛날 직업대로 고기 잡는 일을 했는데, 어느 날 새벽 부활의 주님이 오셨습니다. 그러나 제자들은 해변으로부터 떨어져 있어 알아볼 수 없습니다. 그들은 밤새도록 수고했지만 잡지 못하고 지쳐 있었습니다. 예수님은 고기가 있느냐 물으십니다. 고기가 없다는 대답을 들으시고, 다른 쪽으로 그물을 던지라고 말씀하십니다. 제자들이 말씀대로 했더니, 그물을 들 수 없을 정도로 물고기가 가득합니다. 제자들은 놀라고 흥분하기 시작합니다. 그분이신가? 처음 예수님 만났을 때도 이런 경험을 했던 제자들은, 멀리 계신 분이 예수님이심을 깨닫습니다. 서둘러 제자들이 다다랐을 때 주님은 식사를 준비해 놓으시고 말씀하십니다. "와서 아침을 먹으라."

주님을 모른다고 부인했으며 주님을 버리고 도망간 자신들을 위해서 사랑으로 베푸신 식탁을 맞으면서 제자들 마음은 어떠했겠습니까? 밤새도록 수고하였지만 아무런 소득 없이 지쳐 있는 자신들을 위해서 사랑으로 베푸신 상을 맞으면서 제자들 마음은 어떠했겠습니까?

살아게신 주님께서 오늘도 아침을 준비하시고 우리를 초청하십니다.

"와서 아침을 먹으라."

현대인들은 갈수록 아침 식사를 하지 않습니다. 바빠서 못하고 늦게 일어나서 못합니다. 그런 일상의 습관은 조금씩 영적 습관마저 침해합니다. 우리는 다시 꿈꿔봅니다. 아침 눈을 뜨자마자 주님 식탁에 앉는 것. 직장에서 일을 시작하기 전에 주님 식탁에 앉는 것. 학교 빈 강의실에서 주님 식탁에 앉는 것. 버스나 지하철에서 주님 식탁에 앉는 것. 아침에 주님 사랑의 식탁에 앉는 것.

"와서 아침을 먹으라."

Prayer

주님, 날마다 아침마다 말씀을 묵상하며 주님과 교제하게 하소서.

성경 마흔네 번째 책, 사도행전

인생에서, 진정한 베스트 프렌드

데오빌로여 내가 먼저 쓴 글에(누가복음) _ **사도행전 1:1**

〈누가복음〉과 〈사도행전〉은 누가가 기록했습니다. '먼저 쓴 글'인 〈누가복음〉처럼 〈사도행전〉도 데오빌로에게 인사합니다. 데오빌로를 위한 신앙 권면의 편지 또는 전도 초청 편지라 할 수 있습니다. 전도의 삶은 하나님의 선하시고 기뻐하시는 뜻임에도 불구하고, 가장 순종하지 못하는 부분입니다. 그 이유 중 하나가 사람들의 거절과 냉대를 각오해야 하기 때문입니다. 물론 우리는 주변 사람들을 사랑하고 섬기면서 감동 가운데 주님을 전하고자 애를 씁니다. 그러나 문제는, 전도하려고 하면 가족이나 친구나 동료들이 부담스러워하고 싫어한다는 것입니다. 부모님이나 배우자나 또는 자녀를, 친구나 동료를 교회 가자고 권유하면 싫어합니다. 믿으려면 너 혼자 믿으라고 합니다. 반갑게 대했던 사람이 나를 피하기도 합니다. "계속 전도하면 너와 나의 관계가 나빠질 수 있어!" 그런 의사를 표해 오기도 합니다. 그래서 전도를 포기하며 살아갈 수도 있습니다.

우리 교회 한 청년의 구원 간증문에도 이런 내용이 있습니다.

고등학교 때 점심시간에 친구가 교회에 꼭 가야 한다며 청했습니다. 나는 아까운 점심시간을 친구 말에 다 허비해야 했습니다. 그때 느낀 것은, "교회 다니는 친구는 사귀지 말자!"라는 생각이었습니다. 또 한 명의 제일 친한 친구는 예수님 믿는 친구였습니다. 그때 저의 생각은 "적은 역시, 제일 가까운 곳에 있구나!"였습니다. 한번은 친구에게 평소 나에게 교회나 신앙에 대해 말하지 않는 이유에 관해서 물어보니, 친한 친구 사이에 교회 얘기를 해서 혹시 싸울까 봐 얘기하지 않았다는 것입니다. 그때 저는 이렇게 생각했습니다. "넌 역시 나의 베스트 프렌드야!"

이 청년이 후에 주님을 믿게 되면서 진정한 베스트 프렌드에 대해서 다시 생각하게 되었습니다. 베스트 프렌드가 되는 것보다 중요한 것은 예수님 증인 되는 것입니다. 그런데 사실 예수님 증인 되는 것이, 그에게 진정한 베스트 프렌드인 것입니다.

Prayer

주님, 예수 그리스도의 증인이 되어 참된 친구가 되게 하소서.

사도행전

18 영화 〈증인〉, "나는 증인이 되고 싶어요"

내 증인이 되리라 _ 사도행전 1:8

영화 〈증인〉에서 사건을 목격한 자폐아 김향기는 변호사에게 묻습니다.
"당신은 좋은 사람입니까?"
그리고 딸이 법정에 나가서 상처와 고통을 받을까 봐 증인으로 서지 말라고 만류하는 엄마에게 확고하게 말합니다.
"엄마 나는 진실을 말하고 싶어요. 나는 증인이 되고 싶어요."

〈사도행전〉은 주님 전하는 증인이 되라고 수없이 반복합니다. 이 일에 증인이로다(2:32), 이 일에 증인이요(5:32), 행하신 모든 일에 증인이요(10:39).
영화 속 주인공의 "당신은 좋은 사람입니까?"라는 물음이 자꾸 이렇게 들려옵니다. "당신은 좋은 증인입니까?"

노태우 씨가 대통령 재임 때였으니, 오래전의 일입니다. 예수님을 전하는 증인으로서의 사명에 늘 충성하셨던 장모님은 청와대로 전도 편지를 써야겠다고 마음먹으셨다고 합니다. 대통령 가족과 알지는 못하지만, 남편과는 육사 선후배로서 전혀 모르는 사이도 아니고 또 국민에게 너무 욕을 먹는 것이 안타까워서 불붙는 마음으로 편지를 썼습니다. 진액을 다 짜내어 편지를 쓰신 후 발송했습니다. 당시 결과는 어떻게 되었겠습니까? 청와대에서 반송해 왔습니다. 그런데 이후에 그 가족이 믿게 되었습니다. 큰딸이 예수님을 만나면서 가족을 전도했다는 것입니다.

한 영혼이 그리고 한 가정이 주께 돌아오기까지는 많은 증인의 기도와 섬김과 전도가 쌓여 있는 것입니다. 성도는 계속해서 기도하며 섬기며 증인의 길을 걸어갑니다. 수많은 증인이 그 길을 함께 가고 있습니다.

Prayer

주님, 쉬지 않고 증인의 길을 걸어갈 수 있도록 이끄소서.

사도행전

19 역사 속에서 특별한 날, 성령님 오신 날

오순절 날이 이미 이르매 … 그들이 다 성령의 충만함을 받고 _ **사도행전 2:1, 4**
누구든지 그리스도의 영이 없으면 그리스도의 사람이 아니라 _ **로마서 8:9**

하나님 손 안에서 흘러온 장구한 인류 역사에 수많은 위대한 사건들이 있었는데 그 무엇과 비교할 수 없이 중요하고 위대한 사건이 있습니다. 그래서 이 땅의 교회와 성도들은 이 특별한 날을 기념합니다. 성탄절, 부활절, 성령 강림절입니다.

성령님은 영으로 계신 하나님이십니다. 우주 질서를 주관하시고 운행하시며 믿는 자들에게 임하셔서 역사하십니다. 그런데 구약 시대에는 성령님이 특별한 사람들에게 특별한 목적으로 임했습니다. 여호와의 영이 기드온에게 임하시니(삿 6:34) 그래서 기드온은 능력 있게 살아갑니다. 여호와의 영이 삼손에게 강하게 임하니(삿 14:6, 15:14) 그래서 삼손은 큰 힘을 받아 살아갑니다. 이렇게 구약 시대에는 성령님이 특별한 사람에게 임했는데, 예수님 이후 신약 시대부터는 다릅니다.

예수께서 죽음을 앞두고 내가 하늘로 가면, 이제 나 대신에 성령이 오게 될 것이라고(요 16:7) 약속하셨습니다. 약속대로 예수님 세상을 떠나신 후 성령님이 믿는 자들에게 임하는 '오순절 성령 강림 사건'이 발생합니다. 오순절 성령 강림 사건 이후로는 모든 성도에게 성령님이 임하시게 된 것입니다. 자신이 느끼든 느끼지 못하든 의식하든 의식하지 못하든, 예수님 믿을 때 성령 하나님이 오시는 것입니다. 예수님 믿으면 누구나 성령의 사람이 된다는 하나님 약속을, 성도는 의심이나 무관심이 아니라 믿음으로 아멘하며 받아들여야 합니다. 성도는 성령님이 임한, 위대한 성령의 사람들입니다! 아멘.

Prayer

주님, 우리가 성령의 사람들로서 성령 충만을 받게 도우소서.

20 사도행전 교회 역사 속으로 데려가 주십시오 1

오직 성령이 너희에게 임하시면 너희가 권능을 받고 _ **사도행전 1:8**

〈사도행전〉은 승리의 책입니다. 베드로와 바울 등 사도들의 승리가 펼쳐지기 때문입니다. 그뿐만 아니라 스데반, 빌립 등 성도들의 승리가 펼쳐지고 있습니다. 그뿐만 아니라 고넬료 가정이나 루디아 가정 등 가정의 승리가 기록되어 있습니다. 그뿐만 아니라 유대와 갈릴리와 사마리아 교회 등 교회의 승리가 기록되어 있습니다. 사도행전 전체는 승리의 기록이며 노래입니다.

그런데 그 승리의 문을 여는 열쇠가 사도행전 1:8입니다. 예수님은 부활 후 40일을 이 땅에 머무시면서 제자들을 만나시다가 승천하셨습니다. 1:8은 승천 바로 직전입니다. 이 말씀을 마치시고 그들이 보는데 올려져 가시니(1:9) 마지막 말씀이니 얼마나 중대한 내용이겠습니까! 성령의 권능으로 충만해지는 것과 예수의 증인으로 살아가야 한다는 것이었습니다.

크리스천은 누구나 성령님이 임한 사람입니다. 그런데 성령이 임했다는 것과 성령의 권능을 받는 것은 다릅니다. 모든 성도에게 성령이 임했지만, 그렇다고 모두가 성령의 권능을 받아서 승리 생활하는 것은 아닙니다. 사도행전 성도들처럼 성령의 권능 받는 일이 가장 중요함을 깨달아야 합니다. 성령의 능력 받는 일이 삶의 최고 관심거리가 되게 하고 간절히 원해야 합니다. 그렇게 했기에 그들은 성령의 인도하심을 받고 성령의 음성을 들을 수 있었던 것입니다. 성령의 위로를 받고 성령의 능력을 받을 수 있었던 것입니다. 승리의 행전이 되었던 것입니다.

우리는 이 사실을 모르는 것이 아니라 알고 있는데도 성령의 권능으로 채움 받기보다는 세상으로 채움 받기를 소원합니다.

Prayer

주님, 이천 년 전 사도행전 교회 역사 속으로 데려가 주십시오. 성령님이 역사하시는 그 교회로 데려가셔서 그들을 본받게 하소서.

21 사도행전 교회 역사 속으로 데려가 주십시오 (2)

> 오직 성령이 너희에게 임하시면 너희가 권능을 받고 예루살렘과 온 유대와 사마리아와 땅 끝까지 이르러 내 증인이 되리라 하시니라 _ **사도행전 1:8**

　세상사와 인생사에서 그 어떤 것도 하찮은 것은 없습니다. 정치도 경제도 문화도 중요합니다. 먹고 사는 일도 중요하고, 공부, 일, 사람 관계, 건강 문제, 자녀 양육 중요합니다. 그런데 이렇게 중요한 일들에 집중하다가 정말로 중요한 일을 놓친 채 살아서는 안 됩니다. 예수님께서 하늘로 오르시기 전에 명하신, 증인의 삶입니다

　사도행전의 성도들은 성령의 권능을 받아 증인으로 살기를 간절히 원했습니다. 그들이라고 왜 인생의 어려움이 없었겠습니까? 경제 궁핍, 질병, 자녀 문제, 건강 문제, 진로 등. 더군다나 당시는 예수님을 전함으로 인해 감옥에 갇히고, 매를 맞고, 사형에 처하는 핍박의 시기였습니다. 그런데도 예수님 전하며 사는 일이 가장 중요함을 깨닫고 행했습니다.

　그런데 놀라운 사실은, 그렇게 주님 말씀에 순종하여 증인의 삶을 달려가는 중에 치유와 회복을 얻게 된 것입니다. 새 힘과 능력을 얻게 된 것입니다. 큰 기쁨이 넘치는 승리의 사람들이 된 것입니다.

> 그 성에 큰 기쁨이 있었더라 (행 8:8)

　제자들에게 주시는 명령이 우리에게 주시는 명령입니다. 성령님의 권능을 받는 것을 너희 생각, 너희 가슴, 너희 말과 삶에 간절함이 되고 열정이 되게 하라. 예수님의 증인으로 살아가는 사명이 너희 생각, 너희 가슴, 너희 말과 삶에 간절함이 되고 열정이 되게 하라.

Prayer.

주님, 성령의 권능을 받고 증인으로 살고자 하는 간절함과 열정이 작은 것을 용서하소서. 성령의 능력을 받아 신실한 증인으로 살도록 하소서. 주님, 2000년 전 사도행전 교회 역사 속으로 데려가셔서 그들을 본받아 살아가게 해 주십시오.

22. 죄는, 본질적으로 영적인 용어입니다

> 베드로가 이르되 너희가 회개하여 각각 예수 그리스도의 이름으로 침례(세례)를 받고 죄 사함을 받으라 그리하면 성령의 선물을 받으리니 _ **사도행전 2:38**

"너희가 회개하여!" 본질적으로 죄는 인간의 나쁜 행동을 가르치는 도덕 용어가 아닙니다. 정치 용어도 사회 용어도 아니며, 인간이 창조주 하나님을 거역하는 교만을 가리키는 영적 용어입니다. 침례(세례) 받은 성도들은 이 죄를 회개한 것입니다. 하나님을 부인하며 내가 하나님이 되어 살아 온 근본적인 죄를 회개한 것입니다. 그리고 예수님이 내 죄를 대신하여 십자가 희생 죽임당하셨음을 믿고 예수님을 구주와 주님으로 영접하며 지옥 심판에서 구원받았습니다.

오스왈드 챔버스는 『주님은 나의 최고봉』에서 말합니다.

인간 죄의 성향은 부도덕함, 도덕적 타락, 악한 행동들이 아닙니다.
죄의 성향은 '나는 나 자신의 신'이라는 자기실현의 성향입니다. 즉, 자기 권리 주장입니다. 주님께서는 많은 사람을 만나셨지만, 그들의 도덕적 타락이나 성취에 관해 관심이 없으셨습니다. 주님께서는 사람 속의 죄의 성향을 보시며 아파하셨던 것입니다.

죄의 본질은, 자신이 신(神)이 되어 예수님을 믿지 않는 교만입니다. 어떤 사람을 세상이 '의인'이라고 평가할지라도, 자신이 주인 되어 예수님을 믿지 않는 교만 가운데 있다면 불의한 죄인입니다. 예를 들어서 사회적으로 알려진 '기부왕'들이 있습니다. 스타 연예인, 스타 운동선수, 경제인들, 정치가들 모두 훌륭한 사람들입니다. 의로운 사람이라 칭찬받고 인정받고 스포트라이트를 받기에 합당한 사람들이 맞습니다. 그런데 그 사람이 하나님을 믿지 않고, 자신이 자기 인생의 주인이 되어서 자기실현의 성향으로 산다면 교만한 죄인입니다. 이것이 하나님의 말씀이고 성경 진리입니다.

Prayer

주님, 우리를 자기실현의 죄성(罪性)에서 구원하소서.

8 사도행전

23 윤동주의 괴로웠던 사나이, 행복한 예수 그리스도

> 이 예수는 너희 건축자들의 버린 돌로서 집 모퉁이의 머릿돌이 되었느니라 다른 이로써는 구원을 받을 수 없나니 천하 사람 중에 구원을 받을 만한 다른 이름을 우리에게 주신 일이 없음이라 하였더라 _ **사도행전 4:11-12**

예수님은 건축자들의 버린 돌이셨습니다.
건축자들은 그 돌이 필요 없고 쓸모없다고 생각했습니다.
세상의 건축자들에게는 그렇게 보였기에 버림을 받았습니다.
예수님은 그런 세상을 보시며 아파하셨고 슬퍼하셨습니다.

우리는 인생을 건축해가면서,
그분을 버린 돌처럼 하찮게 취급할 때는 없었는지요?

주님은 버린 돌이 되어 주셨습니다. 고난을 당해 주셨습니다. 배신과 조롱과 침뱉음을 당해 주셨습니다. 십자가 죽임을 당해 주셨습니다. 엘리 엘리 라마 사박다니 나의 하나님 나의 하나님 어찌하여 나를 버리셨나이까 크게 소리 지르시며 괴로워하고 슬퍼하셨습니다.

민족 시인 윤동주는 진실한 크리스천이었습니다. 그의 많은 작품에는 숭고한 신앙심이 깃들어 있습니다. 〈십자가〉라는 제목의 시가 있는데, 예수님을 이렇게 표현합니다. '괴로웠던 사나이, 행복한 예수 그리스도.' 건축자들의 버린 돌이 되셨던 예수님은 괴로웠습니다. 십자가 고초당하셨던 예수님은 괴로웠습니다. 죽음 앞에서 그 괴로움을 우리가 어찌 알 수 있겠습니까? 하지만 예수님은 행복했습니다. 예수님이 고난 당해 주시고 죽임을 당해 주심으로 사랑하는 이들이 살기 때문입니다.

'다른 이로써는 구원을 받을 수 없나니 천하 사람 중에 구원을 받을 만한
다른 이름을 우리에게 주신 일이 없음이라 하였더라.'

Prayer .

주님, 예수님의 행복을 알게 하시고, 작은 부분이라도 본받게 하소서.

24. 십자가 생명이 생명을 낳으며, 오늘 교회들까지 왔습니다

> 하나님의 말씀이 점점 왕성하여 예루살렘에 있는 제자의 수가 더 심히 많아지고 허다한 제사장의 무리도 이 도에 복종하니라 _ **사도행전 6:7**

〈사도행전〉은 교회의 태동과 승리의 역사입니다. 오순절 성령 강림으로 태어난 '예루살렘 교회'부터 시작하여 교회들이 태어납니다. 그 때에 경건한 유대인들이 천하 각국으로부터 와서 예루살렘에 머물더라(행 2:5) 예루살렘 교회는 하나님 말씀이 점점 왕성하여 제자의 수가 더 심히 많아지고 허다한 제사장의 무리도 이 도에 복종합니다(행 6:7). 그리고 널리 선교에 힘쓰는데, 안디옥 교회가 생겨납니다.

> 그 중에 구브로와 구레네 몇 사람이 안디옥에 이르러 헬라인에게도 말하여 주 예수를 전파하니…예루살렘 교회가 이 사람들의 소문을 듣고 바나바를 안디옥까지 보내니
> (행 11:20, 22)

안디옥 교회는 예수님을 전하는 선교의 기지가 되었습니다.

> 안디옥 교회에…바나바와 사울을 따로 세우라…두 사람에게 안수하여 보내니라(행 13:1-3)

예루살렘 교회와 안디옥 교회로부터 시작된 선교 역사는 갈라디아 교회로 이어지는데, 갈라디아 남부 지역에 흩어져 있는 여러 교회입니다(비시디아 안디옥, 이고니온, 루스드라, 더베 등).

> 바울과 및 동행하는 사람들이…비시디아 안디옥에 이르러…(행 13:13-14)
> 두 사람이…이고니온으로 가거늘 제자들은 기쁨과 성령이 충만하니라(행 13:51)
> 루스드라와 더베와 그 근방으로 가서 거기서 복음을 전하니라(행 13:51-52)

2000년 동안 십자가 생명이 생명을 낳으며 오늘날의 교회들까지 왔습니다. 그리고 나도 주님 교회가 되어 생명을 낳고 교회를 낳습니다.

Prayer

주님, 교회인 우리를 사용하셔서 주님의 생명을 낳고 교회를 세우게 하소서.

8 | 사도행전

25 겟세마네에서 다락방으로 오르락내리락합니다

더불어 마음을 같이하여 오로지 기도에 힘쓰더라 _ 사도행전 1:14
그들이 사도의 가르침을 받아 서로 교제하고 떡을 떼며 오로지 기도하기를 힘쓰니라 _ 사도행전 2:42
요한의 어머니 마리아의 집에 가니 여러 사람이 거기에 모여 기도하고 있더라 _ 사도행전 12:12

겟세마네에서 십자가 죽음을 앞둔 예수님은 제자들에게 당부합니다.

시험에 들지 않게 깨어 기도하라(마 26:41)

그런데 제자들은 깨어 기도하는 일에 실패했습니다. 그 가운데 한 제자는 주님을 모른다고 부인했고, 다른 제자들도 주님을 버리고 뿔뿔히 도망쳤습니다. 겟세마네 언덕은 제자들에게 패배의 자리였습니다. 겟세마네는 통절한 교훈이 되었습니다. 깨어 기도하는 것만이 세상과 유혹에서 승리하는 길임을 뼈저리게 깨달았습니다. 이제 다시 무너질 수 없었고, 그들은 기도하는 제자들로 변화되었습니다.

더불어 마음을 같이하여 오로지 기도에 힘쓰더라(행 1:14)

더불어 모인 무리의 수가 약 120명이나 되었다고 기록합니다(행 1:12-15). 이를 '다락방 기도'라고 이름을 붙입니다. 그들은 겟세마네의 실패를 딛고, 다락방에 모여서 기도에 힘썼던 것입니다. 그리고 기도의 불길은 계속해서 타올랐습니다(행 2:42, 12:12).

우리는 분명히 알고 있습니다. 힘든 환경이 닥쳐와도 기도로 이길 수 있음을, 죄악을 기도로 이길 수 있음을, 사탄의 공격을 기도로 이길 수 있음을, 세상을 기도로 이길 수 있음을, 그리고 주님의 교회가 기도로 이길 수 있음을 알고는 있지만, 겟세마네로 내려가 잠든 제자들이 되었다가 다락방으로 올라가 '오로지' 기도하는 제자들이 되었다가 오르락내리락합니다.

나는 지금 어디 있습니까? 오직 기도하는 제자로 살기를 간절히 원합니다.

Prayer

'오로지'란 '다른 것은 있을 수 없고 오직'이라는 뜻입니다. 다른 것은 있을 수 없고 오직 기도하는 제자로 살기를 간절히 원합니다.

26. '다른 이보다 먼저, 주님 사랑에 빚진 자'라는 신분증

성령이 아시아에서 말씀을 전하지 못하게 하시거늘 _ **사도행전 16:6**
바울이 그 환상을 보았을 때 우리가 곧 마게도냐로 떠나기를 힘쓰니 이는 하나님이 저 사람들에게 복음을 전하라고 우리를 부르신 줄로 인정함이러라 _ **사도행전 16:10**

예수님의 십자가 죽음과 부활 사건 위에서 교회가 세워지기 시작했습니다. 최초 교회 예루살렘 교회로부터 안디옥 교회, 갈라디아 교회 등 이스라엘과 터키를 중심으로 성장했습니다. 바울은 복음을 전하기 위해서 아시아로 가기로 계획했습니다. 그런데 무슨 이유에서인지 성령께서 막으시고 유럽 마게도냐로 향하게 하십니다(행 16:6, 10). (베드로 등은 아시아로 갔습니다.) 그래서 바울은 마게도냐로 건너가게 됩니다. 그리고 유럽에서의 첫 교회가 빌립보에 세워집니다. 이렇게 시작된 복음은 이탈리아 프랑스 독일 등 유럽 전역으로 전파되었고, 유럽으로부터 아메리카에, 그리고 유럽과 미국 선교사들을 통해 아시아와 한국에 복음이 전해졌습니다. 세계의 복음 전파 역사는 그렇게 이어져 왔습니다.

그 이유를 알 수는 없지만, 하나님께서 복음을 인도나 중국이나 한국 등 아시아가 아니라, 유럽에서 먼저 활발히 전파되도록 역사하셨습니다. 그 섭리가 우리에게도 있는 것이 아닐까 생각해 봅니다.

다른 가족 친척이 먼저 될 수도 있었을 텐데,
내가 먼저 예수님 믿고 크리스천이 되도록 하나님께서 역사하셨습니다.
다른 친구 동료 이웃이 먼저 될 수도 있었을 텐데,
내가 먼저 예수님 믿고 크리스천이 되도록 하나님께서 역사하셨습니다.
나는 그들보다 먼저, 주님 사랑과 은혜에 빚진 자가 되었습니다.
주님, '먼저 사랑에 빚진 자'라는 신분증을 버리지 않게 하소서.

Prayer

주님, '먼저 사랑에 빚진 자'라는 신분증을 버리지 않게 하소서.

8 사도행전

27 한밤중을 만났을 때도 나의 하나님은 살아계십니까?

> 로마 사람인 우리가 받지도 못하고 행하지도 못할 풍속을 전한다 하거늘 무리가 일제히 일어나 고발하니 상관들이 옷을 찢어 벗기고 매로 치라 하여 많이 친 후에 옥에 가두고 간수에게 명하여 든든히 지키라 하니 그가 이러한 명령을 받아 그들을 깊은 옥에 가두고 그 발을 차꼬에 든든히 채웠더니 한밤중에 바울과 실라가 기도하고 하나님을 찬송하매 죄수들이 듣더라 이에 갑자기 큰 지진이 나서 옥터가 움직이고 문이 곧 다 열리며 모든 사람의 매인 것이 다 벗어진지라 _ **사도행전 16:21-26**

로마 제국 황제가 주(主)였는데, 바울과 실라가 예수님을 전하자 풍속을 해친다며 잡아다가 매를 때리고 감옥에 가두었습니다. 그런데 놀랍게도 옥에 갇혀 고난받는 중이던 바울과 실라는 한밤중에 기도하고 찬송했습니다.
우리는 인생에서 한밤중을 만날 때 어떻게 합니까?

종교 개혁가 마르틴 루터의 유명한 일화입니다. 마르틴 루터가 적들의 공격을 받고 절망하고 있었습니다. 아내가 장례식 가는 복장을 하고 나타났습니다. 마르틴 루터는 깜짝 놀라며 누가 죽었느냐고 물었습니다. 그러자 아내가 말합니다. "당신이 하나님이 없는 사람처럼 낙심하고 절망하고 있는 걸 보니, 하나님이 죽으셨나봅니다." 아내의 말을 들은 루터는 크게 깨닫고 낙심과 좌절에서 벗어났습니다.

한밤중에 기도하고 찬양할 때 감옥 문이 열리는 기적이 일어났습니다. 바로 거기서! 바울은 간수에게 사랑을 전합니다(행 16:31).

주 예수를 믿으라 그리하면 너와 네 집이 구원을 받으리라

간수의 온 집안이 구원을 받고 그들은 하나님 교회가 되었습니다.
인생 한밤중을 만났을 때도 나의 하나님은 살아계십니까?
인생 한밤중을 만날 때 하나님께 기도하고 그분을 찬양하십시오.
나도 구원받고 다른 생명이 구원받고 주님의 교회가 생겨날 것입니다.

Prayer
주님, 한밤중에 기도하고 찬양했던 역사가 나의 역사가 되게 하소서.

30 크리스천도 넌(non) 크리스천도 부활의 사건이 있습니다

> 그들이 기다리는 바 하나님께 향한 소망을 나도 가졌으니 곧 의인과 악인의 부활이 있으리라 함이니이다 _ **사도행전 24:15**

너희는 내가 이 말을 한다고 놀라지 말라!(요 5:28)

도대체 무슨 말씀을 하시려고 놀라지 말라고 하십니까?

선한 일 행한 자는 생명의 부활로 악한 일 행한 자는 심판의 부활로(요 5:29)

죽음이 끝이 아니며 망자(亡者)들이 모두 다시 일어나게 되는데, 어떤 이는 생명의 부활로 또 어떤 이는 심판의 부활로 일어난다는 것입니다. 사도 바울도 이 진리를 말하고 있는 것입니다.

곧 의인과 악인의 부활이 있으리라 함이니이다.

의인이란 예수님을 믿는 자들이며, 악인이란 예수님을 부인하는 자들입니다. 세상의 모든 망자는 다시 일어나니 놀라지 말라. 천국으로 가는 자가 있고 지옥으로 가는 자가 있으니 놀라지 말라. 천국 아니면 지옥, 이처럼 복음은 애매모호하지 않으며 분명합니다. 예를 들어, 부활절을 맞으면 가톨릭이나 개신교는 선포합니다. '고통받는 모든 인류에 부활의 소망과 기쁨이!' 물론 마땅히 선포해야 할 메시지입니다. 그런데 부활의 진리를 오해하게 만들 수 있음을 주의해야 합니다. 세상 모든 사람에게 부활 천국 소망과 기쁨이 약속되는 것 아닙니다. 예수님은 경계선 이쪽 소망의 사람들과 저쪽 비극의 사람들을 분명히 나누십니다. 따라서 예수님이나 바울이라면 부활절에 어떤 메시지를 전하시겠습니까? 물론 고통받는 세상 모든 사람을 위로하시겠지만, 선포할 진리는 분명합니다. 성경을 읽으면 어렵지 않게 예상할 수 있습니다.

주 예수를 믿으라 그리하면 너와 네 집이 구원을 받으리라(행 16:31)

'의인은 생명의 부활로 악인은 심판의 부활로 나오리라'

Prayer.

주님, 사도행전 16:31 말씀을 전하는 삶이 되게 하소서.

8 / 28 사도행전

인생길에서 만난 그에게,
나는 십자가 전달자입니다

그들이 … 데살로니가에 이르니 _ **사도행전 17:1**

바울과 일행은 루디아와 빌립보 교회를 떠납니다.
그리고 데살로니가 사람들을 만납니다(17:1).
너그럽고 신사적이었다는 베뢰아 사람들을 만납니다(17:10).
예술과 철학을 꽃피운 아테네 사람들을 만납니다(17:16).
쾌락과 우상의 도시 고린도 사람들을 만납니다(18:1).
그리고 세상의 중심이라 자처했던 로마 사람들도 만났습니다.
예수 그리스도의 증인으로서 그들을 만난 것입니다.
 우리도 인생에서 사람을 만납니다. 빌립보 사람같고, 데살로니가 사람같고, 베뢰아 사람같고, 아테네 사람같고, 고린도 사람같고, 로마 사람같고.

하나님 자녀에게 우연한 만남이란 없습니다.
참새 한 마리도 하나님 허락하심 없이는 떨어지지 않습니다.
하나님의 허락하심 가운데 내 인생에서 만나는 이들에게, 나는 누구입니까?
그냥 가족이나 지인만이 아닙니다. 예수 그리스도의 증인입니다.

난 지극히 작은 자 죄인 중에 괴수 무익한 날 부르셔서
간절한 기대와 소망 부끄럽지 않게 십자가 전케 하셨네
어디든지 가리라 주 위해 서라면 나는 전하리 그 십자가
내 몸에 벤 십자가 그 보혈의 향기 온 세상 채울 때까지
살아도 주를 위해 죽어도 주를 위해 사나 죽으나 난 주의 것
십자가의 능력 십자가의 소망 내 안에 주만 사시는 것
난 지극히 작은 자 죄인 중에 괴수 무익한 날 부르셔서
간절한 기대와 소망 부끄럽지 않게
십자가 전케 하셨네 내 사랑 나의 십자가 (CCM 십자가의 전달자)

Prayer
주님, 내 인생에 만나는 이들에게 십자가의 전달자 되게 하소서.

사도행전

세종대왕이나 이순신 장군은 어쩔 건데?

> 알지 못하던 시대에는 하나님이 간과하셨거니와 이제는 어디든지 사람에게 다 명하사 회개하라 하셨으니 _ **사도행전 17:30**

막내딸은 청소년 때부터 쉴새 없이 질문을 던졌습니다. 아기는 죽으면 지옥에 가는 거야? 천국에 가는 거야? 아빠, 세종대왕이나 이순신 장군은 어쩔 건데? 그 훌륭한 분들이 천국 갔느냐를 묻는 것입니다. 막내딸은 세 가지 경우를 들면서 다 불공평하다고 말했습니다.

첫째, 만약 천국에 갔다면 불공평하다는 것입니다. 우리는 예수님 믿으며 살다가 천국 가는데, 세종대왕은 그냥 천국에 가면 불공평하다는 것입니다.

둘째, 그렇다고 세종대왕이 천국에 안 갔다고 해도 불공평하다는 것입니다. 예수님이 전해지지도 않았던 시대이고, 예수님이 누군지도 모르고 죽은 사람들은 어떡하느냐는 것입니다.

셋째, 그런데 만약에 아기나 세종 대왕이나 이순신 장군이나, 천국도 지옥도 안 가는 것도 불공평하다는 것입니다.

당시에 딸에게 세종대왕 걱정하지 말라고 했습니다. 공평하신 하나님께서 사랑으로 잘 알아서 결정하셨을 테니까, 남 걱정하지 말고 네가 구원받고 천국 가는 걸 걱정하라고 했습니다. 갓난아기, 세종대왕, 우리 조상의 구원 문제에 대해서는 하나님께서 공평하신 사랑으로 결정하시니 의문을 가지지 않아도 된다고 말해주었습니다.

그러나 우리는 예수님이 증거된 시대에 살아갑니다.

이제는 어디든지 사람에게 다 명하사 회개하라 하셨으니.

Prayer

주님. 하나님 공평하시고 완전하신 사랑이 온 세상에 충만하게 넘칩니다. 사람들이 교만을 회개하고 예수님 영접하여 주께로 돌아오게 하소서.

8 사도행전

31 이미 왔고, 지금도 오고 있으며, 완전히 오게 될 하나님 나라

하나님 나라의 일을 말씀하시니라 _ **사도행전 1:3**
하나님의 나라를 전파하며 _ **사도행전 28:31**

〈사도행전〉은 1장 '하나님 나라'로부터 시작해서 마지막 28장 '하나님 나라'로 끝맺습니다. 성경 전체는 주님 나라에 관한 말씀입니다.

'내가 왕인 나의 나라냐? 하나님이 왕인 하나님의 나라냐?'

이 대결을 잘 보여주는 모세와 이집트 왕과의 영화 속 대사가 있습니다. 〈엑소더스〉라는 영화를 보면, 모세가 이집트 왕에게 인간의 힘으로는 막을 수 없는 큰 일이 벌어질 거라고 말합니다. 이집트 왕은 누가 그 사실을 알려주었냐고 묻습니다. 모세는 God! 하나님이 알려주셨다고 대답합니다. 그러자 이집트 왕은 분노하며 외칩니다.

"I am God! 내가 신이다. 신은 나란 말이다!"

당시 이집트는 세계 최대 강국이었고, 이집트 왕은 신처럼 여겨지던 시대였습니다. 그래서 내가 곧 나라이며 권세이며 영광이라고 외치는 것입니다. 그러다 어떻게 됩니까? 물거품처럼 허망하게 무너져 버렸습니다. 그런데 이것은 곧 모든 인간의 모습입니다. 자신이 왕이고 주인이 되어 내 나라를 세우는 것입니다. 그런데 내 나라, 사람의 나라, 사탄의 나라는 혼돈과 흑암, 불의와 전쟁, 심판과 죽음입니다. 그러나 하나님이 왕이 되시는 나라는 사망이 아니라 생명, 전쟁이 아니라 샬롬, 불의가 아니라 정의입니다. 하나님 나라는 이미 왔고, 지금도 힘차게 오고 있으며, 장차 완전히 옵니다. 다시는 사망이 없고 애통하는 것이나 곡하는 것이나 아픈 것이 없으며 만물이 새롭게 되는 빛나고 영광스러운 나라입니다(계 21:3-4).

우리는 영원히 그 나라의 백성이며, 그 나라를 전파합니다.

Prayer

주님, 쉬지 않고 하나님 나라를 전파하는 증인의 길을 걷게 하소서.

9 성경 마흔다섯 번째 책, 로마서
01 위대한 집으로 들어오십시오!

로마에서 하나님의 사랑하심을 받고 _ **로마서 1:7**
우리가 그의 피로 말미암아 의롭다 하심을 받았으니 _ **로마서 5:9**
우리로 또한 새 생명 가운데 행하게 하려 함이라 _ **로마서 6:4**
하나님께 감사하리로다 너희가 … 죄로부터 해방되어 _ **로마서 6:17, 18**

9월을 시작하며 〈로마서〉 안으로 들어가게 됩니다.
고뎃(Godet)은 〈로마서〉를 '기독교 신앙의 대성전'이라 했습니다.
〈로마서〉 하나님의 크고 위대한 집!

유럽을 가면 장엄한 대성당을 보게 됩니다. 파리 노트르담, 프라하 성 비투스, 런던 세인트 폴, 스페인 가우디, 세비야 등. 그런데 그곳은 이제 십자가 생명이 살아 역사하는 하나님 집이 아닙니다. 역사의 유물과 문화의 대표지가 되어 있을 뿐 주님의 대성전이 아닙니다.

본회퍼(Dietrich Bonhoeffer, 1906~1945, 독일 루터교회 목사, 신학자)는 유럽교회 몰락의 예고와 원인을 진단하고 탄식했습니다. 유럽교회는 십자가 복음을 잊어버리고 종교 문화가 되어버렸습니다.

〈로마서〉는 십자가 복음이 생생히 선포되는 하나님 대성전입니다.
십자가의 피가 흐릅니다. 우리가 그 피로 말미암아 의롭다 하심 받았으니.
생명이 뜁니다. 우리로 새 생명 가운데 행하게 하려 함이라.
해방을 노래합니다. 감사하리로다 너희가…죄로부터 해방되어.

하나님의 나팔 소리 같은 음성이 〈로마서〉 하나님 집 안에서 들립니다.
9월에 우리가 〈로마서〉 하나님의 대성전 안으로 들어갑니다.
집 없는 자들이, 혼자인 자들이, 불안스레 헤매는 자들이, 〈로마서〉 하나님의 크고 위대한 집으로 들어와 안식/샬롬을 얻으면 좋겠습니다.
영원히 안전하게 거할 집이 될 것입니다.

Prayer
주님, 로마서라는 하나님의 위대한 집에 들어와 샬롬을 얻게 하소서.

02 디트리히 본회퍼, 나는 누구인가? (1)

9 로마서

너희도 … 예수 그리스도의 것으로 부르심을 받은 자니라 _ 로마서 1:6

디트리히 본회퍼의 詩〈나는 누구인가〉일부입니다.

나는 누구인가?
나는 진정 다른 사람들이 말하는 그런 사람인가?
혹은 내 자신이 알고 있는 자에 지나지 않는가?
나는 누구인가?
오늘은 이런 인간, 내일은 저런 인간일까? 나는 동시에 양자일까?
나는 누구인가?
내가 어떤 사람이든 오 하나님, 당신은 나를 아십니다.
나는 당신의 것입니다.

〈로마서〉를 펼칠 때, 내가 누구인지 가장 먼저 알려 줍니다. 너는 예수 그리스도의 것으로 부르심을 받은 자니라.
구약 〈이사야〉 말씀도 듣습니다(사 43:1).
두려워하지 말라…내가 너를 지명하여 불렀나니 너는 내 것이라

성도들에게 아침 묵상을 보냈는데, 성도에게서 답신이 왔습니다.
목사님 아멘입니다! 누가 저에게 『나는 누구인가』라는 인문학책을 줘서 읽어 보았는데, 책을 읽어도 나는 누구인지 아리송하여 그 책 문제가 뭔지 고민 중이었거든요. 목사님 보내신 카톡 묵상에서 깨달음이 왔습니다. 예수 그리스도의 것으로 부르심을 받은 자 세상에서 찾지 못하는 명쾌한 해답이네요.
저도 제가 어제의 나인지 오늘의 나인지? 나는 누구일까 궁금했는데 하나님의 것, 하나님의 사람이란 생각에 모든 것에 자유를 느끼고 기쁨이 샘솟습니다. 어디에서나 예수 그리스도의 것으로 부르심을 받은 자로 살아가는 게 저란 사람이겠지요. 감사합니다.

Prayer.
주님, 내가 당신의 것임을 알고, 자유하며 강하며 기쁘게 하소서.

9 로마서

03 나는 누구인가? (2) 죄인에서 의인으로

너희도 그들 중에서 예수 그리스도의 것으로 부르심을 받은 자니라 _ 로마서 1:6
오직 의인은 믿음으로 말미암아 살리라 _ 로마서 1:17

C. S. 루이스는 어느 종교가 가장 큰 행복을 주느냐는 질문에 답합니다.

지속 가능하기만 하면 자기를 섬기는 종교가 최고입니다. 제가 아는 분 중에 80세 노인이 계시는데, 젊을 때부터 끊임없이 이기적 태도로 제 잘난 맛에 살아왔고 안타깝게도 지금까지 너무 행복하게 살고 있습니다. 행복을 위하고, 편안을 느끼기 위한 거라면 포트와인 한 병, 생활을 편리하게 해 주는 특허 제품들이 나와 있을 것입니다.

-『피고인석의 하나님』, p. 63

포트 와인 한 병이나 생활을 편리하게 해주는 제품들로 얻는 행복은 찰나이고 참이 아닙니다. 젊을 때부터 끊임없이 이기적 태도로 제 잘난 맛에 살아왔고 안타깝게도 지금까지 너무 행복하게 살고 있습니다.

참 행복은 내가 누군지에 대한 답을 알 때 옵니다. 나는 예수 그리스도의 것으로 부름을 받은 행복한 자입니다. 예수님 믿음으로 인해 의인이 된 행복한 자입니다. 영원히 의인이 된, 영원히 행복한 자입니다. 이것이 〈로마서〉 핵심적인 내용입니다.

그런데 의인이 되기 위해서는 먼저 내가 죄인임을 깨달아야 합니다. 죄인임을 자백하면서 예수님의 의를 입습니다. '모든 사람이 죄를 범하였으매'(롬 3:23)라는 진리를 인정하는 사람만이 회개하고 예수님을 구주로 영접할 수 있습니다. 그리고 영원히 불행한 죄인에서 영원히 행복한 의인의 신분으로 바뀌는 것입니다.

내가 죄인임을 깨닫는 것은 얼마나 크고 놀라운 은혜입니까!
이 크고 놀라운 은혜를 모든 이들이 받기를 간절히 소망합니다.

Prayer

이 크고 놀라운 은혜를 사랑하는 이들이 받게 하소서.

04 티벳의 라사로 가는 길

오직 의인은 믿음으로 말미암아 살리라 _ **로마서 1:17**

예전에 중국 신학교에서 3일간 강의를 마치고 나자, 중국 학생들이 감사 표시로 공연 티켓을 사 줬습니다. '장족'(壯族)이라는 소수 부족이 사는 해발 3,500m 높은 고산지까지 올라가 관람하게 된 공연 제목은 〈윤회의 꿈〉이었습니다.

장족 부족민 할머니는 라싸(拉萨, Ra-sa)를 향해 떠납니다. 라싸는 해발 3,600여 미터 티베트 마을이며 달라이 라마 고향이고 성지입니다. 왜 가려는 것입니까? 성지에 가면 천국 갈 수 있다고 생각하기 때문입니다. 3년 동안 순례 여정이 연극으로 공연됩니다. 그런데 그냥 걸어가는 것이 아닙니다. 3보 1배 형식으로 고행의 길을 걸어가는 것입니다. 그 순례 중에 희노애락의 인생이 펼쳐집니다.

3년째 눈 내리는 추운 날에 죽게 됩니다. 그런데 양쪽으로 수십여 귀신들이 나타나더니 아우성칩니다. 무엇 때문이겠습니까? 할머니를 지옥으로 보낼 것이냐? 아니면 천당으로 보낼 것이냐? 이를 놓고 왁자지껄하는 것입니다. 그런데 귀신들 사이를 뚫고 큰 새가 날아와서 죽은 할머니를 천당으로 인도합니다. 그리고 할머니는 아름다운 소녀로 다시 태어납니다. 독수리나 개나 뱀이나 곤충으로 태어나지 않고 인간으로 태어나는, 윤회의 꿈이 이루어진 것입니다.

그래서 연극은 끝날까요? 아닙니다. 끝 장면이 무엇이겠습니까? 윤회한 소녀 역시, 3보 1배 하며 또다시 라싸로 또 향하는 것입니다. 지옥이 아니라 천국을 얻기 위해 그리고 사람으로 다시 태어나고자 하는 윤회의 꿈을 품고 고행길을 가는 것입니다!

이런 인생이라면 얼마나 부조리하고 불행하고 절망스럽습니까! 이 연극을 보면서 예수님의 십자가 은혜를 뼈에 사무치게 감사했습니다. 우리는 예수님의 십자가 공로를 믿음으로, 죄 용서받고 의롭게 되며 영원히 살게 됩니다. 한량없는 구원의 은혜를 영원히 누립니다.

Prayer •

예수님의 십자가 은혜를 뼈에 사무치도록 감사하며 살게 하소서.

9 로마서

05

동성애의 죄 그리고 우리의 죄
주님 불쌍히 여기소서

그들의 여자들도 순리대로 쓸 것을 바꾸어 역리로 쓰며 _ **로마서 1:26**

언젠가 서울 시청 광장 퀴어 축제에서 어느 연사가, 모든 인간이 어떠한 이유에도 상관없이 존엄성을 보장받으며 살아갈 수 있는 세상을 만들자는 축사를 했습니다. 백번 맞는 말입니다. 이는 예수님의 뜻이며 교회와 성도의 사명입니다. 주님은 죄인도 창기도 사랑하셨고 동성애자도 사랑하시며 존중하십니다.

그런데 인간 존엄성을 보장받는다고 해서, 죄를 죄가 아니라 말하면 안 되는 것입니다. 인권과 인본주의를 주창하면서 주님 말씀을 뒤집으면 안 되는 것입니다. 그 인권과 인본주의가 하나님 자리를 대신하는 우상이 되는 것입니다. 남자와 여자가 사랑하고 결혼함이 하나님 창조 순리입니다. 반면에 동성애는 역리입니다. 창조 질서를 파괴하는 것입니다.

한번은 여성가족부 장관 후보 청문회에서 동성애는 개인의 성적 취향이며 찬반의 문제는 아니라는 언급이 있었습니다. 이는 성경에서 어긋납니다.
앞으로도 훌륭한 정치가들이 동성애는 인권이라고 말할 것입니다.
영향력 있는 시민운동가들이 동성애는 인권이라고 말할 것입니다.
탁월한 예술 문화계 인물들이 동성애의 정당성을 주장할 것입니다.
심지어는 신학적으로 지지하는 발언도 있을 것입니다.
하지만 성경은 동성애가 죄임을 분명히 말합니다.

그런데 또한 반드시 놓치지 말아야 할 중요한 사실은 우리 역시 수많은 죄 가운데 있다는 것입니다. 우리는 마치 죄가 없는 체하면서 동성애자들을 혐오하지 말고, 우리 자신의 허물과 죄악을 보면서 회개해야 합니다.

주님, 우리 모두를 불쌍히 여겨 주소서.

9
06 어쩔 수 없는 것이 아니라 싸워야 합니다

로마서

남자가 남자와 더불어 부끄러운 일을 행하여 _ 로마서 1:27

어느 여자 청년의 고백 영상을 본 적 있습니다. 초등학교 때 골목에서 성추행당했습니다. 그리고 난폭한 아버지에게 학대받았습니다. 남자에 대한 혐오감을 가지고 자라는 중에 여자 친구가 따뜻하게 잘해 주었고, 그래서 동성애자가 되었다는 것입니다. 불우 환경 속에서 동성애자가 되었음을 고백한 것입니다. 하지만 동성애의 죄와 싸우며 마침내 새로운 삶을 살게 되었다는 영상이었습니다.

그런데 이런 질문을 할 수 있습니다. "태어날 때부터 유전적인 동성애자들은 어쩔 수 없잖아요?"
그런데 유전이라면(유전 문제 아니라는 의학 소견이 나왔습니다.)
인간이 유전적 죄성을 갖고 태어나면 죄지어도 되는 것일까요?
거짓말의 유전적 죄성을 가지고 태어났다고 해서,
계속 거짓말하는 죄를 지으며 살아가도 어쩔 수 없는 것입니까?
음란의 유전적 죄성을 가지고 태어났다고 해서,
계속 음란의 죄를 지으며 살아가도 어쩔 수 없는 것입니까?
난폭의 유전적 죄성을 가지고 태어났다고,
계속 난폭한 죄를 지으며 살아가도 어쩔 수 없는 것입니까?
그래서는 안 되는 것입니다.
죄를 인정하며 뉘우치고 죄와 싸우며 새로워져야 합니다.
동성애도 마찬가지입니다.
설사 유전적 문제라 할지라도 죄임을 알아야 합니다.
(물론, 유전적 문제 아니라는 의학적 소견들이 나왔습니다.)
죄로 고백하는 것과 죄로 인정도 안 하려는 것은 다릅니다.
예수께서 인간의 모든 죄를 짊어지고 죽임당하셨습니다.
모든 유전적 죄도 짊어지고 죽으셨습니다. 그리고 말씀하십니다.
회개하여 용서함 얻고 구원받으라. 그리고 새롭게 되어라.
동성애자들이든 우리든 죄와 싸우며 새로워져야 합니다.

주님, 어떻게 주님 뜻대로 살아갈지 근심하는 제자 되게 하소서.

9 로마서
07 죽어 마땅한 우리들이 구원을 받았습니다

> 또한 그들이 마음에 하나님 두기를 싫어하매 하나님께서 그들을 그 상실한 마음대로 내버려 두사 합당하지 못한 일을 하게 하셨으니 곧 모든 불의, 추악, 탐욕, 악의가 가득한 자요 시기, 살인, 분쟁, 사기, 악독이 가득한 자요 수군수군하는 자요 비방하는 자요 하나님께서 미워하시는 자요 능욕하는 자요 교만한 자요 자랑하는 자요 악을 도모하는 자요 부모를 거역하는 자요 우매한 자요 배약하는 자요 무정한 자요 무자비한 자라 그들이 이같은 일을 행하는 자는 사형에 해당한다고 하나님께서 정하심을 알고도 자기들만 행할 뿐 아니라 또한 그런 일을 행하는 자들을 옳다 하느니라 _ 로마서 1:28-32

30대 초반에 신학대학원을 들어가게 되었고, 졸업 후 전도사 때 곧바로 교회 개척을 했습니다. 교회 개척 후 20여 년이 지나가는 동안 만나 온 이들에게 복음을 전할 때, 모든 인간은 죄인이며 죄의 근본 뿌리는 마음에 하나님 두기를 싫어하는 것이라고 알려 주었습니다.

피조물 인간은 마음에 창조주 하나님을 두며 살아야 하는데, 교만하여 마음에 하나님 두기를 싫어하는 것이 죄라고 전했습니다. 하나님 계셔야 할 자리에 하나님을 밀쳐내고 내가 차지하고 앉아서, 내 마음과 생각과 욕심대로 내가 하나님처럼! 교만이 바로 죄의 뿌리라고 전했습니다. 죄의 뿌리인 교만으로부터 시작해서 맺혀지는 인간 죄악이 로마서 1:29-32까지 고발된다고 전했습니다.

내 입술이 얼마나 성령님께서 말하게 하심에 따라 전했는지 자신 없고, 내 마음이 얼마나 성령님의 간절함을 따라 전했는지 자신 없고, 나 자신이 얼마나 회개하는 마음으로 전했는지는 자신 없지만, 그래도 이 진리를 '아멘!'하고 받아들인 영혼들이 있었으니 얼마나 주께 감사한 일입니까. 회개하여 침례(세례) 받고 새 생명으로 태어난 영혼들을 생각하면 얼마나 주께 감사한 일입니까.

죄 범한 우리는 죽어 마땅한 자들이었는데(롬 1:32, 쉬운 성경 '죽어 마땅한'), 예수님의 십자가 대속의 은혜로 죽음에서 구원을 받았습니다.

Prayer
주님, 십자가 진리를 믿는 구원의 사건을 그들에게 나타내소서.

9
08 | 로마서

바티칸 베드로 대성당과 로마의 바울 감옥 터

예수 믿는 자를 의롭다 하려 하심이라 그런즉 자랑할 데가 어디냐 있을 수 없느니라 _ **로마서 3:26-27**

바티칸에 있는 베드로 대성당을 방문했습니다. 관광객의 줄이 끝이 없었습니다. 얼마나 많은 사람이 몰려 있는지 길을 잃을 지경이었습니다. 웅장함과 화려함과 찬란함에 입이 벌어졌습니다. 그리고 10여 분 차를 타고 바울 감옥 터에 세워진 교회에 갔습니다. 20~30명 들어갈 작은 교회당이었습니다. 바울이 순교에 앞서 무릎으로 걸어갔던 길에는 관광객들이 거의 없어 한적했습니다. 그곳에서, 베드로 성당에서는 느낄 수 없었던 영적 감동이 있었습니다. 사람들 찾지 않아 한적한 바울의 길을 생각하며 호텔로 돌아와서도 가슴 울컥하고 버스에서도 가슴 울컥하고 비행기에서도 가슴이 울컥했습니다.

유럽은 베드로 대성당을 비롯해 자랑할 게 많습니다. 문화와 예술과 정치 유산, 과학자, 철학자, 건축가, 음악가, 화가. 그런데 자랑할 게 많고 뛰어난 게 많다는 것은 조심할 게 많다는 것입니다. 십자가 예수님을 바라보아야 했는데 풍요함, 화려함, 편안함 속에서 그분을 바라보지 못한 것입니다.

예수 믿는 자를 의롭다 하려 하심이라 그런즉 자랑할 데가 어디냐 있을 수 없느니라

실상, 해 아래 자랑할 것 없으면서 우리는 쉴새 없이 자랑합니다.
가을에, 자랑하는 자리에서 벗어나서 "호올로" 기도해야겠습니다.

가을에는 기도하게 하소서.
낙엽들이 지는 때를 기다려 내게 주신 겸허한 모국어로 나를 채우소서.
가을에는 호올로 있게 하소서. 나의 영혼,
굽이치는 바다와 백합의 골짜기를 지나 마른 나무 가지 위에 다다른 까마귀와 같이.

- 김현승(1913~1975) 시인의 〈가을에는 기도하게 하소서〉 중에서

주님, 가을에 더욱 겸손히 기도하는 날들이 되게 하소서.

9 로마서

09 오호라 나는 곤고한 자로다!

> 오호라 나는 곤고한 사람이로다 이 사망의 몸에서 누가 나를 건져내랴 우리 주 예수 그리스도로 말미암아 하나님께 감사하리로다 그런즉 내 자신이 마음으로는 하나님의 법을 육신으로는 죄의 법을 섬기리로다 _ **로마서 7:24-25**

"나는 곤고한 사람입니다." 바울의 고백은 모든 크리스천들의 고백입니다. 육신으로 죄의 법을 섬김으로써 생기는 고뇌! 이를 바울은 갈라디아서 5:17에서는 '육신의 소욕'이라고 표현했습니다. 영어 성경으로는 'sinful nature(죄악된 본성)'으로 옮겨 놓았습니다.

인간이라면 누구나 죄악 된 본성이 있습니다. 우리 부모님들도 죄악 된 본성이 있습니다. 우리 자녀들도 죄악 된 본성이 있습니다. 내게도 죄악 된 본성이 있습니다. 그리고 죄악 된 본성이 풀처럼 자라납니다. 죄는 사망이요 죽음입니다. 사망과 죽음의 사람이라서 곤고하고 비참한 것입니다.

교육으로 죄악 된 본성을 선하게 교화시킬 수 있겠습니까?
이데올로기로 죄악 된 본성을 선하게 교화시킬 수 있겠습니까?
과학과 의학으로 죄악 된 본성을 교화시킬 수 있겠습니까?
그 무엇으로도 불가능합니다.
무지하고 교만해서 몰랐는데 나는 비참하고 곤고한 사람입니다.
하지만 이 비참함은 나를 주님 앞으로 인도합니다.

우리 주 예수 그리스도로 말미암아 하나님께 감사하리로다!

감사하게도 내 안에 죄악 된 본성만 있는 것이 아닙니다. 예수님을 믿는 자 안에 성령께서 선한 마음을 새롭게 창조하셨습니다. 죄악 된 본성, 악한 마음과의 싸움에서 이기도록 성령께서 역사하십니다.

Prayer

주님, 나는 곤고한 사람입니다. 내 능력으로는 안 되지만 성령님 능력을 의지하오니 도와주셔서, 오늘도 곤고함에서 건지시고 새롭게 하소서.

로마서

내 인생 스토리가 아니라 하나님 이야기입니다

우리가 알거니와 하나님을 사랑하는 자 곧 그의 뜻대로 부르심을 입은 자들에게는 모든 것이 합력하여 선을 이루느니라 _ 로마서 8:28

우리가 알거니와! 내 삶 속으로 다가오는 모든 사람과 모든 사건은, 주님 뜻이 없는 것이 하나도 없음을 알고 있습니다. 알면서도 불안할 때가 있습니다.

우리가 알거니와! 내게 일어난 한 가지 일조차 헛되이 하지 않으심을 알고 있습니다. 아버지께서 내게 허용하신 모든 인생은 그 무엇이든 간에 합력하여 최선의 삶을 이루도록 하심을 압니다. 알면서도 힘들 때 많습니다.

하나님. 내 삶은 끊어지는 것이 아니라 이어지는 것임을 알고 있습니다. 2010년에서 2020년으로, 2020년에서 2030년으로 이어지는 것임을, 그래서 새 하늘과 새 땅으로까지 영원히 이어지는 것임을 알면서도, 열매가 작을 때는 허무함으로 어두워지곤 합니다.

우리가 알거니와! 퍼즐처럼 결국 흩어진 모든 조각이 맞추어져서 나중에는 "아, 바로 그때 그 상황에 이런 주님 손길이 있었구나! 이런 이끄심이 있었구나!" 섭리를 감사 찬양하게 될 것을 알고 있습니다. 하나님 섭리에 대한 확신이 삶에 중심이 되어야 함을 알고 있습니다. 알면서도 불평불만하고 화날 때가 많습니다.

나팔 소리 같은 하나님 음성을 압니다. 너의 승리는 물론 실패도, 부함은 물론 가난도, 기쁨은 물론 상처와 눈물도, 강함은 물론 약함도, 너의 모든 것을 합력해서 결국은 최선을 이루게 할 것이다!

이것이 아버지 안에서 이루어지는 나의 인생 스토리입니다.
아니, 내 삶의 여정에서 일하시는 하나님 아버지의 이야기입니다.
알기에! 노래합니다. 사랑하는 나의 아버지 이름 높여드립니다.

Prayer

'우리가 알거니와!' 이 확신 속에서 승리의 생활을 하게 하소서.

9 로마서
11

목사님, 이것이 주님 사람들에게는 운명이군요!

> 하나님이 미리 아신 자들을 또한 그 아들의 형상을 본받게 하기 위하여 미리 정하셨으니
> _ 로마서 8:29

   그 아들의 형상을 본받게 하시는 성화가, 크리스천의 운명입니다.
   크리스천은 어떤 사람입니까? 예수님의 은혜와 능력을 받아 용서와 사랑의 사람이 되어가는, 그렇게 빛나게 살 운명의 사람들입니다.

   이러한 아침 묵상 카톡을 교회 성도들과 지인들께 보냈습니다. 그랬더니 조숙현 권사님께서 답신 카톡을 보내셨습니다.

   목사님. 사랑의 수고! 이것이 주님 사람들에게는 운명이군요!
   내 몫의 십자가 감사하며 날마다 지고 가는 것이 운명이군요. 주님의 십자가로 새 피조물인 저희에게는…바쁜 일정 보내면서 자칫하면 놓치게 되는 빛!
   다시 비추어 옵니다! 감사하고 감사합니다!

   예전에 서풍자 권사님께서 6개월여 외국에 나가셨을 때, 교회 성도께 보낸 편지 일부입니다.

   하나님 성품에 참여하는 자 되고 싶은 소망으로 가슴 떨립니다. 그것은 허황하거나 멀고 먼 별세계 얘기가 아니며 예수님 의를 힘입어 우리에게 주신 축복입니다.
   보배로운 약속과 믿음으로 말미암아 다다를 수 있는 성화된 모습임을 확인하며 심령이 감사로 진동하고 눈물이 고여옵니다.

   이러한 신앙 고백을 하면서 감사해하고 눈물 고여오는 신앙의 사람들이 이 땅에 있어서 주님 참 감사합니다.

Prayer

주님, 오늘 하루도 크리스천의 바뀐 운명으로 살게 하소서.

9/12 **로마서**

나는 확신합니다!

> 누가 나를 그리스도의 사랑에서 끊으리요 환난이나 곤고나 박해나 기근이나 적신이나 위험이나 칼이랴…그러나 이 모든 일에 우리를 사랑하시는 이로 말미암아 우리가 넉넉히 이기느니라 내가 확신하노니…우리를 우리 주 그리스도 예수 안에 있는 하나님의 사랑에서 끊을 수 없으리라
> _ 로마서 8:35, 37-39

참 자유를 누리며 살아갈 수 있는 길이 있을까요? 돈이 많다고 자유로울 수 있는 것이 아닙니다. 건강하다고 자유로운 인생을 누리는 것 아닙니다. 인정과 명예를 얻는다고 자유로운 인생을 누리는 것 아닙니다. 세상 실력이 나에게 자유를 주는 것도 아닙니다. 그러면 무엇이 참된 자유를 누리게 할 수 있겠습니까?

> 너희가 내 말에 거하면 참으로 내 제자가 되고
> 진리를 알지니 진리가 너희를 자유케 하리라 (요 8:31-32)

오늘 묵상 〈로마서〉 8:35-37 진리의 말씀은 우리를 자유롭게 합니다.
질병에 시달리지만 질병이 우리를 예수님의 사랑에서 끊을 수 없음을 알았고, 그래서 질병의 불안으로부터 자유할 수 있습니다. 어려운 환경 속에 있지만, 어떠한 상황도 우리를 예수님의 사랑에서 끊을 수 없음을 알았고, 그래서 인생이 어떻게 될 것인가 하는 염려로부터 자유합니다. 죽음조차 우리를 예수님의 사랑에서 끊을 수 없음을 알았고, 그래서 죽음의 두려움에서 자유합니다. 진리의 말씀을 알면 알수록, 세상 문제들을 이기는 자유를 풍성히 누리게 되는 것입니다.

> 내가 확신하노니…우리를 우리 주 예수 안에 있는
> 하나님의 사랑에서 끊을 수 없느니라

Prayer.
주님, 우리를 하나님 사랑에서 끊을 수 없다는 말씀이 승리의 신앙 고백이 되게 하소서.

9
13. Don't copy 이것이 크리스천의 운명입니다

로마서

> 너희는 이 세대를 본받지 말고 오직 마음을 새롭게 함으로 변화를 받아 하나님의 선하시고 기뻐하시고 온전하신 뜻이 무엇인지 분별하도록 하라(Don't copy the behavior and customs of this world. 쉬운 영어 성경) _ **로마서 12:2**

    사람들은 관광지에서 사진을 찍습니다. 친절하게 포토존 안내문을 붙여 놓은 곳도 있습니다. 사각 프레임을 설치해 놓고 사진을 찍도록 배려하기도 합니다. 사람들은 서로서로 차례를 기다립니다. 그 사각 프레임 뒤쪽 경관이 공통 배경이 되는 것입니다.

    인생도 비슷합니다. 세상 사람들은 공통 프레임 속에서 살아갑니다. 프레임이란 추구하고 좇아가는 가치/관심입니다. 세상 사람들 너나 할 것 없이 공통으로 좇아가는 최고 가치와 관심은 돈입니다. 지금은 유례없이 돈이 최고인 세상이 된 것입니다. 돈이 신처럼 되어 있는 것입니다. 아이들도 돈, 청소년들도 돈, 청년들도 돈, 장년과 노년들도 돈입니다. 돈이 인생의 프레임이 되어 돈을 통해 세상을 보게 된 것입니다. 그리고 많은 사람의 최고 관심이 재테크가 되어 있습니다.

    물질 중심주의 외에 편리와 안락 중심주의, 자기 권리 중심주의, 외모 중심주의, 자기만족과 행복주의가 오늘날 만연된 세상 풍조입니다.

    Don't copy!
    우리는 이 세상을 본받지 않아야 합니다. 하나님을 중심에 두고, 하나님의 선하시고 기뻐하시고 온전하신 뜻을 분별하며 살아야 합니다. 세상 프레임에 갇혀 살지 말고, 십자가 믿음과 사랑의 프레임, 십자가 순종과 헌신의 프레임으로 바꾸어 가야 합니다. 그래서 은혜 위에 은혜가 더해지는 인생을 파노라마처럼 펼쳐가고 찍어가야 합니다. 그것이 성도의 빛나는 운명입니다.

주님, 우리로 이 세상에서 그 운명을 살아내게 도와주소서.

9 · 14　**로마서**

믿는 자들에게도, 계속해서 복음을 전합니다

> 내가 너희에게 나아갈 때에 그리스도의 충만한 복음을 가지고 갈 줄을 아노라 _ **로마서 15:29**
> 그러므로 나는 할 수 있는 대로 로마에 있는 너희에게도 복음 전하기를 원하노라 _ **로마서 1:15**

로마서는 바울이 성령의 감동 감화를 받아서 로마에 있는 교회에 보내는 서신입니다. 그런데 성도들에게 이렇게 말합니다.

> 내가 너희에게 나아갈 때에 그리스도의 충만한 복음을 가지고 갈 줄을 아노라(15:29)
> 그러므로 나는 할 수 있는 대로 로마에 있는 너희에게도 복음 전하기를 원하노라(1:15)

존경받았던 영적 지도자가 오지에서 선교사로 사역하다가 잠시 고국에 돌아오게 되었습니다. 그가 돌아왔다는 소식에 많은 사람이 그의 선교 역사를 듣고자 모였습니다. 그들은 그 영적 지도자를 통해 하나님께서 이루셨을 놀라운 역사와 간증에 대한 기대감으로 귀를 기울였습니다. 그런데 선교사님이 전한 설교는 너무나 평범한 예수 그리스도에 대한 소식, 기본적인 복음이었습니다. 설교가 마치고 사람들이 돌아간 후 그의 제자들이 물었습니다.

"선교사님, 사람들은 하나님의 놀라운 역사와 간증을 듣고 싶어서 이렇게 모여들었는데, 그렇게 평범한 복음을 전하면 어떻게 합니까?" 그 때 그 선교사님이 이렇게 전했다고 합니다.

> 예수 그리스도의 복음보다 더 놀라운 하나님의 역사하심이 어디 있습니까? 그리고 우리 믿는 자에게 가장 필요한 말씀은 다름 아닌 계속적인 복음입니다!

로마서 1:15도 그런 의미입니다.

> 내가 로마에 있는 너희에게 갈려고 하는데, 너희에게(로마 교인들이니까 이미 복음 영접하고 성도 된 사람들) 복음 전하기를 원하노라.

우리가 늘 계속적인 십자가 복음을 들어야 합니다.
나를 구원하신 십자가 복음에 감사 찬양하는 성도가 되어야 합니다.

Prayer
우리가 계속적인 복음을 듣게 하옵소서. 그리고 구원의 기쁨을 늘 새롭게 회복하게 하옵소서

9
15

성경 마흔여섯 번째 책, 고린도전서

그래도 변화된 것입니다

고린도에 있는 하나님의 교회 _ **고린도전서 1:2**
너희는 아직도 육신에 속한 자로다 _ **고린도전서 3:3**

왜 고린도 교회는 개척 일꾼들이 막강 드림팀이었는데도 미성숙하였을까요? 개척 스토리는 사도행전 18장에 기록되어 있습니다.

바울이 아덴을 떠나 고린도에 이르니라(행 18:1)
(아굴라가) 그 아내 브리스길라와 함께 이달리야로부터 새로 온지라 바울이 그들에게 가매(행 18:2)
실라와 디모데가 마게도니야로부터 내려오매(행 18:5)
일 년 육 개월을 머물며 그들 가운데서 하나님 말씀을 가르치니라(행 18:11)

만약에 우리 교회에 바울이 담임목사가 되어 18개월 동안 목회한다면? 성령 충만한 아굴라와 브리스길라 부부가 합류한다면? 실라와 디모데도 협력한다면 믿음의 본으로 소문나지 않겠습니까? 그런데 왜 고린도 교회는 신약 성경에서 가장 미숙한 공동체였을까요? 중요한 이유 하나는 출발점이 다르다는 것입니다. 고린도는 대표적인 타락과 교만의 도시였습니다. 앞집 뒷집 옆집도 악영향을 받고 있었습니다. 래리 크랩도 『하나님의 러브레터』에서 말합니다.

고린도 교인들은 저보다 훨씬 안 좋은 환경에서 크리스천이 되었다는 거 잘 압니다. 이교 문화가 강한 도시라서 아이들 키우기에는 끔찍한 동네였죠. 쾌락의 여신 아프로디테를 모신 신전에는 천 명이 넘는 창녀들이 문란케 하였지요. (p. 351)

세상 사람들은 이렇게 말할 수 있습니다. "그 사람 하나님 믿는 교인이라면서 왜 그래? 사람은 정말 안 변해." 아닙니다! 출발점이 달라서 그럴 수 있습니다. 원래 유달리 고집 세고 교만하든지, 유달리 자기중심적이든지, 유달리 부정적이고 불평/불만이 많든 지, 유달리 판단을 잘하든지, 유달리 불안하든지. 출발점을 생각해보면, 분명 예수님 믿고 변화된 것입니다. 그리고 계속 변화될 것입니다. 아멘.

Prayer

주님, 오늘도 우리를 새롭게 하시고 변화시켜 주소서.

9
16 　**고린도전서**

지혜의 도시 고린도, 누가 지혜롭고 총명합니까?

너희가 … 모든 언변과 모든 지식에 풍족하므로 _ **고린도전서 1:5**
지식은 교만하게 하며 사랑은 덕을 세우나니 _ **고린도전서 8:1**

당시 고린도는 헬라 문화가 주류였고 주된 사상은 정의와 지혜와 도덕이었습니다. 특히 고린도의 핵심 가치는 '지혜'였습니다. 고린도 박물관에는 2000여 년 전 유적들이 전시되어 있습니다. 유적 중에 미네르바 여신이 올빼미를 손에 들고 있는 동상이 있습니다. 미네르바는 그리스 신화에 나오는 지혜의 신이며, 올빼미도 지혜를 상징합니다. 이처럼 지식과 지혜를 최고로 여기는 고린도 교회 안에 인류에게 가장 중요한 것이 울려 퍼집니다. 그것은 '사랑'이었습니다.

현대 우리 사회는 사랑이라는 단어에 과부하가 걸려 있을 정도지만, 2000년 전 고린도에서는 생소했습니다. 지혜와 지식을 최고의 선으로 여기면서 교만했던 사회에 사랑이 없으면 아무것도 아니라고 말하는 것입니다. 그러면서 참 사랑에 대해서 가르칩니다. 바로 예수 그리스도의 십자가 사랑입니다.

기록된 바 내가 지혜 있는 자들의 지혜를 멸하고 총명한 자들의 총명을 폐하리라 하였으니 지혜 있는 자가 어디 있느냐 선비가 어디 있느냐 이 세대에 변론가가 어디 있느냐 하나님께서 이 세상의 지혜를 미련하게 하신 것이 아니냐…유대인은 표적을 구하고 헬라인은 지혜를 찾으나 우리는 십자가에 못 박힌 그리스도를 찾으니 유대인에게는 거리끼는 것이요 이방인에게는 미련한 것이로되 오직 부르심을 받은 자들에게는 유대인이나 헬라인이나 그리스도는 하나님의 능력이요 하나님의 지혜니라(고전1:19-24)

십자가에 못 박히신 예수님의 사랑이 참된 지혜요 총명이라는 것입니다.
예수님의 십자가 사랑을 모른다면
진정한 총명이 없고 진정한 지혜도 없는 것입니다.
성도는 십자가로 말미암는 참된 지혜와 총명을 가지고 살아가는 사람입니다.

Prayer

주님, 사랑하는 이들이 십자가 사랑의 지혜를 알게 하소서.

9
17 우리는 그들과 같이, 주님을 시험하지 맙시다

고린도전서

> 이러한 일은 우리의 본보기가 되어 우리로 하여금 그들이 악을 즐겨 한 것 같이 즐겨하는 자가 되지 않게 하려 함이니 _ **고린도전서 10:6**
> 그들 가운데 어떤 사람들이 주를 시험하다가 뱀에게 멸망하였나니 우리는 그들과 같이 시험하지 말자 _ **고린도전서 10:9**

지난 역사는 본보기가 됩니다. 고린도 교회 성도들에게 모세 광야 시대의 불순종했던 백성들을 빗대며 경고합니다. 지난날 그들이 악을 즐겨함 같이 너희도 악을 즐겨하지 말라는 것입니다. 광야 백성이 즐겨 행했던 죄악의 습관 하나는 '주를 시험함'이라고 말합니다(민 21:5-6; 시 78:18, 56). 주님을 시험한다는 것이 무엇입니까? 하나님을 향한 경외심이 결여된 가운데 불신하고 불순종하는 것입니다. 구약 백성은 광야 길을 지나면서 하나님이 정말로 자신들을 구원해 낼 전능자이신지 의심하며 시험했습니다. 바로 그 악을 고린도 성도들도 행하고 있음을 한탄하는 곳이 10:22 입니다.

> 우리가 하나님의 노를 돋구어서 되겠느냐

구약 백성도 그렇고 고린도 교회 성도도 그렇고, 불신과 불순종 가운데 있으면서 "이 정도는 별일 아니겠지. 이런 일로 인해 하나님이 진노하시지는 않겠지. 참아주시겠지."라면서 시험했던 것입니다. 우리는 어떠합니까? 혹시 우리도 주를 시험하는 습관이 배어있는 것은 아닙니까?

물론 하나님은 오래 참는 사랑으로 기다리십니다.
그러나 언제까지나 참으시지는 않습니다.
무한정 눈감아 주고 기다려주는 것이 사랑과 은혜가 아닙니다.
불순종을 계속 합리화하면서 죄에서 돌아서지 않으면,
인생 회초리를 드는 것이 사랑이며 은혜입니다.
혹시 주를 시험합니까? 그것이 습관이 되어 있는 것은 아닙니까?
경외심이 모자란 가운데 불순종하는 삶에서 돌아서야 합니다.

주님, 우리 죄를 용서하시고 모든 악에서 돌아서도록 긍휼을 베풀어 주소서.

9·18 **고린도전서**

수상 소감, "모든 영광을 하나님께 돌립니다"

값으로 산 것이 되었으니 그런즉 너희 몸으로 하나님께 영광을 돌리라 _ **고린도전서 6:20**
그런즉 너희가 먹든지 마시든지 무엇을 하든지 다 하나님의 영광을 위하여 하라 _ **고린도전서 10:31**

성도는 세상에 살지만, 세상 사람들과는 다른 새로운 존재입니다. 성도는, 육신의 부모 자녀로 태어난 것으로 끝나지 않고, 하나님 자녀로 다시 태어난 자가 되었습니다. 육신의 죽음으로 끝나지 않고, 천국 생명을 얻은 자가 되었습니다. 우리는 믿음이 없는 가족이나 친구/동료/이웃과는 다른 존재입니다. 그들과 다르게 바뀐 것 하나는, '왜 사는가?' 인생의 목적입니다. '하나님 영광을 위하여 산다!' 이것이 인생의 목적이 되는 것입니다.

종종 크리스천 연예인이나 운동선수들이 상을 타는 자리에서 말합니다.
"모든 영광을 하나님께 돌립니다! 하나님께 감사드립니다."
한국 교회 성도들이 상심하고 위축되는 시기에 있었던 이런저런 시상식 때, 대중들에게 특히 자라나는 세대에 인기가 있는 스타들의 수상 소감 한마디 한마디는 분명 영향력이 있을 것입니다.

모든 영광을 하나님께 돌립니다! 하나님께 감사드립니다.

꼭 그럴 필요가 있느냐는 반론을 할 수 있습니다. 오히려 비기독교인들에게 더 비호감이라고 반론을 할 수 있습니다. 말보다는 삶으로 나타내야 한다고 반론할 수 있습니다. 그러나 교회와 성도들이 위축될 수 있는 시기에, 세상 앞에서 나는 하나님을 믿는 사람이라고 자신의 신앙을 드러내는 것은 분명 칭찬받을 아름다운 일입니다.

Prayer
주님, 모든 영광과 감사를 주께 돌리는 성도로 살게 하소서.

19 세상이 당연하다고 생각하는 것이, 당연한 것 아닙니다

고린도전서

값으로 산 것이 되었으니 그런즉 너희 몸으로 하나님께 영광을 돌리라 _ **고린도전서 6:20**
그런즉 너희가 먹든지 마시든지 무엇을 하든지 다 하나님의 영광을 위하여 하라 _ **고린도전서 10:31**

바흐는 악보 맨 끝 아래에 'S.D.G.'를 적었다고 합니다. 라틴어 'Soli Deo Gloria/오직 하나님께 영광'의 약자입니다. 성도의 삶은 먹든지 마시든지 무엇을 하든지 다 하나님 영광을 위한 것입니다. 하나님 영광을 위해 산다는 것이 어떤 모습인지 설명하는 한 곳이 고린도전서 10:33입니다.

나와 같이 모든 일에 모든 사람을 기쁘게 하여 자신의 유익을 구하지 아니하고 많은 사람의 유익을 구하여 그들로 구원을 받게 하라

세상 사람들은 자기 유익을 구하며 자신의 기쁨을 위하여 살아갑니다. 내 유익과 권리를 당연히 찾아야 한다는 생각으로 살아갑니다. 그런데 당연하다고 생각하는 것이, 당연한 것이 아닙니다. 내 옳음과 합리성, 내 유익과 권리를 당연히 찾아야 한다는 생각으로 살아갈 수 있는데, 그게 당연한 것이 아닙니다. 이기적 자기 중심성은 인간의 죄성에서 기인한 보편적 타락의 모습입니다.

하나님 말씀은 다릅니다. 타인의 기쁨과 유익을 구함이 당연한 삶이라는 것입니다. 그들이 주님을 믿어 구원받도록 섬김이 당연한 삶이라는 것입니다. 그들의 구원을 위해서라면 내 권리를 내려놓음이 당연하다는 것입니다. 그것이 주님 영광을 위한 삶입니다.

세상 속에서 당연하다고 주장하고 유혹하는 것이 있습니다. 그런데 세상이 당연하다고 생각하는 것이, 당연한 것이 아닙니다. 이 세상 속에서 하나님의 영광을 위한 길! 구원을 위한 길! 십자가의 길! 그것이 당연한 삶입니다.

Prayer

주님, 우리가 주님 영광을 위한 당연한 삶을 살게 도와주소서.

9
20

고린도전서

사랑할 수 있는 역량이 부족하지만, 주님께서 이루실 것입니다

가장 좋은 길을 너희에게 보이리라 _ **고린도전서 12:31**

지식과 지혜를 최고로 여기는 고린도 교회에 가장 중요한 길이 무엇인지 울려 퍼집니다. 그것은 '사랑의 길'이었습니다. 가장 좋은 길을 너희에게 보이리라.

미성숙한 성도들 안에 어떻게 사랑을 기대할 수 있을까요? 지혜를 추구하는 교만 가운데 분열과 시기가 팽배했던 교회 안에 어떻게 사랑이 가능할까요? 이는 고린도 교회만이 아니라 모든 시대 모든 교회와 성도에게 마찬가지입니다. 오늘날 사회도 2000여 년 전 고린도와 닮았습니다. 지혜와 총명과 판단과 정의가 우리 사회와 구성원 안의 최고선입니다. 누가 더 지혜로운가? 정의로운가? 옳은가? 그 가운데 교만함, 비교, 판단이 하늘까지 치솟습니다. 사랑이 들어올 틈새가, 잘 보이지 않습니다.

솔직히 고린도 성도들에게는 사랑할 능력과 역량이 없습니다. 오늘날 교회와 성도들에게도 사랑할 능력과 역량이 부족합니다. 주님 사랑하고, 형제 사랑하고, 이웃 사랑하고, 더 나아가 원수까지 사랑할 능력과 역량이 형편없이 부족합니다. 이것이 교회의 큰 고뇌요 아픔입니다. 어떻게 하나님의 사랑을 세상에 알릴 수 있단 말인가? 내가, 우리가 보여주는 사랑의 모습은 얼마나 초라하고 형편없는가?

그러나! 이렇게 부족한 우리를 통하여 사랑을 나타내시고자 하는 것은 하나님께서 선택하신 일입니다. 주님께서는 부족하고 연약한 나를 사랑하시며, 이러한 나와 교회를 통하여 세상에 주님 사랑을 알리도록 계획하셨고 일하시는 것입니다. 이 영광된 새 언약을 주시면서 말입니다.

너희는 너희가 하나님의 성전인 것과
하나님의 성령이 너희 안에 계시는 것을 알지 못하느냐(고전 3:16)

Prayer

성령님, 역량 부족한 우리를 도우셔서 사랑이 흘러가게 하소서.

고린도전서

21. I am nothing, I gain nothing

사랑이 없으면 내가 아무것도 아니요 _ **고린도전서 13:2**
사랑이 없으면 내게 아무 유익이 없느니라 _ **고린도전서 13:3**

고린도 교회는 은사와 이적을 강조하였고, 은사와 이적이 나타나는 교회였습니다. 그래서 자기들이야말로 능력의 사람들이며 성령 충만한 사람들이라고 착각하였습니다(당시 성도들이 자신들을 '성령의 사람들/성령이 충만한 사람들'이라고 여기고 분위기가 있었음을 고전 4:37을 통해서도 알 수 있습니다). 이런 교회를 향하여 바울은 절절하고 안타까운 심정으로 호소합니다.

내가 사람의 방언과 천사의 말을 할지라도 사랑이 없으면 소리 나는 구리와 울리는 꽹과리가 되고 내가 예언하는 능력이 있어 모든 비밀과 모든 지식을 알고 또 산을 옮길 만한 모든 믿음이 있을지라도 사랑이 없으면 내가 아무 것도 아니요(고전 13:1-2)

'내가 아무 것도 아니요'는 영어 성경에서 'I am nothing'으로 옮겨져 있습니다.

내가 내게 있는 모든 것으로 구제하고 또 내 몸을 불사르게 내줄지라도 사랑이 없으면 내게 아무 유익이 없느니라(고전 13:3)

'아무 유익이 없느니라'는 영어 성경에서 'I gain nothing'으로 옮겨져 있습니다. 혹 사람의 마음을 움직이는 뛰어난 언변이 있더라도, 아무리 공부와 연구를 열심히 해서 말씀의 지혜가 많더라도, 아무리 믿음이 뜨겁고 불과 같이 타오를지라도, 아무리 섬김과 봉사에 열심히 참석하며 헌신적이더라도, 아무리 아름다운 찬양을 부르며 사람들의 심금을 울리더라도, 사랑이 없으면 아무것도 아니고 아무 유익이 없다고 말합니다.

사랑이 없으면, I am nothing, I gain nothing입니다. 이 말씀 앞에 서세 되면, 언제나 고개 들 수 없이 낮아집니다.

I am nothing. I gain nothing. 주님 긍휼히 여기소서.

삶의 한 절이라도
고린도전서 13장으로 살게 하소서

고린도전서

> 사랑은 오래 참고 사랑은 온유하며 시기하지 아니하며 사랑은 자랑하지 아니하며 교만하지 아니하며 무례히 행하지 아니하며 자기의 유익을 구하지 아니하며 성내지 아니하며 악한 것을 생각하지 아니하며 불의를 기뻐하지 아니하며 진리와 함께 기뻐하고 모든 것을 참으며 모든 것을 믿으며 모든 것을 바라며 모든 것을 견디느니라 _ **고린도전서 13:4-7**

제임스 몰트케(Helmuth James von Moltke, 1907~1945, 독일의 법학자)는 독일의 대표적 지식층이었는데, 히틀러 정권에 반대하다 감옥에 가게 되었습니다. 1945년에 인민 재판소에서 사형을 선고받고 37세의 젊은 나이로 죽음을 맞았습니다. 그런데 몰트케가 감옥에서 사형 집행을 기다리면서 아내 프레야에게 보낸 편지들이 있는데, 최후의 편지 내용이 이와 같습니다.

프레야, 당신은 나의 고린도전서 13장이오.
그런데 고린도전서 13장 없이는 어떤 인간도 인간다운 존재일 수 없소.

그토록 잔인하고 비인간적인 환경에서 죽음을 기다릴 때, 얼마나 가족이 그리웠겠습니까? 얼마나 외롭고 무섭겠습니까? 엄청난 분노와 증오로 황폐해질 수도 있었을 것입니다. 우리가 그 심정을 어찌 헤아릴 수 있겠습니까? 그러나 몰트케는 마지막까지 하나님이 가르쳐 주신 사랑을 붙들었습니다. 그리고 영원한 사랑이신 하나님 품으로 돌아간 것입니다. 그는, 성령님이 사시는 하나님의 아름다운 성전이었습니다.

고린도전서 13장으로 살아야 하는데, 그렇게 살지 못하니 마음이 아프고 부끄럽습니다. 아마 평생 그렇게 아프고 부끄러운 마음일 것입니다. 그래도 오늘 아침 다시 용기를 내어, 주님께서 가르쳐주시는 고린도전서 13:4-8의 '사랑' 한 구절 한 구절을 읽으며 묵상합니다.

주님, 삶의 한 절이라도 고린도전서 13장으로 살게 하소서.

9 고린도전서

23 세상도 사람도 모든 것은 다 지나가고 흘러가고 또 무너집니다

믿음, 소망, 사랑, 이 세 가지는 항상 있을 것인데 _ **고린도전서 13:13**
사망아 너의 승리가 어디 있느냐 사망아 네가 쏘는 것이 어디 있느냐 _ **고린도전서 15:55**
그러므로 내 사랑하는 형제들아 견실하며 흔들리지 말고 항상 주의 일에 더욱 힘쓰는 자들이 되라
이는 너희 수고가 주 안에서 헛되지 않은 줄을 앎이니라 _ **고린도전서 15:58**

코로나로 인해 온 세상이 고통받고 유럽이 어두울 때 런던에 있는 친구에게 안부를 물었습니다. 답신 카톡 중 이 말이 있었습니다.

이 또한 지나가겠지(This too shall pass away).

친구의 카톡 말이 맞습니다. 살아온 날들이 늘 그랬습니다.
기쁨뿐만 아니라 어떻게 견딜까 싶었던 슬픔도, 이 또한 지나갔습니다.
패배와 상실뿐만 아니라 계속될 것 같았던 승리와 소유도, 이 또한 지나갔습니다.
자랑과 성취뿐 아니라 고개 들지 못할 것 같았던 창피도 실패도,
이 또한 지나갔습니다.
유년기도 청춘도 늙음도, 이 또한 지나갈 것입니다.
어둡고 긴 터널의 코로나도, 잠시면 지나가게 됩니다.
밤이 언제나 지나갔고, 아침 해는 언제나 찾아왔습니다.
세상도 사람도 모든 것은 다 지나가고 흘러가고 또 무너집니다.

그러나 영원히 무너지지 않는 세 가지가 있으니, 믿음 소망 사랑입니다. 믿음으로 살고 소망으로 살고 사랑으로 살아야겠습니다. 그렇게 다짐합니다. 고린도전서 15:58은 나팔 소리 같은(계 4:1) 주님의 음성입니다. 세상이 흔들리고 무너져도, 믿음 소망 사랑으로 살며 흔들리지 말라는 것입니다. 주를 위해 섬김과 수고를 이어가며 흔들리면서도 절대 흔들리지 말라는 것입니다. 아멘.

Prayer

주님, 믿음 소망 사랑으로 살며 흔들리지 않게 하소서.

9 　고린도전서

24　우리 삶의 1절도, 2절도, 3절도, 4절도
　　　하나님 은혜입니다

> 그러나 내가 나 된 것은 하나님의 은혜로 된 것이니 내게 주신 그의 은혜가 헛되지 아니하여 내가 모든 사도보다 더 많이 수고하였으나 내가 한 것이 아니요 오직 나와 함께 하신 하나님의 은혜로라
> _ 고린도전서 15:10

〈고린도전서〉는 은혜로 시작하고 은혜로 끝맺습니다.

하나님 우리 아버지와 주 예수 그리스도로부터 은혜와 평강이 있기를 원하노라(고전 1:3)
주 예수 그리스도의 은혜가 너희와 함께 하고(고전 16:23)

고린도 교회 성도들에게 하나님의 은혜 있기를 원했던 사도 바울은 자신의 생애를 이렇게 고백합니다. 내가 나 된 것은 하나님의 은혜로 된 것이니
세계에서 가장 유명하고 사랑받는 찬송이 Amazing Grace(나 같은 죄인 살리신, 찬송 305장)입니다. 모든 성도의 신앙 고백입니다.

(1절) 나 같은 죄인 살리신 주 은혜 놀라워 잃었던 생명 찾았고 광명을 얻었네.
(2절) 큰 죄악에서 건지신 주 은혜 고마워 나 처음 믿은 그 시간 귀하고 귀하다.
(3절) 이제껏 내가 산 것도 주님의 은혜라 또 나를 장차 본향에 인도해 주시리.
(4절) 거기서 우리 영원히 주님의 은혜로 해처럼 밝게 살면서 주 찬양 하리라.

크리스천 인생은 1절도 하나님 은혜요, 2절도 하나님 은혜요, 3절도 하나님 은혜요, 4절도 하나님 은혜입니다. 하나님 은혜가 떠나지 않습니다.

우리에게서 하나님 은혜가 떠난다는 것은 영원히 불가능한 일입니다. 영원히 불가능한 일이니 오늘도 안심하며 용기를 냅니다.

Prayer

주님의 영원한 은혜 위에 굳게 서게 하소서.

9
25

성경 마흔일곱 번째 책, 고린도후서

역사 저 멀리서 스가랴의 소리

> 우리는 살아 계신 하나님의 성전이라 이와 같이 하나님께서 이르시되 내가 그들 가운데 거하며 두루 행하여 나는 그들의 하나님이 되고 그들은 나의 백성이 되리라 _ **고린도후서 6:16**

구약 시대, 바벨론 포로 생활을 끝내고 고국으로 돌아오는 이스라엘 백성은 그 무엇보다 먼저 하나님 성전 재건을 명령받았습니다. 황폐해진 생활 터전에서 다시 세워가야 할 것이 한두 가지 아니지만, 무너진 하나님 성전 재건을 가장 먼저 하라는 것입니다.

오랜 시간이 지난 후 고린도 교회에도 그 명령이 주어졌습니다. 그런데 새 언약 시대에는 이제 외형적인 건물 성전이 아니라, 믿는 자들 한 사람 한 사람과 그 모임이 성령이 머물러 계시는 성전이 됩니다.

> 너희는 너희가 하나님의 성전인 것과 하나님의 성령이 너희 안에 계시는 것을 알지 못하느냐(고전 3:16)

고린도 교회 성도들은 많은 죄악으로 무너져 있었습니다. 그래서 강한 권고와 책망이 주어집니다. 예수 그리스도를 믿는 너희는 성령님이 사시는 거룩한 하나님의 성전이라고 외칩니다.

고린도 성도들이 거룩한 성전으로 변화되어 갈 수 있겠습니까?
신앙적으로 도덕적으로 곳곳이 무너졌는데 희망이 있겠습니까?
역사 저 멀리서 스가랴를 통해 주셨던 하나님의 놀라운 위로와 소망의 음성이 고린도 교회와 그리고 오늘 우리에게도 들립니다.

> 만군의 여호와께서 말씀하시되 이는 힘으로 되지 아니하며 능력으로 되지 아니하고 오직 나의 영으로 되느니라(슥 4:6-7)

Prayer

주님, 내 마음 대신 성령님 마음을 구합니다. 내 지혜 대신 성령님 지혜를 구합니다. 내 능력 대신 성령님 능력을 구합니다. 성령님 의지하고 도움 구하면서 하루하루 성전으로 건축되게 하소서.

고린도후서

생명에 이르게 하는 근심, 죽음에 이르게 하는 근심

> 그러므로 내가 편지로 너희를 근심하게 한 것을 후회하였으나 지금은 후회하지 아니함은… 너희로 잠시만 근심하게 한 줄을 앎이라 내가 지금 기뻐함은 너희로 근심하게 한 까닭이 아니요 도리어 너희가 근심함으로 회개함에 이른 까닭이라 너희가 하나님의 뜻대로 근심하게 된 것은 우리에게서 아무 해도 받지 않게 하려 함이라 하나님의 뜻대로 하는 근심은 후회할 것이 없는 구원에 이르게 하는 회개를 이루는 것이요 세상 근심은 사망을 이루는 것이니라 _ **고린도후서 7:8-10**

바울은 이전 편지(고린도전서)에서 강한 권고와 지적을 해 놓고 신경이 쓰였습니다. 그런 심정 가운데 또다시 서신을 쓴 것이 〈고린도후서〉입니다. 7:8-10을 풀이하면 이렇습니다.

'내가 고린도전서에서 여러분 신앙 잘못을 지적했습니다. 나의 지적에 대해 여러분의 마음이 아팠다는 것을 알고 있습니다. 그래서 내가 그렇게 하지 말 것을, 너무 심하게 잘못을 지적했나? 잠깐은 후회했습니다. 하지만 지금은 오히려 기뻐합니다. 여러분이 아파함으로써 회개했기 때문입니다. 주님의 뜻에 맞는 아픔과 슬픔은 회개하게 하여 구원에 이르게 함으로 후회할 것이 없습니다. 하지만 세상 문제로 인한 근심과 슬픔은 자신을 죽음에 이르게 합니다.

세상에는 두 종류 근심이 있습니다. 하나는 세상 근심이요 또 하나는 주님 뜻대로 살지 못함에 대한 근심입니다. 어떤 근심으로 살아가느냐에 따라 삶의 결과가 달라져 갑니다. 주님 뜻대로 살지 못함에 대해 근심하고 회개할 때는 살아날 것이요, 세상 문제로 근심과 슬픔에 빠지면 죽음에 이른다는 말씀입니다.

고난이 계속되는 광야 인생길을 통과할 때 세상 문제로 인한 근심과 슬픔에 빠진다면, 그 광야에서 죽을 것입니다. 건강 문제로 근심하다 죽고, 진로 문제로 근심하다 죽고, 경제 문제로 근심하다가 죽을 것입니다. 그러나 어떻게 주님 뜻대로 살아갈지 근심하며 아파한다면, 주의 은혜로 어떠한 광야에서도 능히 살아날 것입니다.

Prayer

주님, 어떻게 주님 뜻대로 살아갈지 근심하는 제자 되게 하소서.

9 고린도후서

27 헌금은 경제 형편의 문제가 아니라 믿음의 문제입니다

> 환난의 많은 시련 가운데서 그들의 넘치는 기쁨과 극심한 가난이 그들의 풍성한 연보를 넘치도록 하게 하였느니라 _ **고린도후서 8:2**

비슷한 규모의 5층 건물 두 채가 나란히 있었는데, 기가 막히게도 오른쪽 건물은 교회이며 왼쪽 건물은 〈왕국 회관〉이라고 이름 붙여져 있었습니다. 그런데 〈왕국 회관〉 정문 간판에 쓰인 글씨가 눈에 띄었습니다. 우리는 헌금을 걷지 않습니다. 〈왕국 회관〉은 세상 사람들이 교회를 안 좋게 보는 점 하나가 헌금이라는 사실을 파고든 것입니다. 교회가 십일조 및 헌금을 내게 하는 것을, 사람들은 싫어하고 심지어는 비판하는 것을 파악한 것입니다. 그러니 교회로 가지 말고 자기들에게로 오라는 것입니다.

사람들은 헌금을 싫어합니다. 믿음이 있다는 성도들도 헌금을 부담스러워합니다. 물론 경제 형편이 어려워서 헌금을 내지 못하는 사정일 수도 있습니다. 그런데 오늘날 우리 사회를 잘 들여다보면, 형편이 어렵다기보다는 헌금을 못 하는 또 다른 큰 이유가 있습니다.

현대인들의 삶의 스타일이 물질 만능주의, 소비중심주의, 편리 최고주의에 젖어 있어서 사고 싶은 것은 사야 하고, 하고 싶은 것은 해야 하기 때문입니다. 일단 살 것 사고, 하고 싶은 것 해야 하다보니, 마땅히 주께 드려야 할 헌금은 못하는 경우가 많은 것입니다.

헌금은 경제 형편의 문제이기보다는 믿음의 싸움입니다. 사탄과 벌이는 영적 싸움이고 세상 유혹과의 영적 싸움입니다. 헌금은 사탄에게, 세상에게 영적 승리를 선언하는 것입니다. 하나님이 모든 것의 주인이심을 감사로 신앙 고백을 하는 것입니다.

Prayer

주님, 믿음으로 물질을 봉헌하며 삶을 드리는 제자 되게 하소서.

고린도후서

주께 영광 돌리는 일이고 영원히 의를 쌓는 일입니다

> 이 직무로 증거를 삼아 너희가 그리스도의 복음을 진실히 믿고 복종하는 것과 그들과 모든 사람을 섬기는 너희의 후한 연보로 말미암아 하나님께 영광을 돌리고 _ **고린도후서 9:13**

성도는 먹든지 마시든지 무엇을 하든지 다 하나님 영광을 위하여 살겠다는 신앙고백을 가진 사람입니다. 그런데 성도의 헌금이 주님께 영광을 돌리는 일이라고 알려 줍니다.

> 그들과 모든 사람을 섬기는 너희의 후한 연보로 말미암아
> 하나님께 영광을 돌리고(9:13)

이 말씀을 쉽게 설명하면 이렇습니다. 여러분이 하나님께 드린 헌금은 여러분이 주님의 복음을 믿고 순종한다는 증거이며 다른 사람들을 도왔다는 증거이므로 하나님께 영광 돌리는 것입니다. 결국은 다른 이들의 구원을 위해 쓰였기에 주께 영광 돌리게 되는 것입니다.

그리고 이렇게 알려 줍니다. 인색함이나 억지로 하지 말지니 하나님은 즐겨내는 자를 사랑하시니라(9:7). 그가 흩어 가난한 자들에게 주었으니 그의 의가 영원토록 있느니라(9:9).

잠언 11:24과도 연결됩니다. 흩어 구제하여도 더욱 부하게 되는 일이 있나니 과도히 아껴도 가난하게 될 뿐이니라. 구제를 좋아하는 자는 풍족하여질 것이요 남을 윤택하게 하는 자는 자기도 윤택하여지리라.

보통 사람들은 내 것을 주면 당연히 내 삶이나 가정이 손해 입는다고 생각합니다. 그런데 주님께서는 내 것을 나누는 자가 윤택해진다고 말씀하십니다. "정말 그럴까?"하고 의문을 가질 수 있습니다.

정말 그렇습니다! 내 것을 꼭 쥐는 사람이 아니라 나누어 주는 사람의 인생이 왜소하지 않습니다. 주님이 그 인생을 아름다운 풍족함과 윤택함으로 이끄십니다. 이것이 인생의 실제이며 진실입니다.

헌금은 주께 영광 돌리는 일이고 영원히 의를 쌓는 일입니다.

Prayer

주님, 헌금에 대한 올바른 믿음을 가지고 살아가게 하소서.

고린도후서

29 내가 연약할수록 더욱 귀히 여기사

> 내 은혜가 네게 족하도다 이는 내 능력이 약한 데서 온전하여짐이라 하신지라 그러므로 도리어 크게 기뻐함은 나의 여러 약한 것들에 대하여 자랑하리니 이는 그리스도의 능력이 내게 머물게 하려 함이라 _ **고린도후서 12:9**

바울은 고린도 성도들에게 자신에게 아픔이 있다고 말합니다. 그것을 '내 육체의 가시'(고후 12:7)라고 표현합니다. 바울의 가시가 무엇이었을까? 두통, 말라리아, 안질, 간질 등 여러 견해가 있습니다. 바울은 이 고통을 제거해 달라고 여러 번 간절히 기도드립니다(12:8). 그러나 응답 되지 않았습니다. 대신에 하나님께서 말씀하십니다(12:9). "바울아 내 은혜가 너에게 족하도다. 이는 내 능력이 약한데서 온전하여짐이라."

가시로 약해진 그 자리에서 주님 능력이 온전히 나타난다는 것입니다.
내가 강하면 하나님이 온전히 나타나실 자리가 없습니다.
나의 강한 고집이 하나님을 막고 있기 때문입니다.
그래서 찬송가 563장 3절은 이처럼 노래합니다.

내가 연약할수록 더욱 귀히 여기사 높은 보좌 위에서 낮은 나를 보시네.

자랑할 것 없고, 부끄러움만 가득하고, 약함과 곤란 당할 때가 있습니까?
성도는 그 가시와 약함을 도리어 기뻐하며 자랑할 수 있습니다.
약하고 낮아지는 그 가시로 인해, 주님이 온전하신 능력으로 내게 오시기 때문입니다. 이 사실을 진실로 믿는다면! 도리어 기뻐할 수 있습니다. 아프지만 기뻐할 수 있습니다.

따라서 믿음이 관건입니다! 믿음이 없어 나의 가시를 불행으로 생각하고 내 인생을 위협하는 파괴적 요소로 생각하는 한, 가시를 기뻐할 수 없습니다. 가시를 기뻐하며 감사치 못하면 주님 능력이 온전히 나타날 수 없습니다. 주님, 우리에게 굳건한 믿음을 주십시오.

Prayer

주님, 우리에게 굳건한 믿음을 주십시오.

9 고린도후서

30 가시와의 동행, 영원토록 가시에 감사할 것입니다

> 내 은혜가 네게 족하도다 이는 내 능력이 약한 데서 온전하여짐이라 하신지라 그러므로 도리어 크게 기뻐함은 나의 여러 약한 것들에 대하여 자랑하리니 이는 그리스도의 능력이 내게 머물게 하려 함이라 _ **고린도후서 12:9**

아픈 가시가 늘 힘겹고 고단하게 짊어져야 할 짐이었습니다. 가시가 없으면 뭐라도 조금 더 해볼 수 있을 것 같았습니다. 그러다가 그 가시 때문에 하나님을 만났습니다.

하나님 믿고 나서는, 가시를 없애 달라고 쉬지 않고 간구했습니다. 가시로 인한 아픔을 때로 덜어 주실 때는 있었지만, 주님의 대답은 언제나 동일하셨습니다. 때론 희미하게 들렸고 때론 천둥처럼 크게 들렸습니다. **내 은혜가 네게 족하도다**(고후 12:9)

아픈 가시가 고맙습니다.
가시가 아니면 하나님을 만나지 못했을 것이기 때문입니다.
그리고 하나님을 만나고 나서도 가시가 없었다면,
지금도 교만하고 무례하지만, 더 교만하고 무례할 것입니다.
지금도 눈물이 말랐지만, 가시가 없다면 더 메말랐을 것입니다.
지금도 가슴이 식었지만, 가시가 없다면 더 차가웠을 것입니다.
지금도 죄인 중 괴수지만 가시가 없다면, 죄로 죽었을 것입니다.
그리고 가시가 없다면, 천국을 그리워하지 않고 살았을 것입니다.
영원히 가시에 감사할 것입니다. 천만번 감사할 것입니다.
그리고 언젠가 주님 뵐 때, 가시를 주셨음에 감사할 것입니다.
찬송 492장, 잠시 〈세상에 내가 살면서〉 4절입니다.

한숨 가시고 죽음 없는 날 사모하며 기다리니
내가 그리던 주를 뵈올 때 나의 기쁨 넘치리라
열린 천국문 내가 들어가 세상 짐을 내려놓고
빛난 면류관 받아 쓰고서 주와 함께 길이 살리

Prayer

주님, 우리가 인생의 가시에도 감사하는 믿음을 가지게 하소서.

10
01 성경 마흔여덟 번째 책, 갈라디아서
We are the Champions 사색

> 함께 있는 모든 형제와 더불어 갈라디아 여러 교회들에게 _ **갈라디아서 1:2**
> 그런즉 내가 너희에게 참된 말을 하므로 원수가 되었느냐 _ **갈라디아서 4:16**

바울은 갈라디아 교회를 세우고 떠나 왔는데 나쁜 소식이 들렸습니다. 속이는 자들의(2:4) 현혹으로 진리에서 벗어나 잘못된 신앙으로 가고 있었습니다. 바울은 진리 안에서 사랑 나누던 처음 그때가 행복했다고 추억하면서(4:13-15) 책망합니다. 그리고 묻습니다.

> 내가 너희에게 참된 말을 하므로 원수가 되었느냐(갈 4:16)

진리를 강하게 말할 때 관계가 나빠지며 원수가 될 수 있습니다. 관계가 나빠지는 것이 싫어서 성경의 진리에 관해 침묵할 수 있습니다. 죄의 진리, 심판의 진리에 대해서 말하지 않을 수 있습니다. 우리에게 죄에 대해서 말하지 말고 바른 것도 말하지 말라는 것이 옛날부터 지금까지 세상 사람들 소리입니다(사 30:10). 1970년 중반부터 1990년까지 활동했던 전설적인 영국 록 밴드 그룹 퀸(Queen)의 이야기를 그린 영화 〈보헤미안 랩소디〉에서 공연 끝 무렵 모두가 열광하는 가운데 We are the Champions가 울려 퍼집니다. 그런데 중간에 이런 가사가 세상 사람들 가슴을 파고 듭니다. 하지만 죄는(crime) 안 지었어요 안 좋은 실수(mistakes)를 하기는 했죠.

실수는 했지만 죄는 안 짓지 않았느냐며 외치는 노래 속에서, 구약 선지자들을 통해 들려주셨던 하나님 음성은 분명합니다. 크게 외치라! 네 목소리 높여 내 백성에게 죄를(sin) 알리라(사 58:1).

문화의 달 10월입니다. 좋은 세상 문화를 누리는 것은 권장될 일입니다. 그런데 재미와 공감과 감동을 주는 세상 문화에 하나님의 진리를 대적하는 것들이 있으니, 기독교적 세계관으로 분별해야 합니다. 성도는, '우리에게 진리를 보이지 말라!'는 세상 속에서 진리를 보이면서 주님 나라를 세워가는, 거룩한 영적 싸움 중입니다.

Prayer
주님, 거룩한 영적 전쟁에서 올바른 분별력을 주시고 승리하게 하소서.

갈라디아서

02 우리는 오늘도 Sola Scriptura! 오직 성경으로! 삽니다

> 다른 복음은 없나니 다만 어떤 사람들이 너희를 교란하여 그리스도의 복음을 변하게 하려 함이라
> _ 갈라디아서 1:7

카톡 프로필 글이 오랫동안 'semper reformanda'로 유지되고 있습니다. 라틴어 'ecclesia semper reformanda(에클레시아 샘페르 리포르만다)'는 종교 개혁자 칼빈이 주창했는데, '셈페르'는 '항상'이며 '리포르만다'는 '새롭게 개혁되어야 한다'라는 뜻입니다. 교회는 항상 새로워져야 하고, 교회된 나 자신도 항상 새로워져야 함에 대한 영적 경각심의 글입니다.

10월은 종교 개혁의 달입니다. 왜냐하면, 마르틴 루터가 비텐베르그 성당 문에 종교 개혁의 포문 격인 95개조 반박문을 내걸었던 날이 1517년 10월 31일이기 때문입니다.

십자가 죽음과 부활의 예수님을 구세주로 믿는 신앙 위에 2,000년 전 교회가 세워졌고, 초창기 박해를 받는 중에도, 힘 있게 성장해 갔습니다. 그런데 중세에 이르자 가톨릭 지도자와 교회는 권력과 부를 소유하게 되었고 타락의 길로 치닫게 됩니다. 그리고 '면죄부 매매'라는 결정적 사건이 터집니다. 돈으로 표를 사면 죄 용서받고 천국 갈 수 있다는 면죄부입니다. 마르틴 루터는 생명의 위협을 무릅쓰고 진리의 복음을 벗어난 가톨릭 권위에 대항하며 95개조 반박문을 발표한 것입니다. 이처럼 성경을 복음을 왜곡하였던 가톨릭 교회를 반대하면서 생겨난 교회가 개신교입니다. 가톨릭(Catholic)과 달리 개신교(Protestant)는 저항입니다. 무엇을 저항합니까? 성경을 벗어난 비진리입니다. 그래서 중세 종교 개혁의 위대한 슬로건 하나가 '오직 성경으로!'입니다. 라틴어로 'Sola Scriptura!'입니다.

그런데 성도의 인생길 전체도 '오직 성경으로!' 걸어가야 합니다. 우리의 생각과 삶이 얼마나 성경과 벗어나 있는지를 살피며 오늘 하루하루 말씀을 읽고 듣고 지키며 걸어가야 합니다. '말씀을 읽는 자와 듣는 자와 지키는 자는 복이 있나니'(계 1:3) 매일 '오직 성경으로!' 살아갈 때, 말씀들이 나를 고치며 새롭게 개혁합니다.

Prayer

주님, 오늘도 말씀 앞에 서는 '오직 성경으로!'의 하루 되게 하소서.

10 갈라디아서

03 무정한 사람들이 오직 은혜로!(Sola Gratia!) 삽니다

> 그리스도의 은혜로 너희를 부르신 이를 이같이 속히 떠나 다른 복음을 따르는 것을 내가 이상하게 여기노라 _ 갈라디아서 1:6

많은 신앙인이 '은혜'(grace)라는 이름을 가지고 있습니다. 맞습니다. 우리 이름은 '은혜'입니다. 원래 우리는 '무정'(Graceless)이었습니다. 은혜가 없는 인생이요, 은혜를 모르는 사람이었습니다. 하지만 예수님 믿으면서 평생 은혜를 말합니다. 그리고 언젠가 죽음을 맞을 때도 하나님의 은혜만 바랍니다. 천국에서도 은혜를 찬양합니다. 성도는 그리스도의 은혜로 부르심 받은 사람인 것입니다. 그런데, 갈라디아 일부 성도들은 은혜를 올바로 알지 못했습니다. 그래서 바울은 책망했습니다(갈 1:6).

은혜란 예수께서 인간 죗값을 십자가 죽음으로 대신 치러 주신 것입니다. 그로 인해 전혀 받을 자격 없는 죄인이 오직 은혜로 구원 얻는다는 것입니다. 그런데 갈라디아 일부 성도들이 다른 복음에 유혹되었습니다. 다른 복음이란 거짓 교사들인 유대 율법주의 가르침으로, 십자가에다가 율법과 행위를 덧붙여야 한다는 것입니다. 구원받으려면 예수님 믿는 것만으로는 안 되고 율법도 지켜야한다는 것입니다. 그래서 바울은 격한 논조로 책망합니다.

> 하나님의 은혜를 폐하지 말라. 만일 의롭게 되는 것이 십자가 은혜가 아니라 율법으로 말미암으면 그리스도께서 헛되이 죽으셨느니라 (갈 2:21)

종교 개혁 또 하나 슬로건이 '오직 은혜로!(Sola Gratia!)'입니다. 구원은 돈이나 율법이나 선행으로 얻어지는 것이 아니라, 오직 예수님 십자가 은혜로 말미암은 것입니다. 그런데 우리 인생길 전체가, '오직 은혜로!(Sola Gratia!)'입니다. 신앙 시작도 하나님 은혜로부터이지만, 신앙 성장도 은혜와 함께 이루어지며, 인생 마지막도 은혜로 마치게 됩니다. 주님 은혜를 절실히 사모하며 간절히 구하며 살아갑니까? 그럴 때 우리는 고쳐지고 새롭게 개혁되는 것입니다.

Prayer

주님, 우리의 하루하루가 '오직 은혜로!' 사는 날들이 되게 하소서.

10 갈라디아서

04 우리는 세상에서 오직 믿음으로!(Sola fide!) 삽니다 (1)

사람이 의롭게 되는 것은 율법의 행위로 말미암음이 아니요 오직 예수 그리스도를 믿음으로 말미암는 줄 알므로 _ **갈라디아서 2:16**

인생 불확실성 속에 유일하게 확실한 게 있다면 죽음입니다. 그리고 죽음 후에는 누구도 예외 없이 최후 재판을 받게 됩니다. 하나님 심판대에서 "나는 죄 없이 의롭게 살아왔습니다"라고 말할 수 있는 사람은 아무도 없습니다. 그런데 예수님 믿는 우리는 심판대에서 어떤 판결을 받는다는 것입니까? "너는 죄인이 아니라 의인이다!"라는 선고입니다. 하나님께서 우리를 의로운 자로 판결해 주시는 것입니다. 우리가 도대체 무엇을 했길래 의롭다고 판결해 주시는 것입니까? 적절한 대답은 "아무것도 한 게 없다!"입니다. 있다면, 그저 믿기만 한 것입니다. 이것이 바로 이신칭의 교리입니다. 이신-믿음으로써, 칭의-의롭다(δικαιαω, 디카이아오, Justify) 칭함을 받는다. 기독교 교리의 중심이며 복음의 중심입니다.

종교 개혁 위대한 슬로건 중 또 하나가 '오직 믿음으로(Sola Fide!)'입니다. 선행, 학식, 돈, 그 어떤 것도 인간의 죄를 씻고 의롭게 할 수 없습니다. 십자가에서 죽으신 예수님만이 모든 죄에서 우리를 건져내시는 구원자 되신다는 믿음! 이 믿음으로만 의롭다 판정받는 것입니다

그런데 인생길 전체가 '오직 믿음으로!(Sola fide!)'입니다. 신앙의 시작도 믿음으로부터이지만, 신앙의 성장도 믿음과 함께 이루어지는 것이며, 인생의 마지막도 믿음으로 마치게 됩니다. 내가 새롭게 변화되는 길은, 하루하루 '오직 믿음으로!' 살려는 영적 싸움에서 이루어지는 것입니다. 그런데 영적 지도자들은 믿음으로 사는 삶을 가로막는 가장 큰 적 하나가 이것이라고 말합니다. 그것은 바로 나의 기분이나 감정입니다. 성도는 기분이나 느낌으로 사는 것이 아니라 Sola fide! 오직 믿음으로 삽니다.

Prayer

주님, 오늘도 내일도 '오직 믿음으로!' 살아가게 하소서.

10 갈라디아서

05 오늘 하루도 Sola fide! 오직 믿음으로! 삽니다 (2)

의인은 믿음으로 살리라 하였음이라 _ **갈라디아서 3:11**
우리나 혹은 하늘로부터 온 천사라도 우리가 너희에게 전한 복음 외에 다른 복음을 전하면 저주를 받을지어다 _ **갈라디아서 1:8**

존 스토트(John Stott, 1921-2011, 성공회 사제, 기독교 복음주의 운동의 거장)는 그의 책 『그리스도의 십자가』에서 이렇게 말합니다.

그리스도의 복음을 거부하는 사람은, 그 사람이 어떤 사람이든 거부되어야 한다. 그들은 대단한 위엄과 권위와 학식을 지녔을 수도 있다. 그들은 감독이나 대학교수나 교황일 수도 있다. 하지만 그들이 사도들이 선포하고 신약에 기록된 복음 외에, 다른 복음을 가지고 온다면 그들을 거부해야 한다.

복음 외에 다른 것을 전하면 저주받는다고 선언합니다. 예를 들어 선행이나 율법으로 구원받을 수 있다는 어떠한 취지의 말이나, 예수님 외에 구원받을 수 있는 길이 있다는 어떠한 취지의 말이나 성경에 벗어납니다. 그런 것으로 구원받을 수 있다면 예수께서 십자가 죽임 당하실 이유가 없습니다.

만일 의롭게 되는 것이 율법(양심, 선행, 공로 등)으로 말미암으면 그리스도께서 헛되이 죽으셨느니라(갈 2:21)

랩(RAP)이라는 분야의 노래에 괴물 래퍼라고 불릴 정도로 실력이 뛰어난 가수가 있는데, 비와이입니다. 대중을 향해 부르는 노래 가사에 신앙 고백을 거침없이 표현했습니다. 심지어는 원색적인 기독교 복음도 그의 노래에 있습니다. '죄인에서 의인이 됨은 믿음으로 이뤄짐 / 예수가 날 구원했지'라고 노래합니다. 이런 노래를 부르면 교회 안 다니는 대중에게 얼마나 비호감 가수이겠는가 싶은데 그렇지 않았습니다. 비기독교인들도 환호하였고, 대회에서 당당히 우승했습니다. 실력을 인정받는 가수가 되었습니다. 신앙 고백이 확고했던 그가 믿음의 싸움을 잘 달려가면서, 우리 사회에 특히 자라나는 세대에 선한 영향력을 끼치면 좋겠다는 바람이 있습니다. 여러 고비를 잘 이겨내면서 끝까지 선한 경주를 해 가길 바랍니다.

Prayer .

주님, '오직 믿음으로!'의 위대한 신앙 고백이 내 평생을 이끌게 하소서.

06 오직 주께 영광!(Soli Deo Gloria!)으로 삽니다

> 헛된 영광을 구하여 서로 노엽게 하거나 서로 투기하지 말지니라 _ **갈라디아서 5:26**
> 그러나 내게는 우리 주 예수 그리스도의 십자가 외에 결코 자랑할 것이 없으니 _ **갈라디아서 6:14**

인간은 교만하여 끊임없이 자기 자랑과 영광을 추구합니다. 그런데 이 교만이야말로 인간 죄의 뿌리이며 고통과 불행의 뿌리입니다. 나는 교만해서 죄를 짓고, 교만해서 불행하고, 교만해서 고통받고, 교만해서 다투고, 교만해서 관계가 깨어지고, 교만해서 허무합니다. 교만해서 헛된 영광을 구하며 격동하면 어둠의 수렁에 빠져듭니다. 그 깊은 수렁에서 어떻게 빠져나올 수 있겠습니까? 놀랍게도 갈라디아서 6:14 말씀처럼 내 자랑 아니라 주님 영광을 구하며 살아갈 때 빠져나오게 됩니다! 바울은 예수님을 자랑했습니다. 자랑한다는 것은, '영광스러워한다/심히 사모한다'라는 뜻입니다. 그런데 어떤 예수님을 영광스러워하고 자랑합니까? 물 위를 걸으신 예수님? 나사로를 살리신 예수님? 완전한 지혜로 가르치시던 예수님? 문둥병자 고치고 눈먼 자 뜨게 하신 예수님?

물론 바울은 이 모든 것을 알고 있었고, 이에 관해 감사합니다. 이 일들로 인해 제자들의 삶이 풍요로워졌음은 물론입니다. 그러나 바울이 자랑하고 영광스러워하는 것은 십자가에서 죽으신 예수님이십니다! 용서와 구원과 해방과 자유가, 예수님 때문에 이루어졌습니다.

'오직 주께 영광(Soli Deo Gloria!)' 종교 개혁의 또 하나의 슬로건일 뿐만 아니라 성도의 인생길 전체도 '오직 주께 영광'이어야 합니다. 교회와 성도들이 찬송가 323장의 영성을 가질 때는 늘 새롭게 고쳐지고 개혁될 것입니다. 이 영성을 잊어버려 애통하며 회개합니다.

> 존귀 영광 모든 권세 주님 홀로 받으소서
> 멸시 천대 십자가는 제가 지고 가오리다
> 이름 없이 빛도 없이 감사하며 섬기리다

Prayer.
주님, '오직 주께 영광!'의 영성을 잊지 않게 하소서.

10 갈라디아서

07 제발 그렇게 살지 마십시오 우리는 그리스도인이지 않습니까!

그리스도께서 우리를 자유롭게 하려고 자유를 주셨으니 그러므로 굳건하게 서서 다시는 종의 멍에를 메지 말라 _ **갈라디아서 5:1**

형제들아 너희가 자유를 위하여 부르심을 입었으나 그러나 그 자유로 육체의 기회를 삼지 말고 오직 사랑으로 서로 종노릇하라 _ **갈라디아서 5:13**

〈갈라디아서〉는 크리스천의 자유에 관한 대헌장이라고 불립니다. 우리 시대 최고의 영성학자 유진 피터슨이 말합니다.

> 목회를 하면서 나는 우리 크리스천들이 너무나 자유롭지 못하다는 사실을 알게 되었습니다…. 그들은 잔뜩 움츠리고 수심에 가득 차며 무척이나 방어적인 삶을 살고 있었습니다…. 나는 그들에게 이렇게 외치고 싶었습니다. "제발 그렇게 살지 마십시오. 우리는 그리스도인이지 않습니까! 우리는 소심한 삶으로 물러날 것이 아니라, 자유를 향해 나아가야 합니다!" - 『자유』, IVP

세상 가치관과 풍조에 매여 종노릇하며 살 수 있습니다. 사람의 종/물질의 종/인정과 명예의 종노릇하며 살 수 있습니다. 그런데 우리는 누구입니까? 자유를 주시려고 세상에 오신 예수님을 믿는 그리스도인입니다! 그래서 바울은 오늘 묵상 말씀처럼 갈라디아 성도들에게 '자유하라!'고 외치는 것입니다.

굳세게 서서 종의 멍에 매지 말고 자유 향해 나가길 소망합니다. 그런데 인간은 매우 자기중심적으로 해석하는 죄성을 가지고 있습니다. '자유하라!'는 메시지를 곡해하며 오용할 수 있습니다. 내 생각과 마음대로 하는 것이 자유가 아닙니다. 내가 하고 싶은 말과 판단과 행동을 하는 것이 자유가 아닙니다. 그래서 바울이 다시 말합니다.

형제들이여, 오직 사랑으로 종노릇 하십시오! 사랑으로 섬기십시오!

사랑으로 섬기는 사람이, 진정 세상에서 가장 자유로운 사람입니다.
이것이 자유의 대헌장에 기록된 핵심입니다. 사랑하며 자유하며.

Prayer

주님, 성령 안에서 자유하며 사랑하며 살게 하소서.

갈라디아서

상처가 우리를 강하게 하고 자유케 합니다

내가 내 몸에 예수의 흔적을 지니고 있노라 _ 갈라디아서 6:17

바울은 변심 자가 생겨나는 갈라디아 성도들에게 안타까움을 표현하며 가지며 역정도 냈습니다. 오늘날 통용되는 말로 한다면 상처받은 것입니다. 그런데 크리스천은 예수로 인한 상처의 흔적을 가질 수밖에 없는 사람들입니다. 믿음 지키려다 나의 소중한 것 포기한 흔적. 내려놓기 싫지만, 가슴 치면서 내려놓은 흔적. 순종하는 중에 가까운 이들로부터 거부당한 흔적. 충성하다가 비웃음 받거나 수모당한 흔적. 비판과 비난의 돌을 맞은 흔적. 눈물 흘리며 씨를 뿌리고 한없이 기다리는 흔적. 성도는 상처의 흔적을 가지는 것이 당연한 일입니다. 그리고 상처로 인해 더욱 성장해가는 것이 성도입니다.

예전에 세계적 철학자 슬라보이 지제크(Slavoj Žižek, 1949~ , 유고슬라비아 출신의 대륙철학자이자 헤겔, 마르크스, 자크 라캉 정신분석학에 기반한 비판이론가)가 한국을 방문하였고, 무려 3,500여 명이 몰려든 어느 대학 강당에서 이렇게 말했습니다.

> 한국 사회는 그 어느 때보다도 상처를 치료하기 위해 노력하는 사람들이 많다고 들었습니다. 그런데 상처를 다르게 볼 필요가 있습니다. 상처받지 않는다는 것은 완전히 고립되었다는 얘기입니다…. 힐링/치유에 목매지 마십시오. 상처가 우리를 자유롭게 합니다.

어떻게 하면 내 인생의 상처를 치유할 수 있을까? 여기에 목매지 말라는 것입니다. 상처로 괴로워하거나 낙심하거나 분노하지 말라는 것입니다. 상처가 있습니까? 그 상처가! 나를 더 강하게 하고, 성숙하게, 자유롭게 할 수 있다는 것입니다. 그런데 이것은 새로운 메시지가 아니라 성경 메시지입니다. 바울은 말합니다. "내가 내 몸에 예수의 흔적을 지니고 있노라." 예수의 흔적이란 주님 나라 위해 충성하다가 받게 된 고난을 의미합니다. 바울은 상처를 영예롭게 생각합니다. 세상아 나를 괴롭게 말라. 사람들아 나를 흔들지 말라. 나는 예수의 흔적을 가졌노라! 우리도 예수의 흔적을 가진 삶이 되길 꿈꿉니다.

Prayer.

주님, 우리가 예수의 흔적을 가진 삶이 되게 하소서.

성경 마흔아홉 번째 책, 에베소서

말씀 앞에 서겠습니다!

> 하나님의 뜻으로 말미암아 그리스도 예수의 사도 된 바울은 에베소에 있는 성도들과 그리스도 예수 안에 있는 신실한 자들에게 편지하노니 _ 에베소서 1:1

〈말씀 앞에서〉라는 CCM은 2,000년 전 에베소 교회에 너무 잘 맞는 노래가 아닌가 싶습니다. 에베소 두란노 서원에서(행 19:9) 말씀을 배우던 성도들이 확신으로 노래했을 것입니다. 일부 가사입니다.

> 말씀 앞에서 경외함으로 주께 홀로 섭니다 / 생명의 말씀 읽고 순종해 주를 예배합니다
> 하나님 말씀에 두려워 떠는 자 / 그 말씀에 생명을 거는 자
> 하나님 말씀에 운명을 거는 자 순종하며 주 따라가는 자

3년 동안 에베소 교회를 세워 갔던 바울이 떠나게 되었는데, 성도들이 걱정되었습니다. 세상 온갖 유혹과 거짓이 공격할 것이 분명했기 때문입니다. 바울의 염려가 사도행전 20:29-30에 나타납니다.

> 내가 떠난 후에 사나운 이리가 여러분에게 들어와서 그 양 떼를 아끼지 아니하며 또한 여러분 중에도 제자들을 끌어 자기를 따르게 하려고 어그러진 말을 하는 사람들이 일어날 줄을 내가 아노라

이런 위기를 예상하면서 지도자들에게 부탁을 남깁니다(행 20:32).

> 지금 내가 여러분을 주와 및 그 은혜의 말씀에 부탁하노니 그 말씀이 여러분을 능히 든든히 세우사

위기를 이기는 길은 은혜의 말씀이니 말씀 앞에 서라는 것입니다. 말씀이 너희를 능히 든든히 세울 수 있으니 말씀 앞에 서라. 말씀에 두려워 떠는 자 되어라. 그 말씀에 생명을, 운명을 거는 자 되어라. 말씀을 순종하며 주 따라가는 자 되어라. 그러면 사나운 이리도, 삶의 위기도 이기며 주의 교회로 일어나게 된다. 이는 오늘날 우리에게 생생히 들려주시는 하나님의 음성입니다!

Prayer

주님, 오늘도 말씀 앞에서 서고, 내일도 말씀 앞에 서게 하소서.

10 에베소서

10 날마다 성령의 칼, 말씀 가지고 일어납니다

성령의 검 곧 하나님의 말씀을 가지라 _ 에베소서 6:17

바울이 3년 전 에베소와 작별할 때 '말씀 앞에 서라!'는 부탁을 남겼는데(행 20장), 3년이 지났을 때 그들에게 서신을 보내게 됩니다. 이 서신이 〈에베소서〉입니다. 그리고 서신에서 또다시 '말씀 앞에 서라!'고 독려합니다.

성령의 검(칼), 곧 하나님의 말씀을 가지라(엡 6:17)

말씀을 무엇에 비유합니까? 성령의 칼입니다. 칼이란 싸울 때 쓰는 무기입니다. 인생은 힘든 싸움입니다. 싸움에서 무기가 없으면 패배할 수밖에 없습니다. 승리로 이끄는 무기, 칼이 하나님 말씀이라는 것입니다. 교회를 다닌다고 해서 모두 다 구원받은 하나님 자녀인 것은 아닙니다. 그냥 교회를 다니는 사람들도 많이 있습니다.

그런데 또, 하나님 자녀라고 해서 모두 다 싸움에 이기는 것이 아닙니다. 말씀의 칼을 가지고 있지 않으면 이길 수 없습니다. 종종 교회 다니는 유명인들이 자살하는 비보를 접하면 매우 슬프고 안타깝습니다. 교회를 다니긴 했는데, 혹시 말씀의 칼을 가지지 못했던 것일까? 칼 없이 험난한 인생 싸움터에 있었던 것일까?

말씀의 칼을 가진다는 것은, 말씀 묵상하고 배우고 즐거워함을 의미합니다. 말씀으로 이 세대의 가치관과 맞서며 운명과 생명 걸며 순종하는 것 의미합니다. 성도는 성도의 검, 말씀을 가지고 일어나겠다는 결단의 새 노래를 부릅니다.

영원한 하나님 나라 이뤄갈 주의 교회여 일어나라 - CCM 말씀 앞에서

그런데 일어나야 할 주의 교회란 언제나 일차적으로 '나부터!'입니다. 이 세상 한복판에서 나는 누구인가? 하나님의 교회입니다. 나는 말씀을 가지고 일어나야 하는 하나님의 교회입니다. 아멘.

Prayer .

주님. 날마다 말씀 앞에 서며, 주의 교회로 일어나게 하소서.

10 **에베소서**

11 # 성도의 고백, 교회가 있기에 오늘의 저도 있습니다

교회는 그의 몸이니 만물 안에서 만물을 충만하게 하시는 이의 충만함이니라 _ 에베소서 1:23

〈에베소서〉의 중심 주제 하나가 '교회'입니다. 성도는 교회의 머리 되신 예수님을 따르면서 모든 겸손과 온유로 하고 오래 참음으로 사랑 가운데서 서로 용납하고 평안의 매는 줄로 성령이 하나 되게 하신 것을 힘써 지키라(엡 4:2-3)는 말씀에 순종하려고 믿음의 싸움을 합니다.

그런데 에베소 교회는 예수님을 향한 사랑이 식었고, 성도 간의 사랑도 식었습니다. 그래서 에베소 교회는 나중에, '너의 처음 사랑을 버렸느니라'(계 2:4)라면서 주께 책망을 받습니다. 예수님을 향한 첫사랑 회복, 교회를 향한 첫사랑 회복은 2,000년 전이나 오늘이나 동일하게 주어지는 거룩한 사명일 것입니다. 교회를 사랑하며 감사 고백했던 두 성도님의 글입니다.

세상 살면서 주님이 주신 선물 중에 무엇이 가장 소중하냐는 질문을 가끔 받기도 합니다. 그럴 때마다 제 마음속에 늘 떠오르는 단어가 있는데, 바로 가족입니다. 그런데 제게 행복한 비밀이 하나 더 있습니다. 바로 영적 가족입니다. 함께 사랑하고 함께 울고 웃는 교회 가족입니다. 말없이 언제나 그 자리에서 기도로 함께하는 교회 가족들은 하나님이 저희에게 주신 너무나 소중한 선물임을 고백합니다.

악착같이 붙어있어야 할 곳, 붙어만 있으면 죽다가도 살아나는 곳, 나만 사는 게 아니라 함께 살고 더불어 살릴 수 있는 곳, 그곳이 교회이고 예배와 모임 자리임을 확신합니다. 교회가 있기에 오늘의 저도 있습니다. 할렐루야.

예수님을 향한 그리고 교회를 향한 첫사랑을 버리지 않고, 계속 그 길을 가야 합니다. 오직 성령님의 도우심을 구하면서.

주님, 주님을 향한 첫사랑을 회복하여 성도들을 향한 사랑도 새로워지게 하소서.

에베소서

새로운 운명 (So pocht das Schicksal an die Pforte)

그 때에 너희는 _ 에베소서 2:2, 12
이제는 전에 멀리 있던 너희가 그리스도 예수 안에서 그리스도의 피로 가까워졌느니라 _ 에베소서 2:13
그러므로 이제부터 너희는 _ 에베소서 2:19

'그 때에'라는 표현이 2절, 11절, 12절에서 반복 기록됩니다. '그 때'란 예수님 믿지 않으며 살던 때입니다. 허물과 죄로 죽어 있을 때(1절), 사탄을 따를 때(2절), 본질상 진노의 자녀일 때(3절), 그리스도 밖에 있었고, 언약에 대해서는 외인이었고, 세상에서 소망이 없었고, 하나님도 없을 때였습니다(12절).

'이제는'이라는 표현은 13, 19절에 반복 기록됩니다. '이제는'이란, 예수님을 믿게 된 때입니다. 이제 예수께서 죽음에서 생명으로 살리셨습니다(1절). 은혜로 구원을 얻었습니다(5절). 예수 안에서 선한 일을 위하여 새로 지음 받았습니다(10절). 예수님 십자가로 화평의 새사람이 되었습니다(15). 하나님의 가족 권속이 되었습니다(19절).

이제 우리는 하나님 만나고 동행하게 되었습니다. 영원한 하나님 가족이 되고 하나님 교회가 되었습니다. 주님를 나라 세우는 일에 힘쓰게 되었습니다. 이 모든 것이 크리스천 고유한 운명입니다! 베토벤의 운명 교향곡처럼, 그 위대한 운명이 문을 두드리고 들어온 것입니다. 그리고 이 고유한 운명에 순응하며 주님 교회로 살아가는 것이, 가장 존귀하고 성공적이고 빛나는 인생으로 향하는 길입니다. 부디 운명을 거스르지 말고 살아가길 바랍니다.

이 하나님의 충만함의 계획과 신비의 은혜가 크리스천의 운명을 따르고자 믿음의 선한 싸움 하는 모든 이들에게, 반드시 나타나게 되어 있습니다. 그러니 강하고 담대하십시오.

Prayer.

주님, 우리가 '이제는!' 새사람 되었으니 존귀하고 빛나는 삶을 살게 하소서.

성경 쉰 번째 책, 빌립보서

이루어 가실 줄로 확신하십시오!

너희 안에서 착한 일을 시작하신 이가 그리스도 예수의 날까지 이루실 줄을 우리는 확신하노라
_ **빌립보서 1:6**
두렵고 떨림으로 너희 구원을 이루라 _ **빌립보서 2:12**

바울은 유럽으로 건너가 빌립보에 도착했습니다. 예수님을 믿게 된 루디아는 자기 집을 내어드렸고 교회가 세워집니다. 구원의 착한 일을 시작하신 주님이 재림의 날까지 이루어 가실 것입니다(빌 1:6). 그런데, 구원은 예수님을 믿음으로 단번에 이루어지는 것인데, 두렵고 떨림으로 너희 구원을 이루라는 의미는 무엇입니까?(2:12)

어느 성도님과 대화를 나누다 이런 말을 듣게 되었습니다. "목사님, 저는 하나님 믿고 변화되었습니다. 그래서 기쁘고, 감사합니다. 그런데 지금의 기쁨과 열심이 계속될 수 있을까 하는 염려가 들 때도 있습니다. 그리고 때로는 힘들 때도 있는데, 그때는 '해야 한다'라는 책임감과 의무감 같은 것으로 기도에 힘쓰곤 합니다."

성도님의 고백 속에는 두 가지 진리가 담겨 있습니다. 먼저는 하나님을 믿고 변화되었다는 것입니다. 하나님 믿으면 생명을 얻고 변화됩니다. 하나님은 이기적인 야곱을 사랑의 사람으로 변화시키셨습니다. 혈기 많은 모세를 온유의 사람으로, 소심한 디모데를 담대한 사람으로, 변덕스럽고 충동적인 베드로를 견고하고 충성된 사람으로 변화시키셨습니다.

그런데 성도님 말 속에 또 하나 중요한 진리가 담겨 있습니다. 때로는 책임감과 의무감으로 억지로 할 때도 있다는 것입니다. 힘들 때도 있지만, 의지적으로 결단하며 계속해서 순종의 길을 걸어가야 한다는 사실입니다. 하나님께서 나를 변화시켜 가신다는 믿음 위에, 나도 변화를 위해 힘써 믿음의 싸움을 싸워야 합니다. 이것이 12절 의미입니다. 열매의 계절, 가을에 두렵고 떨림으로 성화의 구원, 거룩한 변화의 열매를 맺어가길 소망합니다.

Prayer

주님, 열매의 계절 가을에 거룩한 변화의 열매를 맺어가게 하소서.

10

14   빌립보서

빌립보서 1장 20절이 내 기도가 되며
신앙 고백이 되며 삶이 되게 하소서

> 나의 간절한 기대와 소망을 따라 아무 일에든지 부끄럽지 아니하고 오직 전과 같이 이제도 온전히 담대하여 살든지 죽든지 내 몸에서 그리스도가 존귀히 되게 하려 하나니 _ **빌립보서 1:20**

빌립보서는, 바울이 복음을 전하려다가 로마 감옥에 갇힌 몸이 되었을 때, 감옥에서 빌립보 교회 성도들에게 쓴 서신입니다. 바울은 감옥의 암울한 상황에서 어떤 반응을 보입니까? 강하고 담대했습니다. 승리감에 차 있었습니다. 기도하고 찬송했습니다. 감사와 기쁨이 흘러넘치고 있습니다. 바울은 어떻게 그런 태도로 살아갈 수 있었겠습니까? 1:20 말씀처럼, 인생의 관심이 자기 자신에게 있지 않고 주님의 영광에 있었기 때문입니다.

우리가 왜 그렇게 자주 실족하고 낙심하며 마음의 평안이 깨지느냐?
우리의 관심이 나 자신에게 집중되어 있기 때문입니다. 나의 안전, 나의 즐거움, 나의 재산, 나의 명예, 나의 진로, 나의 자식, 나의 배우자, 나의 유익 등 '자기 자신에게' 모든 관심이 집중된 것입니다.

바울의 모든 관심은 살든지 죽든지 주님이 영광을 받으시는 것이었습니다. 바울은 자신을 위한 야심이 없었기 때문에 조바심 낼 필요가 없었습니다. 자신의 명예에 관해 관심이 없었기에 명예를 잃어버릴까 노심초사할 필요가 없었습니다. 이렇게 그의 관심이 자신이 아니라 주님의 영광에 집중되어 있었기 때문에 자신에게 닥친 모든 문제와 고통을 여기며, 넉넉하게 이겨낼 수 있었던 것입니다.

찬송가 445장(태산을 넘어 험곡에 가도)의 가사도 마찬가지입니다. 후렴에 보면, '하늘의 영광 하늘의 영광 나의 맘속에 차고도 넘쳐!'라고 되어 있습니다. 나의 마음이 삶의 문제들로 가득 차 있는 것이 아니라 하나님의 영광을 구하려는 소망으로 차고 넘치면, 태산과 험한 골짜기를 지나면서도 할렐루야를 힘차게 부르며 승리하는 삶을 살아가게 된다는 것입니다. 캄캄한 밤에 다닐찌라도 강하고 담대하게 살아가게 된다는 것입니다. 진실로 그러합니다. 아멘.

Prayer .

'나의 간절한 기대와 소망을 따라 아무 일에든지 부끄럽지 아니하고 오직 전과 같이 이제도 온전히 담대하여 살든지 죽든지 내 몸에서 그리스도가 존귀히 되게 하려 하나니' 빌립보서 1:20 말씀이 내 기도가 되며 신앙 고백과 결단이 되며 삶이 되게 하소서.

빌립보서

사랑하는 교수님께 드린 편지 9 / 겸손의 하나님

> 그는 근본 하나님의 본체시나 하나님과 동등됨을 취할 것으로 여기지 아니하시고 오히려 자기를 비워 종의 형체를 가지사 사람들과 같이 되셨고 사람의 모양으로 나타나사 자기를 낮추시고 죽기까지 복종하셨으니 곧 십자가에 죽으심이라 _ 빌립보서 2:6-8

교수님, 그날 큰딸 얘기도 했습니다. 초등학생 때였는데 한번은 친구가, 왜 교회 다니는 사람들은 예수님만 믿어야 하고 부처님 믿으면 안 된다고 말하느냐며 물어 왔다고 합니다. 아무 대답도 못했다며 풀이 죽어 집으로 돌아왔습니다. 그래서 설명해 주었습니다.

부처님은 네팔 어느 나라 왕자로 태어나셨잖아. 그런데 너무 훌륭한 성인이다 보니, 사람들이 신처럼 받들기 시작한 거야. 불상을 만들고 소원을 빌고 절하면서 신처럼 섬기게 된 거야. 사람들이 자신을 신으로 섬기니, 그 훌륭하신 분께서는 얼마나 곤란하시겠니? 이것은 정말 석가모니가 의도하신 바가 아니야. 부처님은 인간이 우러러 보며 귀감 삼을 분이지만, 신은 아닌 거지. 부처님은 자신을 하나님이라고 말한 적이 한 번도 없잖아. 왜 그렇겠니? 그분은 인간이니까! 그러나 예수님은 하나님이라고 말씀하시잖아!

그러자 큰딸이 답변을 얻은 듯 기뻐하면서 다음날 학교에 갔습니다. 그런데 오후에 분해하며 돌아왔습니다. 얘기를 들은 친구가 그렇다면 자기는 예수님이 교만해서 싫다며, 얼마나 교만하면 스스로 하나님이라고 말하냐면서, 부처님이 훨씬 겸손하니 자기는 부처님 믿을 거라고 말했다는 것입니다. 옆에서 언니 얘길 들은 동생이 안타까워하며 말했습니다. "그러게 왜 그러셨지! 하나님이란 말은 하지 말지! 정말 교만해 보이잖아!"

교만해서가 아니라 진실로 하나님이시기 때문입니다. 사람의 모양으로 나타나사 자기를 낮추신 겸손의 하나님이십니다.

Prayer

주님, 하나님의 겸손하심을 깊이 묵상하게 하소서.

빌립보서

푯대는 무엇입니까? 시지푸스의 가련함과 불행함

푯대를 향하여 그리스도 예수 안에서 하나님이 위에서 부르신 부름의 상을 위하여 달려가노라
_ 빌립보서 3:14

　영원한 형벌을 받은 시지푸스(Sisyphus, 고대 그리스 신화의 인물)는 무거운 돌을 굴려서 산꼭대기로 열심히 올립니다. 그런데 산꼭대기에 도달했는가 싶을 때, 돌이 굴러 떨어집니다. 다시 내려가서 무거운 돌을 힘들게 밀어 올립니다. 이번에도 산꼭대기에 도달했을 즈음에, 다시 돌이 굴러떨어집니다. 시지푸스에서 찾을 수 있는 메시지 하나는 참된 목적 없이 똑같은 날들을 언제까지나 반복하며 살아가는 불행함/가련함의 고발입니다. 좇아갈 목적과 푯대를 발견한 사람은 진정 행복한 사람입니다. "내가 그 푯대를 향하여 좇아가노라!" 바울은 행복한 사람입니다. 빌립보서 3:13-14을 현대어로 보면 이러한 내용입니다.

　　나는 그리스도께서 왜 나를 구원해 주셨는가를 깨달아, 하나님께서 내게 바라시는 사람이 되기 위해서 계속 노력할 뿐입니다. 사랑하는 형제들이여, 나는 그 일(하나님이 바라시는 사람) 이루는데 내 모든 힘을 기울이고 있습니다. 그 푯대를 향하여 좇아갑니다.

　빌립보서 3:10이 가르치는 하나님이 바라시는 사람이란 어떤 사람이겠습니까? 예수님을 푯대로 삼고 그분을 닮아가는 것을 푯대로 삼는 '예수님 제자!'입니다. 믿는 자들은 예수님 제자로서의 직장인, 부모, 자녀, 이웃입니다. 예수님 제자로서 제자답게 살아가야 합니다.

　성도들의 장래가 어떻게 될지 알지 못합니다. 교회 자녀들의 장래, 청년들의 장래, 장년들의 장래가 어떻게 되는지 알지 못합니다. 그러나 분명히 알고 있는 것이 있습니다. 푯대를 좇아 예수 제자답게 살아가는 사람만이, 진정한 행복 가운데 살아가게 된다는 것입니다.

Prayer

주님, '그리스도의 제자'라는 푯대를 향하여 좇아가게 하소서.

빌립보서

어떻게 염려하지 않을 수 있습니까?

> 아무 것도 염려하지 말고 오직 모든 일에 기도와 간구로 … 감사함으로 하나님께 아뢰라
> _ 빌립보서 4:6

기억납니까? 빌립보 감옥에 갇혔던 바울과 실라가 기도와 감사 찬송으로 반응하자 어떤 일이 일어났습니까? (8월 27일 묵상) 문이 곧 다 열리며 모든 사람의 매인 것이 다 벗어진지라!(행 16:26) 기도하고 감사 찬송하자 감옥 문이 열린 것입니다.

그런데, 닫힌 문이 안 열릴 때도 있습니다. 바울은 이후에 로마로 갔는데, 로마에서도 감옥에 갇혔습니다. 역시 기도하고 감사 찬송했습니다. 빌립보 감옥처럼 로마 감옥 문이 열렸습니까? 열리지 않았습니다. 그 로마 감옥 고난 중에서 바울은 빌립보 교회에 서신을 보내었습니다. 감옥 안은 춥고 고통스러웠으며, 나이가 들어서 눈은 침침하고 병도 있었던 바울은 말합니다.

> 아무 것도 염려하지 말고 다만 모든 일에 기도와 간구로 감사함으로 하나님께 아뢰라(빌 4:6)

염려하지 말라니! 어떻게 염려하지 않을 수 있습니까? 눈앞에 건강 문제가 있는데, 재정 문제도 있는데, 진로 문제도 있는데, 자녀 문제도 있는데, 염려하지 말라니! 이해가 안 될뿐더러, 비현실적이고, 화도 납니다.

그런데 신앙이 자라나면 빌립보서 4:6 말씀을 더욱 깊이 묵상하게 됩니다. 염려한다고 해서 해결될 일이 없습니다. 염려는 삶을 패배로 이끌며 파괴하는 치명적인 습관입니다. 감정과 기분은 염려이지만, 진리는 오직 모든 일에 기도하며 감사하는 것입니다. 그리고 인생의 고비 고비를 기도하며 감사 찬송하며 넘어가는 것이 은혜이며 기적입니다.

Prayer

주님, 기도하고 감사 찬송하면서 매일 은혜로운 삶 되게 하십시오.

성경 쉰한 번째 책, 골로새서

머리에 붙어 있어야 합니다

> 그는 보이지 아니하는 하나님의 형상이시요 모든 피조물보다 먼저 나신 이시니 만물이 그에게서 창조되되 _ **골로새서 1:15-16**

〈골로새서〉는 예수님을 집중적으로 설명합니다. 골로새 교회 성도들 안에서 예수님을 올바르게 알지 못하는 위험이 생겼기 때문입니다. 예수님이 하나님이심을 부인하는 사람들이 가만히 들어와 있는 것입니다. 예수님을 하나님으로 믿지 않으면서 교회를 다닌다면, 곧 무너집니다. 인생이 무너지고 영혼이 무너지는 것입니다. 예수님은 누구신가? 살아 계신 하나님이시라고 성도들에게 말하고 있습니다.

> 그는 보이지 아니하는 하나님의 형상이시요 모든 피조물보다 먼저 나신 이시니 만물이 그에게서 창조되되(골 1:15-16)

그런데 〈골로새서〉에서 예수님에 대해 또 한 가지를 알려 줍니다. 그는 몸인 교회의 머리시라(골 1:18). 아주 어렸을 때 기억이 하나 있습니다. 동네 꼬마들에게 떠도는 무서운 소문이었습니다. "뒷산에 가면 머리 없는 사람이 산대" 아마 자녀들이 산에 놀러가서 위험에 빠질까 봐 부모들이 퍼트린 거짓 소문이지 않았는가 싶습니다. 머리가 붙어 있지 않는 사람이 어찌 살겠습니까! 죽는 것입니다. 그런데 교회의 머리는 예수님입니다. 그러니 머리에 붙어 있는 몸이어야 하는 것입니다. 그런데 예수님께 안 붙어 있는 사람들이 골로새 교회 안에 있었던 것입니다(골 2:19).

> 머리를 붙들지 아니하는지라 온 몸이(교회가) 머리로 말미암아 마디와 힘줄로 공급함을 받고 연합하여 하나님이 자라게 하시므로 자라느니라

우리는 머리와 몸에 꼭 붙어 있어야 합니다. 그러면 하나님께서 여러 모양으로 연합하게 하며 돕게 하고, 하나님께서 살리실 것입니다.

Prayer

교회 머리 되신 주님과 몸 된 지체들과 연합하며 자라게 하소서.

공감되는 멋진 말! 사탄은 간교합니다

> 누가 철학과 헛된 속임수로 너희를 사로잡을까 주의하라 이것은 사람의 전통과 세상의 초등학문을 따름이요 그리스도를 따름이 아니니라 _ **골로새서 2:8**

세상이 공감하는 매력적인 말에, 사탄의 유혹이 있음을 명심해야 합니다. 사탄은 간교합니다. 따라서 언제나 교묘하게 세상이 공감하는 멋진 말로 성도들을 유혹합니다. 정치가의 공감 되는 멋진 말, 철학자의 공감 되는 멋진 말, 인권운동가들의 공감 되는 멋진 말, 유명 연예인들의 공감 되는 멋진 말을 통해 사탄은 주님 뜻과 법을 공격할 수 있음을 깨어 주시해야 합니다. 감동적이고 매력적인 말을 통해 사탄은 진리를 공격할 수 있음을 깨어 주시해야 합니다. 세상 트렌드, 세상 문화, 세상 주장이 주님의 진리를 공격하고 있지 않은지 깨어 주시해야 합니다.

누가 철학과 헛된 속임수로 너희를 사로잡을까 주의하라(골 2:8).

어느 세미나 제목이 "너가 온전히 너이기를"이었습니다. 근사하고 감동적이고 휴머니즘적으로 들립니다. 좋은 인생 철학이 담뿍 담겨 있는 것 같이 들립니다. 그런데 동성애 옹호 세미나였습니다. "너가 온전히 너이기를."

예수님께서 이 세상에 왜 오신 것입니까? 너가 지금의 너로 살면 안 되기 때문에 오신 것입니다. 헤롯과 같이 자신이 왕이 되어 살면 안 되기 때문에 오신 것입니다. 내가 주인 되고 하나님 되는 교만과 죄악 가운데 그대로 살면 안 되기 때문에 오신 것입니다. 그렇게 살면 불행과 파괴와 멸망으로 향하기 때문에 오신 것입니다. 그래서 그 멸망의 길을 막기 위해서 오신 것입니다. 너를 진정으로 고치시고 회복시키시고 살리시기 위해서입니다.

Prayer

주님, 세상과 사탄의 달콤한 거짓말과 간교한 유혹을 늘 주의하며 깨어 살아가게 하소서.
영적 분별력을 가지고 살게 하소서.

성경 쉰두 번째 책, 데살로니가전서

급류 인생이라도 안심합니다

> 너희의 믿음의 역사와 사랑의 수고와 우리 주 예수 그리스도에 대한 소망의 인내를 우리 하나님 아버지 앞에서 끊임없이 기억함이니 _ 데살로니가전서 1:3

〈인생〉이라는 중국 영화를 보았습니다. 1900년대 초 중국 공산 혁명기에 살았던 '푸구이(福貴)'라는 사람의 인생입니다. '푸구이'란 중국식 발음이고 우리나라 발음으로 하면 '복귀'입니다. '복되고 귀한 사람'이라는 뜻입니다. 평범한 소시민 푸구이 가족에게는 하루하루 살아가는 것이 중요할 뿐, 혁명이나 이데올로기는 중요하지 않았습니다. 그런데 혁명의 소용돌이 속에서 아들이 뜻밖의 사고로 죽습니다. 딸이 벙어리가 됩니다. 딸이 청년이 되어 결혼하는데, 사위는 공산당원으로 직업은 안정적이지만 다리를 저는 사람이었습니다. 딸이 아이를 낳으려고 병원에 가게 되는데, 하필 그때 문화대혁명 사건이 발생하며 의사들이 반동으로 찍혀 잡혀갔습니다. 그런 여러 사연 중에 손주의 출산은 보게 되지만, 딸은 출혈이 심하여 죽고 맙니다. 푸구이 일생은 이름과 달리 복되거나 귀하지 않았고, 오히려 자신이 소중히 여기는 것을 하나 둘 잃어가는 상실의 인생이었습니다. 삶의 목적도 소망도 없이 급류에 휩쓸려가는 슬픔과 비탄의 인생이었습니다.

데살로니가 교회 성도들도 많은 환난 가운데서(1:6) 있었습니다. 그런데 그들은 급류에 휩쓸려 떠내려가면서도 하나님을 붙들고 있었습니다. 하나님 손을 붙들고 있었기에 급류 인생이라도 안심하면서, 믿음의 역사와 사랑의 수고와 소망의 인내가 충만했습니다.

오늘날 우리 인생도 여러 사나운 급류에 휩쓸려 떠내려가고 있습니다. 그러나 하나님 자녀들은 환난과 급류 속에서도 푸구이와는 다른 인생입니다. 우리는 믿음의 역사, 사랑의 수고, 소망의 인내로 살아가는 복되고 존귀한 인생입니다.

Prayer .

주님, 인생의 급류를 믿음 소망 사랑으로 헤쳐나아가게 하소서.

10 데살로니가전서

21 그럴듯하게 옳게 보이는 것으로 속입니다

우리의 권면은 간사함이나 부정에서 난 것이 아니요 속임수로 하는 것도 아니라 _ 데살로니가전서 2:3

데살로니가에는 속임수가 가득했습니다. 물론 모든 시대 모든 사회도 마찬가지입니다. 크리스천들은 사회 안에서 어떤 거짓들이 세력을 얻고 있는지 영적으로 잘 분별해야 합니다. 흔히 생각하는 부정적이고 파괴적인 거짓만 횡행하는 것이 아닙니다. 사탄이 뻔히 드러날 만한 속임수로 사람들을 삼키는 것이 아닙니다. 그럴듯하게 선해 보이고, 그럴듯하게 옳게 보이는 것들로 유혹하여 진리를 외면케 하고 거짓으로 이끌어 가는 것입니다.

예를 들어 이렇습니다. 사랑과 봉사를 말한다고 할지라도 십자가 희생 죽임 당한 예수님의 사랑 이야기를 거부한다면 진리를 외면하는 것입니다. 생명의 윤리와 존엄성을 논하지만, 생명의 근원이신 예수님을 제외한다면 진리를 외면하는 것입니다. 상담 심리학과 철학 등 인간을 연구하는 학문이 있는데, 하나님 피조물로서의 인간 기원과 운명에 대한 사실을 빼버리고 있다면 진리를 외면하는 것입니다. 정의, 민주, 인권을 말하지만, 예수님의 가르침에 반한다면 진리를 외면하는 것입니다. 행복을 말하지만, 예수님 없는 인간의 행복은 진리를 외면하는 것입니다.

곳곳에 사탄의 승리 미소가 넘칩니다. 우리는 지난 한 주간 동안 사탄에게 승리의 미소를 안겨다 준 장본인들일지도 모릅니다. 세상과 사탄의 거짓에서 건짐 받을 수 있는 유일한 길이 있는데, 그것은 복음의 말씀을 듣는 것이라고 데살로니가 성도들에게 알려줍니다.

오직 하나님께 옳게 여기심을 입어 복음을 위탁 받았으니 우리가 이와 같이 말함은 사람을 기쁘게 하려 함이 아니요 오직 우리 마음을 감찰하시는 하나님을 기쁘시게 하려 함이라(살전 2:4).

Prayer

주님, 오직 복음으로 세상을 이기고 사탄을 이기게 하소서.

데살로니가전서

22. 목사님, 이 아름다운 세상이 끝 날이 온다니요?

하늘로부터 강림하실 것을 _ 데살로니가전서 1:10 / 그가 강림하실 때 _ 데살로니가전서 2:19
주 예수께서 … 강림하실 때에 _ 데살로니가전서 3:13

예수님은 2,000년 전 세상에 크리스마스 초림(初臨)하셨습니다. 그리고 다시 오실(재림) 것입니다. 재림(再臨)과 동일한 말이 강림(降臨)인데, 강림하시는 날에 세상 지구는 최후 종말을 맞고 심판이 있습니다.

하나님을 모르는 자들과 우리 주 예수의 복음에 복종하지 않는 자들에게 형벌을 내리시리니 이런 자들은 주의 얼굴과 그의 힘의 영광을 떠나 영원한 멸망의 형벌을 받으리로다(살후 1:8-9)

예수님이 강림하시는 날은 심판의 날이지만, 우리 믿는 자들에게는 영광과 환희의 날입니다. 새로운 세상 완전한 천국이 시작되기 때문입니다.

우리의 소망이나 기쁨이나 자랑의 면류관이 무엇이냐 그가 강림하실 때 우리 주 예수 앞에 너희가 아니냐 너희는 우리의 영광이요 기쁨이니라(살전 2:19-20)

이런 질문을 할 수도 있습니다. "목사님, 이 아름다운 세상이 끝 날이 온다니요? 더군다나 자라는 아이들에게, 아직 세상에서 꽃도 못 핀 아이들에게, 지구 종말 가르침은 부정적이지 않을까요?"

그렇지 않습니다. 이 세상도 끝이 있고 나의 삶도 끝이 있다는 진리, 천국과 재림 진리를 알 때, 인간의 한계를 깨닫고 하나님을 찾을 수 있는 것입니다. 인생을 소중히 여기며 타락에서 자신을 지킬 여지도 더욱 커집니다. 더하여 하나님 앞에서 최선을 다해 살려는 자세도 가질 수 있습니다. 끝 날과 심판과 재림과 천국 진리를 진실로 아는 사람이, 하루하루 믿음, 사랑, 소망으로 승리의 생활을 할 수 있기에 성경은 그 길로 인도합니다.

정신을 차리고 믿음과 사랑의 호심경을 붙이고 구원의 소망의 투구를 쓰자(살전 5:8)

Prayer

주님, 재림의 진리 안에서 강건하며, 소망 중에 승리하게 하소서.

10

23

데살로니가전서

어떻게 항상? 쉬지 않고? 범사에?

항상 기뻐하라 쉬지 말고 기도하라 범사에 감사하라 이것이 그리스도 예수 안에서 너희를 향하신 하나님 뜻이니라 _ 데살로니가전서 5:16-18

우리는 이런저런 상황 속에서 기도하며 묵상하며 주께 묻습니다. 지금 이 어려운 상황에서 나를 향한 하나님의 뜻은 무엇입니까? 주님께서 말씀하십니다. 항상 기뻐하라. 쉬지 말고 기도하라. 범사에 감사하라. 이것이 너를 향하신 하나님의 뜻이다. 우리는 의문을 가집니다. '어떻게 항상? 그리고 쉬지 않고? 그리고 범사에?' 그에 대한 많은 설교를 듣게 됩니다.

그런데 분명한 사실은 이것입니다. 하나님께서 아무런 은혜를 주시지도 않으시고, "항상 기뻐하라. 쉬지 말고 기도하라. 범사에 감사하라." 명령하겠습니까? 하나님께서 아무런 이유도 없이, "항상 기뻐하라. 쉬지 말고 기도하라. 범사에 감사하라." 명령하겠습니까? 하나님께서 아무런 준비도 해 놓지 않으시고, "항상 기뻐하라. 쉬지 말고 기도하라. 범사에 감사하라." 명령하겠습니까? 하나님은 전능하신 하나님이고, 완전하신 하나님이십니다. 모든 은혜와 근거와 준비를 해 두셨기에 명령도 하시는 것입니다.

눈에 보이지 않지만, 하나님의 은혜가 사실임을 아는 믿음! 근거가 사실임을 아는 믿음! 준비가 사실임을 아는 믿음! 이 믿음이 더해져야 합니다.

믿음은 우리가 바라는 것들에 대해서 확신하는 것입니다. 또한 보이지는 않지만 그것이 사실임을 아는 것입니다(히 11:1, 쉬운 성경).

Prayer

주님. 나의 영적 눈이 어둡고 믿음이 없어서, 하나님 은혜와 근거와 준비를 보지 못합니다. 영적 눈을 밝히시고 믿음 주셔서 항상 기뻐하고 쉬지 말고 기도하며 범사에 감사하는 삶이 되게 하소서. 오늘 하루도 기뻐하고 기도하고 감사하게 하소서. 아멘.

성경 쉰세 번째 책, 데살로니가후서

24 세상은 불공평하지 않습니다

이는 하나님의 공의로운 심판의 표요 _ **데살로니가후서 1:5**
환난을 받는 너희에게는 우리와 함께 안식으로 갚으시는 것이 하나님의 공의시니 _ **데살로니가후서 1:7**

우리 사회에 '금수저'라는 말이 생겼습니다. 부모에게 엄청 좋은 것들을 물려받은 자녀를 칭합니다. '나도 금수저라면 좋으련만.' 그런 마음을 가지거나 세상이 불공평하다는 생각을 해 본 적이 있습니까?

추수의 계절 가을에 세상 사람들은 열매를 돌아봅니다. 풍성한 열매를 거두었을 수도 있고, 그럭저럭 거두었을 수도 있고, 열매를 거의 맺지 못했을 수도 있습니다. 그리고 세상 사람들은 이런 생각을 가지기도 합니다. 심은 대로 열매 맺는 것도 아니던데요. 운 좋은 사람은 열매를 많이 맺는 삶이던데요. 열심히 해도 안 되는 인생도 있고요, 열심히 안 해도 열매를 많이 맺는 인생도 있는 걸요. 세상은 모순도 많고, 불공평하고, 불공정한 것 같아요.

인간의 눈에 그렇게 보일 수 있지만, 눈에 보이는 것이 진리가 아닙니다. 세상은 불공평하지 않습니다. 이 세상을 통치하시는 하나님은 공의이시기 때문입니다. 세상 모든 사람의 삶은 하나님의 공의를 벗어날 수 없기 때문입니다.

세상이 높여 칭송하는 불경건한 가치관들이 있습니다. 물질 만능주의, 외모, 스펙, 학벌 등 외관 지상주의, 편리 안락주의, 개인 자유주의, 쾌락주의, 이 세상이 높여 칭송하는 가치관들은 잠시 인간의 눈에는 부러워 보이며 이기는 것처럼 보이지만, 결국은 집니다. 세상은 절대 불공평하지 않습니다. 결국, 하나님의 공의와 공평이 다스리십니다. 모든 세상과 역사와 영원을 전능하신 하나님께서 통치하시며, 하나님은 사랑이시오. 공평과 공의이십니다! 그러니 견고하여 흔들리지 말고 믿음 소망 사랑의 삶을 계속 걸어가십시오.

Prayer .

주님, 하나님의 공의로운 통치를 보는 영적인 눈을 뜨게 하소서.

10 **데살로니가후서**

25 # 마르틴 루터,
내일 지구 끝이 와도 오늘 사과나무를!

> 우리가 들은즉 너희 가운데 게으르게 행하며 도무지 일하지 아니하고 일을 만들기만 하는 자들이 있다 하니 _ **데살로니가후서 3:11**

데살로니가에 갔던 적이 있습니다. 바다가 보이는 작은 공원 벤치에 앉아서 2,000년 전 성도들을 생각해 보았습니다. 당시 데살로니가 성도들은 예수님 재림이 임박한 줄 알고 있었습니다. 그런데 지금까지도 여전히 데살로니가 사람들은 잘 살아가고 있습니다. '주님이 곧 재림하신다!'라는 분위기 속에서 여러 문제가 교회 안에서 나타났습니다. 신약 〈데살로니가서〉는 그 잘못을 바로잡으려는 권면을 주고 있습니다. 특히 곧 종말과 재림이 온다고 여기며 최선의 삶을 살지 않고 게으르게 행하는 자들을 책망합니다. 그리고 계속하여 선을 행하라고 권합니다(살후 3:13).

> 우리가 들은즉 너희 가운데 게으르게 행하며 도무지 일하지 아니하고 일을 만들기만 하는 자들이 있다 하니(3:11)

"내일 지구가 멸망하더라도 나는 오늘 한 그루의 사과나무를 심겠다"라는 명언이 있습니다. 보통은 철학자 스피노자의 말이라고 알고 있는데, 스피노자보다 100년 전에 살았던 마르틴 루터가 그의 일기에 남겨 놓은 글이기도 합니다. 그리고 마르틴 루터가 어린 시절 머물면서 공부했던 아이제나흐의 집 비석에도 새겨져 있습니다.

> 내일 세상이 멸망함을 알지라도, 나는 오늘 사과나무를 심겠다.
> Und wenn ich wte, da morgen die Welt unterginge, sogeht, wurde ich doch heute mein Apfelbaumchen pflanzen.

내일 이 지구 멸망인데, 그래서 허무하고 두렵고 공포스러운데 무엇이 손에 잡히겠습니까? 그럼에도 불구하고 오늘 사과나무를 심을 수 있는 사람이 있습니다. 바로 크리스천들입니다! 빛나는 천국을 확신하는 신앙인들은, 내일 끝이 올지라도 오늘 최선을 다해서 믿음 소망 사랑의 나무 한 그루를 심는 사람들입니다.

Prayer

주님, 빛나는 천국을 확신하며 하루하루 최선의 삶을 살게 하소서.

성경 쉰네 번째 책, 디모데전서

26 나를 키운 건 8할이 책임감입니다

> 아들 디모데야 내가 네게 이 교훈으로써 명하노니 전에 너를 지도한 예언을 따라 그것으로 선한 싸움을 싸우며 믿음과 착한 양심을 가지라 _ **디모데전서 1:18-19**
> 디모데야 … 네게 부탁한 것을 지키라 _ **디모데전서 6:20**

어느 시인의 '나를 키운 건 8할이 바람이었다'라는 시구가 있는데, 성도를 제자로 강하게 키우는 것은 8할이 영적 책임감입니다. 인류의 뿌리 깊은 죄성 하나는 책임 지려고 하지 않는 것입니다. 인류 시초 아담 때부터 책임을 전가하고 회피하는 것을 발견합니다. 아담은 이브에게 책임 전가하며 자기방어를 합니다.

여자 그가 그 나무 열매를 내게 주므로 내가 먹었나이다(창 3:12)

이브는 뱀에게 책임 전가하며 자기 합리화합니다.

뱀이 나를 꾀므로 먹었나이다(창 3:13)

디모데는 책임을 부여받았습니다. 네게 부탁한 것을 지키라.
디모데는 책임감을 가지고 믿음의 선한 싸움을 싸웠습니다.
성도를 제자로 성숙하고 강하게 키우는 것은, 8할이 하나님 앞에서의 신실한 책임감입니다. 그런데 그 책임감조차 하나님 은혜를 힘입어 가지게 된다는 것은 놀라운 역설이고 신비입니다.

주님이 나를 부르셨고, 부르심에는 합당한 책임이 주어집니다. 책임을 중요히 여기는 마음, 책임감이 있습니까? 성도라는 책임감. 그리스도 제자라는 책임감. 사랑하고 섬길 책임감. 주고 나누는 책임감. 배려하는 책임감. 친절할 책임감. 함께하는 책임감. 드리는 책임감. 말씀 배우는 책임감. 주님 전하는 책임감. 예배하는 책임감. 중보 기도하는 책임감. 책임감을 가지고 살면, 능히 회복되고 능히 강하게 될 것입니다. 반면 주님 앞에서 책임감 없이 회피하고 살면 무너져 갑니다.

Prayer.
주님, 오늘 하루도 하나님 앞에서 책임감을 느끼고 살아가게 하소서.

디모데전서

27 영적 훈련은 범사에 유익하며 영원히 복입니다

> 경건에 이르도록 네 자신을 연단(훈련)하라 육체의 연단(훈련)은 약간의 유익이 있으나 경건은 범사에 유익하니 금생과 내생에 약속이 있느니라 _ **디모데전서 4:7-8**

〈디모데전서〉는 성도들이 세상 속에서 리더로 살아야 함을 깨닫게 해 주며 리더의 비전을 키워 주는 성경입니다. 크리스천이라면 누구나 세상의 리더로 부름 받았음을, 하나님께서 이렇게 선포하십니다.

너는 세상의 빛이라. 세상의 소금이라. 세상에서 하나님의 봉사자라.

성도는 가족, 학교, 일터, 이웃에서 '리더'입니다. 영적 리더의 책임감을 심어 주고 키워 주는 말씀들이 〈디모데전서〉에서 반복됩니다.

누구든지 네 연소함을 업신여기지 못하게 하고 오직 말과 행실과 사랑과 믿음과 정절에 있어서 믿는 자에게 본이 되어(4:12)
오직 너 하나님의 사람아…의와 경건과 믿음과 사랑과 인내와 온유를 따르며 믿음의 선한 싸움을 싸우라(6:11-12)

그런데 리더로 살려면 훈련이 필요합니다. 사람들은 이 세상의 치열한 경쟁에서 낙오되지 않으려고 많은 것을 배우며, 연습과 훈련을 합니다. 연습과 훈련을 싫어하고 게을리하면 여러 문제가 발생하며, 이런저런 인생 승리와 안전은 훈련 속에서 오는 것입니다.

그런데 육체를 위한 훈련보다 더 중요한 것이 영적 훈련입니다. 그래서 육체의 연습은 약간의 유익이 있으나 경건 훈련은 모든 면에서 유익하다고 말합니다. 성도는 경건 훈련을 쉬어서는 안 됩니다. 기도 생활 훈련, 말씀 묵상 훈련, 섬기는 훈련, 복음 전파를 위해 고난받는 훈련, 친절하고 환대하는 훈련, 함께 모이는 훈련, 감사 훈련 등 영적 훈련이 이 세상에서뿐 아니라 다가올 천국에서도 축복임을 가슴에 새기며 길을 달려가십시오.(딤전 4:8)

Prayer

주님, 경건의 훈련에 게을러지지 않도록 날마다 도우소서.

성경 쉰다섯 번째 책, 디모데후서

가련한 세상에서 복 있는 사람!

그러므로 너는 … 오직 하나님의 능력을 따라 복음과 함께 고난을 받으라 _ **디모데후서 1:8**

신실한 신앙인이며 철학자 키에르케고르는 이런 글을 썼습니다.

한 남자가 재정적 곤궁에 빠졌을 때,
사람들은 그를, 가련한 사람이라고 말한다.
한 남자가 종으로 고난당함으로 하나님 기쁘게 했을 때,
세상은 그를, 가련한 사람이라고 말한다.
한 사도가 진리를 위해 고난받게 될 때,
세상은 그를, 가련한 사람이라고 말한다.
가련한 세상이여

세상 사람들은 고난받는 그를, 가련한 사람이라고 말합니다. 그러나, 예수님께서는 그 가련한 사람을 향해서 복 있다고 말씀하십니다.

의를 위하여 박해를 받은 자는 복이 있나니 천국이 그들의 것임이라 나로 말미암아 너희를 욕하고 박해하고 거짓으로 너희를 거슬러 모든 악한 말을 할 때에는 너희에게 복이 있나니 기뻐하고 즐거워하라 하늘에서 너희의 상이 큼이라 너희 전에 있던 선지자들도 이같이 박해하였느니라(마 5:10-12)

세상이 말하는 그 '가련한 사람'을 예수님께서 복 있다고 말씀하십니다. 우리는 이 가련한 세상에서 복 있는 사람입니까?

Prayer

주님, 이 가련한 세상에서 우리를 건져주십시오. 복음을 위해서 헌신하며 고난받는 복 있는 사람으로 살아가게 하십시오.

29 사랑하는 벗들이, 위험하기를

디모데후서

복음과 함께 고난을 받으라 _ 디모데후서 1:8
그리스도 예수의 좋은 병사로 … 고난을 받으라 _ 디모데후서 2:3
너는 모든 일에 신중하여 고난을 받으며 _ 디모데후서 4:5

마크 부캐넌(Mark Buchanon, 목사, 작가, 미국 암브로스대학 교수)은 『당신의 교회 너무 안전하다』(요단, 2014)라는 책을 저술하고, 그 책 머리에 자기 딸을 향해 이러한 헌사를 남겼습니다.

웃음과 지혜로 가득하고 / 언젠가 가장 예쁜 민들레 꽃다발을 가지고 왔을 때처럼 매일 집에 기쁨을 가지고 오는 / 나의 공주 사라에게.
네가 항상 안전하고 위험하길 바라며.

내가 가는 인생길이 항상 안전하고 위험하길 바랍니다. 사랑하는 성도님들 인생길이 항상 안전하며 위험하길 바랍니다. 사랑하는 가족들 인생이 항상 안전하고 위험하길 바랍니다.

하나님은 디모데에게 그리고 우리에게 말씀하십니다.

그리스도 예수의 좋은 군사로 복음과 함께 고난을 받으라.

주께 헌신하며 복음과 함께 고난받는 삶을 살게 되면, 내 일상의 생활이 힘들 때가 많습니다. 내 유익을 포기해야만 할 때가 많습니다. 편안하고 안전한 환경 대신에 불편함과 위험을 당하기도 합니다. 그런데 주께 충성하는 복음과 함께 고난받는 삶이, 이런저런 편리와 안락과 안전이 깨어지는 것 같아 위험스럽지만, 사실은 가장 든든하고 안전한 인생길입니다. 생명으로 가는 길입니다.

좁은 문으로 들어가라 멸망으로 인도하는 문은 크고 그 길이 넓어 그리로 들어가는 자가 많고 생명으로 인도하는 문은 좁고 길이 협착하여 찾는 자가 적음이라(마 7:13-14)

Prayer

주님, 우리의 인생길이 항상 안전하며, 늘 위험한 길이길 바랍니다. 좁은 문으로 들어가는 길이 되길 간절히 소망합니다.

10 디모데후서

30 〈나니아 연대기〉
'안전한 삶'이 아니라, '선한 삶'입니다

나는 선한 싸움을 싸우고 나의 달려갈 길을 마치고 믿음을 지켰으니 _ 디모데후서 4:7

영국 옥스퍼드 대학교수 C. S. 루이스는 무신론자였는데, 같은 동료 교수 J. R. R. 톨킨(John Ronald Reuel Tolkien, 1892~1973, 영국의 영어학 교수, 언어학자이자 작가)의 영향을 받고 기독교 신자가 됩니다. 두 사람의 40년 우정은 유명합니다. 서로에게 영향을 끼치며 기독교 판타지 소설을 썼는데, J. R. R. 톨킨은 『반지의 제왕』을, C. S. 루이스는 『나니아 연대기』를 썼습니다.

『나니아 연대기』에 등장하는 사자 아슬란이 바로 예수님을 상징합니다. 루시가 비버라는 아저씨에게 사자는 안전하냐고 묻습니다. 그러자 비버가 말합니다.

안전이라고? 누가 아슬란이 안전하다고 했지?
당연히 안전하지 않지. 하지만 선한 분이시란다.

누가 하나님이 안전하다고 했지? 하나님을 안전과 평탄을 주시는 분이라고 오해하면, 미신적 삶이 되어버린다는 사실을 잊지 않아야 합니다. 하나님을 알라딘 램프의 거인처럼 불러내면서 안전을 주세요. 사업 잘되게 해 주세요. 자녀들 성공하게 해 주세요. 이런 것들에만 집중할 때, 교회와 성도들은 신앙적인 삶에서 차츰 멀어지면서 미신적인 삶이 됩니다.

하나님은 사랑하는 자녀들을, 안전한 길 이전에 먼저 선한 길로 인도하시는 분이십니다. 그런데 안전한 삶이 아니라 선한 삶을 추구하는 것이 자녀들에게 참 행복이며 궁극적인 안전입니다. 선하신 하나님의 선한 능력에 붙들려 선한 싸움을 마친 수많은 믿음의 사람들처럼, 우리도 그렇게 살아가길 소망합니다.

Prayer.

주님, 이 혼돈의 세상에서 우리가 선하신 하나님의 선한 능력에 붙들려서 선한 싸움을 싸우며 믿음의 승리를 이루게 하소서.

10   **디모데후서**

31   '누가의 길'과 '데마의 길'을 묵상하며

(누가) 너는 어서 속히 내게로 오라 데마는 이 세상을 사랑하여 나를 버리고 데살로니가로 갔고
_ 디모데후서 4:9-10

마르틴 루터가 비텐베르그 성당 문에 95개조 반박문을 내건 1517년 10월 31일을 기념하는 '종교개혁 기념일'입니다. 종교 개혁 슬로건인 'ecclesia semper reformanda'(에클레시아 셈페르 리포르마다/교회는 항상 새롭게)는, 새롭게 개혁되지 않고 고여 있으면 타락한다는 교훈을 알려 주는 영적 유산입니다. 그래서 500년 전 종교개혁을 언제나 오늘 나의 신앙과 연결 지어야 합니다. 하나님 교회인 나를 새롭게 하려는 믿음의 싸움을 포기하면, 영적으로 무너지며 타락할 수밖에 없기 때문입니다.

데마는 처음에는 바울의 동역자였지만(몬 1:24) 신앙이 변질됩니다. 세상을 사랑하여 바울을 버리고 데살로니가로 갔습니다(딤후 4:10). 좁은 길을 떠나 넓은 길을 선택했던 것입니다. 반면, 누가는 계속하여 신실한 제자의 길을 걸어갔습니다.

지금도 누가의 길과 데마의 길이 계속 존재합니다. 한편에는 예수님 사랑하여 끝까지 충성하는 누가의 길이 있는가 하면, 또 한편에는 세상을 사랑하여 세상을 따라가는 데마의 길이 있습니다.

지난 수십여 년 신앙생활 동안에 안타깝고 슬프게도, 세상을 사랑하여 데마의 길로 가는 사람들을 보아 왔습니다. 그 길을 선택할 때, 당장 눈에는 편하며 좋아 보일 수 있습니다. 하지만 결국 허물어지는 길이며, 무상한 길이며, 최선의 인생을 놓쳐버리고 후회할 길이며, 참 행복을 잃어버리는 슬프고 허탄한 길입니다.

Prayer

주님, 세상을 사랑하여 떠나는 데마의 길로 가지 않게 하소서. 슬프고 허탄한 그 길이 아니라, 누가처럼 믿음의 선한 싸움을 싸우며 끝까지 신실한 제자의 길로 가게 하소서.

11 **성경 쉰여섯 번째 책, 디도서**

01 크레타 섬에 미련한 전도를 맡기심

> 자기 때에 자기의 말씀을 전도로 나타내셨으니 이 전도는 우리 구주 하나님이 명하신대로 내게 맡기신 것이라 _ **디도서 1:3**

'유럽은 크레타에서 시작된다'는 말이 있습니다. 찬란한 유럽 문명이 그리스 크레타에서 출발했다는 것입니다. 성경 〈디도서〉는 크레타섬에서 목회하던 '디도'에게 보내진 서신입니다.

> 내가 너를 그레데(크레타)에 남겨 둔 이유는(딛 1:5)

크레타는 미노아 문명을 꽃피우고 있었는데, 약 3500년 전에 근처 산토리니 화산 대폭발로 인해 지진과 함께 대형 쓰나미가 발생했습니다. 그러면서 크레타섬을 덮치며 방만 무려 1,500여 개였던 크노소스 왕궁도 삼켰고 크레타 문명이 파괴되었습니다. 그 후 미케네인들이 지배했고, 후에 로마 제국이 지배했습니다. 바로 이때 바울과 디도가 크레타에 가서 전도하며 교회를 세운 것입니다.

2,000년 전 크레타 사람들이 전도를 받아 예수님을 믿었듯이 우리도 전도를 받아 교회를 나왔고 예수님을 믿게 되었습니다. 그런데 사람들에게 하나님 알리는 방법이 전도밖에는 없는 것일까? 한 사람 한 사람에게 전하는 것이 미련해 보이는데 다른 방도는 없을까? 이에 대해 고린도전서 1:21을 보면, 하나님께서 전도의 미련한 것으로 믿는 자들을 구원하시기를 기뻐하셨다고 밝힙니다. 그리고 전도의 사명을 우리에게 맡기십니다.

> 이 전도는 우리 구주 하나님이 명하신대로 내게 맡기신 것이라(딛 1:3)

더불어 살아가는 사람들을 전도하라고 하나님께서 맡기셨습니다. 어쩌면 나는 '그 사람'에게 하나님 사랑을 알릴 수 있는 가장 가까운 사람인지 모릅니다. 아니, 어쩌면 '그 사람'에게 하나님을 알릴 유일한 사람인지도 모릅니다.

Prayer.
주님, 우리가 전도의 삶을 살도록 성령의 권능을 부으소서.

디도서

크레타의 희망, 조선의 희망, 나의 희망

그레데인 중의 어떤 선지자가 말하되 그레데인들은 항상 거짓말쟁이며 악한 짐승이며 배만 위하는 게으름뱅이라 하니 _ **디도서 1:12**

한 선지자가 자기 고향 크레타 사람을 악평했습니다. 정말로 당시 크레타인들은 부도덕했을까? 반박과 논쟁도 있겠지만, 실지로 그들의 거짓 생활에 대해서는 키케로(Marcus Tullius Cicero, B.C. 106~43, 로마의 정치인, 변호사, 작가)등과 같은 이들도 언급했습니다. 작가 폴리비우스(Polybius, B.C. 203-120), 그리스 역사가)도 그들의 부정직과 탐욕을 언급했습니다. 그러나 크레타는 성숙과 변화를 이루어 갔습니다. 여러 원인이 있겠지만, 빼놓을 수 없는 것이 디도와 교회의 영향력입니다. 바울은 디도에게 크레타의 복음화와 사회 변화를 맡깁니다. 바른 교훈으로 권면하라(1:9), 범사에 너 자신이 선한 일의 본을 보이라(2:7), 좋은 일에 힘쓰기를 배우게 하라(3:14). 예수 그리스도로 인해 개인과 사회가 성숙한 변화를 이루어 간 것입니다.

우리도 비슷합니다. 1653년 하멜 일행의 배가 좌초되어 제주도에 상륙했습니다. 그들은 우여곡절 속에서 13년 동안 제주, 서울, 전라도 등에서 억류되며 살다가 일본으로 탈출하게 되었습니다. 그리고 『하멜 표류기』라는 책을 저술했는데, 이런 내용이 있습니다. 조선 사람들은 거짓말을 잘한다. 남을 속이면 부끄럽게 생각하지 않고 오히려 잘한 일로 여긴다. 100년 전 선교사 언더우드도 조선에서 보이는 것은 고집스럽게 얼룩진 어둠뿐입니다. 어둠과 가난한 인습에 묶여 있는 조선 사람뿐입니다.라며 기도했습니다. 술, 담배, 도박, 게으름이 만연했기에 교회는 이런 찬송도 불렀습니다. 내 동포여 술을 입에 대지 마라. 건강 지력 손상하니 천치될까 늘 두렵다.

선교사들은 계몽을 위해 학교를 세우기 시작했습니다. 숭실대, 배재대, 이화여대, 연세대의 전신입니다. 병원도 세웁니다. 세브란스 병원의 전신입니다. 그리고 안창호, 김구 등 훌륭한 지도자들이 크리스천이었습니다. 교회는 사회 변화에 큰 영향을 끼친 것입니다. 크레타의 희망, 조선의 희망, 나의 희망은 오직 주님과 교회입니다.

Prayer.

크레타의 희망이고 조선의 희망이 주님과 교회였음을 잊지 않게 하소서.

디도서

03 구원받았고, 구원받고 있으며, 구원받게 됩니다

> 모든 사람에게 구원을 주시는 하나님의 은혜가 나타나 우리를 양육하시되 경건하지 않은 것과 이 세상 정욕을 다 버리고 신중함과 의로움과 경건함으로 이 세상에 살고 복스러운 소망과 우리의 크신 하나님 구주 예수 그리스도의 영광이 나타나심을 기다리게 하셨으니 _ **디도서 2:11-13**

'구원'은 성경에서 계속 반복됩니다. 그런데 구원이 다 똑같은 의미로 쓰인 것은 아닙니다. 구원의 세 가지 의미를 알아야 신앙에 혼란이 없고, 구원의 담대함으로 살게 됩니다.

먼저, '과거 구원/칭의 구원'입니다(δικαιαω, 디카이아오/justify). 하나님을 부인하며 교만의 죄 가운데 살았습니다. 과거 어느 시기에 죄를 회개하며 예수님 믿음으로 의인이라 칭함 받게 되었습니다. 죄와 사망으로부터 구원받게 되었습니다. 이것이 '칭의 구원'입니다.

다음, '현재 구원/성화 구원'입니다(συμμόρφους, 쉼모포스/sanctify). 디도서 2:12과 같이, 하나님께서 우리를 양육하시며 경건하지 않은 것과 세상 정욕을 다 버리고 신중함과 의로움과 경건함으로 세상에 살도록 역사하십니다. 성도를 넘어뜨리려는 수많은 죄의 유혹과 세력으로부터 건지시고 구원하시는 것을, '성화 구원'이라고 합니다. '성화'를 다른 말로 '성결/거룩'이라고 할 수 있습니다. 주께서 성도를 성결과 거룩의 삶으로 이끄시는 성화 구원을 이루고 계십니다.

그리고 '영화의 구원'입니다. '영화롭게 하다'(δόξα, 독사/glorification)입니다. 디도서 2:13 말씀같이 복스러운 소망과 크신 하나님 영광이 나타나시는 장차 미래의 완전한 구원입니다. 새 하늘 새 땅이 도래하며 성도는 완전히 주님 영광으로 화하는 구원입니다.

성도는 예수님 믿는 순간 구원받았고(칭의), 현재 계속하여 구원받고 있으며(성화), 장차 구원의 완성을 보게 됩니다(영화). 우리는 구원의 영광과 위대함 가운데 살아가는 축복의 사람들입니다.

Prayer

주님, 구원의 우물들에서 물을 길어 올리며 살게 하소서 (사 12:3).

11 · 04 성경 쉰일곱 번째 책, 빌레몬서
가장 서투른 사랑을 시도하기로 결단

> 내가 그리스도 예수 안에서 아주 담대하게 네게 마땅한 일로 명할 수도 있으나 도리어 사랑으로써 간구하노라 _ 빌레몬서 1:8-9
> 네가 순종할 것을 확신하므로 _ 빌레몬서 1:21

용서할 수 없는 사람을 용서하며 사랑할 수 있겠습니까? 이것이 성경 핵심인데, 그 핵심 안에서 살아갈 수 있겠습니까? 〈빌레몬서〉는 빌레몬에게 쓴 서신입니다. 빌레몬에게 도망친 노예 오네시모를 용서하라고 말합니다. 오네시모가 죄를 회개하고 거듭났으니 용납하고 형제로 받으라고 합니다.

너에게 마땅한 일로 명할 수 있으나 도리어 사랑으로써 간구하노라(1:8-9)

바울은 오네시모에게 명할 수 있으나, 사랑의 마음으로 부탁하는 것입니다. 빌레몬의 신앙과 인격에 대한 신뢰를 표하는 것입니다.

네가 순종할 것을 확신하므로(1:21)

'용서하고 사랑하라'고 주님께서 우리에게 부탁하십니다. 너 자신이 바로 죄를 짓고 용서받아야 할 오네시모라고 말씀하십니다. 또한 빌레몬이기도 하다고 말씀하십니다. 강제로 명하지 않으시며 사랑으로 우리에게 간구하십니다. 주님 간구를 마음에 새기며 사랑하며 살기로 매일 다짐해봅니다. 실패하면서도 "내가 순종할 것을 확신하다"라는 나를 향한 주님의 신뢰와 사랑에 감격하면서 또 나를 일으킵니다. 유진 피터슨의 『아침마다 새로우니』라는 책 중의 내용입니다.

사랑보다 더 서투른 일은 내게 없다. 나는 사랑보다 비교에 능하다. 서로 사랑하는 길을 찾기보다는 나를 앞세우고 드러내는 쪽에 훨씬 능하다. 그럼에도 나는 날마다 가장 잘하는 일을 제쳐두고 가장 서투른 일을 시도하기로 결단한다. 좌절과 실패를 무릅쓰고 사랑하는 것이다. 사랑의 실패가 교만의 성공보다 낫다고 믿는 것이다.

Prayer

주님, 오늘 하루도 가장 서투른 사랑을 결단합니다. 도와주소서.

05 달리고 계속 달리십시오

성경 쉰여덟 번째 책, 히브리서

> 이러므로 우리에게 구름같이 둘러싼 허다한 증인들이 있으니 모든 무거운 것과 얽매이기 쉬운 죄를 벗어 버리고 인내로써 우리 앞에 당한 경주를 하며 믿음의 주요 또 온전하게 하시는 이인 예수를 바라보자 _ **히브리서 12:1-2**

〈히브리서〉를 펼치면 영화 "포레스트 검프(Forrest Gump)"가 생각납니다. 포레스트는 I.Q.가 75인 지능 장애인입니다. 잘할 수 있는 것이 없었지만, 잘 달릴 수 있다는 것을 알게 되면서 인생 변화가 시작됩니다. 포레스트는 축구장에서도 달리고, 전쟁터에서도 달리고, 탁구장에서도 달립니다. 사랑을 위해서도 달립니다. 여자 친구는 포레스트가 위기에 처했을 때 그에게 달려야 한다고 소리칩니다. "포레스트, 달려! 계속 달려!" 어머니도 포레스트에게 계속해서 달려야 한다고 말합니다. 어려움이나 위기의 상황 속에서 포기하지 않고 최선을 다하여 달리던 포레스트는 어느새 인생의 승리자가 되어 있었습니다.

〈히브리서〉는 로마 제국의 핍박과 환난 중에 있는 성도들에게, 뒤로 물러나지 말고 계속 믿음의 길을 달려가라는 격려입니다.

인내로써 우리 앞에 당한 경주를 하며

경주하다 보면 수없이 넘어집니다. 하지만 우리가 알아야 할 사실은 내 형편과 상황이 어찌하든지, 나는 끝까지 잘 달려갈 수 있다는 것입니다. 주님 함께하시기 때문입니다. 그리고 주님이 계속 일으켜 세우시고 힘 주시기 때문입니다.

> 그는 넘어지나 아주 엎드러지지 아니함은 여호와께서 그의 손으로 붙드심이로다(시 37:24)

살아 계신 예수 그리스도께서 큰 소리로 우리를 격려하십니다. 다. 2,000년 전 인내로 경주했던 〈히브리서〉의 성도들도 크게 응원합니다. 인내로써 너희 앞에 있는 경주를 오늘도 계속해서 달려가라!

Prayer

주님, 오늘도 내일도 믿음의 인내로써 신앙의 경주를 하게 하소서.

11 히브리서

06 하나님에게서 떨어지고 교회를 떠나는 사람들

> 형제들아 너희는 삼가 혹 너희 중에 누가 믿지 아니하는 악한 마음을 품고 살아 계신 하나님에게서 떨어질까 조심할 것이요 _ **히브리서 3:12**

〈히브리서〉의 역사적 배경은 2000년 전에 하나님을 떠나고 신앙생활을 중단하는 사람들이 생겨나는 상황에서 쓰인 서신서입니다. 너희 중에 누가, 살아계신 하나님에게서 떨어질까 조심하라.

왜 하나님을 떠나며 교회를 떠나며 신앙생활을 중단했겠습니까? 우리도 주변에 교회 다니다가 안 다니는 사람들이 있습니다. 예전에는 교회 다녔다는 사람들, 신앙생활 했다는 사람들, 아주 열심이었다는 사람들은 왜 주님을 떠났고, 교회를 떠났고, 신앙생활 중단한 채 살아가고 있을까요? 이런저런 이유를 말할 수 있겠지만, 신앙 핵심을 알지 못하며 다녔기 때문입니다. 평안과 위로 주시는, 문제 해결과 소원 들어주시는, 인생 지혜를 주시는, 이런 예수님을 생각하면서 교회 다니기도 합니다. 심지어 주님과 만남보다 사람들과 만남이 목적이기도 합니다.

신앙의 핵심은 '나는 죄인'이라는 것입니다. 나는 죄의 심판과 형벌로부터 구원받아야 한다는 것입니다. 그런데 구원받을 수 있는 길은 오직 예수님 밖에 없다는 것입니다. 이 신앙의 핵심을 알고 믿는 사람은 교회를 떠나거나 신앙을 중단하는 일이 생기지 않습니다. 십자가의 예수님이 신앙의 중심이 되지 않았다면, 언제든지 하나님을 떠나고 교회를 떠날 수 있습니다. 이상하지 않고 당연한 일입니다.

그래서 〈히브리서〉는 십자가 예수님을 강조하는 것입니다. 예수를 깊이 생각하라(3:1). 예수를 굳게 붙잡으라(4:14). 예수의 십자가 피를 힘입어(10:19). 십자가 죽임 당하신 예수를 바라보자(12:2). 신앙 핵심을 붙들고 신앙생활 하면서 우리는 떠나지 맙시다.

Prayer

주님, 신앙의 핵심을 붙들고 길 잃지 않고 가게 하소서.

11 · 07 히브리서
내 삶에 '우리'가 있다는 것은, 은혜이며 복입니다

> 형제들아 너희는 삼가 혹 너희 중에 누가 믿지 아니하는 악한 마음을 품고 살아 계신 하나님에게서 떨어질까 조심할 것이요 오직 오늘이라 일컫는 동안에 매일 피차 권면하여 너희 중에 누구든지 죄의 유혹으로 완고하게 되지 않도록 하라 _ **히브리서 3:12-13**
> 서로 돌아보아 사랑과 선행을 격려하며 모이기를 폐하는 어떤 사람들의 습관과 같이 하지 말고 오직 권하여 그 날이 가까움을 볼수록 더욱 그리하자 _ **히브리서 10:24-25**

2,000여 년 전 당시 〈히브리서〉 수신 성도들은 로마 제국의 핍박을 받았습니다. 믿음을 지키기도 고난스러웠던 이들에게, 하나님께서 '우리'를 향한 돌봄과 섬김을 권하신다는 사실은 놀랍습니다. 자신 한 몸도 바람 앞에 촛불처럼 위태했던 그들이 아닙니까? 그런데 말씀하십니다.

우리 중에 누가 살아계신 하나님에게서 떨어질까 조심하라.
우리가, 오직 오늘이라 일컫는 동안에 피차 매일 권면하라.
우리가, 서로 돌아보아 사랑과 선행을 격려하라.
우리가, 신앙의 모임에 더욱 힘쓰라.

내 삶 속에는 나와 가족을 넘어선 '우리!'가 있습니까? 내 마음과 내 관심과 내 기도에 우리 교회와 성도들이 있습니까? 나라와 열방과 민족의 선교사들이 있습니까? 얼굴도 이름도 모르지만 낮은 곳의 '우리'가 있습니까?

끊임없이 '우리'가 있는 삶을 살았다면 주님께서 위로의 약속을 주십니다. 그 인생은 부하든 가난하든, 헛되지 않다고. 건강하든 병약하든, 장수하든 단명하든, 헛되지 않고 충만하다고. 나의 생애에 언제나 내 울타리 너머 '우리!'가 있길 소망합니다. '우리'를 향한 마음, '우리'를 향한 기도, '우리'를 향한 섬김의 삶이 은혜이고 복임을 잊지 않길 바랍니다. 그 길이 충만한 길임을 기억하길 바랍니다.

Prayer

주님, 나의 생애에 언제나 '우리'가 있게 하소서.

11
08

히브리서

〈영적 피터팬 증후군〉과 전념

> 때가 오래 되었으므로 너희가 마땅히 선생이 되었을 터인데 너희가 다시 하나님의 말씀의 초보에 대하여 누구에게서 가르침을 받아야 할 처지이니 단단한 음식은 못 먹고 젖이나 먹어야 할 자가 되었도다 _ **히브리서 5:12**

〈피터팬 증후군〉이라는 말이 있습니다. 어른인데도 불구하고 여전히 어린이로 남아 있길 바라는 심리입니다. 계속 이해받고 보호받기 원하며 책임은 피하려고 합니다. 현대 성도들은 〈영적 피터팬 증후군〉 유혹을 받고 있습니다. 더 우려스러운 것은 전염입니다. 감수해야 할 신앙 책임이나 섬김의 십자가는 피하고 싶은 심리가 전염되고 있지 않습니까?

교회와 성도들 사이에 조금씩 사라져가는 찬송가들이 있다는 사실을 문득문득 깨달으며, 가슴이 철렁하곤 합니다. 다음 세대에게는 잃어버리는 찬송가들이 되지 않을까? 물론 우리 세대도 입으로만 부를 뿐, 삶으로 부르지는 못하고 있지 않은가 합니다.

> 세상 즐거움 다 버리고 세상 자랑 다 버렸네
> 주 예수보다 더 귀한 것은 없네 (찬송가 94장)
> 존귀 영광 모든 권세 주님 홀로 받으소서
> 멸시 천대 십자가는 내가 지고 가오리다 (찬송가 323장)
> 십자가를 질 수 있나 주가 물어보실 때
> 죽기까지 따르오리 성도 대답하였다 (찬송가 461장)

〈히브리서〉의 또 하나 중심 내용은 크리스천이 된 지가 오래되었는데도 여전히 어린 신앙에 머물러 있는 성도들에게 장성한 신앙으로 자라나라는 권면입니다. 그들 안에 영적 발육 부진이라는 슬프고 불행한 일들이 일어났습니다. 우리 신앙도 돌아봅니다.

Prayer

주님, 우리의 신앙 성장이 멈추어 슬프고 불행하지 않게 하소서. 우리 신앙이 새롭게 되고 자라나도록 은혜 주소서.

| 11 | **히브리서** |

09 인생 요점을 확실하게 파악해야, 명확히 삽니다

지금 우리가 하는 말의 요점은 이러한 대제사장이 우리에게 있다는 것이라 _ 히브리서 8:1

제임스 심프슨(James Young Simpson, 1811-1870, 스코틀랜드의 산부인과 의사)은 160여 년 전에 수술용 마취를 시작한 의사입니다. 그는 어떻게 하면 수술 환자의 고통을 덜어줄 수 있을까 고민하던 중에 성경 창세기에서 영감을 받았다고 합니다. '하나님께서 아담의 갈비뼈를 취해 이브를 만드실 때 아담을 깊이 잠재우셨듯이, 수술받는 환자를 깊이 잠재울 수 없을까?' 이후 클로로폼(Chloroform)을 성공적으로 개발하게 되었고 이 마취법이 공인받게 된 것입니다. 제임스 심프슨은 말년에 이런 질문을 받게 되었습니다.

당신이 지금까지 발견한 것 중에 가장 중요한 것은 무엇이라고 보십니까?

당연히 클로로폼이라고 말할 것으로 생각했지만 그렇지 않았습니다.

지금까지 살아오면서 발견한 가장 중요한 것은 내가 죄인임을 발견한 것입니다. 그리고 죄인 된 나를 심판에서 건져주실 구원자가 예수님이심을 발견한 것입니다.

우리는 어느 날 이 세상에 태어나 살다가, 어느 날 죽게 됩니다. 왔다가 가는 인생길에서의 가장 중요한 요점을 말합니다(히 8:1).

지금 우리가 하는 말의 요점은 이러한 대제사장이 우리에게 있다는 것이라!

'대제사장'이 우리에게 있다는 말에는 두 가지 의미가 있습니다. 첫째 우리는 죄인이요, 둘째 구원자는 예수님이시라는 것입니다. 인생의 가장 중요한 요점 즉 왜 사는지? 어떻게 살아야 하는지? 인생을 설명하며, 풀어가며, 헤쳐나갈 수 있습니다. 흔들리지 않고 요동하지 않고, 짙은 안개 속 같은 상황에서도 명확히 나아갈 수 있습니다.

Prayer.
주님, 인생의 요점을 파악하고 명확한 길로 나아가게 하소서.

11 **히브리서**

10 # 휘장 가운데로 열어 놓으신 그 새로운 살 길

(예수께서) 오직 자기 피로 영원한 속죄를 이루사 _ **히브리서 9:12**
그러므로 형제들아 우리가 예수의 피를 힘입어 성소에 들어갈 담력을 얻었나니 그 길은 우리를 위하여 휘장 가운데로 열어놓으신 새로운 살 길이요 _ **히브리서 10:19**

인생의 가장 큰 고통의 문제는 다른 것이 아니라 죄입니다. 돈이 없는 것이 힘든 일이지만 가장 큰 문제가 아닙니다. 육신의 병약이 힘든 일이지만 인생의 가장 큰 문제가 아닙니다. 복잡한 인간관계가 힘든 일이지만 가장 큰 문제가 아닙니다. 어떻게 될지 모르는 불투명한 진로가 가장 큰 문제가 아닙니다. 인생의 가장 큰 문제는 바로 죄 가운데 살아가는 나 자신입니다. 그리고 이생이든지 죽음 후든지 죄에는 반드시 대가가 있습니다.

그런데 인간들은 인생의 가장 큰 문제를 풀 수가 없습니다. 죄를 안 짓고 싶어도 죄를 안 지을 능력이 없으니 답이 없는 것입니다. 스스로 죄와 형벌에서 벗어날 길이 없으니 답이 없습니다. 따라서 죄 문제에서 구원할 답! 구세주가 필요한 것입니다.

예수께서 오직 자기 피로 영원한 속죄를 이루시는 것입니다(히 9:12) '속죄'라는 말의 사전적 의미는 '금품이나 선행의 노력으로 지난날의 죄를 씻는다'입니다. 죄가 금품이나 선행으로 씻김을 받을 수 있습니까? 오직 예수님의 피로 속죄를 이루는 것입니다. 그래서 찬송가 257장 이렇게 시작됩니다.

금이나 은 같이 없어질 보배로 속죄함 받은 것 아니요
거룩한 하나님 어린 양 예수의 그 피로 속죄함 얻었네

속죄함 받은 우리는, 거룩한 하나님 성소에 들어갑니다. 예수 그리스도의 피로 열어주신 그 길은 새로운 살길입니다. 예수 그리스도의 피로 열어주신 그 길은 옳은 길 의의 길입니다. 그 길은, 영원히 흔들리지 않고 무너지지 않는 길입니다. 그 '새로운 살 길'을 우리가 가고 있으니, 강하고 담대하십시오.

Prayer

주님, 우리에게 '새로운 살 길'을 열어주시니 감사합니다. 순종하며 가게 하소서.

11 히브리서

11 뒤로 물러나지 말고 믿음으로
성벽을 뛰어넘으십시오

> 나의 의인은 믿음으로 말미암아 살리라 또한 뒤로 물러가면 내 마음이 그를 기뻐하지 아니하리라
> _ 히브리서 10:38

　이 위대한 승리의 새 노래를 수천 년 전 역사 속에서 하박국 선지자를 통해 처음 들었습니다. 하박국은 하나님의 손길이 느껴지지 않는 암흑 속에서 의심을 품고 질문하며 답변해 달라고 요구했습니다.

　마침내 하나님께서 답변해 주시는데, 핵심은 이 말씀이었습니다.
의인은 그의 믿음으로 말미암아 살리라!(합 2:4)
그리고 이 말씀은 신약 로마서에서 또박또박 다시 울려 퍼집니다.
오직 의인은 믿음으로 말미암아 살리라(롬 1:17)
그리고 이 말씀은 갈라디아서에도 자유의 함성으로 외쳐 칩니다.
의인은 믿음으로 살리라(갈 3:11)
그리고 히브리서에서 어둠을 떨치는 일출의 태양처럼 솟습니다.
나의 의인은 믿음으로 말미암아 살리라(히 10:38)
중세 시대 마르틴 루터도 비진리가 덮은 세상을 향해 고함칩니다.
의인은 믿음으로 말미암아 살리라!
오늘 우리도 불굴의 용기를 다지며 믿음의 새 노래를 부릅니다.
오직 믿음으로 살리라!

　우리 인생에 재력이 있으면 얼마나 좋겠습니까? 뛰어난 실력이 있으면 얼마나 좋겠습니까? 친구들이 많다면 얼마나 좋겠습니까? 아픈 곳 없이 건강할 수 있다면 얼마나 좋겠습니까? 그런데 이 모든 것과 비교할 수 없이 최고로 좋은 것이, '믿음!' 입니다.

> 내가 주를 의뢰하고(믿으며) 적진으로 달리며 내 하나님을 의지하고 성벽을 뛰어넘나이다(삼하 22:30, 다윗 승전가)

Prayer.

주님, 가엾고 허탄함 속에 있는 우리를 날마다 구원해 주십시오.

11 히브리서

12 가장 좋은 것은,
아직 오지 않았다는 것을 알고 있습니다

> 그들이 이제는 더 나은 본향을 사모하니 곧 하늘에 있는 것이라 이러므로 하나님이 그들의 하나님이라 일컬음 받으심을 부끄러워하지 아니하시고 그들을 위하여 한 성을 예비하셨느니라 _ 히브리서 11:16

히브리서 11장을 '믿음 장'이라고 부릅니다. 오직 믿음으로 달려갔던 신앙인들이, 신앙 명예의 전당처럼 기록되어 있기 때문입니다. 아벨, 에녹, 노아, 아브라함…. 믿음의 사람들은 계속 배턴을 이어받으며 달렸습니다. 그런데 믿음이 견고히 뿌리내리고 있었던 기초가 있었습니다.

더 나은 본향을 사모하니 곧 하늘에 있는 것이라(히 11:16)

더 나은 본향 천국을 진정 사모하는 마음이 있습니까? 교회 성도 장례식에서 조안나스의 천국 소망 시를 읽곤 합니다. 그 시의 일부 내용입니다.

> 하나님, 저는 알지도 이해하지도 못합니다. 그러나 하나님,
> 무한하신 자비의 하나님 저는 믿습니다. 사랑이 모든 것을 할 수 있다는 것을.
> 눈이 볼 수 없고 귀가 듣지 못하는 것을 당신께서 죽음 너머에
> 저를 위해 마련해 놓으신 것을.
> 당신의 이름 안에 저는 내어놓습니다. 생의 남은 시간을,
> 가장 좋은 것은 아직 오지 않았다는 것을 알고 있기에. 여기 대령하였나이다!
> 저의 마지막 여정에 내내 함께 하여 주십시오.
> 그리고 저를 데려가 주십시오. 영원히 당신과 함께 머무는 집으로.

가장 좋은 기쁨과 평화는 아직 오지 않았습니다. 가장 설레는 사랑은 아직 오직 않았습니다. 가장 가슴 벅찬 감동은 아직 오지 않았습니다. 언젠가 그 빛나는 천국 집으로 부를 때 우리에게 모두 다 올 것입니다. 그날까지 생의 남은 시간 주께 대령하며 믿음으로 진군합니다.

Prayer.

주님, 생의 남은 시간을 주님께 드리며 믿음으로 진군하게 하소서.

11
13

히브리서

집사님, 진정한 행복을 잘 찾아가고 있습니까?

믿음의 주요 또 온전케 하시는 이인 예수를 바라보자 그는 그 앞에 있는 기쁨을 위하여 십자가를 참으사 부끄러움을 개의치 아니하시더니 하나님 보좌 우편에 앉으셨느니라 _ **히브리서 12:2**

청년 형제가 전화 중에 "목사님, 정말로 행복해지고 싶습니다!"라고 말했습니다. 어느 집사님이 "교회 식구들이 주님 안에서 진정한 행복을 찾아가기를 기도합니다. 물론 저도 포함해서요."라는 카톡을 보냈습니다. 그리고 시간은 지나갔고 세월이 흘렀습니다. 진정한 행복을 잘 찾아가고 있습니까?

성도들은 연단(히 12:8 '징계' discipline, 쉬운 성경에서는 훈계) 받을 때가 있습니다. 인간관계로, 질병으로, 물질 부족함으로, 진로로 연단을 받습니다. 그런데 주께서 왜 고난과 연단을 허락하시는지 말씀해 주십니다.

오직 하나님은 우리의 유익을 위하여(히 12:10)

우리의 유익을 위해서라는 것입니다. 우리는 하나님께서 믿는 자들을 연단하시는 목적과 의도를 잘 알아야 합니다. 하나님은 악한 목적과 의도로는 아무도 연단하시지 않습니다. 우리를 잘못된 길로 빠져지게 하려고 연단하시겠습니까? 우리 삶을 불행과 파괴로 빠트리려고 연단하시겠습니까? 하나님이 모든 시련과 연단을 허락하신 이유는 분명합니다. 연단 과정을 통해 사랑하는 자녀들이 유익을 누리도록 하기 위함입니다.

그렇다면 내 삶의 최고 유익은 무엇이겠습니까? 건강? 풍요? 인정? 성취? 모두 유익이지만, 최고 유익은 '예수를 바라봄'입니다. 지난날의 연단은 예수님을 바라보며 살아가는 유익을 누리게 하려고 주어졌던 것입니다. 지금 당하고 있는 연단은 예수님을 바라보며 살아가는 축복을 누리게 하기 위함입니다. 앞으로 만나게 될 연단들 역시, 예수님을 바라보며 살아가도록 하기 위함입니다. 그 최고의 유익이 행복을 줍니다. 집사님, 진정한 행복을 잘 찾아가고 있습니까?

Prayer.

주님, 오늘도 믿음의 주요 온전케 하시는 예수를 바라보게 하소서.

11
14   내일은 덜 허탄한 날이게 하소서

성경 쉰아홉 번째 책, 야고보서

너희는 말씀을 행하는 자가 되고 듣기만 하여 자신을 속이는 자가 되지 말라 _ **야고보서 1:22**
이와 같이 행함이 없는 믿음은 그 자체가 죽은 것이라 _ **야고보서 2:17**
아아 허탄한 사람아 행함이 없는 믿음이 헛것인 줄을 알고자 하느냐 _ **야고보서 2:20**

〈야고보서〉의 중심 주제는 '참된 믿음이란 행함이다!'입니다. 행함이 없는 믿음은 그 자체가 죽은 것이라고 말합니다. 머리로만 알고, 또는 입으로만 말하며, 행함이 없는 크리스천의 삶을 야고보서 2:17, 20에서는 이렇게 경계합니다.

이와 같이 행함이 없는 믿음은 그 자체가 죽은 것이라…아아 허탄한 사람아 행함이 없는 믿음이 헛것인 줄을 알고자 하느냐

가엾고 허탄한 '인생'에서 우리를 구원해 주셔서 감사합니다.
가엾고 허탄한 '죽음'에서 우리를 구원해 주셔서 감사합니다.
그러나 주님,
행함이 없는 믿음은 그 자체가 죽은 것이라고 말씀하셨으니,
행함이 없는 허탄한 '신앙생활'에서 구원해 주시길 간구합니다.
지난날 행함이 없는 허탄한 시간들이 얼마나 많았습니까!
그래서 오늘부터는 그러지 말아야지 하고 얼마나 다짐했습니까!
그런데 다짐하고 마음먹은 만큼 이루지 못해서 부끄럽습니다.
주님, 내일은 덜 허탄한 날들이 되도록, 더 많이 도와주십시오.
물론, 주님 도우심이 한량없다는 사실을 알고는 있습니다.
알고 있으면서도, 더 많이 도와달라고 떼를 씁니다.
다른 도움들을 달라고 떼를 쓰는 것은 계속 줄여가겠습니다.
내일은 덜 허탄한 날이 되도록 도와달라고 떼를 쓰겠습니다.

Prayer

주님, 가엾고 허탄함 속에 있는 우리를 날마다 구원해 주십시오.

11
15   **야고보서**

시련을 당할 때 믿음의 행함, 온전히 기쁘게 여김

너희가 여러 가지 시험을 당하거든 온전히 기쁘게 여기라 _ 야고보서 1:2

예수님을 믿고 나서, 이해할 수 없는 말씀 앞에 설 때가 많습니다.
실패했는데 기쁘게 여기라는 것입니다.
질병에 걸렸는데 기쁘게 여기라는 것입니다.
경제적 어려움을 당했는데 기쁘게 여기라는 것입니다.
깊은 외로움으로 곤고한데 기쁘게 여기라는 것입니다.
염려할 일이고, 불평할 일이고, 낙심할 일이라 생각하는데 시련을 당할 때 기쁘게 여기라는 것입니다. 힘이 들고 아프겠지만, 그런데도 기뻐하라는 것입니다.

하나님은 성경 곳곳에서 고난 당하면 두려워 말라 염려 말라고 말씀을 하십니다. 그런데 오늘 본문은 더 적극적인 신앙 자세를 요구하십니다. 두려워 말라는 정도가 아니라 기쁘게 여기라는 것입니다. 그런데 기쁘게 여기라고 말씀하시는 데는 이유가 있습니다.

기쁘게 여기라… 이는 너희로 온전하고 구비하여 부족함이 없게 하려 함이라(약 1:2-4)

즉 인생의 어려움과 시련이, 준비되고 온전한 사람으로 우리를 성장시켜가기 때문이라는 것입니다. 시련은 내 인생을 무너뜨리기 위해 주어진 것이 아닙니다. 하나님은 그 시련을 통해서 우리를 더욱 깊고 성숙한 하나님의 사람으로 만들어 가시는 것입니다. 그러니 시련을 통과할 때 힘이 들고 아프겠지만, 그런데도 기뻐하라는 것입니다.

Prayer

주님, 행함 없는 믿음은 죽은 것이라 하셨는데, 행할 수 있도록 도와주소서. 시련 당할 때 기쁘게 여기게 하소서. 시련이 내 인생을 무너뜨리기 위해 주어진 것이 아님을 알게 하소서.
나를 준비된 사람, 더 성숙한 하나님 사람으로 만들어 가심을 확신케 하소서.

11 | 야고보서

16 # 인내로 믿음의 길을 달려가는
사랑하는 벗들에게 Bravo!

> 너희가 여러 가지 시련을 당하거든 온전히 기쁘게 여기라 _ 야고보서 1:2
> 인내를 온전히 이루라 _ 야고보서 1:4

여러 가지 시련을 당하거든 온전히 기쁘게 여기고 인내를 온전히 이루라고 말씀하십니다. 믿음의 길은 인내의 길임을 잊지 말아야 합니다.

길을 갈 때는 어떤 길인지 알고 걸어가야 실패가 적고 좋습니다. 우리가 여행을 가면, 어떤 코스의 길인지 정보를 가집니다. 고속도로나 국도로 지나갈 때도 있고, 험한 비포장도로에 접어들 때도 있고, 휴게소까지 40킬로 남았으니 여기서 화장실을 들러야 하고, 물도 사고…. 길에 대한 정보를 알면 낭패를 줄일 수 있습니다. 그런데 어떤 길인지 모르고 가면 낭패를 당하거나 실패할 경우가 적지 않습니다.

내가 걸어가는 믿음의 길이 어떤 길인지 알고 걸어가야 합니다.

믿음의 길이란 원래 인내의 길입니다. 인내를 온전히 이루라. '인내'에는 '온전히'가 동반합니다. '온전히'는 '끝까지'라는 의미입니다. 끝까지 참으며 기다리는 것이 '인내'입니다. 신앙생활 하면서 보게 되는 안타까운 이들은, 힘든 일이 생기면 믿음과 순종의 자리를 지키지 못하고 중도에 포기하는 사람들입니다. 인내의 길에 약속된 은혜가 있고 준비된 축복이 있는데 말입니다.

행함이 없는 믿음은 죽은 것이기에, '인내를 온전히 이루라'는 말씀에 믿음으로 행하는 삶이 되길 간절히 바랍니다. 인내를 온전히 이루는 길에서 주님이 힘주십니다. 천군 천사들과 믿음의 선조들이 격려합니다. 음악회에서 청중들이 연주자에게 브라보(Bravo)! 하듯이, 우리에게도 브라보(Bravo)!라고 외치며 박수를 보내고 있습니다.

인내로 믿음의 길을 달려가는 사랑하는 벗들에게. Bravo!

Prayer

주님, 인내로 믿음의 길을 달려가는 우리에게 은혜와 복을 주소서.

11

야고보서

17

시련을 당할 때 믿음의 행함, 하나님 지혜를 구함

너희 중에 누구든지 지혜가 부족하거든 … 하나님께 구하라 _ **야고보서 1:5**

주님께서 수없이 반복하며 가르치시고 당부하시고 명령하십니다.
"너희는 기도하라. 간구하라. 부르짖으라."
그런데 기도할 때 특히 '하나님의 지혜'를 구하라고 당부합니다. 평안할 때나 힘들 때나 우리에게는 늘 주님의 지혜가 필요하지만, 특히 시련을 당할 때면 더욱 그러합니다.

어렵고 고통스러운 일이 닥치면, 눈앞이 캄캄해지며 정신을 차리지 못합니다. 불안, 걱정, 분노, 두려움 등이 나를 삼킵니다. 그리고 자기 연민에 빠져들며 자아에 몰입해가므로 자기 생각이 옳다고 착각하며 고집합니다. 자신이 불평하고 분노하는 게 마땅하다고 생각합니다. 상대방의 잘못이라고 원망을 점점 키워갑니다.

이렇게 자기 생각에 빠져드는 가운데 작은 문제도 태산처럼 부풀리면서 믿음의 능력은 점점 잃어갑니다. 감사의 능력, 온유의 능력, 참는 능력 등 믿음의 능력을 점점 잃어가며, 그릇된 판단과 선택과 결정을 내리고 패배의 수렁에 빠져드는 것입니다. 나의 지혜로 판단하고 선택하고 결정하며 위기를 통과하려고 한다면, 잠시 위기를 넘기는 것처럼 보일 수 있어도, 결국은 낭패에 빠집니다.

시련을 당할 때, 특히 하나님 지혜를 구하며 기도해야 합니다. 〈야고보서〉는 하나님 지혜의 성격을 알려줍니다. 이 지혜를 간구했습니까? 또 간구하십시오. 쉬지 않고 간구하십시오.

하나님께로부터 온 지혜는 첫째 성결합니다. 그리고 평화가 있고, 양순하며, 즐겁습니다. 또한 어려움에 빠진 자들을 돕고, 다른 사람을 위해 선한 일을 하려 애씁니다. 늘 공평하며 정직합니다(약 3:17, 쉬운 성경).

Prayer

오늘도 주님의 지혜를 구합니다. 우리는 어리석고 미련하니 주님의 지혜를 주소서.

| 11 | **야고보서** |

18 시련을 당할 때 믿음의 행함, 영적인 것을 바라봄

낮은 형제는 자기의 높음을 자랑하고 부한 자는 자기의 낮아짐을 자랑하지니 이는 그가 풀의 꽃과 같이 지나감이라 _ 야고보서 1:9-10

언뜻 보면 부자가 행복한 것 같고 가난한 사람은 불행한 것 같습니다. 높은 자리의 사람이 강한 것 같고 낮은 자리의 사람은 약해 보입니다. 성공한 사람들이 승리자이고 성공치 못한 사람은 패배자인 것 같습니다.

하지만 인생의 참된 가치와 행복에 대한 착각이요 무지이며 소경입니다. 인생의 참된 가치와 행복은 눈에 보이는 것에 의해 결정되지 않습니다. 보이는 것은, 안개와 같이 사라지는 일시적인 것에 불과합니다. 이 세상이 전부인 양 사는 인생은 조금 후면 무너져버릴 수밖에 없습니다. 그래서 〈야고보서〉는 이러한 영적 교훈을 줍니다. 특히 시련 당할 때는 더욱 이 교훈을 생각하고 묵상하십시오.

만일 가난하거든 하나님께서 자기를 영적인 부자로 만든 것을 자랑스럽게 여기십시오. 만일 부하거든 하나님께서 자신에게 영적인 부족함을 보여 주신 것을 자랑하십시오. 그것은 부자도 들에 핀 꽃과 같이 결국 죽고 말 것이기 때문입니다(약 1:9-10, 쉬운 성경)

항상 그래야겠지만, 특히 시련 당할 때는 더욱 이 말씀을 묵상하십시오. 세상의 것과 육적인 것을 자랑하지 말고 영적인 것을 자랑하십시오.
가난할 때, 영적인 부자로 만들어 주셨다면 그것을 자랑하십시오.
부할 때, 영적인 부족함을 보여 주셨다면 그것을 자랑하십시오.

주님, 오늘 하루도 영적인 눈을 뜨고 올바로 볼 수 있게 하소서. 참된 진리를 보지 못하는 소경으로 살아가지 않게 하소서.

성경 예순 번째 책, 베드로전서

흩어진 나그네들에게 잠시면 됩니다

흩어진 나그네에게 _ 베드로전서 1:1
잠깐(a little while) 근심하게 되지 않을 수 없으나 _ 베드로전서 1:6

베드로전서 1:1은 본도, 갈라디아, 갑바도기아, 아시아와 비두니아에 흩어진 나그네라고 시작됩니다. 왜 성도들은 살던 고향을 떠나 여기저기 흩어졌겠습니까? 당시 기독교인들은 로마의 황제 숭배를 거절하며 오직 예수님을 주님으로 섬겼습니다. 그래서 로마 정부와 시민들에게 경멸과 비난의 대상이 되며 핍박을 받았습니다. 박해가 극에 달하자, 그 고난을 피해 지중해 근방으로 이리저리 흩어지게 된 것입니다.

그리고 성도의 신분이 나그네임을 알려주십니다. '흩어진 나그네.' 나그네라는 것은 무엇을 의미합니까? 이 세상에서는 '잠시'(a little while) 지나가는 것임을 의미합니다. 우리가 영원히 살아갈 곳은 돌아갈 천국이라는 것을 의미합니다.

나그네이기 때문에 세상 기쁨도 잠깐이요 슬픔도 잠깐입니다.
세상의 부함도 잠깐, 가난의 고난도 잠깐입니다.
세상의 건강도 잠깐, 질병의 고난도 잠깐입니다.
세상의 자랑도 잠깐, 부끄러움과 창피도 잠깐입니다.
하나님 나라를 세워가기 위해서 받는 고난이 있다면, 잠깐입니다.
따라서 우리는 이 땅에서 최선을 다하여 살아가되,
잠시(a little while) 머무를 이 세상에 소망을 두는 것이 아니라, 영원한 천국에 소망 두는 나그네 신분으로서의 삶이 되어야 합니다.
'잠깐'이면 된다면서 베드로전서 1:1은 용기를 북돋습니다.

모든 은혜의 하나님 곧 그리스도 안에서 너희를 부르사 자기의 영원한 영광에 들어가게 하신 이가 잠깐 고난을 당한 너희를 친히 온전하게 하시며 굳건하게 하시며 강하게 하시며 터를 견고하게 하시리라

Prayer.
주님, 흩어진 나그네로 잠깐 지나는 세상에서 승리 생활하게 하소서.

11
20 베드로전서

다같이 모여서 피 뿌림의 새 노래를 부릅니다

> 곧 하나님 아버지의 미리 아심을 따라 성령이 거룩하게 하심으로 순종함과 예수 그리스도의 피 뿌림을 얻기 위하여 택하심을 받은 자들에게 편지하노니은혜와 평강이 너희에게 더욱 많을지어다
> _ 베드로전서 1:2

고난받는 성도들을 위로하고 신앙 용기를 북돋기 위해서 쓰인 서신이 〈베드로전서〉입니다. 그런데 가장 먼저 무엇을 말하며 신앙 용기를 북돋고 있습니까? 예수 그리스도의 피 뿌림입니다(1:2). 성경 첫 책 〈창세기〉로부터 마지막 책 〈요한계시록〉에 이르기까지 어린 양 예수의 피 뿌림이 있습니다. 그 피가 뿌려졌기 때문에 대속이 있고 구원이 있고 생명이 있고 새 하늘과 새 땅이 있습니다.

> 오직 흠 없고 점 없는 어린 양 같은 그리스도의 보배로운 피로 된 것이니라(벧전 1:19)

애굽에서 종살이하던 이스라엘 백성은 그들의 문설주에 어린양의 피를 뿌렸으며, 그것이 해방과 구원을 가져다주었습니다. 구약 시대의 대제사장들은 그들 자신과 백성들에게 희생 제물의 피를 뿌렸으며, 이것이 용서를 가져왔습니다. 예수 그리스도는 십자가 피를 뿌림으로써 단번에 온 인류에게 영원한 용서와 구원과 새 나라를 가져다주었습니다(히 9:12).

2000년 전 지중해 근방으로 흩어지며 고난받았던 옛 성도들은 예수 그리스도의 피 뿌림에 감사하며 새 노래를 부르며 나그넷길을 달려갔습니다. 우리도 새 노래를 부르며 나그넷길을 달려갑니다. 모두가 영원한 새 나라에 모여서 새 노래를 부릅니다.

> 온 백성의 죄 사하신 하나님 어린 양 그 십자가 지심으로 온 인류 구했네
> 저 영원한 새 나라에 다같이 모여서 금 거문고 한 곡조로 새 노래 부르리
> 나 믿노라 나 믿노라 그 보혈 공로를 흠 없어도 피 흘리사 날 구원하셨네
> - 찬송가 269장 〈그 참혹한 십자가에 주 달려 흘린 피〉 3절

Prayer
주님, 승리의 새 노래를 부르며 나그네길을 힘차게 달려가게 하소서.

21 하나님을 아버지라 부를 수 있어 천만다행입니다

베드로전서

> 여러분은 하나님을 '아버지'라고 부르면서 기도합니다. 우리 아버지는 각 사람의 행동을 공평하게 판단하십니다 _ 베드로전서 1:17(쉬운 성경)

연예인 이성미는 자신이 가장 좋아하는 찬송이며 자신을 살리는 찬양이 〈하나님 아버지〉라는 노래라고 했습니다.

예수님 믿으면 하나님께서 나의 아버지가 되신다는 것이 복음입니다.

영접하는 자 곧 그 이름을 믿는 자들에게는 하나님의 자녀가 되는 권세를 주셨으니(요 1:12)

예수님이 가르치신 〈주기도문〉 처음에도 이 사실을 알려줍니다.

너희는 이렇게 기도하라 하늘에 계신 우리 아버지여

때로 다른 아무 말 하지 않고, "하나님 아버지!"하며 부르는 것만으로도 충분한 기도가 됩니다. 너무 감사하고 기뻐서, 때로는 너무 힘들고 괴로워서 아무 말도 못한 채 "아버지!"라고만 불러도 그것으로 충분합니다. 마음을 다해 아버지를 부르는 기도 속에서, 우리는 하나님 사랑의 품에 안기는 은혜를 얻고 아버지의 음성을 듣게 됩니다. "너는 내 사랑하는 자녀라!"
하나님을 아버지라 부를 수 없는 인생은 영원한 불행이고 비극인데, 우리는 하나님을 아버지라고 부를 수 있게 되어서 천만다행 인생입니다.

> 하나님 제겐 참 두려운 게 많습니다 / 잘 모르는 것도 너무 많습니다 / 부끄러운 일은 헤아릴 수도 없고 / 지치고 힘든 때에도 그 때도 의연한 척 해야 할 때도 있습니다 / 그래도 하나님 아버지 하나님을 아버지라 부를 수 있어서 난 참 좋습니다 / 오 나의 하나님 아버지 하나님을 아버지라 부를 수 있어서 난 참 다행입니다 / 오 나의 하나님 아버지 하나님을 아버지라 부를 수 있어서 / 난 참 좋습니다 - CCM 〈하나님 아버지〉

Prayer

주님, 하나님 자녀의 권세를 주셨으니 누리며 살게 하소서.

11 베드로전서

22 # 마땅히 두려워할 것을 정말로 두려워합니까?

> 외모로 보시지 않고 각 사람의 행위대로 심판하시는 이를 너희가 아버지라 부른 즉 너희가 나그네로 있을 때를 두려움으로 지내라 _ **베드로전서 1:17**

주님은 흩어진 나그네들이 고난 가운데서도 선하게 살기를 원하셨습니다. 주님은 오늘 우리가 이 세대 한복판에서 선하게 살기를 원하십니다. 그래서 베드로를 통해서 모든 교회 성도들에게 말씀하십니다.

너희가 나그네로 있을 때를 두려움으로(경외함으로) 지내라

브루스 윌킨슨(Bruce Wilkinson, 1940~ , 『야베스의 기도』의 저자)은 이런 말을 했습니다.

선하고 훌륭한 삶(good life)은 하나님을 경외함으로써만 얻을 수 있다. 하나님과 하나님의 뜻을 진지하게 고려하지 않는 사람들은 어리석고 공허한 삶을 살 수밖에 없는 운명이다.

무엇을 두려워하며 살아갑니까? 우리에게는 가난을 두려워하는 마음이 있습니다. 실패를 두려워하는 마음, 관계가 깨질까 두려워하는 마음, 질병을 두려워하는 마음, 죽음을 두려워하는 마음이 있습니다. 그런데 정말 중요한 것은 하나님 두려워하는 마음을 가지는 것입니다. 가난, 실패, 이별, 질병, 죽음을 두려워하면 인생은 두려움에 함몰될 수밖에 없습니다. 반면 주님을 두려워하면 세상의 염려와 두려움을 이겨내고 선하고 훌륭한 삶을 살아가게 됩니다.

모든 훌륭한 신앙인 하나님을 경외하며 살았습니다. 이 세상에서 믿음의 사람, 축복의 사람, 승리의 사람으로 살려면 어떻게 하면 됩니까? 하나님을 두려워하면서 살면 됩니다. 내가 하나님 앞에서 선한 언어생활을 못할까 봐, 순종하지 못할까 봐, 혹시 게으른 신앙일까 봐, 타협하는 신앙일까 봐, 그리고 그 악함을 전염시킬까 봐, 하나님을 두려워하면 됩니다. 하나님을 경외하며 그의 길을 걷는 자가 복이 있습니다(시 128:1).

Prayer

주님, 오늘 하루도 하나님을 경외하는 마음을 부어 주소서.

11 베드로전서

23 늪에 점점 더 빠져드는 것 같습니까?

의를 위하여 고난을 받으면 복 있는 자니 _ 베드로전서 3:14

두 집사님과 대화를 나누는 중에 한 집사님이 말했습니다. 예수님 믿고 신앙생활을 하면서 주일에는 예배를 드려야 해서 취미 생활을 못 즐기고 동우회 등에 참석도 못 하게 되었다는 것입니다. 이럴 줄 모르고 예수님을 믿었다는 것입니다. 그리고 수요 성경 공부, 목장, 매일 기도회 등 점점 더 늪에 빠져드는 것 같다는 것입니다. 자기 유익을 내려놓고 포기해야 하는 신앙의 늪에 더 빠져들게 되었다고 대화를 나누는 것입니다.

두 집사님이 충성된 사람들이다 보니 늪에 점점 빠져들어서 삶이 고달프고 힘들다고 말하는 것이 아닙니다. 신앙을 제대로 지키면서 살려면 이런저런 제재가 따르는 것은 당연하다는 사실을 말하고 있었던 것입니다.

예수님 믿고 신앙생활 하면서 점점 더 늪에 빠지고 있습니까? 내 유익과 편리와 쾌락을 죽이며 주님 향한 헌신의 늪에 점점 더 빠지고 있습니까? 아니면 그 늪에 빠져드는 것을 꺼리며 적당한 거리를 두며 신앙생활을 하고 있습니까? 아니면 처음에는 그 늪에 빠져들었는데, 조금씩 밖으로 빠져나오고 있습니까?

그런데 그 늪이 어떤 늪인지를 알아야 합니다. 참 생명을 자라게 하는 늪입니다. 하나님 은혜와 영광이 머무는 늪입니다. 그래서 사랑하는 이들이 늪으로 점점 더 빠져드는 축복이 있기를 간절히 바라는 것입니다. 또한, 혼자만 들어가는 것이 아니라, 다른 사람을 붙들고 들어가야 합니다. 싫다고 거부해도, 인내하며 포기하지 말고 함께 붙들고 들어가야 합니다. 그래야 살아나기 때문입니다.

그 늪으로 들어가십시오. 그 늪에 주님의 생명이 자라고 은혜가 자라고 복이 자랍니다.

Prayer

주님, 주님 뜻에 순종함으로 인해 고난 받는 복 있는 자로 살게 하소서.

11 **베드로전서**

24 # 오늘 마지막이니, 오늘 전심으로 기도하십시오

만물의 마지막이 가까이 왔으니 그러므로 너희는 정신을 차리고 근신하여 기도하라
_ 베드로전서 4:7-10

성경에서 말하는 '마지막 때, 말세'의 의미는 예수님 초림 후부터, '내가 다시 오리라!' 약속하신 재림까지의 전체 기간을 가리킵니다. 따라서 인류는 마지막 때를 살고 있는 것입니다. 마지막 때를 살고 있으니 정신을 차리고 근신하여 기도하라고 권합니다. 정신을 차리고 근신하라는 의미는, '오늘' 기도하라는 것입니다. '나중, 다음'이 아니라 '지금' 전심으로 기도하라는 것입니다.

흩어진 나그네들이었던 그들은 너무 연약했습니다. 기도하지 않으면 시험에 들고 무너질 수밖에 없는 것입니다. 그래서 정신을 차리고 기도하라는 것입니다. 기도할 때 그들의 약함이 하나님의 강함으로 나타납니다.

어떤 기도는 지금 기회를 놓치면 다시는 돌이킬 수 없습니다. 기도할 수 없는 시간이 옵니다. 지금 놓치지 않고 반드시 해야 할 내 기도 제목이 있습니다. 가족의 기도가 있고, 교회의 기도가 있고, 형제자매를 위한 중보 기도가 있습니다. 지금 미루면 그 문제를 가지고 기도해야 할 시기를 놓치게 됩니다. 그래서 지금 깨어 기도하며 살아야 합니다.

사탄은 우리의 '오늘, 현재'를 빼앗으려고 합니다.
믿는 자들의 오늘 기도하는 삶을 빼앗으려 합니다.
대신에 속삭입니다. 기도하지 말고 오늘은 염려하고 낙심하라. 오늘은 불평하고 원망하라. 오늘은 험담하고 비난하라. 오늘 이 세상 것을 애착하고 사랑하라.

주님, '오늘 지금!' 정신을 차리고 전심으로 기도하는 삶 되게 하소서. 날마다 아침이면, 오늘을 빼앗기지 않고 기도하게 하소서.

11 베드로전서

25 주께서 나를 찾으십니다 사탄도 나를 찾습니다

> 근신하라 깨어라 너의 대적 마귀가 우는 사자 같이 두루 다니며 삼킬 자를 찾나니 너희는 믿음을 굳건하게 하여 그를 대적하라 _ 베드로전서 5:8-9

흩어진 나그네로 살아가는 성도들에게 중요한 경고를 합니다. 눈에 보이는 세상 것만을 좇아갈 수 있는 우리에게도 마찬가지입니다. **근신하라 깨어라 너희 대적 마귀가 두루 다니며 삼킬 자를 찾나니**

하나님께서 우리를 찾으십니다. 신령과 진정의 예배자가 되라고 찾으십니다(요 4:23). 착하고 충성스러운 일꾼이 되라고 찾으십니다. 예수 그리스도를 알리는 증인이 되라고 찾으십니다. 하나님 영광 돌리는 제자가 되라고 찾으십니다. 그런데 사탄 역시 우리를 찾고 있다는 사실을 잊지 않고 살아갑니까? 눈에 보이지 않기 때문에 그 존재를 까마득히 잊어버리고 살아갑니까? 사탄은 우는 사자 같이 두루 다니며 삼킬 자를 끊임없이 찾고 있습니다.

마음에 염려 근심이 생길 때 주의해야 합니다. 사탄이 그러한 나를 찾아서 내 마음에 불화살을 쏘기 때문입니다. 염려 근심이 활활 불타오르게 하면서 나를 삼키려고 하기 때문입니다. 깨어 근신하며 불화살을 믿음의 방패로 막아야 하는 것입니다(엡 6:16).

시기나 미움의 마음이 생길 때도, 불평이나 원망의 마음이 생길 때도, 사람과 관계에 갈등이 생길 때도 주의해야 합니다. 또한, 승리하고 성공하고 성취를 이루며 기뻐할 때도 조심해야 합니다. 만사가 형통하여 평탄하고 여유로운 마음일 때도 주의해야 합니다. 사탄은 언제 어떠한 상황에서든지 불화살을 쏘기 때문입니다. 불이 활활 타오르게 하면서 나를 삼키려 하기 때문입니다.

Prayer

주님, 우는 사자와 같이 두루 다니며 삼킬 자를 찾는 사탄의 궤계를, 믿음의 방패를 들고 굳게 서서 대적하게 하소서.

11 성경 예순한 번째 책, 베드로후서
26 시몬 베드로의 이름 속의 눈물

> 예수 그리스도의 종이며 사도인 시몬 베드로는 우리 하나님과 구주 예수 그리스도의 의를 힘입어 동일하게 보배로운 믿음을 우리와 함께 받은 자들에게 편지하노니 _ **베드로후서 1:1**

베드로는 가톨릭으로부터 초대 교황의 권위와 위엄을 부여받았습니다. 그런데 베드로도 처음에는 깊이 생각하기 전에 말과 행동이 앞서는 성급함과 경솔함이 있었습니다(눅 22:33). 때로 대범했다가 때로 비겁했습니다(요 18:10, 17, 25). 사탄에게 이용당했습니다(마 16:21-23). 세상 사람들 앞에서 "나는 그의 제자가 아니다"라며 예수님을 세 번이나 부인했습니다(요 18). 사람들의 눈치를 보며 결정을 번복하여 바울에게 책망을 듣기도 했습니다(갈 2:12). 이처럼 우리의 연약한 성정과 다를 바 없었지만, 그는 계속 새롭게 변화되어 갔으며 거룩한 종이요, 사도로 빛난 것입니다. 사람들은 이러한 부정적이고 회의적인 말을 하고 생각을 합니다. "하나님 믿어도 똑같더라. 사람은 변화되지 않아!" 그렇지 않습니다. 변화의 정도와 폭이 다를 수 있고, 먼저 된 자 나중 되고 나중 된 자 먼저 되기도 하겠지만, 모든 성도는 성령님의 일하심을 따라 성화의 과정 중에 있습니다. 삶의 목적도 소망도 변화됩니다. 가치관도 인격과 성품도 변화됩니다. 생각과 마음도, 의지와 습관도 변화됩니다.

예수님께서 베드로를 처음 만났을 때, 그를 보고 말씀하셨습니다.

> 네가… 시몬이나 장차 게바라 하리라(요 1:42, "게바"는 번역하면 "베드로")

베드로는 자신을 소개하면서 '시몬'과 '베드로'라는 이름을 함께 사용합니다.

> 예수 그리스도의 종이며 사도인 시몬 베드로는(1:1)

'시몬에서 베드로' 그 이름을 들을 때, 시몬이 베드로로 변화되기 그토록 바라셨던 주님의 사랑이 보입니다. 그리고 스스로 변화되기를 그토록 원했을 베드로의 눈물도 보입니다. 우리도 마찬가지입니다.

Prayer

주님, 새롭게 하시는 성령님의 역사하심을 믿음의 눈으로 보고 순종케 하소서.

11 **베드로후서**

27 ## 모든 사건과 문제 뒤에 일하고 계시는 성령님의 간절함

너희가 … 신성한 성품에 참여하는 자가 되게 하려 하셨느니라 _ **베드로후서 1:4**
성령이 거룩하게 하심으로 _ **베드로전서 1:2**

〈베드로후서〉는 '예수님의 성품을 닮아가는 성화!'가 중심 주제 하나입니다. 부족하고 허물 많은 사람이 어떻게 예수님의 성품을 닮아갈 수 있는가? 이것이 세상 사람들의 비웃음이고, 성도들이 가진 회의적인 생각입니다. 그러나 하나님의 생각은 세상의 비웃음이나 우리의 생각과는 다릅니다. 보배롭고 지극히 큰 약속을 주시는 하나님의 생각이 베드로후서 1:4입니다.

신성한 성품에 참여하는 자가 되게 하려 하셨으니!

놀랍고 신비한 일이지만, 예수님 믿고 성도 된 자들은 하나님 성품에 참예하기 시작한다는 성화 구원의 약속입니다. 그리고 이미 베드로전서 1:2에서 성령께서 그 일을 하신다고 알려 주십니다.

나의 삶에는 수많은 사건이 일어나고 있습니다. 끝없이 문제가 뒤따릅니다. 외롭게 만드는 문제, 수치스럽게 만든 사건, 궁핍을 경험케 하는 문제, 거절과 냉대를 경험하는 사건, 분노를 일으키게 하는 사건들이 있습니다. 어떻게 해서든지 피하고 싶은 것들이지만, 일어나는 사건들입니다.

그런데 내 삶의 모든 사건과 끝없는 문제 뒤에는 성령님의 일하심이 있습니다. 나를 예수님 닮아가도록 변화시키시는 성령의 간절함이 있습니다. 우리 시선이 성령님의 일하심과 간절함을 바라보아야 합니다. 왜냐하면, 그분은 나를 위해 제일 좋은 일, 가장 빛나는 일, 가장 최선의 일을 행하고 계시기 때문입니다. 나를 새롭게 하시는 성령님의 역사하심을 봅니다.

살아계신 성령님 날 붙드소서 살아계신 성령님 날 살피소서
채우소서 채우소서 성령 하나님 새롭게 하소서 - CCM〈살아계신 성령님 날 붙드소서〉

Prayer.

주님, 새롭게 하시는 성령님의 역사하심을 믿음의 눈으로 보고 순종케 하소서.

11
28
베드로후서

헌신입니까? 은혜입니까?

> 너희가 … 신성한 성품에 참여하는 자가 _ 베드로후서 1:4
> 그러므로 너희가 더욱 힘써 _ 베드로후서 1:5

한 신앙 세미나에서 두 교회의 리더들이 강의했습니다. 먼저 A 교회 영적 리더들이 나왔고, 그들의 요점은 교회도 영적 지도자들도 성도들도 변해야 한다는 것입니다. 한 강사의 기도 제목은 이러했습니다. "주님, 변화되지 않을 바에는 저를 죽여 주십시오!"

변화를 이룰 수 있는 길은 헌신임을 강조했습니다. 내 인생의 주인이 하나님이심을 고백하면서 생명을 건 헌신을 이루어야 한다는 것입니다. 변화되지 않으면 죽은 거나 다름없다는 것입니다. 참석자들은 변화를 향한 비장한 마음을 품기 시작하는 것 같았습니다.

30분쯤 쉬다가, B 교회 목사님의 강의가 시작되었습니다. 주제는 우리가 어떻게 주님 뜻대로 살아가는 변화를 이룰 수 있겠는가? 앞 강의에 찬물을 끼얹은 듯한 말을 꺼내었습니다. "순종! 순종! 헌신! 헌신! 이러한 요구들이 성도들에게 얼마나 무거운 짐으로 다가오는지 아십니까? 그리고 솔직히 목회자에게도 마찬가지 아닙니까? 우리가 아무리 훈련하고 헌신하여도 우리는 하나님이 원하시는 변화를 이룰 수 없습니다. 우리에게 필요한 것은 십자가 은혜입니다. 자신의 의지나 노력이 아닌 하나님 은혜로 변화될 수 있는 것입니다."

두 교회는 상반된 말을 하는 것이 아닙니다. A 교회 리더들은 충성, 헌신 없이는 변화될 수 없음을 강조하였는데, 이는 하나님 은혜에 철저히 의지해야 함을 기본적으로 전제하고 있습니다. B 교회 목사님은 자기 의지나 훈련이나 충성으로 안 되고 하나님 은혜로 변화될 수 있음을 강조하였는데, 그 말에는 하나님의 은혜 힘입어 전심전력으로 충성해야 함이 기본적으로 포함되는 것입니다.

주께서 나를 변화시키기 위하여 역사하신다는 것이 하나님 약속입니다. 그리고 우리가 더욱 힘써! 변화를 받아 가야 합니다.

Prayer

나를 변화시키시는 하나님 약속을 굳게 믿고 스스로도 힘써 변하게 하소서.

11 베드로후서

29 당신들은, 천국에서 최고의 환영을 받습니다

이같이 하면…영원한 나라에 들어감을 넉넉히 너희에게 주시리라 _ **베드로후서 1:11**

세상 나그네길 다 마치고 하나님께서 본향 천국으로 부르실 때 "네, 주님!" 하며 기쁘게 달려갈 준비가 되어 있습니까? 하나님께서 언제 어떻게 부르실지 알 수 없으니 깨어 준비해야 합니다. 하나님께 부요한 인생이 되어야 합니다.

또 내가 나의 영혼에게 이르되 영혼아 여러 해 쓸 물건을 많이 쌓아 두었으니 평안히 쉬고 먹고 마시고 즐거워하자 하리라 하되 하나님은 이르시되 어리석은 자여 오늘 밤에 네 영혼을 도로 찾으리니 그러면 네 준비한 것이 누구의 것이 되겠느냐 하셨으니 자기를 위하여 재물을 쌓아 두고 하나님께 대하여 부요하지 못한 자가 이와 같으니라 (눅 12:19-21)

그런데 놀라운 약속을 듣게 됩니다. 하나님 성품을 늘 새롭게 더해가고 자라나게 하라고 권하시고, 이런 약속을 주시는 것입니다.

영원한 나라에 들어감을 넉넉히 너희에게 주시리라(벧후 1:11)

영어 성경으로 보니, "you will receive a rich welcome!"입니다. 쉬운 성경에는, "영원한 나라에서 최고의 환영을 받게 될 것이다"입니다. 최고의 환영을 받게 된다는 약속에, 이 세상과 다른 천국을 그려 봅니다. 세상에서는 성취와 업적을 많이 쌓은 사람이 최고 환영을 받습니다. 큰 능력으로 성공을 이루며 살았던 사람이 최고 환영을 받습니다. 많은 명예를 쌓은 사람이 최고 환영을 받습니다.

그런데 영원한 예수 그리스도의 나라 천국에서는 성령께 의지하며 하나님의 성품을 자라나게 하려고 힘썼던 이들이, 예수님의 사랑과 겸손과 온유를 닮아가고자 소원했고 기도했던 이들이, 최고의 환영을 받게 된다는 것입니다.

Prayer.

주님, 세상 환영을 갈급하기보다 주님 환영에 목말라하며 살아가게 하소서.

30. 기억은 영성에 아주 중요합니다
길 잃지 않도록 합니다

항상…생각나게 하려 하노라 _ 베드로후서 1:12 / 생각나게 하려 하노라 _ 베드로후서 1:15
일깨워 생각나게 하여 / 기억하게 하려 하노라 _ 베드로후서 3:1, 2

베드로는 세상 나그네 길 다 마치고 돌아갈 죽음을 직감했습니다.

> 나의 장막을 벗어날 것이 임박한 줄을 앎이라(벧후 1:14)

〈베드로후서〉는 베드로의 유언적 서신이라 할 수 있습니다. 사랑하는 이들이 진리의 말씀을 늘 기억하며 살기를 원했습니다. 항상 생각나게 하노라. 일깨워 생각나게 하며. 기억하게 하려 하노라. '기억'은 영성에서 중요한 요소입니다. 구약부터 신약까지 하나님께서 반복하시는 명령은 '너희는 잊지 말라! 기억하라!'입니다. 막내딸이 아주 어릴 때 야단맞으면서 했던 말이 있는데, 그 말이 얼마나 진심으로 느껴졌든지 인상 깊게 남아 있습니다. "아빠 내가 몰라서 안 한 게 아니고, 잊어버려서 안 한 거야!"

그렇습니다. 우리는 잊어버려서 옳은 길을 가지 못할 때가 많은 것입니다. 하나님 자녀 된 자로서 알기는 아는데, 자꾸 잊어버려서 죄를 반복합니다. '기억'은 영성에서 매우 중요한 요소입니다. 길을 잃지 않도록 합니다. 〈주여 나로 기억하게 하소서〉라는 찬양의 일부 가사입니다.

> 내가 사랑하는 것들 내가 마음을 다해 붙잡는 것들
> 모두가 빌려온 것이고 내 것이라고는 전혀 없어요
> 예수께서 단지 내가 그것을 사용토록 허락하셨을 뿐입니다. 내 삶을 밝히라고
> 그러니 주님 나로 이 사실을 잊지 않게 하소서
> 때때로 추억의 커튼을 걷을 때 보여 주소서
> 주님께서 나를 어디로부터 이끄셨고 내가 어디에 있었는지를 기억하게 해 주소서
> 나는 연약한 인간이라 잘 잊어버려요
> 그러니 주님 나로 잊어버리지 않게 하소서

주님. 우리에게 진리의 말씀을 항상 기억하며 살아갈 수 있는 영성을 주소서.

12 / 01

성경 예순두 번째 책, 요한일서

12월은 빛나는 선물입니다

태초부터 있는 생명의 말씀(그리스도)에 관하여는 우리가 들은 바요 눈으로 본 바요 자세히 보고 우리의 손으로 만진 바라 _ 요한일서 1:1

한 해의 끝자락 12월로 접어듭니다. 새해 첫날 1월 1일 묵상은 셰익스피어『맥베스』(Macbeth) 안의 대사로 시작되었습니다.

고운 건 더럽고 더러운 건 고웁다. 탁한 대기 안개를 뚫고 나아가자.

고운 건 더럽고 더러운 건 고웁다(fair is foul, foul is fair). 한 해를 살아오는 동안 공정하다고 생각했는데 불공정한 일이 있었고, 아름답다고 생각했는데 추한 일이 있었고, 곱고 깨끗하다고 생각했는데 더럽고 불결한 일이 있었고, 맑다고 생각했는데 흐린 일이 있었고, 지혜롭다고 생각했는데 미련한 일이 있었습니까? 반대로 파울이라 생각했는데 사실은 공정했고, 추하다고 생각했는데 사실은 아름다웠고, 더럽다고 생각했는데 깨끗했고, 미련하다고 생각했는데 사실은 지혜로운 일 있었습니까?

12월은 탁한 대기 안개를 더욱 힘차게 뚫고 나가는 빛 된 계절이 될 수 있는데, 대림절이기 있기 때문입니다. '대림절(Advent)'이란 성탄절 전 4주간을 말하며, '오다'라는 뜻인 라틴어 "Adventus"에 기원을 두고 있습니다. 즉, 12월은 예수의 초림을 기념하며 감사하는 성탄절을 기다리는 복된 계절입니다. 그뿐 아니라 장차 다시 오실 '재림' 소망을 새롭게 하는 나날들입니다.

하나님께서 인류의 어느 시점에 세상에 '나타나셨습니다.'
영원한 생명 주시기 위해 세상에 사람 되셔서 '나타나셨습니다.'
하나님이 사람이 되어 '나타나신' 날을 기다리는 '대림절'입니다.
'나타나신' 예수 그리스도를 더욱 선명히 듣고 눈으로 보고 손으로 만진 바 되어서, 12월이 은총과 기적 가득한 선물의 계절이 되길 기도합니다. 주님 내려 주시는 기쁨과 평화와 빛으로 가득한 하루하루 되길 소망합니다.

Prayer.
주님, 12월의 하루하루를 주님의 빛으로 환히 비추어 주소서.

코이노니아가 있다면, 어떤 절망도 없습니다

> 우리가 (예수님을) 보고 들은 바를 너희에게도 전함은 너희로 우리와 사귐이 있게 하려 함이니 우리의 사귐은 아버지와 그의 아들 예수 그리스도와 더불어 누림이라 _ 요한일서 1:3

쏜살처럼 빠른 인생의 흐름 속에서 우리 내면 깊은 곳에서는 하나의 물음이 있습니다. '진짜 삶이란 무엇인가?' 하는 것입니다.

오늘날 우리 사회가 아무리 성취와 업적 중심이고 돈 중심이라 할지라도, 그것들이 진짜 삶이 아닙니다. 물론 우리 인생에 소중한 것이긴 하지만 채워도 허전하고 마셔도 목마름이 있는 것입니다.

그런 의미에서 마틴 부버가 남긴 '인간에게 있어 만남(사귐)이야말로 진짜 삶이다'라는 말은 인생의 참 진리를 간파한 것입니다. 우리가 살아오면서 이루는 소중한 만남들! 그것이 진짜 삶이라는 것입니다.

그런데 세상을 살아가면서 가장 중요한 만남과 사귐이 있습니다.
세상 그 무엇과도 바꿀 수 없이 중요한 만남과 사귐이 있습니다.
바로 하나님과의 만남과 사귐입니다.

〈요한일서〉가 전하는 중심 메시지 하나는 '만남, 사귐'입니다.
'사귐, 교제'의 신약 원어 헬라어는 '코이노니아(κοινωνία)'입니다.
인간은 코이노니아의 존재이며, 코이노니아의 근원은 하나님이십니다.
하나님과의 코이노니아가 없다면, 그에게 마음 아픈 일이지만 사실상 어떠한 소망도 없는 것입니다. 반면 하나님과의 코이노니아가 있다면, 어떠한 절망도 없는 것입니다.

주님, 대림절에 주님과 사귐이 충만하게 하소서. 그 사귐 속에서 우리를 둘러싸고 있는 깊은 어둠들이 사라져 가고 빛으로 환하게 하소서. 그 빛을 눈으로 보고 손으로 만진 바 되게 하소서.

12
03 **요한일서**

아직도 그 詩에 대한 생각은 변함없습니까?

우리의 사귐은 아버지와 그의 아들 예수 그리스도와 더불어 누림이라 _ 요한일서 1:3

겨울이 시작됩니다. 박노해 시인의 〈겨울 사랑〉이라는 시입니다.

사랑하는 사람아 우리에게 겨울이 없다면 / 무엇으로 따뜻한 포옹이 가능하겠느냐
무엇으로 우리 서로 깊어질 수 있겠느냐 / 이 추운 떨림이 없다면
꽃은 무엇으로 피어나고 무슨 기운으로 향기를 낼 수 있겠느냐
나 언 눈 뜨고 그대를 기다릴 수 있겠느냐
눈보라 치는 겨울밤이 없다면 / 추워 떠는 자의 시린 마음을 무엇으로 헤아리고
내 언 몸을 녹이는 몇 평의 따뜻한 방을 고마워하고
자기를 벗어버린 희망 하나 커 나올 수 있겠느냐
아아 겨울이 온다. 추운 겨울이 온다. 떨리는 겨울 사랑이 온다.

겨울 계절만이 아니라, 인생에는 차갑고 추운 겨울이 있습니다. 매서운 눈보라 휘몰아치는 겨울이 있습니다. 그런데 겨울을 지나면서 인생은 깊어지고 자라납니다. 그런데 인생의 매서운 추위로 인해 예수 그리스도를 만나게 되고 그분과 함께 하게 된다면 그 겨울은 따뜻합니다. 예수님과 더 가까이 사귀게 된다면 그 겨울이 야말로 인생 최고의 따뜻한 복이요 은혜입니다.

문득, 시인에게 그리고 세상 모든 사람에게 물어봅니다. 아직도 사람만이 희망입니까? 시인이 청년 때에 교회에 나갔다는 사실을 알게 되었습니다. 시인의 〈사람만이 희망이다〉라는 시를 읽어 보았습니다. 그리고 〈예수만이 희망이다〉라고 시를 바꿔보았습니다.

희망찬 사람은 / 예수만이 희망이다 / 길 찾는 사람은 / 예수만이 새 길이다
참 좋은 사람은 / 예수만이 이미 좋은 세상이다
예수 속에 들어 있다 / 예수에서 시작된다 / 다시 / 예수만이 희망이다

Prayer
우리의 참 희망이신 예수님과의 사귐이 풍성한 계절이 되게 하소서.

04 죄성을 인정하십시오 (오스왈드 챔버스)

> 만일 우리가 죄가 없다고 말하면 스스로 속이고 또 진리가 우리 속에 있지 아니할 것이요
> _ 요한일서 1:8

요한일서 1:8, 10은 죄성을 인정치 않는 사람들을 향한 말씀입니다.

만일 우리가 범죄하지 아니하였다 하면 하나님을 거짓말하는 이로 만드는 것이니 또한 그의 말씀이 우리 속에 있지 아니하리라.

그들은 스스로 속이는 자, 진리가 없는 자, 하나님을 거짓말하는 이로 만드는 자, 주님 말씀이 그 속에 없는 자라는 것입니다.

오스왈드 챔버스의 『주님은 나의 최고봉』 6월 24일 묵상은 요한일서 1:8, 10에 속한 사람들에게 전하는 메시지가 아닌가 싶습니다. 제목은 "죄성을 인정하십시오"입니다. 내용 중의 일부입니다.

우리는 죄의 세력이 삶의 모든 재난을 야기시킨다는 사실을 인정하지 않습니다. 당신은 어쩌면 인간성의 고상함을 말할지도 모르겠습니다. 그러나 당신의 모든 이상을 비웃는 것이 인간성 안에 있습니다.
만일 당신이 인간 속의 악독과 이기심, 저 밑바닥 어딘가에 너무나 독하고 악한 뭔가가 있다는 사실을 부정한다면, 또한 당신도 마찬가지라는 사실을 인정하지 않는다면, 죄가 당신의 삶을 공격할 때, 당신은 죄와 타협하게 될 것이고 죄와 싸울 필요가 없다고 말할 것입니다.
죄의 실체를 인식하지 못하는 인생관을 항상 경계하십시오. 예수 그리스도는 인간성을 절대 믿지 않으셨습니다. 반면 인간성을 향해 냉소적이거나 의심하신 적도 없습니다. 그 이유는 주께서는 그분이 인간성을 위해 무엇을 할 수 있는지를 절대적으로 확신하셨기 때문입니다. 주님의 보호를 받는 자는 진실한 사람이지 죄가 없는 사람이 아닙니다. 스스로 죄가 없다고 생각하는 사람들은 절대로 안전할 수 없습니다. 사람은 죄 없는 상태와 전혀 무관합니다.

Prayer

주님, 사랑하는 이들이 인간의 죄성을 인정하는 12월이 되게 하소서.

12 　**요한일서**

05 # 슬퍼하고 있습니까? 그러면 행복한 사람입니다

> 만일 우리가 죄를 자백하면 그는 미쁘시고 의로우사 우리 죄를 사하시며 우리를 모든 불의에서 깨끗하게 하실 것이요 _ **요한일서 1:9**

사람들은 죄에 대한 말을 하면 거부감이 있으며, 현대 사회에서는 더욱 강하게 나타납니다. 그래서 사람들은 분명 잘못을 저질렀음에도 불구하고 "네가 뉘우치고 반성 해야된다! 회개해야 된다!" 이런 말을 점점 더 사용하지 않습니다. 대신에 이런 식으로 바뀌었습니다. "네가 상처가 있었구나. 네가 치유가 필요한데 몰랐구나." 잘못, 죄, 뉘우침, 회개 대신에 상처, 힐링, 치유, 긍정 등의 단어로 대체되었습니다. 그래서 우리 사회에 염려스러운 면이 있습니다.

우리는 어떻습니까? 죄에 대해 무감각하지 않고 깨어 있습니까? 그래서 주님 뜻대로 살지 못하는 것 때문에 아파하고 있습니까? 만약에 주님 뜻대로 살지 못함 때문에 슬퍼하고 아파하고 있다면, 그는 복 있는 사람입니다. 예전에 이런 노래가 있었습니다. 울고 있나요. 당신은 울고 있나요. 아아 그러나 당신은 행복한 사람. 울 수 있는 아름다운 마음을 가지고 있다면 행복한 사람이라는 것인데, 주님 뜻대로 살지 못하고 있어서 슬퍼한다면 예수께서 말씀하십니다.

> 애통하는 자는 복이 있나니
> Blessed are those who mourn(마 5:4)

슬퍼하고 애통하는 마음을 가지고 있으면 진정으로 행복한 사람입니다. 그리고 그는 이 험난한 세상에서 가정을 진정한 행복으로 지킬 가능성이 있는 사람이고, 자녀를 진정한 행복으로 지킬 가능성이 있는 사람이며, 자신을 진정한 행복으로 지킬 수 있는 사람입니다.

Prayer •

주님, 우리가 입술로 짓는 죄, 마음으로 짓는 죄, 행위로 짓는 죄를 용서하소서. 알면서 반복하여 짓는 죄, 모르고 짓는 죄를 용서하소서. 나 자신의 죄, 부모님의 죄, 자녀의 죄, 배우자의 죄, 교회의 죄를 용서하소서. 우리가 늘 깨어서 자기 허물과 죄를 자복하는 행복한 사람 되게 하소서.

12
요한일서
06 세상 풍조를 사랑하는 불행으로부터, 지켜주소서

> 이 세상이나 세상에 있는 것들을 사랑하지 말라. 누구든지 세상을 사랑하면 아버지의 사랑이 그 안에 있지 아니하니 이는 세상에 있는 모든 것이 육신의 정욕과 안목의 정욕과 이생의 자랑이니 다 아버지께로부터 온 것이 아니요 세상으로부터 온 것이라 이 세상도, 그 정욕도 지나가되 오직 하나님의 뜻을 행하는 자는 영원히 거하느니라 _ 요한일서 2:15-17

주님, 우리는 이 세상과 세상에 속한 것을 참 사랑합니다. 우리가 세상 풍조를 사랑함으로 말미암아 하나님에게서 멀어지는 불행을 당하지 않도록 지켜주십시오. 하나님 권위와 위엄과 영광이 희미해지면서 갈수록 인본주의와 문화 종교의 범주에 속하게 되는 세속화의 불행을 당하지 않도록 불쌍히 여겨 주십시오.

주님, 육신의 정욕과 안목의 정욕과 이생의 자랑이 아버지께로부터 온 것이 아님을 늘 생각나게 하시고, 몸이 원하는 욕구를 따라 안락하고 오락적인 것을 달콤해하는 불행을 막아 주십시오. 눈이 원하는 욕구를 따라 여러 모양의 외모지상주의 노예가 되는 불행을 막아 주십시오.

안목의 욕심 때문에 남과 비교하게 되고 상대적 우월감 또는 빈곤감이 생깁니다. 불평, 시기, 교만의 죄가 자랍니다. 하나님 자녀 된 우리를 안목의 정욕에 휘둘리는 세상에서 구분되게 하여 주옵소서.

주님, 세상 자랑으로부터 입술과 마음을 지켜주소서. 특히 성공과 번영을 간증하고 감사할 때, 주님 영광이 아니라 인간 자랑이 드러날 수 있음 잊지 않게 하시고, 그 자랑과 감사 뒤에서는 하나님이 미소짓는 것이 아니라 사탄이 미소 짓고 있음을 분별하게 하십시오. 사탄이 가장 노리는 것은 교만과 자랑임을 잊지 않게 하소서.

Prayer

주님, 세상도 정욕도 지나가되 오직 주님 뜻 행하는 자는 영원히 살 것이라는 진리를 명백히 새기게 하소서. 세상 풍조를 사랑함이 아니라, 내 구주 예수를 더욱 사랑하는 대림절 12월이 되게 하소서.

12
07 요한일서

밤의 영성을 새롭게 하면 더 행복한 날이 됩니다

> 아이들아 지금은 마지막 때라 적그리스도가 오리라는 말을 너희가 들은 것과 같이 지금도 많은 적그리스도가 일어났으니 그러므로 우리가 마지막 때인 줄 아노라 _ **요한일서 2:18**

마지막 때라는 말씀 앞에서 가져야 할 자세는 오늘 하루하루를 마지막 때와 마지막 밤으로 생각하며 찬송가 552장의 주여 나를 도우사 세월 허송 않고서 어둔 세상 지낼 때 햇빛 되게 하소서의 노래여야 하는 것입니다.

올 한해 수많은 밤을 어떻게 보냈었습니까? 밤 시간은 매우 중요합니다. 창조 사건이 밤부터 시작합니다. 창세기에 보면 '아침이 되고 밤이 되었더라'가 아니라, '밤이 되고 아침이 되니 이는 첫째 날이니라'입니다.

사람들은 너무 바빠서 저녁이 없고 밤이 없는 삶이 되어가고 있습니다. 책을 읽는다든지, 사색한다든지, 말씀 묵상을 한다든지, 기도한다든지, 사랑의 대화를 한다든지 하는 밤이 사라집니다. 대신에 스마트 폰에 손과 눈이 가 있다든지, 인터넷이나 TV에 눈이 가 있다든지, 염려와 근심으로 밤을 보낸다든지, 무의미한 생각이나 행동으로 보낸다든지 하는 것들이 밤의 습관이 되었습니다. 어쩌면 습관을 넘어서 매일 밤, 중독되었는지 모르겠습니다.

주께서 이 밤에도 나와 함께 하신다는 믿음이 분명하다면 의미 없는 습관이나 중독이 아니라 다른 밤을 맞을 텐데 말입니다. 책을 읽는다든지, 사색한다든지, 말씀을 묵상한다든지, 기도한다든지, 사랑의 대화를 한다든지 다른 밤을 맞을 테고 그러면 더 좋은 아침이 올 텐데 말입니다. 밤의 영성을 새롭게 하면 더 행복한 날들이 될 것입니다.

Prayer .

주님, 나를 도우사 세월 허송하지 않고서 어두운 세상 지낼 때 햇빛 되게 하소서. 헛된 습관의 밤, 중독의 밤에서 벗어나 기도의 밤, 묵상의 밤, 의미 있는 밤이 되게 하소서. 그런 인생 되게 하소서.

12 　**요한일서**

08 　# 주님 사랑이 어떠한지 알고 확신하면서, 강하십시오

> 하나님이 우리를 사랑하시는 사랑을 우리가 알고 믿었노니 하나님은 사랑이시라…이로써 사랑이 우리에게 온전히 이루어진 것은 우리로 심판 날에 담대함을 가지게 하려 함이니 _ **요한일서 4:16-17**

하나님은 사랑이시라.
그런데 어떤 사랑입니까? 나를 향한 주님 사랑이 어떤 사랑인지 알고 확신해야! 세상을 이깁니다.

첫째, 우리를 죄와 심판에서 구원하시는 사랑입니다. 세상 어떤 모임에서도 죄에 대해 강조하지 않습니다. 그런데 교회는 죄에 대해 반복하며 강조합니다. 성경은 죄에 대해 반복하며 강조합니다. 주님은 죄에 대해 반복하며 강조하십니다. 왜 그렇습니까? 인간은 죄로 인해 불행과 형벌과 사망으로 향하기 때문입니다. 하나님 사랑은 불쌍한 나를 죄와 심판에서 구원하시기 위해 그리스도를 희생양으로 보내기까지 하시는 사랑입니다.

둘째, 우리를 선한 인생길로 인도하시는 사랑입니다. 하나님 사랑을 오해하지 않아야 합니다. 하나님이 안전과 평탄의 길로 인도하시는 분이라고 오해하면 수시로 넘어집니다. 안전과 평탄함이 주어지지 않거나 예상치 않은 고난에 부딪히면, 시험에 들고 불평하고 원망하는 것입니다. 하나님 사랑은 안전하고 평탄한 길이 아니라 선한 길로 인도하시는 것입니다. 하나님께서 인도하시는 선한 삶이 자녀에게 참된 유익이고 최선입니다. 선한 길로 인도하시려고 위로하시고 참으십니다. 가시덩굴을 놓아서 방해도 하십니다.

셋째, 우리를 향한 영원무궁하신 사랑입니다.

> 여호와께 감사하라 그는 선하시며 그의 인자하심이 영원함이로다(시 118:1)

죄와 심판으로부터 구원하시는 사랑, 선한 길로 인도하시는 사랑, 영원무궁한 사랑. 나를 향한 그 사랑을 알고 확신하면서 강하고 담대하십시오.

주님, 나를 향한 주님의 사랑을 알고 확신하면서 담대하게 믿음의 순례길을 걷게 하소서.

12 요한일서

09 **주님, 12월에 사랑이 더욱 자라도록 도와주소서**

> 사랑 안에 두려움이 없고 온전한 사랑이 두려움을 내쫓나니 두려움에는 형벌이 있음이라 두려워하는 자는 사랑 안에서 온전히 이루지 못하였느니라 우리가 사랑함은 그가 먼저 우리를 사랑하셨음이라 누구든지 하나님을 사랑하노라 하고 그 형제를 미워하면 이는 거짓말 하는 자니 보는 바 그 형제를 사랑하지 아니하는 자는 보지 못하는 바 하나님을 사랑할 수 없느니라 우리가 이 계명을 주께 받았으니 하나님을 사랑하는 자는 또한 그 형제를 사랑할지니라 _ 요한일서 4:18-21

한 해 동안 많은 어려움과 문제들을 지나왔습니다. 주님께서 그 모든 것들을 이 겨내게 하시려고 우리에게 주신 은혜의 선물이야 한량없지만, 그 선물 하나가 '사 랑'입니다. 그래서 바울은 말합니다.

> 하나님이 우리에게 주신 것은 두려워하는 마음이 아니요,
> 오직 능력과 사랑과 절제하는 마음이니(딤후 1:7)

인생의 어려움을 이겨내는 마음이 사랑이라니! 언뜻 이해가 안 될 수 있습니다. 그런데 인생을 곰곰 생각해 보면 이해가 됩니다. 사랑이 없으면 궁극적으로 불행하고 패배합니다. 많은 사람이 입을 모아 호소하는 힘든 고통은 인간관계입니다. 가정에서 힘든 것도 관계입니다. 직장에서도 힘든 것, 학생들에게도 힘든 것 역시 관계입니다. 교회 안에서도 그렇습니다. 그러면 인간관계 속에서 비롯되는 총체적인 패배에서 어떻게 벗어날 수 있습니까?

주께서 은혜의 선물로 주신 사랑을 더욱 자라나게 해야 합니다. 내 안에 사랑이 자라나고 성숙해질수록, 나는 더욱 강해집니다. 주님이 은혜의 선물로 주신 사랑을 자라나게 하는 것이 시련과 고비를 넘어가게 하는 힘이요, 능력입니다.

Prayer

주님, 그 크신 사랑으로 세상에 오신 대림절에 주님을 향한 사랑이 자라게 하소서. 가족과 형제와 자매와 이웃 향한 사랑이 자라게 하소서. 주님이 우리에게 주신 마음은 두려움이 아니라 사랑이라 하셨으니, 그 사랑이 내 안에서 더욱 자라도록 은혜를 베푸소서.

성경 예순세 번째 책, 요한이서

적그리스도의 미혹과 임마누엘

> 은혜와 긍휼과 평강이 하나님 아버지와 아버지의 아들 예수 그리스도께로부터 진리와 사랑 가운데 우리와 함께 있으리라 _ 요한이서 1:3
> 미혹하는 자가 세상에 많이 나왔으니 이는 예수 그리스도께서 육체로 오심을 부인하는 자라 이런 자가 미혹하는 자요 적그리스도니 _ 요한이서 1:7

은혜와 자비와 평강이 진리와 사랑 안에서!

당시에 미혹하는 자가 세상에 많이 나왔는데, 그들은 예수께서 육체로 오심을 부인하는 적그리스도였습니다. 따라서 사수해야 할 진리는 하나님이 육체(사람)로 오신 '임마누엘' 진리였습니다.

> 보라 처녀가 잉태하여 아들을 낳을 것이요 그의 이름은 임마누엘이라 하리라 하셨으니 이를 번역한즉 하나님이 우리와 함께 계시다 함이라(마 1:23)

육체로 오신 하나님은 '임마누엘'이십니다. 하나님이 사람이 되어 오신 그리스도! 이것이 하나님 진리요, 사랑입니다. '진리와 사랑 가운데' 거할 때만이 은혜와 긍휼과 평강이 임할 수 있습니다.

'임마누엘'과 함께 대림절 동안 교회와 성도들이 사수해야 할 또 하나의 진리는 '마라나타'입니다.

> 우리 주여 오시옵소서(고전 16:22)
> 내가 진실로 속히 오리라 하시거늘 아멘 주 예수여 오시옵소서(계 22:20)

'우리 주여 오시옵소서'의 아람어가 '마라나타(מרנאתא)'입니다. 성탄절은 예수님의 첫 번째 오심(초림)입니다. 그런데 예수님은 재림, 즉 다시 오십니다. 재림은 세상 최후의 날인 동시에 새 하늘 새 땅을 맞는 환희와 영광의 날입니다. 나의 세상 끝에 천국의 시작이 있고, 지금 세상 종말의 끝에 주님의 영원한 나라가 있음을 아는 마라나타! 이것이 하나님 진리요 사랑입니다. '진리와 사랑 가운데!' 거할 때만이 참된 은혜와 긍휼과 평강이 임할 수 있는 것입니다.

Prayer

주님, 대림절 동안 '임마누엘'과 '마라나타' 진리와 사랑 안에 거하면서 은혜와 긍휼과 평강이 넘치게 하소서. 사랑하는 모든 이들도 진리와 사랑 안에 거하여 은혜와 긍휼과 평강을 얻게 하소서.

요한이서

이단에 한 치도 미혹되지 말고 물러서지 마십시오

> 미혹하는 자가 세상에 많이 나왔으니 이는 예수 그리스도께서 육체로 오심을 부인하는 자라 이런 자가 미혹하는 자요 적그리스도니 _ **요한이서 1:7**
> 거짓말하는 자가 누구냐 예수께서 그리스도이심을 부인하는 자가 아니냐 아버지와 아들을 부인하는 그가 적그리스도니 _ **요한일서 2:22**

인생 자체가 '고투(苦鬪)', 힘든 싸움이요 전쟁(입시 전쟁, 취업 전쟁 등)이라는 말을 하는데, 인생의 가장 근본적인 전쟁은 무엇보다도 영적인 것입니다. 그리고 영적 전쟁의 핵심은 무엇이냐? '하나님을 믿느냐? 믿지 못하느냐?'가 아닙니다. '예수님을 하나님으로 믿느냐?'입니다. 인간에게 가장 중대한 질문은 '예수님은 누구신가?'입니다.

〈요한일서〉, 〈요한이서〉가 기록될 당시에 교회 안에는 '예수님은 하나님이 아니라 인간이다!'라고 주장하는 영지주의자(靈智主義, Gnosticism)들이 스며들어와 있었습니다. 영지주의는 헬라의 이원론(dualism)에서 영향을 받은 이단 사상이었습니다. 그들은 영은 선하지만 육은 악하기에, 육신을 가지셨던 예수님은 결코 하나님이 되실 수가 없다는 것이었습니다. 〈요한이서〉는 그들에게 미혹되지 말라고 경고하고 있는 것입니다.

영지주의 사상의 미혹과 공격은 인류 역사의 끝 날까지 계속될 것입니다. '예수는 하나님이 아니다!'라고 세상 문화가 공격할 것입니다. 세상 종교가 공격할 것입니다. 세상 사람들이 공격할 것입니다. 가까운 벗들과 그리고 가족들도 공격할 것입니다. 한 치도 미혹되지 말고 물러서지 마십시오.

영적 싸움터에서 믿음으로 승리의 노래를 부르며 나아가십시오.
예수 그리스도는 잠시 이 세상을 방문하신 하나님이십니다!
우리 형벌을 대신 받으시기 위해 십자가 죽으신 하나님이십니다!
십자가 죽으셨다가 사흘 만에 부활하신 영광의 하나님이십니다!
믿는 자들에게 지옥 심판이 아니라 천국 생명 주시는 하나님이십니다!

Prayer

주님, 진리가 아닌 것들에 미혹되지 않게 하소서. 타협하거나 물러서지 않게 하소서.

성경 예순네 번째 책, 요한삼서

가이오, 당신을 축복합니다

> 장로인 나는 사랑하는 가이오 곧 내가 참으로 사랑하는 자에게 편지하노라 사랑하는 자여 네 영혼이 잘됨 같이 네가 범사에 잘되고 강건하기를 내가 간구하노라 _ **요한삼서 1:1-2**

교회 안에 가이오가 있습니다. 그는 진리의 길을 따라 진실히 행하였고 칭찬을 들었습니다(요삼 1:3). 형제들을 도왔고, 복음을 전하러 다니는 나그네들도 도왔습니다(1:5-7). 그래서 하나님뿐만 아니라 주님의 교회도 그를 기뻐했습니다. 그가 진리의 길을 신실하게 걸을 때, 외로움도 있었을 것입니다. 흔들리지 말아야겠지만, 속으로 흔들릴 때가 있었을지 모릅니다. 때로는 사람들의 오해를 받고 비난을 들을 때도 있었을 것입니다. 사랑을 쏟았던 이들에게 배신을 당하기도 했을지 모릅니다. 몸이 매우 피곤하고 지치고 게다가 병들었을 때도 있을 것입니다. 하지만 가이오는 뒤돌아서지 않고 계속 진리의 길을 갔습니다. 신실한 가이오를 생각할 때, 잘되면 좋겠다는 바람이 있습니다.

사랑하는 자여! 네 영혼이 잘 됨 같이 네가 범사에 잘 되고 강건하기를
내가 간구하노라.

그런데 때로는 잘 되지 못하고 거센 비바람을 만날지도 모릅니다.
가이오를 향해 두 손을 펼치며 진심으로 이 노래로 축복합니다.
주님 나라 위해 함께 달려감에 깊은 고마움과 사랑도 전합니다.

때로는 너의 앞에 어려움과 아픔 있지만
담대하게 주를 바라보는 너의 영혼 너의 영혼 우리 볼 때 얼마나 아름다운지
너의 영혼 통해 큰 영광 받으실 하나님을 찬양 오 할렐루야
너는 택한 족속이요 왕 같은 제사장이며
거룩한 나라 하나님의 소유된 백성
너의 영혼 우리 볼 때 얼마나 사랑스러운지
너의 영혼 통해 큰 영광 받으실 하나님을 찬양 오 할렐루야!

주님, 공동체 안의 가이오들에게 날마다 새 힘을 주소서.

성경 예순다섯 번째 책, 유다서

한 해의 끝까지, 힘써 싸우십시오!

사랑하는 자들아 … 힘써 싸우라 _ 유다서 1:3

〈유다서〉는 올바른 믿음의 길로 가기 위해 힘써 싸우라고 독려합니다. 교리적인 독려도 했지만(유 1:3), 실천적인 독려도 합니다. 올바른 길로 가고자 싸우지 않았기 때문에 성경 역사 속에서 패망했던 가인의 길, 발람의 길, 고라의 길에 관해 교훈합니다(유 1:11).

하나님 중심이 아니라 자기중심으로 예배하며 살아간 죄를 인정하지 않고 오히려 몹시 분해하고 악한 마음을 품었던 가인의 길. 하나님보다 돈을 사랑하며 돈이 중심이 된 발람의 어그러진 길. 더 중요히 여김 받는 사람이 되고 싶은 마음 가운데 순종을 하찮게 여기며 주님과 모세에게 불평 불순종했던 고라의 패역의 길. 그들의 길이 우리와는 멀리 떨어져 있고 상관없다고 생각했지만, 너무 가까이 걸어가고 있음을 깨닫고 가슴 덜컥 내려앉으며 회개할 때 많습니다. '화 있을진저'라고 하셨던 나팔 소리 같은 주님 음성을 듣고는 혼비백산 회개하면서 돌아서지 않았습니까?

정말로 회개야말로! 올바른 믿음의 길로 가게 하는 영적인 힘입니다. '화 있을진저'의 길로 유혹하는 수많은 대적을 물리치는 강력한 영적 무기입니다. 그런데 '회개'와 함께, 또 하나 강력한 영적 무기를 '너희'에게 가르쳐 줍니다. 바로 하나님 말씀이라는 것입니다.

> 너희는 우리 주 예수 그리스도의 사도들이 미리 한 말을 기억하라(유 1:17)
> 너희가 본래 모든 사실을 알고 있으나 내가 너희로 다시 생각나게(유 1:5)

주님 주신 무기로 싸우지 않고 세상 무기로 싸우면 패합니다. 주님 말씀 들어야 하고 기억해야 하고 생각나게 해야 합니다. 이단과 싸워 이기는 무기, 세상과 싸워 이기는 무기, 사탄과 싸워 이기는 무기, 자신과 싸워 이기는 무기는 하나님 말씀입니다. 말씀을 읽고 들으면서, 기억하면서, 생각해 내면서 힘써 싸우십시오! 주께서 승리케 하실 것입니다.

Prayer.

주님 약속하신 말씀 위에서 싸우며 승리하게 하소서 (찬송가 546장).

12 | 유다서

14 영원한 길(everlasting way)

> 화 있을진저 이 사람들이여, 가인의 길에 행하였으며 삯을 위하여 발람의 어그러진 길로 몰려갔으며 고라의 패역을 따라 멸망을 받았도다 _ 유다서 1:11

인생은 미궁, 미로를 걷는 것과 비슷합니다. 미궁이란 고대 그리스 로마인들이 지하나 반지하에 지었던 것으로 수많은 방과 통로들이 빠져나오기 어려운 구조로 배치되어 있었던 건물입니다. 인생길이 미로, 미궁과 비슷함을 적절히 표현한 god라는 음악 그룹의 〈길〉이라는 노래가 있습니다. 일부 가사입니다.

내가 가는 이 길이 어디로 가는지 어디로 날 데려가는지 그곳은 어딘지
알 수 없지만 알 수 없지만 알 수 없지만 오늘도 난 걸어가고 있네
나는 왜 이 길에 서 있나 이게 정말 나의 길인가 이 길의 끝에서 내 꿈은 이뤄질까
무엇이 내게 정말 기쁨을 주는지 돈인지 명옌지 아니면 내가 사랑하는 사람들인지
알고 싶지만 알고 싶지만 알고 싶지만 아직도 답을 내릴 수 없네
자신있게 나의 길이라고 말하고 싶고 그렇게 믿고 돌아보지 않고 후회도 하지 않고
걷고 싶지만 걷고 싶지만 걷고 싶지만 아직도 나는 자신이 없네
오 지금 내가 어디로 어디로 가는 걸까 나는 무엇을 위해 살아야 살아야만 하는가

그런데 우리 믿는 자들의 길은 미로, 미궁이 아닙니다. 길 되신 주님과 말씀을 따라가면 되기 때문입니다. 그렇게 하면 가인과 발람과 고라의 불행한 길로도 가지 않습니다. 한 해의 길을 마무리해 가는 즈음에 다윗이 노래했던 성도의 길을 다시 마음에 새겨 넣습니다(시 139:24).

내게 무슨 악한 행위가 있나 보시고 나를 영원한 길로 인도하소서

성도의 길은 영원한 길입니다. 눈보라 쳐도 막힘없고 지진이 와도 무너지지 않는 그 길을 가는 중이니 영원히 기뻐하십시오.

Prayer

주님, 진리의 예수 붙잡고 길 잃지 않게 하소서(찬송가 187장).

12 유다서

15

Build yourselves up!
인생이 짧다는 것은 비극이 아닙니다

사랑하는 자들아 너희는 너희의 지극히 거룩한 믿음 위에 자신을 세우며 성령으로 기도하며 하나님의 사랑 안에서 자신을 지키며 영생에 이르도록 우리 주 예수 그리스도의 긍휼을 기다리라 _ 유다서 1:20-21

성도는 영광스러운 하나님의 성전입니다. 유다서 1:20-21은 하나님 성전 건축에 헌신하라고 명합니다. '세우며'를 한글판『개역 성경』에 보면 '건축하며'로 되어 있습니다. 영어 성경에는 'build yourselves up'이라고 했습니다. 너는 지극히 거룩한 믿음 위에 하나님 성전을 세워가는 일에 헌신하라. 성령으로 기도하는 성전을 세워가는 일에 헌신하라. 하나님 사랑 안에서 자신을 지키는 성전을 세워가는 일에 헌신하라. 주 예수께서 은혜로 주신 영원한 생명을 기대하는 성전을 세워가는데 헌신하라. 네 삶을 하나님 성전답게 건축하는 일에 헌신하라.

사람들이 죽음을 잘 맞이할 수 있도록 돕는 호스피스 운동을 최초로 의료계에 불러일으킨 사람이 엘리자베스 퀴블러로스(Elisabeth Kübler-Ross, 1926-2004, 스위스 출신의 미국 정신과 의사)입니다. 그녀는 죽음에 관한 연구에 일생을 바치면서 20세기 100대 사상가 중 한 명으로, 또 역사상 가장 많은 학술상을 받은 여성으로 기록되었습니다. 그녀는 죽음을 앞둔 5백여 명의 사람들을 인터뷰하면서 얻은 삶의 교훈을 이렇게 정리했습니다.

인생이 너무 짧다는 것이 비극과 슬픔이 아닙니다. 슬픔은 그 짧은 인생 속에서 정말 중요한 것이 무엇인가를 너무 늦게 깨닫는 것입니다. 사람들은 생의 마지막에 이르러서야, 무엇이 정말 중요한지를 깨닫지만, 행하기에는 너무 늦은 것입니다.

우리는 하나님의 성전입니다. 나를 세상 욕심의 바벨탑으로 건축해 가고 있지 않은지 돌아봐야 합니다. 나와 우리를, 말씀과 기도와 감사와 회개와 섬김과 증인의 성전으로 건축하는 일에 헌신해야 합니다. 인생이 짧다는 것이 슬픔이 아닙니다. 슬픔은, 그 짧은 인생 속에서 정말 중요한 것이 무엇인가 너무 늦게 깨닫는 것입니다.

Prayer

주님, 우리가 성전을 세워가는 일에 헌신하는 생애가 되게 하소서.

12
16 모든 사랑하는 이들이 미로, 미궁에서 길을 찾기를

유다서

어떤 의심하는 자들을 긍휼히 여기라 또 어떤 자를 불에서 끌어내어 구원하라 _ **유다서 1:22-23**

큰 사랑을 나누었던 대학 은사는 한국 근대 문학 100년 문학사에서 최고 소설로 꼽히는 『광장』을 쓰신 최인훈 선생이십니다. 교수님과의 작별을 준비하면서, 그동안 교수님과 복음을 함께 나누었던 내용을 기억하며 정리하여 쓴 편지를 가지고 댁을 방문했습니다.

그때가 마지막이었습니다. 교수님께서 기력이 없으셔서 40분 정도 소파에 기대어 앉아 대화를 나누었습니다. 댁을 나오기 전에 두 손 꼭 붙잡고 기도했습니다. 신학의 길로 들어오면서 십수 년 이상 끊겼다가 다시 만나 6~7년 교제를 재개하는 동안 참 많은 사랑을 나누었습니다. 교수님은 제가 쓴 편지를 꼭 읽겠다고 하셨습니다. 빈말하지 않으시는 정결한 분이기에 꼭 읽으셨으리라 생각됩니다.

교수님께서 몇 차례 소포로 책을 보내주셨습니다. 받을 때마다, 내가 서점에 가서 구매했어야 하는데라는 송구함과 우체국까지 직접 가서서 보내 주신 사랑에 대한 고마움이 교차했습니다. 보내 주신 책 중에 『바다의 편지』가 있는데, 첫 장이 길에 관한 명상입니다.

> 길을 잃는다는 것은 죽음을 의미하고 길을 찾는다는 것은 삶을 의미하는 것이 미로 미궁 계열 전설의 주제다. 이러한 고통과 모험의 오랜 단계 다음에 오는 것이 순례의 길이다. -『바다의 편지』 p. 34-

모든 이들이 미로/미궁에서 길을 찾고 생명 얻기를 소망합니다.
우리는 모두 작별을 준비합니다. 모든 게 허사고 어둡고 가슴 치는 작별이든지, 아니면 깊은 슬픔이지만 빛나는 희망의 작별이든지.

모든 이들이 미로/미궁에서 길을 찾고 생명 얻기를 기도합니다.
모든 이들에게 12월이 은총과 기적의 선물이 되기를 기도합니다.

12
17 유다서

우리의 책임인 것과 우리의 책임이 아닌 것

> 어떤 의심하는 자들을 긍휼히 여기라 또 어떤 자를 불에서 끌어내어 구원하라 또 어떤 자를 그 육체로 더럽힌 옷까지도 미워하되 두려움으로 긍휼히 여기라 _ 유다서 1:22-23

우리는 가족과 사랑하는 이들을 위해서 무엇을 중보하며 기도합니까? 오스왈드 챔버스는 중보에 대해 절대적으로 중요한 말을 합니다.

> 다른 사람을 위해서 중보 기도를 하다 보면 … 그 사람을 향한 하나님의 관심과 일치되지 못하고 오히려 그들에게 연민을 느낍니다. 그러면 우리에게는 하나님과의 살아 있는 관계는 사라지고 대신 그들을 향한 동정심과 배려만 남게 됩니다. 생동하는 중보 기도는 자기 연민과 거리가 멉니다. - 『주님은 나의 최고봉』 5월 3일

우리는 가족과 사랑하는 이들의 딱한 사정을 위해서만 기도합니까? 딱한 진로, 경제 형편, 건강 상태 등 눈에 보이는 세상적이고, 육적인 것을 위해서 기도합니까? 동정심과 배려만 남은 기도를 합니까? 아니면 그를 향한 주님 관심이 이루어지길 위해 기도합니까? 그에게도 사랑과 용서와 구원의 예수 그리스도가 필요합니까? 그에게도 영원히 부를 새 노래와 영원한 생명이 필요합니까? 그에게도 새 하늘과 새 땅 천국이 필요합니까? 우리는 가족과 벗들에게 진정한 사랑을 나타내고 있습니까?

어떤 의심하는 자들을 긍휼히 여기라. 또 어떤 자를 불에서 끌어내어 구원하라.

우리는 그들이 구원받기 위해 기도해야 하고 영적인 것을 위해 기도해야 합니다. 우리는 주님 명령 따라 복음 전하는 것이고, 구원 열매는 주님 주권에 달린 것입니다. 증인 된 삶을 사는 것은 우리 사명이요 책임이지만, 그들이 구원받는 것까지 우리 책임은 아닙니다.

Prayer

주님, 한 해를 마무리해가면서 사랑에 빚진 마음으로 증인 되게 하소서.
주님, 그들도 예수 그리스도가 필요합니다!

성경 예순여섯 번째 책, 요한계시록

읽는 자와 듣는 자와 지키는 자가 복이 있도다!

> 예수 그리스도의 계시라… 이 (계시의) 말씀을 읽는 자와 듣는 자와 그 가운데에 기록한 것을 지키는 자는 복이 있나니 때가 가까움이라 _ **요한계시록 1:1, 3**

1월 1일에, 성경 첫 책 〈창세기〉로 시작된 말씀 묵상이, 마지막 〈요한계시록〉에 이르렀습니다. 유한한 인간이 하나님을 알려면, 하나님의 계시가 인간에게 나타나야 합니다. 계시는 인간이 하나님을 알고 하나님과 사귈 수 있는 방식으로 하나님께서 인간에게 자신을 나타내시는 것을 의미합니다. '계시'에 해당하는 헬라어 'αποχαλυπτω(apokalupto)'라는 단어의 관념은, '감추었던 것의 덮개를 벗겨낸다.'입니다. 인류에게 하나님께서 자신을 나타내시는 계시는 두 가지 기본적인 분류로 나누어집니다. 하나는 일반 계시이며 또 하나는 특별 계시입니다.

먼저 일반 계시는 하나님께서 모든 시대 모든 사람에게 하나님을 알리는 것입니다. 사실, 모든 인간은 하나님(절대자)에 대한 지식을 가지고 있습니다. 비록 그것이 의식하거나 인식할 수 없을 정도로 억제될 수는 있겠지만, 모든 인간은 하나님(절대자)에 대한 지식을 가지고 있습니다. 이를 일반 계시라고 합니다. 일반 계시 세 가지 정도 예를 든다면, 첫째 자연입니다. 자연의 신비입니다. 또 하나는 인류 역사입니다. 또 하나는 인간 내면입니다. 신의식이라고 부릅니다. 이러한 것들이 일반 계시입니다.

그다음 특별 계시입니다. 특별 계시로는 어떤 것이 있는가? 하나님의 음성입니다. 구약 시대, "여호와께서 가라사대, 여호와께서 말씀하시니"입니다. 그리고 무엇보다도 '성육신'입니다. 그리고 또 하나는 '성경'입니다. 우리에게는 세상 사람들이 알지 못하고 갖지 못한 행복과 기쁨이 있으니 바로 이 하나님의 특별 계시를 가졌다는 것입니다. 예수님께서 말씀하십니다.

말씀을 읽는 자와 듣는 자와 그 가운데 기록한 것을 지키는 자는 복 있나니!

행복은 어디에 있다는 것입니까? 말씀을 읽고 듣고 지키는 데에 있다는 것입니다.

Prayer
주님, 우리가 계시의 말씀을 읽고 듣고 지키는 복 있는 자로 순례길 걸어가게 하소서.

12 요한계시록

19 나의 알파와 오메가이니, 즐거워하고 기뻐하라!

예수 그리스도의 계시라 이는 하나님이 그에게 주사 반드시 속히 일어날 일들을 그 종들에게 보이시려고 _ **요한계시록 1:1**
주 하나님이 이르시되 나는 알파와 오메가라 _ **요한계시록 1:8**
반드시 속히 되어질 일을 보이시려고 _ **요한계시록 22:6**

올 한 해 동안 내 삶에서 일어난 크고 작은 일들이 많았을 것입니다. 우리 사회에서 그리고 이 세상에서 일어났던 크고 작은 일들이 많았을 것입니다. 피할 수 없는 현실, 중요한 사실이었습니다. 그런데 〈요한계시록〉 첫 시작에서 '반드시 속히 일어날 일들'이라고 말하며, 마지막 부분 22:6에서 다시 '반드시 속히 되어질 일들'이라고 말합니다. real. 현실이요, 실제요, 사실이라는 것입니다.

성경에서 말하는 모든 일은 실제 일어났고 또 반드시 일어납니다.
동정녀 마리아에게 예수님이 오신 성탄도 현실이고 실제입니다.
예수님의 십자가 고난과 죽음과 부활도 현실이고 실제 사실입니다.
오늘, 사탄의 궤계와 영적 싸움도 현실이고 실제 사실입니다.
내일, 세상 종말과 최후 심판도 현실이고 실제 사실이며
장차, 새로운 하늘과 새 땅도 현실이고 실제 사실입니다.
생명책에 기록된 자의 천국과 기록되지 못한 자의 지옥 불 못도, 현실이고 실제 사실입니다. 반드시 일어납니다.

이 모든 세상의 일들과 영원의 일들에 대한 진리를 계시하시는 하나님께서 "나는 알파와 오메가"라고 말씀하십니다. 즉 하나님께서 시작과 마침이라는 뜻입니다. 알파! 내 삶 속에서 선한 일을 시작하신 전능하신 하나님께서, 오메가! 끝까지 책임지시며 최종 승리를 주십니다. 그리고 세상 마지막 때에 새롭게 새 하늘 새 땅의 영광된 날을 시작하십니다.

전능하신 하나님께서 나의 알파와 오메가 되시어 모든 약속을 실제 사실로 성취해 가시니, 기뻐하며 감사하며 담대하게 세상 지나가십시오.

Prayer.
주님, 나의 하나님이 알파와 오메가의 하나님이시니 기뻐하게 하소서.

12 요한계시록
20 주님 교회와 동행하니, 즐거워하고 기뻐하라!

아시아에 있는 일곱 교회에 편지하노니 _ 요한계시록 1:4

하나님께서 성경 66권의 마지막 책 〈요한계시록〉을 펼쳐주시는데, 1장에 가장 먼저 교회에 대해 말씀하십니다. 가장 먼저 교회에 대해 말씀하실 정도로 하나님의 경륜과 하나님 나라 역사에 교회는 중요한 것입니다. 성도들에게는 교회가 중요하다는 것입니다. 우리에게 교회가 중요한 것입니다.

이 세상에서 교회의 의미는 무엇일까? 내 삶에서 교회의 의미는 무엇인가? 교회를 꼭 다녀야 하는가? 교회는 꼭 필요한가? 이런 의문을 가지기도 합니다. 성도들은 명심해야 합니다. 이 세상에 교회를 두신 분은 사람이 아니라 하나님이십니다. 내 인생에 교회를 두신 분은 하나님이십니다. 하나님께서는 내가 이 땅에서 받을 하늘의 비밀스러운 계획과 축복을 교회에 두셨습니다. 예수님을 믿는 자들은 바로 그 교회와 함께 인생을 걸어가는 것입니다. 교회에 두신 하나님의 은혜와 복 한 가지에 대해서 래리 크랩(Larry Crabb, 1944~, 기독교 작가이자 심리학자)의 『하나님의 러브레터』(IVP, 2010)에서 이렇게 말합니다(p. 403).

진리의 말씀을 명확히 들으려면, 현재를 살아갈 방향을 잡으려면, 방향을 잡고 천국을 기다리려면, 공동체 속에서 하나님 말을 들어야 한다. 열심을 다해 성경 말씀을 듣는 크리스천들과 함께 대화하고 함께 생각하고 함께 살면서 배워야 한다.

열심을 다해 말씀을 듣는 크리스천들과 함께 대화하고 배우며 함께 살아가는 '교회' 안에서의 삶에 복이 있다는 진리가, 성경에서 반복해서 강조되는 메시지입니다.

인생에서 주님 교회와 동행하는 놀라운 복을 받았지 않습니까? 그러니 기뻐하고 즐거워하십시오! 그리고 교회를 위하여 평안을 구하며 기도하십시오(시 122:6).

Prayer
주님의 교회와 동행하니 기뻐하며 승리의 노래 부르게 하소서.

12 요한계시록

21 귀 있는 사람은 복이 있도다!

예수 그리스도의 계시라… _ **요한계시록 1:1** / 귀 있는 자들은… _ **요한계시록 2:7**
이 일 후에 내가 보니 하늘에 열린 문이 있는데 내가 들은 바 처음에 내게 말하던 나팔 소리 같은 그 음성이 이르되 이리로 올라오라 _ **요한계시록 4:1**

사도 요한은 예수 그리스도의 계시를 들었습니다. 그가 계시를 받는 매우 웅장한 장면 한 곳이 4:1인데, 두 가지 중요한 사실을 주목하게 됩니다. 첫째, '하늘에 열린 문'이 있다는 것입니다. 그럼, 우리는 묻게 됩니다. 오늘날의 성도들도 하늘에 열린 문을 볼 수 있겠습니까? 볼 수 있습니다. 우리도 하늘 문이 열리길 소망하기 때문에 자주 이런 찬양을 부릅니다.

하늘의 문을 여소서 이곳을 주목하소서 / 하늘을 열고 보소서 이곳에 임재하소서 / 이곳에 오셔서 이곳에 앉으소서 / 이곳에서 드리는 예배를 받으소서

둘째, '이리로 올라오라'입니다. 그럼, 또 우리는 묻게 됩니다. 우리는 '이리로 올라오라'는 주님 말씀대로 올라가서 하나님 계시의 말씀을 받습니까? 그렇습니다. '이리로 올라오라'는 의미는 땅의 것만 바라보지 말고, 하나님 나라의 차원을 바라보는 영성의 자리로 오라는 것입니다.

성도는 세상 것, 땅의 것만 보는 것이 아니라, 하나님 나라를 바라보는 영성의 자리로 올라가서 나팔 소리 같은 하나님 음성을 듣는 사람들입니다. 그리고 〈요한계시록〉에 보면, 7번이나 반복해서 이렇게 말씀하십니다. '귀 있는 자들은 성령이 교회들에게 하시는 말씀을 들을지어다'(2:7부터)

귀 없는 사람이 어디 있겠습니까? 그런데 이렇게 말씀하시는 이유는 세상 소리에는 온갖 귀를 다 열어놓고 있지만, 하나님 말씀에는 귀를 닫고 있기 때문입니다. 하나님 말씀을 귀 기울여 듣고 아멘으로 받으라는 것입니다. 하나님께서 하늘의 문을 여시고 계시의 말씀을 들려주시니 아멘으로 받으라는 것입니다. 이 땅에서 어떻게 살아야 하는지 어떻게 죽어야 하는지 계시의 말씀을 들려주시는 것입니다. 이 땅에서 왜 살아야 하는지 왜 죽어야 하는지 계시의 말씀을 들려주시는 것입니다. 이 땅에서 무엇으로 살아야 하는지 무엇으로 죽어야 하는지 계시의 말씀을 들려주시는 것입니다. !

Prayer

주님, 왕 같은 제사장으로 삼아주셨으니 승리의 노래 부르게 하소서.

12
22

요한계시록

'아멘'이 세상 이기는 힘이니, 기뻐하고 기뻐하라!

> 볼지어다 그가 구름을 타고 오시리라 각 사람의 눈이 그를 보겠고 그를 찌른 자들도 볼 것이요 땅에 있는 모든 족속이 그로 말미암아 애곡하리니 그러하리라 아멘 _ **요한계시록 1:7**
> 주 예수의 은혜가 모든 자들에게 있을지어다 아멘 _ **요한계시록 22:21**

세상 역사가 끝나고 예수께서 재림하는 장면을 문학적 비유로 설명하고 있습니다. 볼지어다 그가 구름을 타고 오시리라. 지구 마지막 날이 어떻게 임할는지 인간의 머리로는 헤아릴 수 없지만, 우리는 그것이 실제이고 사실이고 현실임을 '아멘'으로 받습니다.

올 한 해 동안도 성도를 비롯해 많은 사람과 카톡과 문자를 주고받았습니다. 때로 신앙적 권면, 때로 부탁과 협조, 때로 어려운 요청, 때로 알릴 소식, 때로 묵상 내용. 그러면 답신을 보내 옵니다.

아멘입니다. 아멘! 아멘! 제가 하겠습니다. 아멘 아멘입니다~! 아멘 감사합니다. 아멘 목사님. 당연 아멘요. 할렐루야 아멘!

아멘은 '그러합니다. 내가 믿습니다'라는 뜻입니다. 어느 시인의 〈질투는 나의 힘〉이라는 제목의 시가 있는데, 성도의 힘은 어디에 있습니까? 아멘으로 응답하는 데 있는 것입니다. 아멘은 불안과 염려와 두려움의 마음에 용기를 주는 승리의 구호입니다. 총알이 날아오고 포탄이 떨어지는 인생 전쟁터에서 승리의 무기입니다. 성도는 아멘의 사람, 아멘의 인생이어야 합니다.

아멘이 풍성할 수도 빈곤할 수도 있는데, 그 두 삶에는 갈수록 차이가 나게 됩니다. 올 한 해 얼마나 아멘하며 살아 왔습니까? 날마다 말씀 읽고 묵상하면서 아멘하고, 기도하며 아멘하고, 예배 때 말씀 들으면서 아멘하고, 한 해 정리해 가면서 아멘으로 고백하길 바랍니다. 아멘에 패배를 이기는 승리가 있고, 나를 고치는 치유가 있고, 불안을 떨치는 샬롬이 있고, 능력과 권능이 있습니다.

Prayer.

주님, 한 해를 돌아보며, 아멘의 신앙 고백이 부족하지 않았는지 회개합니다. 아멘의 사람 되고, 아멘의 인생길 되게 하소서.

요한계시록

23 주께 사랑과 충성을 드리는 삶이면, 즐거워하고 기뻐하라!

> 내가 네 행위와 수고와 인내를 '알고' … 내 이름을 위하여 견디고 게으르지 아니한 것을 '아노라'
> _ 요한계시록 2:2-3
> 내가 네 환난과 궁핍을 '알거니와' … 죽도록 충성하라 _ 요한계시록 2:9-10

'너를 안다'라는 말씀에 담겨있는 의미는 '나를 향한 하나님의 사랑!'입니다. 하나님은 우리의 괴로움과 고난을 아십니다. 섬김과 순종을 아십니다. 변덕도 알고 허물도 아십니다. 나의 모든 것을 아시면서 기다리며 참아 주십니다. 격려하고 붙들어 주십니다. 야단치며 회초리도 드십니다. 위로하며 치유도 주십니다. 그런데 결국에 모든 결론은 나를 향한 사랑이십니다. '내가 너를 안다.'(4월 21일)

'내가 너를 안다!'는 말씀에 담겨 있는 또 다른 의미는, '주께 충성하라'라는 것입니다. '내가 네 환난과 궁핍을 알거니와'라는 말씀은 우리에게 위로를 줍니다. 네 아픔과 슬픔과 사정을 안다. 환난과 궁핍도 안다. 그러면서 말씀하십니다. '죽도록 충성하라.' 그래서 우리는 지친 목소리로 묻습니다.
"환난과 궁핍의 제 사정 아시면서, 왜 충성하라고 말씀하시나요?"
우리의 질문에 하나님 답변은 변함이 없습니다.
"나는 너의 사정을 안다. 끝까지 충성하라."

왜 그렇게 명령하시는 것일까요? 그 중요한 이유 중 하나는, 주께 충성 드리는 삶이 나를 강하게 하기 때문입니다. 환난과 궁핍에 눌리며 패배의 수렁에 빠지는 것을 막기 때문입니다. 나를 무너뜨리려는 사탄의 공격을 무력화시키며 승리 생활로 이끌기 때문입니다. 그리고 사랑하는 자녀들의 최선의 길이, 주께 충성을 드리는 삶이기 때문입니다. 후회 없는 길이, 세상 다른 것에 충성하며 빠지는 삶이 아니라 주께 사랑과 충성을 드리는 삶이기 때문입니다. 아침에 일어나면 '충성!' 잠들기 전에 '충성!'이라고 고백하십시오. 주께 사랑과 충성이! 우리를 최선의 삶, 승리의 삶, 가치 있는 삶으로 이끌어 갑니다. 주께 사랑과 충성을 드리는 삶이면, 기뻐하고 기뻐하십시오!

Prayer.
주님, 우리 안에 충성할 마음과 힘과 결단을 새롭게 하소서.

12 요한계시록
24

우리의 밤은 주님 영광에 둘려 있으니, 기뻐하라!

볼지어다 내가 문 밖에 서서 두드리노니 누구든지 내 음성을 듣고 문을 열면 내가 그에게로 들어가 그와 더불어 먹고 그는 나와 더불어 먹으리라 _ 요한계시록 3:20

세상에 울려 퍼지는 "고요한 밤 거룩한 밤 영광에 둘린 밤." 그런데 사실 세상은 고요하게 거룩하게 성탄 전야를 보내지 않습니다. 무료하든지 세속적이고 쾌락적인 밤입니다. 막대한 돈을 소비하고, 사치하고, 술과 음식과 파티로 소란한 밤입니다. 한편에서는 그 어느 때보다도 깊은 타락과 어둠의 밤이기도 합니다. 그래서 그 밤에 사탄이 기뻐합니다.

1절 가사를 가만히 생각해 봅니다. 고요한 밤 거룩한 밤, 그 다음 어떤 가사입니까? '어둠에 묻힌 밤'입니다. 물리적인 밤 시간을 말하는 것이겠지만, 세상도 고통의 어둠에 묻혀 있습니다. 화려해도 요란해도 파티를 벌여도 인류는 깊은 어둠에 묻혀 있는 것입니다. 그런데 구주 예수님을 기다리며 만난 사람들에게는 1절 '어둠에 묻힌 밤'이 2절 가사처럼 변합니다. '영광에 둘린 밤'입니다. 어둠과 허무의 밤인데, 예수님을 만나게 될 때 캄캄한 밤에 빛이 비추어지며 '영광에 둘린 밤'이 되는 것입니다. 진정 고요한 밤 거룩한 밤이 되는 것입니다. 진정한 평화와 기쁨과 희망의 밤이 되는 것입니다.

오늘 밤도, 주께서 사랑의 식탁을 함께하자고 문 두드리십니다.

볼지어다 내가 문 밖에 서서 두드리노니

예수님께서 들어와 앉으실 곳이 없는 것 같아 서둘러 치우고 정리합니다. 내 안에 내가 너무 많고, 세상이 너무 많고, 욕심과 교만이 너무 많고, 근심과 염려가 너무 많고, 내 판단과 계획도 너무 많아서 들어와 앉으실 곳이 마땅치 않으니 서둘러 치우고 정리해야겠습니다. 그리고 주님을 모셔 들이고 함께 사랑을 나누어야겠습니다.

고요한 밤 거룩한 밤 영광에 둘린 밤에 감사하고 기뻐하십시오!

Prayer

주님, 오늘 우리의 밤이 주님 영광에 둘린 밤이 되게 하소서.

12
25 **요한계시록**

우리에게 성탄의 구원과 평화가 있으니, 즐거워하고 기뻐하라!

보좌에 앉으신 이와 어린 양에게 찬송과 존귀와 영광과 권능을 세세토록 돌릴지어다 _ 요한계시록 5:13
아들을 낳으리니 이름을 예수라 하라 이는 그가 자기 백성을 그들의 죄에서 구원할 자이심이라
_ 마태복음 1:21

성자 하나님께서 사람이 되어 이 세상에 오심을 경배하는 성탄절입니다. 죄에서 구원하시기 위해 희생양으로 오셨습니다. '세상 사람은 이 진리를 비웃기도 하고, 관심 두지 않고 흘러듣기도 합니다.' 아주 친한 고향 친구가 있습니다. 오랜 세월 말로 혹은 삶으로 복음을 전했지만 요지부동입니다. 어릴 때부터 시작하여 목회자가 된 지금까지의 나의 삶을 옆에서 지켜본 결과, 정말로 하나님이 계신다고 생각한다면서도 믿을 생각은 없는 것입니다. 그 친구가 예전에 가족 다섯 명이 버스를 캠핑카로 개조해서 1년 넘도록 세계 여행을 했었는데, 어느 해 크리스마스 때 불가리아 소피아에서 보내온 카톡은 이 세상의 한 단면을 잘 보여 줍니다.

전능하신 하나님의 탄생을 축하드린다. 친구 목사의 기도 덕분에 우리 가족은 무사히 소피아에서 크리스마스를 맞았다. 내일은 터키로 향한다. 이란, 투르크메니스탄, 키르기스탄, 우즈베키스탄, 중국을 거쳐 한국으로 들어갈 예정이다. 이제껏 그러했듯이 보이지 않는 그 무엇의 힘에 의해 안전하게 그리고 잘 갈 것이다. 올 한해 고마웠다. 불가리아 소피아에서 친구가.

세상은 아기 예수님의 탄생을 축하한다고 말합니다. 하지만 진리는 외면합니다. 전능하신 하나님께서 인간의 죄 형벌을 대신 지시고 희생 죽임을 당하셨으며, 이 사실을 믿지 않으면 멸망이라는 진리를 배척합니다.

지극히 높은 곳에서는 하나님께 영광이요 땅에서는 하나님이 기뻐하신 사람들 중에 평화로다(눅 2:14)

'하나님이 기뻐하신 사람들'인 성도에게는 성탄의 구원과 평화가 있으니 기뻐하십시오! 구원과 평화 없이 사는 이들을 위해 기도하는 성탄절입니다.

Prayer

주님, 오늘 영광과 은혜와 진리가 충만한 날이 되게 하소서.

요한계시록

26 이 땅에서도 예배하고 천국에서도 예배하니, 기뻐하라!

> 내가 인치심을 받은 자의 수를 들으니 이스라엘 자손이 각 지파 중에서 인침을 받은 자들이 십사만 사천이니 _ **요한계시록 7:4**
> 각 나라와 족속과 백성과 방언에서 아무도 능히 셀 수 없는 큰 무리가 나와 흰 옷을 입고 손에 종려 가지를 들고 보좌 앞과 어린 양 앞에 서서 큰 소리로 외쳐 이르되 구원하심이 보좌에 앉으신 우리 하나님과 어린 양에게 있도다 하니 _ **요한계시록 7:9-10**

타지를 방문했다가 연세 많으신 권사님을 만나게 되었습니다. 여러 대화를 나누다가 이런 질문을 받았습니다. "천국은 144,000명만 간다면서요? 그럴 것 같아요. 세상에 교회 다니는 사람들이 얼마나 많은데, 그 사람들 어떻게 다 가겠어요."

144,000명은 상징적인 숫자입니다. 바로 그 아래 7:19 말씀처럼, 아무도 능히 셀 수 없는 큰 무리가 흰옷을 입고 천국 잔치에 들어갑니다. "비전"이라는 찬양이 있습니다. 교회에서도 부르지만, 해외 단기선교를 갈 때면 현지인들과 함께 부르곤 했습니다. 우리 선교팀은 한국어로 그리고 선교지 나라 사람들은 그 나라 말로. 특히 몽골 초원에서 몽골 교인들과 함께 불렀을 때 기억은 생생한 감동입니다. 과거 현재 미래 그리고 영원한 천국 백성들이 함께 새 노래를 부릅니다. 각 나라와 족속 백성 방언에서 구원받고 주 경배를 드립니다.

> 우리 보좌 앞에 모였네 함께 주를 찬양하며 / 하나님의 사랑 그 아들 주셨네 그의 피로 우리 구원 받았네 / 십자가에 쏟으신 그 사랑 강 같이 온 땅에 흘러 / 각 나라와 족속 백성 방언에서 구원받고 주 경배드리네 / 구원하심이 보좌에 앉으신 우리 하나님과 어린 양께 있도다 - CCM 〈비전〉

'구원하심이 보좌에 앉으신 우리 하나님과 어린 양께 있도다'는 요한이 계시로 천국 예배 장면을 보고 기록한 것입니다. 천국 예배를 우리도 드리고 있는 것입니다. 우리는 이 땅에서도 하나님 보좌 앞에서 예배하고, 죽음을 맞으면서도 예배하고, 천국에서도 하나님 보좌 앞에서 예배하는 자들이니 즐거워하고 기뻐하십시오!

Prayer

주님, 우리는 살아계신 하나님을 예배하는 자이니 기쁘게 하소서.

12 **요한계시록**

27 # 생명책에 이름이 기록되었으니,
즐거워하고 기뻐하라!

> 죽임을 당한 어린 양의 생명책에 창세 이후로 이름이 기록되지 못하고 이 땅에 사는 자들은 다 그 짐승에게 경배하리라 _ **요한계시록 13:8**
> 오직 어린 양의 생명책에 기록된 자들만 들어가리라 _ **요한계시록 21:27**

사람들에게 진리를 전할 때, 가장 어려운 부분은 죄와 심판을 깨닫게 하는 것입니다. 최후 심판을 믿지도 않을뿐더러 설사 있다 치더라도, 지옥 불에 던져질 만큼은 자기 죄가 심각한 것 같지는 않다고 생각합니다. 범죄자나 히틀러 같은 사람이라면 갈 만하지만, 보통 사람들은 지옥 불에 갈 만큼은 아니라고 생각합니다. 사람들 각자의 죄의식은 천차만별입니다. '하늘을 우러러 한 점 부끄러움이 없기를 잎새에 이는 바람에도 나는 괴로워했다'라는 윤동주의 시구처럼 죄에 관해 예민한 양심을 가진 사람이 있는가 하면, 파렴치한 죄를 짓고도 죄로 여기지 않는 사람도 있는 것입니다.

이처럼 인간들 사이에도 하늘과 땅 차이인데, 하나님과 우리 인간이 보는 죄의 관점은 어떻겠습니까! 우리 마음과 생각은 죄로 어두워져서, 죄가 죄로 여겨지지 않는 것입니다. 그렇게 살아가다가 언젠가는 죽음을 맞으며 최후 심판대에 서게 됩니다.

인류 중에 누가 자기 선함으로 심판에서 벗어날 수 있겠습니까? 오직! 죽임당하신 어린 양 예수님만이 구원하실 수 있습니다. 〈요한계시록〉에서는 희생 어린 양에 대해 반복해서 나타납니다.

> 오직 어린 양의 생명책에 기록된 자들만 들어가리라

어느 성도님이 말했습니다. "목사님, 저는 오늘 설교를 통해서 나 자신이 죄인이라는 사실을 처음으로 깊이 인정하게 되었습니다."
나 자신 죄인임을 회개하고 어린 양 예수님을 믿은 자들은 심판받지 않고 영원한 생명책에 기록됩니다! 그러니 기뻐하십시오!

Prayer

주님, 우리가 생명책에 기록된 자이니 기뻐하며 승리의 노래 부르게 하소서.

불경건한 쪽의 편이 결국은 영원히 질 거란다
그러니 기뻐하라!

> 세 영이(그 악한 영들이) 히브리어로 아마겟돈이라 하는 곳으로 왕들을 모으더라 _ 요한계시록 16:16

온종일 우리를 둘러싸고 있으며 눈으로 보고 귀로 듣는 언론과 매스미디어가! 우리가 사는 세상에 하나님이 없는 것 같은 착각에 빠지게 합니다. 아주 매력적이고 감동적이고 유쾌하게 만들어지는 드라마나 영화나 음악들이! 하나님이 없는 것 같은 착각에 빠지게 합니다. 스포츠 오락 외식 여행 등 레저 산업의 발달과 화려한 문화적 공간들이! 하나님이 없는 것 같은 착각에 빠지게 합니다. 그리고 가족이나 친구나 동료들의 가치관이나 인생관이나 욕심들에 영향을 받으며! 우리가 사는 세상에 하나님이 없는 것 같은 착각에 빠지게 합니다. 우리는 이러한 착각과 미혹의 세상에서 올바른 신앙을 지키려는 믿음의 선한 싸움을 싸우고 있는 것입니다.

래리 크랩이 지은 〈하나님의 러브레터〉라는 책에 이런 내용이 있습니다.

세계적인 지원을 받으며 커져가는 불경건한 쪽의 편이 지금은 이기는 것처럼 보이지만. 결국은 영원히 질거란다(506p)

"세계적인 지원을 받으며 커져가는 불경건?" 무슨 뜻이겠습니까? 세상이 지원하며 높여 칭송하는 불경건한 가치관들이 있다는 것입니다. 예를 들어 세상은 돈이 최고야! 물질 만능주의를 높입니다. 또는 외모 스펙 학벌이 최고야! 외관 지상주의. 내 마음 내 의지대로 산다! 개인 자유주의. 누리고 즐기는 것이 최고다! 편리 쾌락주의. 이렇게 세상이 높여 칭송하는 사상이나 가치관들은, 잠시 인간의 눈에는 부러워 보이며 이기는 것처럼 보이지만, 결국 불경건은 영원히 패배하게 됩니다. 이것이 하나님의 공의입니다.

성도들은 악한 영적 세력과의 전쟁터에 살아갑니다. '그리고 최후 전쟁을 '아마겟돈 전쟁'이라고 말합니다. 아마겟돈이 어디인가? 별의별 주장들이 있는데' 인간과 하나님과의 관계를 파괴하려는 사탄의 세력은 언제나 오늘 우리 삶에 있습니다. 아마겟돈은 언제나 오늘 내 삶의 현장입니다. 하나님의 진리는 이것입니다. 불경건한 쪽의 편이 지금은 이기는 것처럼 보이지만, 결국은 영원히 질 것이며, 주님 뜻에 순종하는 경건의 삶은 영원히 이긴다는 것입니다.

우리가 날마다 아마겟돈 싸움에서 믿음으로 승리하게 하소서.

12 **요한계시록**

29 # 할렐루야 믿음이 세상을 이기니, 즐거워하고 기뻐하라!

> 할렐루야 구원과 영광과 능력이 우리 하나님께 있도다 _ **요한계시록 19:1**
> 할렐루야 주 우리 하나님 곧 전능하신 이가 통치하시도다 _ **요한계시록 19:6**

이제 한 해 마지막 3일을 남겨 두며 끝맺음하는 시간입니다. 지난 4월 23일 묵상은 〈모든 끝은 감사로 끝납니다〉였습니다.

끝은 감사로 끝나야 한다는 것입니다. 살다 보면 성공으로 보이는 결과가 주어질 수도 있겠고, 실패로 보이는 결과가 주어질 수도 있겠는데, 사건의 끝은 감사로 끝나야 한다는 것입니다. 하루의 끝도 할렐루야 감사 기도로 마감하고, 한 달의 끝도 할렐루야 감사 기도로 마감하고, 1년의 끝도 할렐루야 감사 기도로 마감하고, 그리고 언젠간 인생의 끝 날을 맞을 텐데, 그날도 할렐루야 감사로 마무리하리라. 모든 끝은, 감사로 끝나는 신앙 자세를 배우며 적용합니다.
그리고 그 아름다운 끝에, 아름다운 시작이 기다립니다(4월 23일).

끝을 '하나님께 감사!'로 마무리할 때 내 지금의 현재도 하나님의 승리가 선포되는 것이고, 내 지난날 과거도 하나님의 승리가 선포되는 것이고, 내 미래의 시간도 하나님의 승리가 선포되는 것입니다.

이미 지나간 과거가, 쓰라린 과거가 어떻게 바뀔 수가 있는가요?
아닙니다. 전능하신 하나님께서 능히 바꾸실 수 있습니다.
주께 감사 찬양할 때! 찬양받으시기에 합당하신 주님께서,
나의 과거 현재 미래 모든 시간을 승리로 바꾸시는 것입니다.
이것이 주께 감사하는 자가 누리는 비밀의 은혜요 복입니다.
할렐루야로 끝맺고 할렐루야로 시작하는 삶에 주님 승리가 주어지고, 주님 영광을 받으십니다.

우리는 할렐루야의 사람이고 할렐루야의 인생이 아닙니까?
그러니 세상이 어렵더라도 즐거워하고 기뻐하십시오!

Prayer
주님, 할렐루야로 끝맺고 할렐루야로 시작하는 승리의 삶 주소서.

요한계시록

30 영원히 임마누엘이니, 기뻐하고 즐거워하라!

또 내가 새 하늘과 새 땅을 보니 _ **요한계시록 21:1**
보라 하나님의 장막이 사람들과 함께 있으매 하나님이 그들과 함께 계시리니 그들은 하나님의 백성이 되고 하나님은 친히 그들과 함께 계셔서 _ **요한계시록 21:3**

한 해의 고단하고 힘겨운 인생길, 예수님이 늘 함께하셨습니다.
옛날 구약 광야 백성들은 하나님이 함께하심을 믿지 않았습니다.

이로 보건대 그들이 믿지 아니하므로(히 3:19).

하나님께서 그들을 고단하고 힘겨운 길에서 동행하시며 품에 안고 오셨는데, 그들은 하나님이 함께하신다는 사실을 믿지 않았습니다. 믿지 않았기에 그들의 광야 세월은 어둡고 추운 밤이었습니다. 불경건과 불순종의 밤이었고, 불평과 원망의 밤이었고, 염려와 우울한 밤이었습니다. 그래서 평생 광야 인생길을 벗어나지 못했습니다.

오늘 우리도 한 해 마지막에 서서 역사 교훈을 깊이 생각합니다.
한 해를 돌아보면 어땠습니까? '주님이 함께 계시다'는 임마누엘 믿음을 분명히 했습니까? 비록 부족하고 허물이 컸지만, 임마누엘 믿음 잃지 않고 걸어오게 하신 주께 감사와 영광을 드립니다. 그런데 혹시, 나에게는 임마누엘 믿음이 부족했던 한 해였습니까? 그래서 이스라엘 백성들처럼 춥고 어두운 밤이 많았습니까? 지나온 것은 지나왔고, 흘러간 것은 흘러갔습니다. 오늘 다시 새롭게 임마누엘 믿음을 굳건히 한다면, 놀랍게도 지나온 어제의 밤도 바뀝니다. 오늘도 바뀌며 내일도 바뀌어 갑니다. 어제도 오늘도 내일도 우리 삶은 하나님의 역사가 되는 것입니다.

하나님이 그들과 함께 계시리니(계 21:3)

하나님께서 우리와 함께하십니다. 지금도, 내일도, 죽음을 지날 때도, 새 하늘과 새 땅에서도 함께하십니다. 그러니 기뻐하십시오!

Prayer
주님, 흔들리지 않는 임마누엘 믿음으로 순례길 걸어가게 하소서.

12 요한계시록

31 아듀(Adieu), 참 즐거운 노래를 늘 높이 부르겠습니다

또 내가 새 하늘과 새 땅을 보니 _ 요한계시록 21:1
이것들을 증언하신 이가 이르시되 내가 진실로 속히 오리라 하시거늘 아멘 주 예수여 오시옵소서 주 예수의 은혜가 모든 자에게 있을지어다 아멘 _ 요한계시록 22:20-21

매년 마지막이 되면 마음속으로 '아듀'라고 작별하면서 깊은 샬롬을 경험합니다. '아듀'(프랑스어, a ~에게, dieu 하나님)는 '하나님께 맡긴다'라는 의미를 부여할 수 있기 때문입니다. 한 해의 모든 사연과 사정을 주께 맡깁니다. 하나님께서는 모든 부족을 채우시는 완전하신 사랑으로, 그리고 모든 허물을 새롭게 하시는 완전한 공의로, 나를 맡아 주십니다. '아듀'는 소망의 단어입니다. '하나님께 맡긴다!'는 믿음이 있다면, 무조건 소망입니다. 하나님의 속성이 완전하시고 영원하신 소망이기 때문입니다.

한 해의 마지막 아침. 고요히 눈을 감고 고백합니다. 아듀 Adieu.
한 해의 마지막 점심. 차분한 마음으로 고백합니다. 아듀 Adieu.
한 해의 마지막 밤. 감사한 마음으로 고백합니다. 아듀 Adieu.

그리고 주님, 내년의 새로운 시작, 새 아침, 새 일을 기다립니다.
그리고 언젠가 세상과 작별할 때도 아듀(Adieu) 하겠지요. 주님은 모든 부족을 채우시는 완전하신 사랑으로, 모든 허물을 새롭게 하시는 완전한 공의로, 나를 맡아 주실 것입니다. 그리고 새 나라에서 넘치는 기쁨으로 만나주실 것입니다. 주님, 그때까지 늘 새 노래를 높이 부르겠습니다(찬송 482장).

참 즐거운 노래를 늘 높이 불러서 만 왕의 왕 되신 주 나 찬양하겠네
거룩한 하늘 노래 들려올 그 때에 참 그립던 주님을 반가이 대하리
참 아름다운 노래 늘 높이 부르세 하늘의 소망 주신 주 찬양하여라
참 아름다운 노래 다 함께 부르세 하늘의 기쁨 주신 주 찬양하여라

Prayer.

주님, 모든 것을 맡기는 송구영신의 시간에, 깊은 회개와 깊은 감사와 깊은 전망을 허락하소서. 참 즐거운 노래를 늘 높이 부르며 살게 하소서. 남은 빛나는 날들을 주님 영광 위해 살게 하소서. Soli Deo Gloria.